ROSSBACH 1757

La Prusse devient une puissance militaire

Campagnes & Stratégies
(extraits)

DENAIN (1712). Louis XIV sauve sa mise, Gérard Lesage.

BEVEZIERS (1690). La France prend la maîtrise de la Manche, Jean Meyer.

MAGENTA ET SOLFERINO (1859). Napoléon III et le rêve italien, Raymond Bourgerie.

FONTENOY (1745). Louis XV, arbitre de l'Europe, 2e éd., Jean-Pierre Bois.

LA BATAILLE DE MALPLAQUET (1709). L'effondrement de la France évité, 2e éd. André Corvisier.

LA BATAILLE D'ABOUKIR (1798). Nelson contrarie la stratégie de Bonaparte, Michèle Battesti.

LA FIN D'UN EMPIRE. Les derniers jours de l'Isle de France et de l'Isle Bonaparte, Roger Lepelley.

BLENHEIM 1704. Le prince Eugène et Marlborough contre la France, Henri Pigaillem.

LOUIS XIV À LA CONQUÊTE DES PAYS-BAS ESPAGNOLS. La guerre oubliée (1678-1684), Bertrand Jeanmougin.

LA BÉRÉZINA. Une victoire militaire, Fernand Beaucour, Jean Tabeur, Lidia Ivtchenko.

EYLAU (8 février 1807). La campagne de Pologne, des boues du Pultusk aux neiges d'Eylau, Frédéric Naulet.

FRIEDLAND (14 juin 1807). La campagne de Pologne, de Danzig aux rives du Niémen, Frédéric Naulet.

LES BATAILLES DÉCISIVES DE L'HISTOIRE DE FRANCE, Gérard Blier.

WATERLOO (1815). La double incertitude, Kees Schulten.

WAGRAM (5 ET 6 JUILLET 1809). Le canon tonne sur les bords du Danube, Frédéric Naulet.

DE VALMY À JEMAPPES (1792). Les premières victoires de la Révolution, Gérard Lesage.

LA PREMIÈRE CAMPAGNE D'ITALIE (2 AVRIL 1796-10 DÉCEMBRE 1797). La naissance d'un Aigle, Gérard Bouan.

LE PLAN SCHLIEFFEN. Un mois de guerre – Deux siècles de controverses, 2e éd., Pierre-Yves Hénin.

LEIPZIG (16-19 octobre 1813). La fin du rêve de Napoléon et de l'Empire français, Frédéric Naulet.

NAPOLÉON PERD L'EUROPE (JANVIER-AVRIL 1814), Gérard Bouan.

LA GUERRE DE SUCCESSION D'AUTRICHE (1741-1748). Louis XV et le déclin de la France, Fadi El Hage.

LA PREMIÈRE INVASION DU PORTUGAL PAR L'ARMÉE NAPOLÉONIENNE (1807-1808), Natalia Griffon de Pleineville.

IÉNA ET AUERSTEDT. La Prusse humiliée (14 octobre 1806), Frédéric Naulet.

FRANCE – ANGLETERRE. Un millénaire de lutte armée. Deux siècles d'alliance, Gérard Blier.

Collection CAMPAGNES & STRATÉGIES
dirigée par
Philippe RICALENS et Jean LOPEZ

Les Grandes Batailles

Jean-Pierre BOIS

ROSSBACH 1757

La Prusse devient une puissance militaire

ECONOMICA
49 rue Héricart, 75015 Paris

« *On aura vu, chez nous, passer et repasser les troupes prussiennes, saxonnes, et autres, quatre ou cinq fois [depuis 1792] : en 1815, en 1870-1871, en 1914-1918, en 1939-1944* »
(Pierre Bertaux, *Mémoires interrompus*, Asnières, PIA 2000, p. 64)

INTRODUCTION

La bataille de Rossbach, victoire de Frédéric II roi de Prusse, remportée contre l'armée combinée des Cercles et de la France, commandée par le duc de Saxe-Hildburghausen et le prince de Soubise, dont l'armée a honteusement pris la fuite, a lieu le 5 novembre 1757. Presque quarante ans plus tard, en 1795, évoquant le siège de Toulon de 1793 et les traités de paix qui viennent d'être signés, un poète angevin s'adresse en ces mots à l'Angleterre :

« *Tu voudrais nous les rendre encore*
Ces jours que la France déplore,
Où l'infâme lubricité
Bravait l'honnêteté publique,
Sous une sybarite impudique
Abruti par la volupté.

« *Tu voyais avec complaisance*
Nos vœux, nos intérêts trahis
Par la dangereuse influence
Des impudentes Laïs
L'insouciance et la crapule
Souvent, par un choix ridicule,
Déconcerte tous nos guerriers ;
Et par de sanglantes défaites,
Ou par de honteuses retraites,
Flétrit nos antiques lauriers. »

L'auteur est l'abbé Jacques Rangeard, membre de l'ancienne Académie royale des Belles-Lettres d'Angers, disparue en 1793, député pour le Clergé aux États-Généraux, puis Constituant, déconcerté par la montée des violences révolutionnaires, et retiré dans sa cure d'Andard, où il est réduit au silence par Francastel. Témoin attentif des événements, il se contente d'écrire. L'ode, intitulée « Les Britanniques », datée de 1795, n'est publiée dans les *Affiches d'Angers*, qu'après sa mort, survenue en mars 1797, par son ami Toussaint Grille, qui ajoute une note : « *Il paraît vraisemblable que, sans les nommer, on a voulu parler ici des créatures de Louis XV. Les Dubarry, les Pompadour etc., dont les choix, reçus comme loi dans le Conseil, faisaient l'opprobre du monarque et de la nation. Nous ne citerons que ce Soubise que la Dubarry mit en opposition à Frédéric, l'un des premiers capitaines du monde* »[1]. À défaut d'être tout à fait exacte, cette note, en nommant Soubise, stigmatise un général incapable, placé à son commandement par l'influence d'une favorite, la marquise de Pompadour devenue l'impudique Laïs, sur un roi « abruti par la volupté ». Et comme l'ensemble de l'opinion publique depuis 1757, la moquerie alimente une anglophobie qui n'a jamais été « prussophobe », bien que Rossbach soit une victoire prussienne.

C'est donc, après une quarantaine d'années, l'image conservée par l'opinion, depuis le coup de tonnerre de l'annonce à Versailles et Paris de cette honteuse défaite instantanément moquée par des libelles et des chansons, devenue après le Traité de Paris de 1763 pour l'opinion – « le public », en reprenant le mot employé par Barbier, le chroniqueur du règne de Louis XV – le symbole d'une guerre perdue militairement et politiquement, et pour tous les théoriciens militaires, nombreux dans cette seconde moitié du XVIIIe siècle – Guibert le premier –, comme pour les administrateurs de l'État – le duc de Choiseul, puis le comte de Saint-Germain, puis le marquis de Ségur –, le point de départ d'une réflexion en profondeur à la fois sur l'armée et sur la guerre, qui se concrétise par trente années de réformes. Bien que le vainqueur de la guerre soit le roi de Prusse, le sentiment de revanche se tourne contre son allié, l'ennemi de toujours, vrai vainqueur du Traité de Paris, l'Angleterre, dont la « perfidie » – le mot de François-Antoine Chevrier dès 1759 dans une *Albionide* véhémente[2] – vient d'être démontrée peu avant Rossbach par l'assassinat de Jumonville, puis par les coups de main de l'amiral Boscawen contre la flotte française au large des côtes du Canada. L'Angleterre est devenue la « perfide Albion » en octobre 1793 sous la plume de Louis-Augustin Ximénès, le « *doyen des poètes sans-culotte* »[3], et l'est encore avec la reprise de la guerre qui suit la paix d'Amiens de 1802. Tout commence à changer lorsque Bonaparte devient Napoléon. En octobre 1806, il fait de ses victoires de Saalfeld, Iéna et Auerstedt une « vengeance » de la défaite de Rossbach, destinée à devenir pour deux siècles un nouveau repère contre un nouvel ennemi héréditaire…

L'historiographie française s'est pourtant longtemps contentée de désigner la bataille pour ce à quoi elle peut logiquement être réduite : la défaite d'une armée franco-impériale, largement supérieure en nombre, mise en déroute à la suite d'erreurs tactiques de ses deux généraux, devant une armée prussienne largement inférieure en nombre, mais commandée par un roi dont la manœuvre a été largement supérieure, et qui un mois plus tard abat à Leuthen

---

1. Jacques Rangeard, « Les Britanniques. Ode », dans *Affiches d'Angers*, 16 nivôse an 6 (5 janvier 1798), n° 53, p. 218. Texte publié et annoté par Toussaint Grille.

2. François-Antoine Chevrier, *L'Albionide, ou l'Anglais démasqué : poème héroï-comique relatif aux circonstances présentes*, Aix, chez J. William, 1759. L'auteur rédige à la même époque une *Prussiade*, et une *Acadiade* !

3. Louis-Augustin Ximénès, dans quelques vers édités avec un nouveau calendrier républicain en octobre 1793, cité par Jean Guiffan, *Histoire de l'anglophobie en France*, Rennes, Terre de Brume, 2004, p. 91.

une armée autrichienne elle aussi supérieure, sans pour autant gagner une guerre qui dure encore cinq ans avant d'être achevée au plus grand profit de l'Angleterre, absente de l'une et l'autre de ces deux batailles... « *Frédéric, avec vingt-cinq mille hommes contre cinquante mille ; mit en pleine déroute, à Rossbach, l'armée franco-allemande du prince de Soubise et du prince de Saxe-Hildburghausen, généraux aussi ineptes l'un que l'autre* »[4] : Henri Martin, l'historien républicain, avant qu'il soit l'un des fondateurs en 1882 de la Ligue des patriotes, n'en dit pas plus. La défaite de Rossbach doit tout à « l'ineptie » des généraux, et l'on n'en parle plus. « Ineptes » : ce mot ne relève ni du vocabulaire stratégique, ni du vocabulaire tactique. Rossbach est à peine un combat, même pas un massacre, c'est d'abord une fuite, et des milliers de prisonniers. Et que ce soit sous la monarchie, l'Empire ou la République, la fuite ne convient pas au nom de la France.

Henri Martin concède cependant quelques explications qui justifient sans doute que l'on s'interroge sur son jugement péremptoire. « *Il régnait alors une indiscipline et un désordre effroyables dans les armées françaises. Les officiers étaient beaucoup trop nombreux, sans espoir d'avancement, sans émulation ; les généraux de cour, choisis par la faveur, apportaient dans le camp le luxe et les profusions de Versailles, se permettaient tout, et toléraient tout chez leurs subordonnés. Le maréchal de Richelieu rançonnait pour son compte le Hanovre et laissait les soldats si bien piller à son compte, qu'ils l'appelaient le père la Maraude.* » Et un peu plus loin : « *Les Prussiens, au contraire, pour le bon ordre et la solidité, étaient maintenant ce qu'avaient été les Suédois de Gustave-Adolphe et les Français de Turenne* »[5]. On aurait aimé une évocation plus nette du génie militaire du vainqueur, et une amorce de réflexion réelle sur le choc moral provoqué par cette défaite.

Il a fallu attendre le renouveau récent de l'histoire militaire pour avoir réellement une vue plus haute sur l'ensemble de la guerre de Sept Ans, son écho sur les réformes de l'armée française entre 1763 et 1791, et la mémoire plus longue de son nom dans l'histoire. En 1988, André Corvisier consacre à la bataille quelques lignes dans le *Dictionnaire d'Art et d'Histoire militaires*[6], pour conclure qu'elle « *eut un retentissement considérable en France où elle resta le symbole de l'impréparation militaire, et incita le gouvernement français à entreprendre un effort de réforme de l'armée à l'imitation de la Prusse* ». En 1992, dans la dernière grande synthèse récente que lui-même dirige, si Jean Chagniot ne s'étend guère sur l'année 1757, il fait suivre le chapitre portant sur les campagnes du XVIIIe siècle d'un autre portant sur les rapports entre l'armée et la société, qui enracine dans le bilan de la guerre de Sept Ans la nouvelle conception, d'abord théorique chez les auteurs militaires, avant de devenir institutionnelle sous la Révolution, de la création d'une armée nationale, qui appartenait jusqu'alors plutôt au seul domaine

4. Henri Martin, *Histoire de France populaire*, Paris, Furne, Jouvet et Cie, s.d. (entre 1867 et 1875), p. 201.

5. *Ibid.*, p. 202.

6. André Corvisier (dir.), *Dictionnaire d'Art et d'Histoire militaires*, Paris, PUF, 1988, article « Rossbach », p. 743-744.

des idées philosophiques et morales[7]. Ce qui va au-delà des deux grandes anciennes études, celle du général comte Pajol, *Les Guerres sous Louis XV*, ouvrage dans lequel, avec une grande minutie, il aborde le récit de la bataille de Rossbach[8], puis celle de Richard Waddington sur *La guerre de Sept Ans*, qui en fait une étude diplomatique assez étendue, et analyse ses circonstances, les responsabilités, et des jugements immédiats, ou plus éloignés[9]. Plus récemment, Edmond Dziembowski vient de donner une belle histoire de *La guerre de Sept Ans*, dont il englobe tous les horizons, accordant une portée très large à la campagne de l'automne 1757, et aux deux batailles de Rossbach et Leuthen, « *qui ont fait l'effet d'un gigantesque coup de tonnerre dans un ciel serein* », et deviennent « *le bourbier germanique* », qui ouvre le temps des « *désillusions françaises* »[10]. Avec les travaux d'Hervé Drévillon et de ses étudiants, l'histoire militaire inscrit désormais ses réflexions sur l'événement court qu'est la bataille, simple moment d'une guerre, dans le temps plus long de l'histoire qui devient naturellement le sien.

L'historiographie allemande l'avait déjà bien compris avec une série d'auteurs militaires de l'époque de l'Unité allemande puis de l'Empire, enfin des historiens de l'entre-deux-guerres, fascinés par la personnalité de Frédéric II, dont le règne, les œuvres et les victoires forment le socle de la nouvelle Allemagne – même pour Arnold Berney[11], contraint à se démettre de l'Université de Fribourg, et en 1939 à l'exil en Palestine. Ainsi se succèdent les travaux consacrés à la grandeur militaire de la Prusse relevée dès les lendemains de la bataille de Leipzig, la victoire qui fonde la nouvelle histoire nationale et militaire de la Prusse au XIXe siècle, jusqu'aux travaux du baron Colmar von der Goltz qui fait le lien symbolique entre Rossbach et Iéna, et ceux beaucoup plus récents de Horst Moeller, qui recouvrent exactement la période des lendemains de la guerre de Sept Ans à la Prusse de 1815, l'une des quatre puissances victorieuses de Napoléon. Ils font de la guerre de Sept Ans le socle de la puissance acquise par la Prusse, autour de laquelle se fonde l'Allemagne du XIXe siècle, devenue le IIe Reich après la guerre de 1870-1871[12]. Cette puissance est militaire, et se dresse encore deux fois contre la France, en 1914 puis en 1939, alors dans des circonstances qui permettent à Marc Bloch de faire, en 1942, un lien entre la défaite de juin 1940 et celle de novembre 1757.

---

7. André Corvisier (dir.), *Histoire militaire de la France*, tome 2, *De 1715 à 1871*, J. Chagniot, « Les campagnes », p. 92, et « Les rapports entre l'Armée et la Société à la fin de l'Ancien Régime », p. 103-128.

8. Général Pajol, *Les Guerres sous Louis XV*, Paris, Firmin-Didot, 1881-1891, vol. IV (1749-1759), chapitre 4, « La guerre de Sept Ans de juin 1757 à décembre 1757 », p. 128-177.

9. Richard Waddington, *La guerre de Sept Ans : histoire diplomatique et militaire*, vol. I, *Les Débuts*, Paris, Firmin-Didot, 1899, p. 616-637.

10. Edmond Dziembowski, *La guerre de Sept Ans*, Paris, Perrin, Ministère de la Défense, 2015, p. 251-254, puis p. 382 et 387.

11. Arnold Berney, *Friedrich der Große. Entwiclunkgsgeschichte eines Staatesmanns*, Tübingen, Mohr, 1934.

12. Colmar von der Goltz, *Rosbach et Iéna, État physique et intellectuel de l'armée prussienne pendant l'époque de transition du XVIIIe au XIXe siècle* ; traduction française, Paris, W. Hirischen, 1890 ; Horst Möller, *Fürstenstaat oder Bürgernation...*, Berlin, Siedler Verlag, 1989.

Dans un moment où « l'histoire-bataille » si longtemps contestée par l'École des Annales et ses héritiers laisse enfin place à une « nouvelle histoire-bataille », qu'il suffirait d'appeler une « histoire des batailles », le temps est peut-être venu d'une relecture de Rossbach. Au-delà de sa réduction à une fuite honteuse et confuse des Autrichiens et des Allemands puis des Français de l'armée combinée, dont le responsable ne serait que le général français qui la commande en second, le prince de Soubise, dont la personnalité, trop chansonnée et pourtant remarquable à beaucoup de points de vue, ne peut se contenir dans l'affirmation sommaire de son incapacité, il conviendrait d'abord peut-être d'avoir un autre regard, sans contester les fautes commises par le prince le 5 novembre 1757 – mais sans négliger tout à fait le propos de Jean-Baptiste Capefigue, historien et plumitif passé par l'École royale des Chartes en 1820-1822, monarchiste notoire et engagé, qui écrit, presque le seul à l'oser, « *le prince de Soubise, tant chansonné, était un brave soldat* », et plus loin il ajoute que « *lors de la journée malheureuse de Rossbach, [il] chargea trois fois les Prussiens avec trois escadrons de cavalerie, puis se mit à la tête de deux régiments d'infanterie suisses d'élite* »[13].

Et au-delà du récit même de la bataille, dans un temps où l'Allemagne n'est plus l'ennemie de la France, il est possible de replacer Rossbach dans la vraie position qui justifie son écho dans l'histoire : l'avènement en Europe d'une Prusse qui devient mère d'un patriotisme allemand tourné d'abord contre la prééminence autrichienne, puis qui, par sa puissance militaire, révélée à Rossbach – et un mois plus tard à Leuthen – se donne pour deux siècles une place prééminente dans l'histoire de l'Europe et du monde.

13. Jean-Baptiste Capefigue, *Le maréchal de Richelieu*, Paris, Amyot, 1857, p. viii et p. 146.

PREMIÈRE PARTIE

Avant la bataille : Paix et Guerre, 1748-1757

Chapitre 1

1748-1756. Les deux révolutions diplomatiques

Au milieu du XVIIIe siècle, la puissance militaire de la France repose sur le bilan des campagnes du maréchal de Saxe, mort à la fin de l'année 1750 – on a oublié les déconvenues qui les ont précédées, la retraite de Bohême en 1742, la défaite de Dettingen en 1743. Sa puissance diplomatique repose sur ses alliances, dont le système général se trouve remis en cause, puis bouleversé par ce que l'historiographie française a appelé « le renversement des alliances », et l'historiographie allemande « la Révolution diplomatique », formule maintenant plus volontiers retenue, qu'on peut corriger en parlant de deux « Révolutions diplomatiques ». Là se trouve la clef sinon d'une déroute honteuse inattendue, au moins de l'importance qu'elle a prise dans l'histoire.

Ces deux révolutions successives couvrent la période qui, en gros, s'étend de la gloire immense de la victoire du maréchal de Saxe à Fontenoy, le 11 mai 1745, à la défaite du prince de Soubise à Rossbach[1], le 5 novembre 1757, dont l'écho en France prend une importance presque comparable. Plus étroitement, elles se situent exactement entre le Traité d'Aix-la Chapelle, dont la signature générale se fait le 18 octobre 1748, et le premier Traité de Versailles, le 1er mai 1756. Le Traité d'Aix-la Chapelle initie une première Révolution diplomatique dont l'Europe n'a pas senti la portée. Le premier Traité de Versailles, et l'année suivante le second Traité de Versailles, constituent une seconde révolution diplomatique, immédiatement cadre d'une guerre européenne. Ensemble, ces deux révolutions constituent le grand « renversement des alliances » : huit années les séparent, qui ont vu la France s'allier avec l'ennemi combattu depuis plus de deux siècles, « l'ennemi héréditaire par excellence », succédant dans cette position à l'Angleterre, l'ennemie de la guerre de Cent Ans, c'est l'Empire, dont l'empereur François Ier fait à peine semblant d'exercer un pouvoir qu'il abandonne à son épouse, l'impératrice Marie-Thérèse, reine de Hongrie et de Bohême, archiduchesse d'Autriche.

1. « Rossbach », ou *Roßbach*, orthographe actuelle ; « Rosbach » au XVIIIe siècle.

Elles ont vu ainsi abandonner l'alliance avec la Prusse, plus circonstancielle puisque liée aux circonstances de la guerre de Succession d'Autriche, concrétisée par un traité du 5 juillet 1741, renouvelée par un nouveau traité du 5 juin 1744 qui doit arriver à son échéance en 1756. Une alliance que la politique personnelle du roi de Prusse Frédéric II exclusivement fixée sur la conquête de la Silésie rendait assez incertaine, malgré l'admiration que suscitent déjà son armée et ses victoires. Le sentiment d'avoir « fait la guerre pour le roi de Prusse » provoqué par les clauses de la paix, en particulier l'abandon des Pays-Bas, la conquête glorieuse de Maurice de Saxe, pendant que Frédéric II conserve la Silésie, avait créé une énorme désillusion. Le Bien-Aimé, roi de gloire en 1745, qui se serait voulu roi pacificateur en 1748, est entré dans une phase sensible de « désamour », selon le mot de Pierre-Yves Beaurepaire[2], qui marque en profondeur les années 1748-1756, au point que le jeu diplomatique du roi, d'ailleurs trop secret, ne peut plus créer une situation favorable lorsque commence, entre 1754 et 1756, cette nouvelle guerre qui allait durer Sept Ans.

1748. La paix d'Aix-la-Chapelle, ou la révocation du droit de conquête, première révolution diplomatique

Une des raisons qui transforme la défaite de Rossbach en événement majeur de l'histoire de l'Europe, est sans doute, d'abord, que personne ne l'a vue venir. Il est tentant, après coup, de se convaincre que tout l'annonçait, pour les témoins comme pour les historiens, qui recherchent tout ce qui, dans le dernier siècle de l'Ancien Régime annonce sa chute prochaine. Prédire l'avenir quand il est passé est une facilité de pensée et d'écriture très commune. S'il n'est pas nécessairement avisé de faire un tableau général de la France au milieu du XVIIIe siècle pour introduire la bataille de Rossbach, quelques mots peuvent aider à en comprendre l'impact sur l'opinion – et il sera plus avisé de revenir sur ce tableau pour comprendre la défaite après qu'elle ait eu lieu.

La France de Louis XV en 1748, première puissance européenne

S'il est une certitude que partagent tous les Européens, avant la bataille, au milieu du XVIIIe siècle, c'est bien que le royaume de France est la première puissance de l'Europe. Seuls, les Anglais peuvent se convaincre que c'est le royaume d'Angleterre, parce qu'ils ont une vision maritime du monde que ne partage aucune des puissances continentales. Mais le roi George II, toujours duc de Brunswick-Lunebourg et prince-électeur de Hanovre, encore trop Allemand pour être tout à fait Anglais, manque de prestance et de prestige. Âgé de 65 ans en 1748, l'Angleterre vaincue dans les campagnes des Pays-Bas entre 1744 et 1748, il n'a pas la grandeur du roi Louis XV, son vainqueur, âgé de 38 ans, souverain absolu d'un royaume peuplé, prospère, puissant et brillant.

---

2. Référence générale : Pierre-Yves Beaurepaire, *La France des Lumières, 1715-1789*, Paris, Belin, 2011 : chapitres IV, « De la Gloire de Fontenoy au désamour du Bien-Aimé », p. 179-228, et V, « Au mitan du siècle », p. 229-271.

Sans doute, Louis XV, intelligent mais indolent, partagé entre l'influence dévote de sa famille et déjà celle de sa nouvelle maîtresse, la marquise de Pompadour, n'a pas la personnalité « solaire » de Louis XIV. Sans doute, il n'est pas le monarque idéal que Montesquieu, auteur de *L'Esprit des Lois* en 1748, décrit dans *Arsace et Isménie*, petit conte dont la date d'écriture est assez incertaine, 1742 selon Daniel Roche, et peut-être repris en 1747. Mais il reste un monarque absolu, résolu en 1743 à exercer son métier de souverain, ne donnant pas de successeur au cardinal de Fleury. Sans doute, il a le tempérament secret, et travaille seul en son cabinet, ou en tête-à-tête avec ses ministres, qu'il préfère aux conseils, il perpétue le pouvoir personnel. Mais il reste environné par la Cour, lieu de coteries, avec le partage entre l'aristocratie de l'épée et la robe de l'office. Selon l'excellente formule de Daniel Roche, « *le roi garde son côté traditionnel, il fait régner, maintient l'équilibre entre les corps et fait, en arbitre, respecter droits et privilèges, mais il est aussi centralisateur, étatique, uniformisateur, interventionniste* »[3].

Avec autour de vingt-cinq millions d'habitants, la France est le pays le plus peuplé d'Europe – presque un Européen sur quatre est français – ce qui lui permet d'entretenir des armées nombreuses, en même temps que ses paysans entretiennent les campagnes, que son peuple des villes fournit de la main-d'œuvre aux grandes manufactures naissantes, et que son élite donne à la science, aux lettres et aux arts un éclat remarquable. Ce n'est pas un hasard si l'on a parlé du « siècle de Louis XV », après avoir parlé du « siècle de Louis XIV ». En face d'elle, à cette époque, la Prusse compte un peu plus de deux millions et demi d'habitants, dix fois moins. L'agriculture française reste sans doute soumise aux saisons, elle a une dominante vivrière, mais déjà les premiers agronomes se penchent sur des progrès sensibles, c'est en 1756 à Rennes que se trouve créée une première Société d'Agriculture, suivie d'une seconde en 1757 à Tours, le vent nouveau de la physiocratie et de l'agromanie souffle déjà. Les grandes manufactures tardent sans doute à suivre le modèle anglais, mais le grand commerce maritime, et en particulier le commerce colonial, assure la prospérité des grands ports, et celle-ci se marque aussi dans certaines grandes villes de l'intérieur, en particulier grâce à l'œuvre d'une exceptionnelle génération de grands Intendants – qu'il n'est pas possible de citer tous, retenons Bertier de Sauvigny père à Paris de 1744 à 1766, Beyrrier à Poitiers, de 1743 à 1748 et Blossac après 1750, Tourny à Bordeaux de 1743 à 1757, Savalette à Tours de 1745 à 1756…

Faut-il insister sur la place culturelle de la France en Europe ? Versailles avec Louis XIV avait donné un modèle à tous les arts. La langue française règne dans toutes les aristocraties, dans beaucoup de cours, c'est l'une des langues de Frédéric II, c'est la langue des Académies scientifiques. Si l'on excepte le domaine particulier de la musique, dominé par les Italiens – Vivaldi, le compositeur universel, mais il est mort à Vienne – et les Allemands, de Bach à Glück, la pensée française devient la matrice de la pensée européenne grâce à *L'Encyclopédie*, précédée par Montesquieu, que toute l'Europe a lu, et qui a lui-même voyagé entre 1728 et 1731 en Allemagne, à Vienne, en Hongrie, dans les républiques italiennes, dans les Provinces Unies, enfin

3. Daniel Roche, *La France des Lumières*, Paris, Fayard, 1993, p. 230-237, citation p. 236.

en Angleterre dont il a découvert le système politique ; précédée aussi par l'abbé de Saint-Pierre, que presque personne n'a lu, malgré l'édition générale de ses innombrables projets entre 1727 et 1741 [4] ; puis accompagnée par Voltaire qui a, comme Montesquieu, mais dans un autre contexte, pris les leçons de l'Angleterre entre 1726 et 1729 ; enfin Rousseau, plus jeune, citoyen de Genève, arrivé à Paris en 1742. *L'Encyclopédie* qui fait des Lumières un courant européen – *Enlightenment, Aufklärung, Illuminismo, Ilustracion* – et du « philosophe » non pas une exception française, mais un modèle français, en particulier dans les pays de l'Allemagne, avant que celle-ci ne s'engage dans la voie d'une radicalisation des Lumières, le *Sturm und Drang* (Tempête et Passion), qui doit son nom, en 1776, à une pièce de théâtre de Friedrich Maximilian Klinger.

Ira-t-on jusqu'à dire que la France domine aussi l'Europe militairement, au point que l'on redoute ses armées et ses généraux ? Louis XV est au moins le vainqueur de la guerre de Succession d'Autriche, et en 1748, il a encore à ses côtés le maréchal de Saxe, maintenant maréchal-général de ses armées. Par les liens affectueux que celui-ci entretient avec son demi-frère, le roi de Pologne Auguste III, prince-électeur de Saxe, il connait bien l'Allemagne et les cours allemandes. En 1749, il se rend à Dresde, et profite de son séjour pour aller rencontrer Frédéric II à Potsdam, en son château de Sans-Souci, le 15 juillet. Le roi est enchanté d'échanger avec ce spécialiste reconnu de la guerre, sujet auquel il vient de consacrer son ouvrage achevé en 1748, mais non publié, *Principes généraux de la Guerre* dans lequel il récuse la guerre de siège à laquelle il préfère des offensives très amples, une sorte de guerre de mouvement qui ait pour corollaire des batailles décisives et non les batailles inutilement meurtrières que se livrent les armées en ligne mince statique. Ils n'oublient, ni l'un ni l'autre, qu'ils sont alors des alliés. Ce que ni l'un ni l'autre ne pouvait savoir, c'est que le maréchal allait mourir le 30 novembre 1750, pleuré par Louis XV, ce roi sensible, qui fait ce jour une perte considérable. Sept ans plus tard, les soldats qui passent à Strasbourg pour former l'armée de la campagne d'Allemagne mise sous le commandement de Soubise, vont se recueillir devant son tombeau au temple Saint-Thomas.

La « paix de roi », « révolution totale dans les cabinets »

Si l'on s'en tient au cadre d'un entre-deux-guerres qui règle l'évolution des relations internationales, on peut dire que tout commence le 15 mai 1748. Maurice de Saxe, immense vainqueur de la guerre dont les clauses de paix entrent en négociation, auréolé des victoires de Fontenoy, Raucoux et Lawfeld, de la conquête des Pays-Bas, celui qui a fait entrer Louis XV en vainqueur à Bruxelles qu'aucun roi de France n'avait jamais prise, s'adresse avec un immense dépit au comte de Maurepas lorsque les préliminaires lui font comprendre l'intention de Louis XV : abandonner sa conquête, la restituer à sa souveraine vaincue : « *Je ne connais rien à votre diable de politique ; je vois, je sais que le roi de Prusse a pris la Silésie et qu'il l'a gardée et je voudrais que nous puissions en faire de même. Au bout du compte, il n'est*

4. Abbé de Saint-Pierre, *Ouvrages de Politique*..., édition de ses œuvres complètes en XVI volumes, Rotterdam, Beman, entre 1729 et 1741.

pas si fort que nous... »[5]. Le 18 octobre 1748, le Traité d'Aix-la-Chapelle confirme la décision du roi.

Très mal reçue par l'opinion, la paix d'Aix-la-Chapelle semble être le premier moteur d'un déclin rapide de la popularité du roi « Bien-Aimé », que les autres difficultés du royaume viennent aggraver. Une paix dont Louis XV est le véritable artisan, qui impose sa volonté pacificatrice sans avoir pris la peine de l'exposer, s'en tenant au secret de son cabinet – et de son tempérament. Il est sensible à l'atmosphère nouvelle qui règne en Europe depuis 1713, que note avec beaucoup de hauteur Mably dans le supplément au *Droit public de l'Europe*, consacré aux traités de 1748 et 1763 : « *Après la paix d'Utrecht, il se répandit un nouvel esprit dans l'Europe. On dirait que les États, lassés de leurs ambitions et des maux qu'ils avaient soufferts, avaient enfin compris que leur constitution ne leur permet pas d'être conquérants, et que la guerre ne pouvait agrandir leur fortune* »[6]. Louis XIV à sa mort regrette lui-même d'avoir trop aimé la guerre... Son arrière-petit-fils aurait-il retenu la leçon ? A-t-il compris que vainqueur, il peut se faire le maître d'une paix européenne à laquelle il donne un visage nouveau ? « On restituera de part et d'autres toutes les conquêtes » – authentique coup de tonnerre d'une authentique révolution dans les usages immémoriaux de la guerre et de la diplomatie[7]. C'est le secret de la pensée de Louis XV, ou avec les mots d'aujourd'hui « la révocation du droit de conquête » – immense progrès dans le droit des gens –, que le comte de Saint-Séverin présente aux plénipotentiaires réunis à Aix-la-Chapelle, ébahis, en déclarant simplement que « *Sa Majesté très Chrétienne a le souci de faire la paix non en marchand, mais en roi* ».

Les préliminaires du 11 mai 1748 ont conduit à cette « paix de roi » signée le 18 octobre au cours de négociations menées à la suite des premiers entretiens entre le marquis de Puysieux, successeur du marquis d'Argenson aux Affaires étrangères en décembre 1746, représenté aux négociations, aux côtés du comte de Saint-Séverin, par Jean Gabriel de la Porte du Theil. Lord Sandwich, pour l'Angleterre, est accompagné par le chevalier Thomas Robinson. L'Impératrice-Reine est représentée par Wenzel Anton von Kaunitz-Rietberg l'ancien gouverneur de Bruxelles, remarquable diplomate, qui, le premier, a compris qu'il n'y a rien à espérer de l'alliance anglaise. Les Anglais veulent simplement conclure rapidement, avant que les troupes russes d'Elisabeth Petrovna n'interviennent activement au secours de l'Autriche. Louis XV a compris, comme Marie-Thérèse, qu'elle ne retrouvera pas la Silésie. L'Espagne, les États-Généraux, la République de Gênes, même le duché de Modène sont représentés. Reconnaissant enfin l'élection de François de Lorraine à l'Empire, Louis XV se donne alors la stature d'un arbitre entre toutes ces puissances, grandes et petites : entre Espagne et Empire, entre Saxe et Autriche, entre France d'un côté, Angleterre, États-Généraux et Autriche de l'autre. Vainqueur, il impose aux Habsbourg une paix française, en définissant pour

---

5. Maurice de Saxe. Lettre adressée au comte de Maurepas, au camp sous Maastricht, 15 mai 1748. Dans Jean-Pierre Bois, *Maurice de Saxe*, Paris, Fayard, 1992, p. 420-421.

6. Gabriel Bonnot de Mably, *Le droit public fondé sur les Traités*, Amsterdam, Arkstée et Merkus, 1766, t. III, p. 18.

7. Jules de Clercq, *Recueil des traités de la France*, Paris, A. Durand et Pedone-Lauriel, tome I : *1713-1802*, Paris, 1880, p. 60. Article 2 des Préliminaires de la Paix d'Aix-la-Chapelle.

la première fois de l'histoire de l'Europe des rapports européens fondés sur l'équilibre – *balance of powers* en anglais, *Gleichgewicht* en allemand –, et non sur la puissance. Les absents n'ont pas toujours tort : la Prusse conserve une conquête territoriale, la Silésie, rançon du droit du plus fort.

À cette réserve près, la répudiation du droit de conquête constitue la première révolution diplomatique[8]. Louis XV ne se contente pas de rendre l'intégralité des Pays-Bas autrichiens à l'Impératrice-Reine, sans même conserver Tournai, clé de l'ensemble du dispositif tactique de la défense de la frontière ; le roi Ferdinand VI d'Espagne obtient que le royaume des Deux-Siciles soit garanti à Don Carlos, et que Don Felipe reçoive les duchés de Parme et de Plaisance ; le roi de Sardaigne récupère Nice et l'ensemble de ses territoires alpins, le duc de Modène est remis en possession de son petit duché. Enfin Louis XV rend aussi à George II Louisbourg et l'Île royale, au Canada, ainsi que Madras en Inde. Les îles contestées entre France et Angleterre – la Dominique, Sainte-Lucie, Saint-Vincent et Tobago – sont déclarées neutres. Une paix française qui est européenne et dépasse même les limites de l'Europe, et qui n'est marquée que par la seule conquête de la Silésie par Frédéric II. Aux yeux de l'opinion, une « paix pour le roi de Prusse ». C'est bien l'opinion du marquis d'Argenson, ulcéré de voir cette paix qui lui paraît infiniment moins avantageuse que les conditions que lui-même, prétend-il, aurait pu obtenir avant son éviction, et qui juge très sévèrement « ce désintéressement inattendu ». « *Le roi de Prusse conserva cette Silésie dont la possession faillit depuis lui coûter si cher. L'Europe entière resta sous les armes, et les souverains entretinrent en pleine paix un million d'hommes sous les armes ; tant ils avaient de confiance en la bonne foi les uns des autres. Enfin, l'on eut grand soin de conserver par défaut de limitation entre les provinces anglaises et françaises de l'Amérique du Nord un germe de discussions nouvelles que l'on pût faire éclater au besoin.* » Sans spéculer sur l'avenir, le mot par lequel d'Argenson conclut sa philippique est le bon : « *Il y eut révolution totale dans les cabinets* »[9].

Derrière cette paix de roi, il y a des avantages : la France doit bientôt s'agrandir de la Lorraine, l'ancien duché de François III, maintenant empereur François Ier. Louis XV tient à faire cet agrandissement sans provoquer une nouvelle crise européenne – alors que l'annexion des Pays-Bas aurait inévitablement entraîné une guerre de revanche de l'Autriche, sinon une hostilité active de la part de l'Angleterre et des Provinces Unies qui n'auraient pu tolérer qu'Anvers devienne un port français. Au reste, la puissance des Habsbourg en Allemagne est sérieusement atteinte. Le Saint-Empire n'a pas suivi l'Autriche dans sa guerre contre la France, la Saxe a pris le statut d'intermédiaire diplomatique indépendant, le Hanovre reste au service des intérêts de l'Angleterre. Mais il y a aussi, derrière la position adoptée par Louis XV, une vue historique pénétrante : les victoires des années 1745-1748

---

8. Sur le développement de cette perspective, voir Jean-Pierre Bois, *Fontenoy, 1745. Louis XV, arbitre de l'Europe*, Paris, Economica, 1996, p. 128-131.

9. *Mémoires du marquis d'Argenson*, publiés en 1785 sous le titre *Essais dans le goût de ceux de Montaigne*, repris sous le titre *Mémoires* par René d'Argenson, Paris, Baudouin frères, 1825, différent du *Journal et Mémoires*, ci-dessous, notice p. 57-58.

peuvent mettre fin à deux siècles d'affrontements entre les deux plus puissantes maisons d'Europe – et en même temps prendre acte de la disparition de la cause initiale du conflit qui n'existe plus depuis que les Bourbons ont occupé le trône d'Espagne. On peut même aller plus loin, et suivre Emmanuel Le Roy Ladurie dans son analyse pénétrante et novatrice : Louis XV, héritier du royaume de Louis XIV, le roi fortificateur et conquérant, considère « l'hexagone » français, successeur du « pentagone » du XVIe siècle, enfin achevé. Et il a compris, avant tout le monde, que la puissance impériale est désormais fracturée ; que dans l'immense Empire, une Allemagne est en train de naître en se ralliant à une nouvelle puissance, le royaume de Prusse. « *La Prusse, devenue maîtresse de la Silésie, apparaît maintenant comme une forte puissance militaire, au centre du dispositif international. Elle s'est faufilée dans le club des grands* »[10]...

Incertitudes, ambiguïtés, mécontentements...

Le temps des retrouvailles avec l'Autriche serait-il déjà venu ? Si l'absence de la Prusse à Aix-la-Chapelle est déjà une fêlure, la rupture de l'alliance franco-prussienne est peut-être inscrite en filigrane dans cette première révolution diplomatique. Quoi qu'il en soit, roi ou marchand, Louis XV a immensément déçu, sans doute d'abord parce qu'il ne s'est pas expliqué. Lorsqu'il écrit le 5 mai 1748 au roi d'Espagne que le peu de bénéfice qu'il tire de la paix tient à ce qu'il a été conduit par la pitié pour ses peuples et la religion, il est à peine crédible, même quand on se souvient qu'il a grandi dans l'ombre du pacifique cardinal de Fleury : jamais encore un système politique international n'a pu se réduire à des raisons de sensibilité et de morale, voire de justice et d'humanité. Même en se faisant l'avocat d'une paix perpétuelle, l'abbé de Saint-Pierre, trente ans plus tôt, faisait valoir l'intérêt matériel qu'y trouveraient les rois, le seul argument qui lui permette d'espérer leur adhésion au *Projet* qu'il propose entre 1713 et 1717[11]...

La paix de 1748 laisse effectivement bien des questions en suspens. En particulier, la question des frontières entre possessions françaises et anglaises dans « *les vastes solitudes de l'Amérique du Nord* »[12], dont l'imprécision a été, depuis les traités d'Utrecht, la cause d'incessantes discussions et réclamations, et qui se pose directement lorsqu'il est question de la ligne de démarcation entre les terres du Mississipi et celles du golfe Saint-Laurent, cette haute vallée de l'Ohio habitée, ou plutôt parcourue par les tribus indiennes – ces « sauvages », qui peuvent être de redoutables alliés, des partenaires commerciaux, ou un réservoir d'âmes à convertir, mais auxquels on apporte en priorité des armes, des barils de rhum, et des microbes... L'article 9 du Traité d'Aix-la-Chapelle, en ordonnant la restitution des conquêtes faites en Amérique, stipulait que « *toutes choses d'ailleurs seraient remises sur*

10. Emmanuel Le Roy Ladurie, *L'Ancien Régime*, t. II, *L'absolutisme bien tempéré (1715-1770)*, Paris, Hachette, coll. Pluriel, 1991, p. 143-152, cit. p. 147.

11. Abbé de Saint-Pierre, *Projet pour rendre la paix perpétuelle en Europe*, 3 vol., Utrecht, Antoine Schouten, 1713-1717. Voir Jean-Pierre Bois, *L'abbé de Saint-Pierre, entre classicisme et Lumières*, Ceyzérieux, Champvallon, 2017.

12. L'expression est de Richard Waddington, *Louis XV et le renversement des alliances. Préliminaires de la guerre de Sept Ans*, 1754-1756, Paris, Firmin Didot, 1896, p. 1.

le pied qu'elles étaient ou devaient être avant la guerre ». Ces termes, écrit cinquante ans plus tard Christophe-Guillaume Koch, spécialiste du droit des gens à l'Université luthérienne de Strasbourg, « *ne laissèrent pas d'ouvrir une ample carrière à la cupidité anglaise, et lui servirent de prétexte pour se permettre journellement de nouvelles entreprises contre les Français dans les contrées septentrionales de l'Amérique, dont les limites n'avaient jamais été réglées par aucun traité* »[13].

Les premières réactions du « public », enregistrées d'après la *Gazette de France* par Barbier, le chroniqueur du règne de Louis XV, sont très défavorables, et affectent directement le prestige du Bien-Aimé, joué par le roi de Prusse. « La vilaine paix », écrit le comte d'Argenson, « bête comme la paix » disent les chansons parisiennes ou les injures qu'échangent entre elles les dames des halles[14]. Le jugement de Voltaire est de plus grande profondeur : « *Après cette paix [...], l'Europe chrétienne se trouva partagée entre deux grands partis qui se ménageaient l'un l'autre, et qui soutenaient chacun de leur côté cette balance, le prétexte de tant de guerres, laquelle devait amener une éternelle paix* »[15]. Moins de dix ans plus tard, la défaite de Rossbach brouille totalement les cartes... Pour Louis le Bien-Aimé, le temps du désamour est arrivé...

1756. Le Traité de Versailles, ou le renversement des alliances, seconde révolution diplomatique

Le désamour, au temps de la marquise de Pompadour

À cet état d'esprit, d'autres causes de politique intérieure ajoutent bien d'autres raisons de mécontentement, qui se superposent sans qu'il soit vraiment possible de les hiérarchiser. La haute figure du comte d'Argenson domine alors le gouvernement du royaume[16]. D'une famille qui sert la monarchie dans ses plus hautes charges depuis cinq générations, Marc-Pierre de Voyer de Paulmy, comte d'Argenson, ancien lieutenant-général de police de Paris en 1720, Intendant de la généralité de Tours en 1721, de retour à Paris, puis conseiller d'État en 1724, et chancelier du duc d'Orléans jusqu'en 1743, enfin Intendant de Paris en 1740, avait remplacé Breteuil au ministère de la Guerre en 1743, son frère aîné René-Louis étant appelé aux Affaires étrangères. Celui-ci est disgracié en 1747. Au renvoi de Maurepas en 1749, le comte d'Argenson devient le ministre le plus important. C'est à lui que l'opinion impute le sacrifice de la conquête militaire sur l'autel de la paix. Louis XV lui-même ne lui a jamais donné le titre de Premier ministre, ni celui de duc et pair, et sentant ses réserves devant le tournant pris par ses relations avec l'Autriche, il le disgracie en 1757, et l'exile sur ses terres.

---

13. Christophe-Guillaume Koch, *Abrégé de l'histoire des Traités de paix entre les puissances...*, Bâle, J. Decker, vol. II, *1796*, p. 83-84.

14. René-Louis d'Argenson, *Journal et Mémoires*, Paris, Jeannet, 1857-1858, t. III, p. 226.

15. E.-J.-F. Barbier, *Chronique de la Régence et du règne de Louis XV (1718-1763)*, ou *Journal de Barbier*, tome IV : *1745-1750*, Paris, Charpentier, 1858, p. 298 et 316.

16. Yves Combault, *Le Comte d'Argenson, ministre de Louis XV*, Paris, École des Chartes, 1999.

Son hostilité au renversement des alliances a été l'une des causes de son renvoi. Mais aussi l'inimitié de la marquise de Pompadour, entrée en Cour en 1745, qui commence à s'arroger, ou à laquelle on attribue, après 1748, un rôle assez rapidement devenu majeur dans la diplomatie royale, ce qui aggrave son impopularité naissante. Non que l'existence de maîtresses royales soit une nouveauté – Louis XV n'en a pas manqué, parmi lesquelles ont déjà compté les quatre filles du marquis de Nesle, successivement la duchesse de Lauragais, Mme de Mailly, Mme de Vintimille, la duchesse de Châteauroux[17]. Mais Jeanne-Antoinette Poisson, d'origine roturière incertaine, devenue Mme d'Etiolles par son mariage en 1741, créée en 1745 marquise de Pompadour par le roi, reçoit dans sa position de favorite de nombreux hommages encore en 1749 ou 1750, poétiques ou musicaux, en exemple la dédicace d'un ballet héroïque, *Le carnaval du Parnasse*, par Joseph Cassanéa de Mondeville, de l'entourage de Jean-Philippe Rameau, représenté à l'Académie royale de Musique le 23 septembre 1749[18]. Écartée des plaisirs du roi, elle en reste l'organisatrice à défaut d'en être l'actrice, et entretient au Parc-aux-Cerfs celles qui lui succèdent pour satisfaire les passions de Louis XV – qui n'ont rien de bien différent des turpitudes des princes du sang et des grands, d'ailleurs. Elle est rapidement devenue la bête noire des dévots de l'entourage royal, au premier rang desquels se trouvent ses confesseurs jésuites. D'autant plus qu'elle apporte son soutien aux gens de lettres et au milieu des Encyclopédistes, ayant favorisé la publication en 1751 des deux premiers volumes de l'ouvrage, interdits en 1752[19].

Pourtant, c'est surtout parce qu'elle passe du domaine des plaisirs au crédit politique, au point que Louis XV ne semble même plus accomplir ses devoirs de souverain, qu'elle concentre toute l'impopularité montante du roi. C'est elle qui favorise la carrière du cardinal de Bernis, comme ensuite celle du duc de Choiseul, auxquels elle impose son influence, au point d'attirer sur elle les critiques qui s'adressent en réalité aux ministres ou au roi. Le premier, comme le prince de Soubise dont la propre carrière doit beaucoup à la marquise, incarne tous les contrastes du XVIIIe siècle, une époque faite pour les grands seigneurs qui ont le sens du monde, et une lignée aristocratique qui leur donne souvent le sens du devoir à défaut d'en avoir toujours les qualités – rien des petits marquis de cour traditionnellement décriés, ambitieux et remplis de morgue, avides et sans grandeur. Mais Bernis, encore un abbé de lettres qui passe par l'étape de l'élection à l'Académie française, toujours pauvre quand la marquise le rencontre, noue avec elle une amitié qui le transforme en abbé de cour, meilleure voie pour l'accès aux fonctions. C'est par elle qu'il obtient l'ambassade de Venise en 1752, puis l'ambassade d'Espagne en 1755, magnifique promotion, à un poste qu'il n'occupe d'ailleurs pas puisque sa protectrice lui obtient alors une autre mission capitale, qui le met au cœur de la politique européenne.

---

17. À lire, Camille Pascal, *La chambre des dupes*, Paris, Plon, 2020, récit romancé d'une fête perpétuelle, où se mêlent plaisirs, intrigues, complots et dévotion.

18. *Le carnaval du Parnasse, ballet héroïque dédié à Madame la marquise de Pompadour, mis en musique de Monsieur de Mondeville…*, Paris, Boivin et Leclerc, 1749.

19. Voir Robert Muchembled, *Madame de Pompadour*, Paris, Fayard, 2014, ou Evelyne Lever, *Madame de Pompadour*, Paris, Perrin, 2000.

Le moment est mauvais. La monarchie subit les pressions d'un parti « dévot » en partie incarné par le Dauphin, celui-ci relativement discret, et se trouve en même temps en butte aux attaques des jansénistes, relancées depuis 1746 par l'affaire des billets de confession que Mgr de Beaumont prétend exiger sous peine de refus des derniers sacrements. Il s'agit de lutter contre le clergé janséniste, mais la question prend plus d'importance en 1752 quand elle s'ajoute à la volonté de l'archevêque de Paris de combattre désormais les idées « philosophiques », et au moment où la mort du père Ignace Le Mère, sans billet de confession, et donc sans sacrement, déclenche une crise ouverte. Le Parlement intervient, en faveur des jansénistes, défi direct à l'autorité royale qui s'accompagne d'un flot de pamphlets et libelles. Le roi exile les parlementaires en mai 1753, le conflit s'étend aux parlements de province, prend une dimension inquiétante. Le roi sait qu'entre l'affirmation de son autorité avec des mesures coercitives, et la recherche d'un apaisement qui, interprété comme une preuve de faiblesse, tout viendra encore dégrader son image. Il recule finalement en 1754, ce qui n'apaise pas ce conflit, dans lequel il a perdu le soutien de l'épiscopat.

En soi, la question religieuse, comme l'agitation parlementaire, ne touche pas aux affaires extérieures. Mais le calendrier est impitoyable : relancé en mars 1755 par un nouvel arrêt du Parlement déclarant que la bulle *Unigenitus* n'a pas le caractère d'une règle de foi, l'affrontement avec le Conseil du Roi reprend, et déborde maintenant le champ religieux. Les Parlements visent la création du second vingtième, au moment où la guerre vient de commencer officiellement, après deux années d'affrontements couverts dans les colonies et sur mer – alors que l'adoption du premier vingtième, en 1749, mis en place par Machault d'Arnouville dans un souci remarquable de ce qu'on appellerait de nos jours la « justice fiscale », avait déjà déclenché une vague de protestations, suivies d'un recul du roi...

C'est dans une atmosphère bien difficile que se trouve ainsi signé, le 1er mai 1756, le Traité de Versailles, couronnement diplomatique du rapprochement entre l'Empire et la France, qui entérine le renversement d'alliances, seconde révolution diplomatique, dans laquelle interviennent directement les autres acteurs des affaires européennes : Frédéric II, roi de Prusse, pourtant longtemps attaché à l'alliance française, mais d'un pragmatisme qui peut être aussi cynique qu'efficace, et l'Angleterre de George II, toujours électeur du Hanovre, roi encore plus allemand qu'anglais, mais qui se sait héritier d'une puissance maritime dont les perspectives sont depuis 1713 résolument aux dimensions nouvelles du monde au deuxième âge des grandes découvertes.

Frédéric II et la seconde Révolution diplomatique

Frédéric II et le Testament politique de 1752, carte des alliances européennes

Deux fois l'allié de Louis XV dans la guerre de Succession d'Autriche, ayant rompu l'alliance une première fois en juillet 1742, une seconde fois en décembre 1745 en traitant directement avec Marie-Thérèse, Frédéric II favorisait exclusivement les intérêts de son royaume, sans être pour autant hostile à la France. Lorsqu'il avait invité Maurice de Saxe en son château de

Sans-Souci, le roi de Prusse avait été impressionné par le maréchal-général. On ne possède pas de relation directe de leur entretien, on ne connait que la lettre adressée par Frédéric II à Voltaire – qui succède à Maurice de Saxe à Sans-Souci en 1750 : « *J'ai vu ici le héros de la France, ce Saxon, ce Turenne du siècle de Louis XV. Je me suis instruit par ses discours non pas dans la langue française, mais dans l'art de la guerre. Ce général pourrait être le professeur de tous les généraux d'Europe* ». On ne saura jamais quels sujets ont été précisément abordés par le roi de Prusse et le maréchal-général des armées du roi de France : entre l'évocation de Fontenoy, les commérages sur les qualités militaires de l'armée impériale, ou le vrai débat de deux tacticiens quand vient d'être publié *L'Art de la Guerre* de Puységur. Ce que l'on sait, c'est que le lendemain, 16 juillet 1749, après le départ du comte de Saxe, Frédéric lui adresse un courrier pour s'excuser de l'avoir « *tenu si longtemps assis* » et fait veiller si tard. « *J'ignorais que cela pût vous incommoder. Je suis si bon allié de la France que bien loin de vouloir ruiner la santé de ses héros, je voudrais leur prolonger la vie* »[20].

Une aussi bonne disposition n'a pas résisté aux intérêts de son royaume. Un royaume dans lequel Frédéric II, toujours entouré non pas d'une cour à la française, mais d'un nombre extrêmement réduit de proches et très fidèles serviteurs, est constamment attentif à l'évolution de la situation internationale. Autour de lui, avec quelques hommes de lettres, de science, ou d'art, ainsi Voltaire, mais aussi Maupertuis, Amédée Van Loo, Samuel Formey secrétaire perpétuel de l'Académie de Berlin, avec lesquels lui-même s'occupe de ses propres écrits, comptent surtout beaucoup de militaires : le baron Georg-Konrad von der Goltz, parfait représentant de l'ancienne aristocratie prussienne, et Friedrich Rudolf von Rothenburg, d'une famille de Silésie, tous deux morts avant la guerre de Sept Ans ; Hans von Winterfeldt, proche conseiller et l'un des rares confidents du roi, qui bénéficie au sein de l'état-major d'une grande autonomie, ancien des guerres de Succession de Pologne et de Succession d'Autriche, et de fait l'un des négociateurs de la convention de Westminster ; le baron Rupert Scipio von Lentulus, à la fois militaire et chargé de missions diplomatiques, présent à Rossbach et à Leuthen ; l'écrivain militaire français Lancelot de Turpin, en 1747 mestre de camp du régiment de hussards qui prend son nom, Turpin Houzards[21], qu'il commande jusqu'en 1761.

Mais les tensions dans le nord de l'Europe deviennent menaçantes, la tsarine Elisabeth Petrovna ayant disposé de la couronne suédoise laissée vacante en 1751 par la mort de Frédérik Ier, veuf d'Ulrike-Eléonore, en faveur du prince-évêque de Lübeck Adolphe Frédéric, de la maison de Holstein-Gottorp, devenu roi Adolphe Ier, envoie des soldats russes à Stockholm, ce qui est une menace directe contre la Prusse. Dans l'été 1752, entre avril et juillet, Frédéric écrit son *Testament politique*, un essai assez long dans lequel il analyse l'état de son royaume, et passe en revue son système administratif,

20. Les deux lettres de Frédéric II, dans Karl von Weber, *Moritz, Graf von Sachsen, Marschall von Frankreich*, Leipzig, Bernhard Tauchnitz, 1863, p. 268-269.

21. Régiment créé en 1734, hussards d'Esterhazy, devenu David, puis Turpin, puis Chamborant, 2e régiment de hussards en 1791.

juridique, financier, ses aménagements intérieurs, ses productions industrielle et agricole, et bien sûr son armée. À quoi il ajoute des développements diplomatiques qui en disent long sur la manière dont il voit l'Europe, et sur ce que sera l'évolution de sa pensée dans les quatre années qui suivent : sans aucune approche de la pensée pacifiste de Louis XV, il la réduit à un système de puissances et d'alliances[22].

D'un côté, les ennemis. L'Autriche est le voisin le plus ambitieux, Marie-Thérèse est occupée à rétablir son armée et ses finances, avec succès. L'Impératrice-Reine révèle sa stature en imposant la réforme préparée par son ministre Frédéric Haugwitz, et en maintenant sur pied une armée de plus cent mille hommes dont les cadres sont formés dans une École militaire créée sur le modèle français, à Wiener Neustadt. Elle conserve la paix jusqu'à ce qu'elle ait réussi à « se fortifier d'alliances » – comme elle l'a fait dans les dix années précédentes, en s'unissant avec la Russie, la Saxe et l'Angleterre. Celle-ci, dont le roi George II, oncle de Frédéric II, déteste la Prusse à cause de la menace qu'elle représente pour le Hanovre, lui paraît dangereuse ; mais, échaudée par ses défaites humiliantes de la guerre précédente, elle semble surtout rechercher maintenant une plus grande liberté d'action sur mer et aux colonies. La Russie est intéressée par l'Europe du Nord et la Pologne, et se range du côté de l'Autriche pour contenir la menace permanente de l'Empire ottoman. Mais elle est « *gouvernée par une femme voluptueuse qui abandonne le soin de ses affaires à un ministre corrompu par d'autres puissances* ». La Saxe d'Auguste III, alliée à la Russie et l'Autriche, n'est pas à redouter. La Hollande n'est qu'un voisin hostile, mais abandonné à l'Angleterre, qui ruine son commerce.

De l'autre, les amis. Sans véritable puissance, le Danemark qui ne rêve que d'abaisser la Suède, et la Suède qui n'a de souci que la Russie. La Pologne, abrutie par son régime, féodale et divisée, n'est pas une puissance. Le Saint-Empire, ou « Corps germanique », distingué de l'Autriche, est surtout remarquable par son morcellement et ses propres divisions. « *Un roi d'Angleterre passe la mer avec un sac de guinées, et des sommes modiques servent à corrompre les plus puissants du Corps germanique.* » Tous sont à vendre, comme les électeurs vendent leurs voix dans le Collège des Princes. Hanovre, Saxe, Bavière, Mayence et Trèves sont alliés à l'Autriche ; Palatinat, Cologne, Wurtemberg et Brunswick sont du parti de la France et de la Prusse. La France, « royaume le plus puissant d'Europe », a tout intérêt à abaisser la maison d'Autriche, donc à soutenir les prérogatives des princes du Saint-Empire, à affaiblir le commerce des Anglais, et à préserver son influence en Europe du Nord. Le 14 février 1753, la Prusse signe à Paris un traité préliminaire de commerce, les relations sont encore bonnes... Mais Frédéric II la voit gouvernée par un prince faible, qui partage son autorité avec ses ministres, et une favorite « qui ne cherche qu'à s'enrichir », et dont les coffres sont épuisés par des courtisans vénaux. Les affaires dépérissent, dans ce pays « dont le plaisir est le dieu ». Et c'est l'époque où Kaunitz,

22. Voir Robert B. Asprey, *Frédéric le Grand*, 1712-1786 (*Frederick the Great*, New York, Ticknor et Fieds, 1986), Paris, Hachette, 1989 pour la traduction française. Le *Testament Politique* est accessible en édition électronique récente, Acatl Éditions, 2013.

grand seigneur pénétré de l'esprit des Lumières, ancien ambassadeur à Rome, Turin, Londres, parlant admirablement le français, négociateur du Traité d'Aix-la-Chapelle, enfin ambassadeur à Versailles entre 1750 et 1753, convertit à ses vues Madame de Pompadour, nettement moins prussophile que le parti philosophique, et qui ne fait pas que s'enrichir mais prend une influence bientôt considérable sur les ministres[23]. Au total, la France n'est pas un bon allié. Ses traités sont conçus de façon à faire porter à ses partenaires les poids des guerres, et à conserver les mains libres pour agir comme elle l'entend.

Quelle est alors la position de la Prusse ? Elle « *ne manquera jamais d'alliés. Pour les choisir, il faut se dépouiller de toute haine personnelle, ainsi que de tout préjugé, soit contraire soit favorable. L'intérêt de l'État [est] l'unique motif qui doit décider dans le Conseil des princes* ». À court terme, pour la Prusse, il s'agit de conserver la Silésie, ce qui lui impose de demeurer unie avec la France, de même qu'avec tous les ennemis de la maison d'Autriche. Et Frédéric II travaille alors surtout à conserver la paix aussi longtemps que possible, aspect de sa politique souvent sous-estimé par ses biographes marqués par ses guerres dans lesquelles il prend souvent l'initiative de l'offensive.

Janvier-mai 1756, la Convention de Westminster et le Traité de Versailles

Tout n'est pas parti de la politique de Frédéric II, dans laquelle interviennent des ambitions orientales intéressant moins les affaires françaises, en particulier la question de la Pologne sur laquelle il a déjà des vues, et celle de l'Empire ottoman dont la grande faiblesse en cette fin de règne de Mahmut, mort au début de 1755, aurait pu justifier une intervention française contre une ambition autrichienne, à l'époque même où la France et l'Angleterre entrent en situation de guerre larvée, non déclarée, en Amérique du Nord, non réglée diplomatiquement, dont l'horizon n'apparait pas dans le *Testament politique* de 1752. Mais comment ne pas comprendre que l'assassinat de Jumonville, puis l'attentat de Boscawen, sont les prémices d'une guerre franco-anglaise qui ne restera plus couverte, bientôt maritime, puis d'un conflit européen continental dans un second temps ? Frédéric II, jouant encore en 1755 l'alliance française, demande au baron Heinrich von Knyphausen, son ambassadeur à Paris, de suggérer au nouveau ministre des Affaires étrangères, Antoine Louis Rouillé, que la France prenne les devants en occupant le Hanovre – c'est-à-dire qu'elle se donne l'avantage de l'initiative de l'action en ouvrant elle-même la guerre en Allemagne.

Rouillé répond d'abord favorablement, mais en demandant à la Prusse d'exécuter l'action pour le compte de son allié. Frédéric II, très inquiet de la présence d'une énorme armée russe en Courlande, et d'une armée autrichienne qui peut envahir la Prusse en passant par la Saxe, et convaincu que le conflit engagé maintenant militairement dans la vallée de l'Ohio et sur mer va s'étendre en Allemagne, propose alors sa médiation à la France et à l'Angleterre, incluant l'Autriche dans cette opération diplomatique. La France

23. Sur la conquête du pouvoir par la marquise de Pompadour entre 1751 et 1754, voir Robert Muchembled, *Madame de Pompadour*, *op. cit.*

tergiverse encore, remplace toujours l'action par l'hésitation, se contente finalement d'annoncer l'envoi d'un émissaire spécial, le duc de Nivernois, pour se concerter avec le roi de Prusse. Autrement dit, rien. Frédéric II est accablé par la faiblesse de Versailles. Il comprend qu'il ne peut compter sur le roi Louis XV pour mener une offensive dont le seul effet réel serait de soutenir l'allié prussien, et à l'inverse, le roi George II, voyant son Électorat de Hanovre menacé, s'est vite persuadé que la seule manière de la protéger était son alliance avec la Prusse. Il charge Lord Holdernesse, son secrétaire d'État pour le département du Nord depuis 1754, d'entamer une négociation rapidement très active. Holdernesse fait savoir au duc de Brunswick que l'Angleterre souhaiterait la promesse formelle de Frédéric II que la Prusse n'envahirait pas le Hanovre, Frédéric fait répondre qu'à l'expiration du traité franco-prussien qui arrive à échéance, il accepterait d'examiner les ouvertures anglaises en faveur de la neutralité du Hanovre. Holdernesse à son tour fait savoir que l'Angleterre aimerait s'allier avec la Prusse… Bref, sans conclure, les avances britanniques sont bien reçues à Berlin, qui ne s'intéresse absolument pas aux territoires canadiens, mais s'inquiète de plus en plus des préparatifs militaires qui se font en Autriche et en Russie. Le représentant prussien à Londres, Abraham Michell, se rapproche du gouvernement anglais, parvient à rencontrer Lord Newcastle, Premier ministre depuis mars 1754, à la mort de son frère Henry Pelham, très sceptique à la volonté de paix affirmée par Louis XV, mais confirme au contraire les bonnes dispositions du roi George. Frédéric II n'a pas encore décidé à la fin de 1755 de quel côté il doit s'allier, entre France et Angleterre, mais il sait déjà qu'il veut surtout le maintien de la paix, et que si celui-ci passe par une alliance avec l'Angleterre, il n'hésitera pas à se rapprocher du royaume insulaire de son oncle.

Le rapprochement anglo-prussien se poursuit, avec plusieurs gestes de conciliation sur des points mineurs – Londres verse une indemnité à la Prusse en compensation de navires capturés dans la guerre précédente, Frédéric II de son côté consent à rembourser des hypothèques sur la Silésie. C'est finalement la signature d'une convention de neutralité qui se trouve signée à Westminster le 16 janvier 1756, dite Traité de Whitehall, quelques semaines avant l'expiration de la durée de l'alliance entre Prusse et France, accord visant à préserver la neutralité de l'Allemagne tant que la France et l'Angleterre seraient en guerre. Frédéric II présente cette convention comme un véritable coup diplomatique, qui permet en maintenant la paix d'affaiblir l'alliance antiprussienne de l'Angleterre avec la Russie, l'Autriche et la Saxe, et de donner à la Prusse un rôle de médiateur de la paix entre toutes les puissances qui se tournent vers la guerre. Et sous une autre forme, plus directe, il renonce à l'alliance française. Comme lorsqu'il mène ses armées en campagne, c'est encore lui qui a tiré le premier coup… Quarante ans plus tard, Christophe-Guillaume Koch l'analyse tout autrement : « *Ce traité qui alliait les rois de Prusse et d'Angleterre servit à unir les maisons de Bourbon et d'Autriche, si longtemps divisées d'intérêt* »[24].

En effet, Vienne et Versailles accueillent très mal la Convention de Westminster, si favorable à la puissance de la Prusse. Marie-Thérèse y

24. Christophe-Guillaume Koch, *op. cit.*, p. 86-87.

trouve l'occasion de pousser la France à renoncer à des négociations pusillanimes sans conclusion, et à conclure un traité directement avec Vienne. Versailles tergiverse encore, envoie le marquis de Valory à Berlin discuter du renouvellement du traité franco-prussien, mais entre le roi et la marquise de Pompadour, on ne sait plus très bien qui dirige la diplomatie française. Les événements se précipitent, lorsqu'on apprend que le 1er mai, à Versailles, la France et l'Autriche viennent de signer à leur tour un traité de neutralité.

Sans que la guerre ait été déclarée, le renversement des alliances, préparé de longue main par le comte de Kaunitz, est désormais accompli. C'est une rupture considérable dans l'histoire générale des équilibres européens, jusqu'alors entièrement articulés sur la position centrale occupée dans l'espace de l'Europe par l'Autriche et le Saint-Empire, cerné à l'Ouest par la France désormais alliée à l'Espagne par un lien familial fort, au nord par les puissances de la Baltique, à l'Est par la Russie, avec l'Empire ottoman comme puissance d'appoint, l'Angleterre s'étant elle-même depuis longtemps placée en puissance maritime. Désormais, c'est un axe gigantesque de puissances, France, Autriche, Russie, qui se trouve opposé à une alliance de fait entre Prusse et Angleterre, elles-mêmes séparées par un Empire très divisé, dont la position centrale du Hanovre oblige l'Angleterre à la guerre continentale, et la Prusse à la guerre en Allemagne.

Cela oblige aussi à prendre acte des opérations de guerre qui se déroulent en réalité depuis bientôt deux ans, et prennent un autre tour lorsque Louis XV, comprenant le caractère cynique écrivent les uns, réaliste écrivent les autres, de la politique de Frédéric II, qui renvoie l'alliance prussienne à la fiction, réagit enfin à la politique agressive du cabinet de George II et fait débarquer à Minorque des troupes qui vont s'emparer de l'île. Le premier Traité de Versailles avait tenu compte de la circonstance, et en établissant une garantie mutuelle des États des deux puissances « situés en Europe », avec la promesse d'un secours de vingt-quatre mille hommes en cas que l'une ou l'autre viendrait à être attaquée, en exceptait explicitement la guerre qui venait d'éclater entre la France et l'Angleterre.

Chapitre 2

Les débuts de la guerre de Sept Ans

On l'a souvent écrit, la guerre de Sept Ans est mondiale, « une première guerre mondiale » écrit Heinz Schilling[1], « conflit mondial » écrit Jeremy Black[2], « la première guerre mondiale » écrit Yves Beaurepaire[3], une guerre « initialement localisée en Amérique de Nord qui s'est ensuite étendue sur le reste du globe », précise Edmond Dziembowski[4], expressions qui toutes ensemble englobent tous les espaces d'une guerre qui touche effectivement au Nouveau Monde – Nouvelle France, Canada –, à l'Afrique du moins à l'une de ses rives – Sénégal –, à l'Asie, elle aussi réduite à l'un de ses rivages – Madras –, et à l'Europe – Méditerranée, Allemagne, la Russie comme partenaire, mais sans toucher à l'immense masse continentale qui s'étend au-delà de la grande plaine de la vallée de la Volga : mieux dit, guerre mondiale, à l'échelle au moins du monde du XVIIIe siècle, ou, selon l'heureuse formule de Sven Externbrink, « *une guerre mondiale européenne au temps des Lumières* »[5], qui, sous le regard des Européens, ne voit encore en Amérique du Sud qu'une prolongation de l'Espagne, en Chine une sorte de troisième monde à peine entrouvert par Marco Polo, qui ignore toute la masse continentale de l'Afrique, et qui ne connaît rien du Pacifique Sud. Il faut souligner ce changement d'échelle des guerres des Européens, qui ont été jusqu'à cette époque, exclusivement européennes, même si depuis le XVIe siècle beaucoup de royaumes d'Europe débordaient le continent, l'Espagne plus que

1. Heinz Schilling, *Höfe und Allianzen ; Deutschland (1648-1763)*, coll. Das Reich und die Deutschen, Berlin, Siedler Verlag, 1989, p. 451 : « Der Siebenjährige Krieg, ein esrter Weltkrieg… ».

2. Jeremy Black, « La Guerre de Sept Ans, un conflit mondial », dans Laurent Veyssière et Laurent Fonck (dir.), *La fin de la Nouvelle France*, Paris, Armand Colin, Ministère de la Défense, 2013, p. 27-38.

3. Yves Beaurepaire, *La France des Lumières…*, *op. cit.*, p. 251.

4. Edmond Dziembowski, *La Guerre de Sept Ans, 1756-1763*, Perrin, 2015, p. 10.

5. Sven Externbrink (dir.), *Der Siebenjährige Krieg (1756-1763): ein europäischer Weltkrieg im Zeitalter der Aufklärung*, Berlin, Akademie Verkag, 2011, p. 159-180.

tout autre, l'Angleterre et la France se côtoyant et se concurrençant, la Hollande avec ses propres territoires d'expansion commerciale, tous se mêlant dans les « Îles » d'Amérique centrale. Le cycle des guerres de Louis XIV n'avait qu'effleuré ces territoires lointains, et au milieu du XVIIe siècle, la guerre de Trente Ans s'était déroulée dans l'espace allemand et cette immense zone frontalière étirée entre la France et l'Empire, de l'Italie du Nord aux Pays-Bas.

Pour la première fois, sans avoir eu conscience de la portée de l'événement, une guerre européenne commence en Amérique. George Washington, le futur premier président des États-Unis, alors jeune officier âgé de vingt-deux ans, commande une cinquantaine de miliciens de Virginie avec un groupe d'Indiens de l'Ohio, lors d'une rencontre, le 28 mai 1754, avec Villiers de Jumonville sorti du fort Duquesne – le nom du gouverneur de la Nouvelle France depuis 1752, Michel-Ange Duquesne de Menneville. La rencontre tourne à l'échauffourée, au cours de laquelle Jumonville est tué – premier coup de feu tiré par un Anglais, ou tomahawk lancé par un Indien, peu importe : l'histoire retient, avec Antoine-Léonard Thomas, « l'assassinat » de Jumonville, sans que nul ne puisse alors imaginer les années de guerre qui allaient suivre.

L'entrée dans la guerre contre l'Angleterre, du fort Duquesne à Minorque

Fin 1756-début 1757. Le contexte d'une monarchie en crise

« Cette fin de l'année 1756 est plus orageuse que les précédentes »…

Avant l'évocation des opérations militaires conduites avec succès dès le printemps 1756, il faut garder à l'esprit le contexte intérieur général de la seconde moitié de cette année, qui rend si difficile la situation en France : le Traité de Versailles est signé le 1er mai 1756, et la logique voudrait que le roi puisse se consacrer aux conséquences militaires du nouveau système d'alliances de Versailles et Vienne, et de Londres et Berlin. Or, pendant la première année de cette guerre, il lui a été difficile de le faire.

Car il doit en même temps faire face aux suites de la double offensive du Clergé contre les philosophes et les Parlements, dont le contenu ne touche pas à la politique étrangère, mais s'englue sur les interminables développements de l'affaire des billets de confession, les conflits de pouvoir ou d'influence qui se greffent sur cette question, la lutte entre jésuites et jansénistes… Monseigneur de Beaumont archevêque de Paris se dresse en meneur encombrant de plusieurs évêques ; le Parlement lui répond avec son premier Président René-Charles Maupeou, en véritable opposant au pouvoir royal et avec le soutien non dissimulé du prince de Conti, personnage clef de l'opposition à Louis XV. Prince du sang, cousin du roi, il joue longtemps un rôle central à la Cour, puis un rôle très ambigu à Paris, dévoré d'ambition et de prétentions, aspirant à jouer avec le Parlement un rôle dans la tradition du temps de la Fronde, et naturellement très hostile à l'alliance autrichienne. Leurs agissements contribuent surtout à affaiblir le roi dans un moment où il faudrait qu'il soit fort. Le tempérament de Louis XV, tantôt offensif tantôt très fermé, ne le conduit pas à de réelles démonstrations d'autorité. Le détail n'est pas à développer ici, retenons surtout que la fin de l'année 1756 et le début de l'année 1757 sont deux moments consécutifs d'une crise très profonde, le second peut-être une conséquence du premier.

C'est le moment où l'encyclique du pape Benoit XIV, *Ex omnibus*, promulguée le 16 octobre 1756, qui en supprimant les billets de confession se donne pour but d'apaiser les tensions créées par la bulle *Unigenitus*, vient au contraire les aggraver en entraînant une vive opposition de Monseigneur de Beaumont et de plusieurs évêques – Orléans, Tours, Chartres, Auxerre. Il avait fallu les exiler hors de leurs diocèses. Mais le Parlement avait répondu de son côté à l'archevêque le 7 décembre 1756 en interdisant la diffusion de l'encyclique aussi longtemps qu'elle ne serait pas accompagnée des lettres patentes de Louis XV : c'est presque un défi. Louis XV réagit alors avec autorité, en imposant trois ordonnances par lit de Justice tenu le 13 décembre suivant – le second dans l'année après celui du 21 août, une répétition qui est le signe d'un pouvoir en crise. Il réduit le rôle du Parlement sur les affaires liées au refus des sacrements, il encadre l'exercice du droit de remontrance, et surtout il supprime deux des cinq chambres des enquêtes, au total soixante-quatre offices ; lorsque le roi se retire, dans une atmosphère glaciale, les rues de Paris, tenues par les régiments des Gardes, sont silencieuses : la ville est derrière les parlementaires. Ceux-ci répliquent au roi par une démission massive, qu'on peut appeler une grève de la justice. Qu'on ajoute à cela que le prince de Conti, le premier à protester contre les lits de justice, cherche toujours à donner au Parlement le droit de juger des nouvelles lois, et à donner aux princes du sang une partie du gouvernement : il demande en même temps le commandement de l'armée qui doit être envoyée en Allemagne – qu'il n'obtient pas –, et tente de faire accepter sa candidature au trône de Pologne au cas où celui-ci serait vacant – une sorte d'apanage illusoire depuis l'élection à ce trône, comme successeur de Jean Sobieski, de son grand-père en 1696 – trône qu'il n'a pas pu occuper –, et se compromet dans des menées plus ou moins subversives, que John Woodbridge appelle une « conspiration », avec les protestants du Languedoc[6].

C'est encore Barbier, observateur attentif de l'opinion des rues de Paris et lecteur fidèle de la *Gazette*, qui, à la date du 30 décembre de cette année 1756, résume le mieux la situation : « *Il est certain que le fanatisme augmente tous les jours et que le vœu général seroit de faire en tout reculer le Roi et lui faire retirer ses déclarations [...]. Il est vrai de dire que cette fin de l'année 1756 est plus orageuse que les précédentes, par l'union qu'on a laissé prendre entre les Parlements, depuis l'affaire du Grand Conseil* »[7]...

6. John Woodbridge, *Revolt in Prerevolutionary France. The Prince de Conti's conspiracy against Louis XV, 1755-1757*, Londres, 1995. Voir « La conspiration du prince de Conti, 1755-1757 », *Dix-Huitième Siècle*, 1985, n° 17, p. 97-109.

7. Edmond Jean-François Barbier, *Chronique de la régence et du règne de Louis XV (1718-1763)*, ou *Journal de Barbier*, éd. Paris, 1866, t. VI, p. 422.

« Ce jour a été témoin du plus affreux des événements »

Une semaine plus tard, le 5 janvier 1757, survient l'attentat de Damiens, nouveau régicide. « *Ce jour a été témoin du plus affreux des événements* » poursuit Barbier, sensible à un bref retournement de l'opinion, comme si, pendant quelques jours au moins, un grand frisson de la mystique royale parcourait brusquement le corps social de la monarchie. Le roi est une personne sacrée.

Un attentat en soi sans importance, un simple coup de canif plutôt que de couteau, mais le roi est blessé. Les saignées que lui inflige son chirurgien, La Martinière[8], directeur de l'Académie de Médecine, et les trois absolutions que lui inflige le père Desmarets, sont rapidement surmontées. Le roi se trouve plus affecté moralement que physiquement. Il sombre dans une sorte d'état dépressif, confie la présidence des conseils au Dauphin, les dévots tentent d'éloigner la marquise de Pompadour, et rappellent à Louis XV la piété exemplaire de la reine, et le modèle de dévotion que présentent ses filles. Damiens lui-même n'était-il pas une main des dévots ? Il a travaillé au collège jésuite de Louis-le-Grand. La maladie du roi, à Metz, en 1744, avait provoqué une immense émotion dans tout le royaume. L'attentat de Damiens ne provoque qu'un flot de libelles injurieux ou menaçants… Le malheureux, reconnu par la grand-chambre du Parlement « *duement atteint et convaincu du crime de parricide par lui commis contre la personne du Roi* »[9], est condamné à être écartelé vif en place de Grève, comme le fut Ravaillac. Cette sentence, barbare et d'un autre âge, est exécutée le 28 mars 1757, en présence d'une foule immense, mais l'opinion ne tourne pas en faveur de Louis XV.

Au moins le roi a-t-il encore fait preuve de fermeté à l'égard des parlementaires. Les conseillers des chambres des enquêtes et des requêtes en grève depuis le 13 décembre n'ont pas modifié leur position pendant l'instruction et le procès, et continuent à exiger la suspension des déclarations de discipline qui les ont touchés, le roi répond en exilant une quinzaine de hauts magistrats. Il a en réalité repris en main la conduite des affaires extérieures, et se trouve déjà au cœur d'une seconde négociation beaucoup plus importante pour lui, celle qui se conclut le 1er mai 1757 par le second Traité de Versailles, il sait que la guerre en cours entre dans une phase décisive, maintenant en Allemagne, et craint que l'écho de ces événements, relayés et commentés dans les feuilles qui circulent, ne portent à son autorité une atteinte qui affecte la conduite de la guerre… En fin de compte, Machaut d'Arnouville, secrétaire d'État et ministre de la Marine, et le comte d'Argenson ministre de la Guerre, tous deux nettement défavorables à l'alliance autrichienne, font les frais de la crise et sont renvoyés, en plein conflit, ce qui ne peut rassurer l'opinion, ni aider à la bonne conduite des opérations militaires.

Car l'un des paradoxes de ces années difficiles est bien que la guerre, de fait, était déjà commencée contre l'Angleterre, sans déclaration formelle au Canada, après le premier Traité de Versailles en Méditerranée.

8. Voir François Iselin, *La Martinière, chirurgien de Louis XV*, Paris, Perrin, 2010.
9. « Arrest de la Cour de Parlement… », reproduit dans Beaurepaire, *op. cit.*, p. 249.

Le Canada, premier théâtre extérieur, 1754-1756

Depuis la paix de 1748, qui ne réglait pas la situation des territoires européens d'Amérique, remise au travail d'une Commission qui reste très peu active, subsistait dans l'Acadie et le haut du Canada un climat qu'un témoin appelle simplement de la « mésintelligence » et de la « jalousie »[10]. Si les affrontements sont rares, les tensions sont permanentes. Les négociations, successivement tenues à Paris puis Londres, n'ont aucun résultat. Londres exige que l'Ohio marque la frontière entre domination française et domination anglaise, la France refuse, considérant que tout l'espace des rivières se jetant dans les Grands Lacs et le Saint-Laurent lui revient. Il ne peut être question de retracer ici tout le déroulement de la guerre commencée si loin d'Allemagne, par cet événement qui, sans ses suites, serait resté un épisode oublié dans la série des incidents qui jalonnent depuis longtemps les rapports entre France et Angleterre dans leurs territoires de l'Acadie et du Canada, l'assassinat de Jumonville.

L'Angleterre était effectivement devenue fort active dans cet espace, où elle développait de son côté une colonisation systématique de la haute vallée de l'Ohio. De la haute vallée de l'Ohio à l'Acadie, s'étendait une limite assez vague, de près de quinze cents kilomètres, les Français y ont érigé une ligne de forts du lac Érié à l'Ohio, et développent leurs relations avec les Indiens ; la guerre n'est pas déclarée, mais en 1754, le major Washington est envoyé au fort Venango, porteur d'une sommation exigeant le retrait de son commandant. Le gouverneur du Canada, Vaudreuil, envoie un émissaire, le capitaine Joseph Coulon de Villiers de Jumonville, porteur d'un message demandant aux Britanniques de ne pas troubler la bonne entente entre les deux pays. La rencontre a lieu le 28 mai 1754. Jumonville n'a pas le temps d'achever la lecture de la sommation : il est abattu, le petit détachement qui l'accompagne est massacré, les survivants faits prisonniers. C'est le début réel de la guerre, qui commence d'ailleurs par un net recul de Washington, qui s'est d'abord replié sur le fort Necessity, d'où les Français le chassent dès le 4 juillet 1754[11].

Le duc de Mirepoix, ambassadeur de France à Londres, regrette de voir son pays engagé dans ces lointaines contrées, qui coûtent plus cher à la France qu'elles ne produisent. Quant à Newcastle, à l'arrivée duquel le portefeuille du Nord a été confié au comte d'Holdernesse, il veut en finir avec les Français, semble résolu à des opérations militaires, et avec l'appui de Henry Fox, secrétaire d'État à la Guerre, il obtient de George II l'envoi de troupes. Le duc de Cumberland a préparé un plan de campagne pour le nouveau monde. En février 1755, une flotte anglaise, sous le commandement d'Edward Braddock, débarque en Virginie. Louis XV et son ministre, Rouillé, rejettent toutes les prétentions des Anglais sur l'Ohio et envoient des troupes au Canada – six bataillons d'infanterie, près de trois mille cinq cents hommes. En avril, Newcastle envoie une escadre au golfe Saint-Laurent, commandée par le vice-amiral Edward Boscawen, qui a ordre de détruire l'escadre française.

---

10. *Ibid.*, p. 18. Il s'agit de Joseph-Charles Bonin.

11. Voir le récit très clair de Bernard Lugan, *Histoire de la Louisiane française, 1682-1804*, Paris, Perrin, 1994, p. 145-153.

Edward Boscawen n'est pas inconnu des Français. Il avait, en 1748, en Inde, conduit une offensive contre Pondichéry, et avait échoué. Dupleix avait réussi à faire de la Compagnie des Indes une véritable puissance territoriale appuyée sur des princes locaux. Mais la politique de Dupleix est coûteuse, et Louis XV n'a jamais compris la grandeur de l'entreprise. Il rappelle Dupleix en août 1754 et le remplace par le médiocre Godeheu, qui négocie avec le gouverneur anglais, lord Saunders, la convention de Madras signée le 26 décembre 1754 : les deux Compagnies renoncent simultanément à tous leurs protectorats et droits de suzeraineté sur les princes indigènes. Un immense recul. La Compagnie française des Indes abandonne toute l'Inde péninsulaire, tandis que la Compagnie anglaise, qui ne possédait que des comptoirs, ne perd rien. Aveu de faiblesse de Louis XV, et peut-être un goût de revanche pour Boscawen, élevé au rang de vice-amiral en février 1755 ? Mis au commandement de l'escadre stationnée en Amérique du Nord, il en fait plus : lors d'opérations de reconnaissance, en juin 1755, il attaque l'escadre française, qui n'est sauvée, le 8 juin, que par le temps, très mauvais. Le 10 juin pourtant, il capture deux vaisseaux, l'*Alcide* et le *Lys* au large de Terre-Neuve, avec quatre cents hommes à bord, et en manque un troisième, le *Royal-Dauphin*. Dans un moment où, à Versailles, le baron de Knyphausen presse Bernis d'obtenir de Louis XV le resserrement de son alliance avec la Prusse, et insiste sur l'aveuglement de la Cour, « *qui, sans s'en douter, allait avoir la guerre avec l'Angleterre et ses alliés ; qu'on ne voulait prendre aucune mesure en commun avec son maître qui par-là se trouvait à découvert ; qu'il fallait prévenir ses ennemis, et tandis que le Roi entrerait dans les Pays-Bas, son maître était prêt à entrer en Bohême avec cent quarante mille hommes* ». Il poursuit : « *C'est dans ces circonstances que nous apprîmes l'attaque imprévue de notre escadre par les Anglais et la prise des vaisseaux l'*Alcide *et le* Lys *sans aucune déclaration de guerre antérieure : tous les gens de bon sens virent alors que la guerre était assurée* »[12]. Un acte de guerre dans une guerre non déclarée, mais dont le cours est confirmé par la véritable campagne de brigandage conduite entre Acadie et Terre-Neuve par le vice-amiral Hawke, qui a reçu le 6 août l'ordre de saisir tout bateau français, de guerre ou marchand. Ce qui déclenche une vague d'anglophobie en France. Entre autres condamnations, François-Antoine Chevrier dénonce en 1759 dans une *Albionide*, « poème héroï-comique relatif aux circonstances présentes », l'Angleterre, déjà accusée de perfidie[13] ; le mot est repris par Antoine Léonard Thomas en 1760 lorsqu'il évoque « l'assassinat » de Jumonville. En 1844, Léon Guérin, historiographe de la marine, auteur d'une *Histoire maritime de France*, parle du « meurtre » de Jumonville[14].

Lorsque le 18 mai 1756, en réponse presque immédiate à la signature du premier Traité de Versailles entre l'Autriche et la France, le Royaume-Uni

12. Cardinal de Bernis, *Mémoires du cardinal de Bernis*, Paris, Mercure de France, coll. Le temps retrouvé, 1980, p. 241-242.

13. François-Antoine Chevrier, *L'Albionide, ou l'Anglais démasqué : poème héroï-comique relatif aux circonstances présentes*, Aix, chez J. William, 1759. Mais l'auteur rédige à la même époque une *Mandrinade*, une *Prussiade*, et une *Acadiade* !

14. Léon Guérin, *Histoire maritime de France*, Paris, Boulanger et Legrand, 1844, tome IV, p. 341.

déclare enfin la guerre à la France, ce n'est pas au Canada un simple changement de mot, c'est aussi l'envoi de Montcalm, nommé commandant en chef des armées françaises au Canada, qui commence immédiatement par de petits succès, – 14 août 1756, prise du fort d'Oswego, près du lac Ontario –, mais il ne reçoit pas de renforts, contrairement aux troupes britanniques. La France est alors active en Méditerranée et n'a ni les moyens ni la volonté de faire plus.

18 mai 1756, l'Angleterre déclare la guerre à la France ; 16 juin 1756, la France déclare la guerre à l'Angleterre

Sur le déclenchement effectif de la guerre, et sur le choix du théâtre où elle se déroulerait, la France avait pourtant tergiversé. Une question sur laquelle il y a toujours débat, comme sur l'ensemble du jeu diplomatique qui les a précédés. Richard Waddington considère que la France, conduite par un mauvais souverain, est déjà en décadence, ce qui est trop facile, mais a pourtant été la position de presque un siècle d'historiographie après lui ; avant lui Michelet, avec une fureur d'homme de plume et d'éloquence plus que d'historien averti, traite Louis XV de « roi Dagobert » incapable de voir plus loin que les divertissements du Parc-aux-Cerfs. Heureusement, après la biographie sévère de Michel Antoine, et celle plus récente, sans doute trop élogieuse, de Jean-Christian Petitfils, Louis XV est désormais en réhabilitation mieux mesurée. Edmond Dziembowski en revient aux faits, et s'attache à démontrer que Rouillé, ancien ministre de la Marine avant d'avoir été nommé aux Affaires étrangères, est parfaitement conscient de l'état de la flotte française, à laquelle il manque encore deux ans pour être prête – de là à penser que l'annonce de la prise de l'*Alcide* et du *Lys* puisse être reçue comme un demi-échec alors que Boscawen s'apprêtait à détruire une escadre, c'est peut-être aller loin[15] ! Louis XV en tire au moins un argument pour démontrer la mauvaise foi scandaleuse de ces Anglais décidément perfides, ce qui lui permet d'avancer ses propres pions diplomatiques.

Frédéric II, informé avec beaucoup de clairvoyance par Knyphausen, n'avait pas lui-même consacré le renversement d'alliances par le traité de Westminster, en janvier 1756, attendant ce que les uns ou les autres feraient. Deux positions s'opposaient au Conseil du Roi. Le comte d'Argenson, suivi par les militaires et tous ceux que Bernis appelle « les prussiens », était d'avis dès 1755 qu'il fallait prendre l'initiative, et s'emparer des Pays-Bas autrichiens, ce qui ouvrirait sans doute une guerre européenne, mais en position de force ; il y voyait surtout le moyen d'isoler l'Angleterre, sans avoir à aider l'Impératrice-Reine à reconquérir la Silésie, dont le sort, en réalité, n'intéresse pas la France ; enfin, ce serait conduire la guerre sur des espaces bien connus des Français, en héritage classique des guerres du temps de Louis XIV. Une initiative terrestre, donc, et relativement limitée. Contre lui, Machault d'Arnouville, secrétaire d'État à la Marine depuis 1754, désirait une guerre maritime qui se déroulerait, autant que vers le Saint-Laurent, dans les îles des Antilles où les Français auraient le concours des Espagnols. Mais « *on prit le parti de n'en point prendre, de négocier avec l'Angleterre* » écrit le cardinal

15. C'est le point de vue d'Edmond Dziembowski, *op. cit.*, p. 87.

de Bernis en août 1755 – qui n'a pas compris la position de Rouillé, qu'il tient du reste, en raison de son âge et sa santé, comme hors d'état d'avoir encore un jeu politique. C'est le moment où il se trouve appelé à Versailles pour être nommé à l'ambassade de Madrid, puis brusquement changé d'affectation pour assister aux négociations secrètes offertes par Marie-Thérèse, conduites par le comte de Starhemberg, son ministre plénipotentiaire à Versailles. Il se montre d'abord réservé sur cette nouvelle initiative fort bien reçue par le roi et madame de Pompadour. « *Je fis sentir aussi que cette guerre, étrangère aux intérêts de la nation, déplairait à toute la France ; que le Roi n'avait point de généraux assez éprouvés pour conduire ses armées, ni des finances en assez bon ordre pour soutenir le double poids d'une guerre de terre et de mer* »[16]. En fait, c'est bien la position de Rouillé. La déclaration de guerre de l'Angleterre à la France du 18 mai 1756, qui répond directement au premier Traité de Vienne signé trois semaines plus tôt, n'est finalement que la consécration enfin publique à la fois de l'état de guerre existant déjà au Canada, et du double renversement des alliances entre France et Autriche d'une part, Prusse et Angleterre d'autre part, mais aussi la réponse au déclenchement d'une seconde guerre maritime par la France, dès avril, sans attendre la déclaration anglaise, encore moins sa réponse officielle, la déclaration de guerre de la France à l'Angleterre, faite le 16 juin suivant.

Sans doute, comme au large de Terre-Neuve, Français et Anglais se faisaient déjà face dans la Manche. Depuis décembre 1755 le maréchal de Belle-Isle, petit-fils de Nicolas Fouquet, y exerçait le commandement du littoral de la Manche et de l'Atlantique, avec deux divisions, l'une à Brest, l'autre à Rochefort, et « amusait » les Anglais en simulant une opération dans cette zone, en laissant circuler les bruits d'une descente éventuelle en Angleterre. Nul n'a oublié la tentative jacobite de 1745, ni le projet d'un débarquement préparé en février 1744 depuis le port de Dunkerque où une flotte de transport de troupes placées sous le commandement de Maurice de Saxe commençait à être rassemblée, avec une partie de l'escadre de Brest commandée par le comte de Roquefeuil, avant d'être dispersée au début de mars par une tempête – la tempête, toujours l'excuse des mauvais marins. Mais, en 1756, Louis XV a de bons marins.

Il suffit de maintenir les escadres anglaises à portée des côtes de l'ouest, sans en faire plus sur la côte atlantique. La guerre maritime se fera en Méditerranée, où les Anglais sont moins menaçants.

Avril-mai 1756. Richelieu à Port Mahon, ou les succès des marins de Louis XV : La Galissonnière, d'Aubigny…

Machault arme alors une troisième division à Toulon, avec la désignation du maréchal de Richelieu comme commandant général sur les côtes françaises de la Méditerranée, nomination dont Bernis s'attribue le mérite : « *Je contribuai beaucoup à faire nommer le maréchal de Richelieu* », écrit-il, reconnaissant que l'on n'aurait jamais entrepris l'opération si l'on avait su à quel point les Anglais avaient fait du fort Saint-Philippe une position formidable ; plus encore, ajoute-t-il, « *le projet de réquisition et l'attaque de Minorque ne furent adoptés que parce que l'on espérait que la cour de Londres cèderait à la seule*

16. Cardinal de Bernis, *op. cit.*, p. 253.

menace, et que conséquemment l'attaque de Minorque n'aurait pas lieu »[17]. L'escadre elle-même, de douze vaisseaux de lignes et cinq frégates, ainsi qu'une véritable flottille de bâtiments de transport, au total un convoi de cent soixante-seize bâtiments, placée sous le commandement de La Galissonière, sur le *Foudroyant*, est chargée en avril 1756 de transporter à Minorque une armée de près de quinze mille hommes – vingt-trois bataillons et un train d'artillerie. Membre de l'Académie des Sciences, chef d'escadre expérimenté, ayant été gouverneur du Canada entre 1745 et 1749, mis à la tête du dépôt des cartes de la Marine, La Galissonière s'est fait remarquer en 1754 et 1755, ayant alors le commandement des escadres d'évolution destinées à donner aux officiers de marine les grands principes de tactique navale. Nommé lieutenant-général des armées navales en 1755, il va pouvoir donner une illustration de sa valeur avec le commandement de l'escadre de Toulon comprenant douze vaisseaux de ligne et cinq frégates. La Galissonnière est l'un des grands marins de la Marine royale au XVIIIe siècle – mais il est déjà relativement âgé, et sa santé n'est pas la meilleure. L'option stratégique est bonne : outre l'importance de Minorque dans le dispositif méditerranéen de Londres, les Anglais n'y attendent pas les Français. Richelieu débarque à Ciutadella le 18 avril, Port Mahon est prise le 26 avril 1756, à l'exception du fort Saint-Philippe où s'est réfugiée la garnison anglaise commandée par William Blakeney, qui ne capitule que le 29 juin, un mois après que la flotte de l'amiral John Byng, venue de Gibraltar, a été repoussée le 21 mai par La Galissonière – qui n'a pas tremblé devant l'Anglais. Il avait mis sa flotte en bataille ayant réussi à gagner le vent sur les Anglais, lorsque celui-ci change brusquement en leur faveur, ce qui leur permet de former une ligne serrée. Bien qu'ayant le désavantage du nombre, La Galissonière l'emporte après quatre heures de combat, les Anglais prennent la fuite. Il ne les poursuit pas, mais continue à tenir la mer pour empêcher tout secours d'arriver… « *Ce n'est pas Richelieu qu'il convenait de surnommer le Vainqueur de Port-Mahon […], c'est La Galissonière* », écrit encore Léon Guérin, à juste titre. Mais l'amiral, en mauvaise santé, meurt à son retour en France le 26 octobre 1756 avant d'avoir reçu récompense du roi[18]. Richelieu, réellement vainqueur sur terre d'un siège difficile, et meurtrier pour les attaquants plus que pour les défenseurs, récupère seul la gloire, se laisse encenser par son ami Voltaire, et assure ainsi la suite de ses commandements dans les opérations continentales en 1757. Quant à l'opinion publique anglaise médusée, elle se déchaîne contre l'amiral Byng, arrêté dès son retour à Portsmouth, jugé et condamné à mort, sentence exécutée le 14 mars 1757[19] – alors que Blakeney est érigé par l'opinion anglaise en héros pour sa résistance. Cette opération n'a été réellement décisive que dans le sens où elle favorise la désignation de Pitt comme secrétaire d'État à Londres, mais elle ne

17. *Ibid.*, p. 283.

18. Léon Guérin, *op. cit.*, p. 351.

19. Le malheureux amiral Byng a payé l'aveuglement de Newcastle, et les fautes qu'il a commises – laisser des troupes inactives à Gibraltar, reculer trop tôt devant La Galissonnière – ne méritaient pas une telle sentence, même aux yeux des juges qui l'ont condamné, soumis aux décisions du gouvernement. Ils ont eux-mêmes demandé sa grâce au roi George II, et William Pitt l'a demandée avec l'appui du Parlement : le roi George l'a refusée. En 2007, des descendants lointains de John Byng ont demandé sa réhabilitation, non obtenue, mais ils poursuivent leurs démarches…

compte guère dans la guerre continentale, sauf dans la confiance et l'illusion de puissance qu'elle donne aux Français…

Illusion soutenue par d'autres succès, ainsi au large de l'île d'Oléron lorsque, de retour à Rochefort après avoir guerroyé aux Antilles, les frégates l'*Aquilon* et la *Fidèle*, commandées par le capitaine de vaisseau de Maurville et le lieutenant de Lizardais soutiennent un combat victorieux contre le vaisseau le *Colchester* et la frégate *Limes*, largement supérieurs en nombre de canons ; ou les succès obtenus dans les îles, ceux de Du Chaffault de Besné sur l'*Atalante*, de La Touche Tréville sur le *Zéphyr*, de d'Aubigny, l'un des compagnons de La Galissonnière au Canada, sur le *Prudent*, vaisseau de 74 canons, qui ramène dans la petite rade de l'île d'Aix en octobre 1756 trois bâtiments pris aux Anglais et nombre considérable de prisonniers. Autant de « bonnes nouvelles » pour Louis XV, selon l'expression rapportée par Bernis, qui jouit alors de la félicité d'une ascension facile et de la satisfaction d'une réputation flatteuse[20].

1757. L'entrée en guerre en Europe continentale

Été 1756-printemps 1757. Frédéric II entre déconvenues et désastres en Europe continentale

Pendant que Richelieu triomphe à Port-Mahon, et confirme l'idée que l'Europe peut avoir de la puissance française, indépendamment de ses problèmes intérieurs, Frédéric II, qui a fait le choix de l'alliance anglaise, peut s'inquiéter. Il est encerclé, et menacé de partout.

Devant l'alliance franco-autrichienne, le roi de Prusse sait qu'il n'est pas en position de force, et que s'il fait le choix d'attaquer l'Angleterre en Méditerranée, Louis XV commence à rassembler sur le Rhin une armée considérable, qu'il peut venir augmenter des contingents du Saint-Empire. Il sait aussi que Marie-Thérèse a gagné la Russie, que la tsarine Elisabeth Petrovna a rompu ses engagements avec l'Angleterre et s'apprête avec l'Autriche et la Saxe à dépecer la Prusse : une formidable coalition se prépare. Il sait encore qu'attendre un appui anglais dans l'Électorat de Hanovre est illusoire. Enfin, Frédéric II, roi réaliste, sait compter. Dans une Europe dont la population, d'après tous les démographes, atteint environ 140 millions d'habitants vers 1750, la Prusse, même si elle a récupéré après le sombre XVIIe siècle, en particulier grâce à l'afflux des protestants chassés de France, ne compte encore qu'un peu plus de deux millions d'habitants ; elle est entourée d'une France d'un peu plus de vingt-cinq millions d'habitants, l'Autriche avec le Saint-Empire en compte près de quarante, la Russie sans doute autant même si nul ne sait exactement jusqu'où elle étend son territoire à l'est et au sud de sa masse continentale. La partie ne peut pas être égale.

Septembre-octobre 1756. La guerre en Saxe. Les victoires, Lobositz et Pirna

Frédéric II a été servi par l'indécision et les querelles qui règnent dans les conseils secrets de Vienne, Versailles et Saint-Pétersbourg. En théorie, ces alliés peuvent réunir 250 000 hommes, peuvent attaquer la Prusse de trois côtés, et

20. Les mots de Jean-Marie Rouart, préface des *Mémoires du cardinal de Bernis*, *op. cit.*, p. 25 et 26.

après sa défaite s'emparer de tous les territoires qu'ils se partageraient. En réalité, la divergence de leurs objectifs, aggravée par la jalousie, l'avidité, l'incurie, sape dès le départ leur action… Le plan de Frédéric II est simple : abattre l'Autriche, avant que Marie-Thérèse et ses alliés ne puissent envahir et vaincre la Prusse. Et tout de suite s'emparer de la Saxe, afin de confisquer son armée, ses richesses naturelles, son Trésor, pour en faire la base de ses opérations.

Frédéric II compte sur l'effet de surprise et la rapidité de ses mouvements. Il prend l'initiative pour choisir le théâtre de la guerre. Sans déclaration de guerre, il attaque la Saxe le 29 août 1756. Le maréchal comte Kurt Christoph von Schwerin est envoyé en Silésie avec 25 000 hommes pour empêcher toute incursion ennemie venue de Hongrie ou de Moravie. Le maréchal Hans von Lehwald est chargé de protéger la Prusse orientale. Lui-même, à la tête de l'armée principale, secondé par Jacob Keith, marche sur Dresde, pour atteindre Pirna, le camp de l'armée saxonne. Sur sa droite, Ferdinand de Brunswick, son beau-frère, doit gagner Chemnitz, sur sa gauche le duc de Brunswick-Bevern doit traverser la Lusace et gagner Bautzen. Le 14 septembre, un décret impérial condamne Frédéric II comme agresseur, et celui qui a rompu la paix. La guerre de Marie-Thérèse est une « guerre juste » selon le Droit des gens[21].

La Prusse contre la Saxe, la partie n'est pas égale. Frédéric II a 64 000 hommes, répartis en trois armées, l'électeur de Saxe, Frédéric-Auguste II, n'en a que 18 000. Il mène cependant une résistance inattendue dans le camp de Pirna, défendu par le comte Rutowski, son demi-frère et demi-frère de Maurice de Saxe, ce qui laisse à Marie-Thérèse le temps de mobiliser ses troupes et d'envoyer le maréchal Ulysses von Browne défendre la Bohême, et le général prince Ottavio Piccolomini défendre la Moravie. Frédéric II décide de franchir l'Elbe et de marcher sur Lobositz, où il remporte contre Browne le 1er octobre 1756 une première victoire, plus difficile que prévu. Les réformes apportées à l'armée autrichienne par Marie-Thérèse depuis dix ans ont produit leur effet. Néanmoins, Browne recule et s'enferme à Budin – pendant que l'ambassadeur de France à Dresde, Charles de Broglie, se fait capturer en tentant de quitter le camp de Pirna, ce qui entraîne le rappel immédiat de Valory, l'ambassadeur de France à Berlin, la cour de Versailles déclarant ainsi la guerre à la Prusse. Frédéric-Auguste II, enfermé dans la forteresse de Königstein, résiste encore deux semaines, mais sans espoir d'être secouru. Le 14 octobre, il se résigne à conclure un armistice avec Winterfeldt. Frédéric II accepte, en enrôlant 17 000 Saxons dans l'armée prussienne, pour former vingt bataillons sous son commandement. L'Électeur, roi en Pologne sous le nom d'Auguste III, ses deux fils et le comte de Brühl, son Premier ministre, obtiennent un sauf-conduit pour se rendre à Varsovie. Schwerin avait commencé à pénétrer en Bohême, mais la pénurie de vivres et l'absence de fourrage, l'action très vive des irréguliers autrichiens qui maintient une grande insécurité, l'hiver très rude qui s'annonce, précoce et rude, la circulation fluviale sur l'Elbe interdite par le gel, tout pousse les armées à prendre leurs quartiers d'hiver – Browne à Budin, Picolomini en Moravie, Frédéric II à Dresde, son armée entre Pirna et Egra.

---

21. Heinz Schilling, *Höfe und Allianzen ; Deutschland (1648-1763)…*, *op. cit.*, p. 459, « Kaiserliches Hofdekret gegen Friedrich II von Preußen, der als Friedensbrecher und Aggresor veruteilt wird ».

C'est alors une sorte de pause, dont la diplomatie de Louis XV profite pour assurer des positions. Louis XV n'oublie pas que l'Électeur de Saxe-roi de Pologne est le beau-père du Dauphin – ni, sans doute, que c'est déjà pour soutenir son propre beau-père, le roi Stanislas Leczinski, qu'avait été conduite en 1733 la guerre de Succession de Pologne, avec alors l'Électeur Frédéric-Auguste Ier comme adversaire... Une autre raison a été invoquée pour justifier une intervention active de la France en Allemagne : l'attaque de la Saxe par Frédéric constituait une violation des traités de Westphalie dont la France était garante, comme la Suède que la France entraine alors à son tour dans la coalition qui se forme contre Frédéric II. D'autant plus que, en janvier 1757, le royaume de Prusse se trouve officiellement banni de l'Empire par la Diète, qui à son tour lui déclare la guerre. De nouvelles menaces pour la Prusse, Frédéric II comprend vite qu'il doit reprendre son offensive en Bohême le plus tôt possible.

Printemps 1757. La campagne de Bohême. Les défaites, Prague et Kolin

Rassuré sur l'état de son armée qui a bien subi l'épreuve du feu, il peut considérer que la Saxe ne représente plus une menace, même s'il perd le renfort des Saxons enrôlés de force, mais déserteurs en masse, il espère toujours une victoire rapide sur l'Autriche avant l'intervention de la France. Il s'en ouvre à Andrew Mitchell, représentant de l'Angleterre à Berlin, auquel il déclare que si sa campagne en Bohême est favorable, la guerre ne sera pas longue. Il est servi par la lenteur et les divisions du Conseil de guerre impérial. Browne préconise une offensive en Silésie, Neipperg le nouveau président du Conseil de Guerre veut attaquer en Saxe, l'un et l'autre d'accord pour attendre les beaux jours, pendant que Kaunitz préconise d'attaquer le plus rapidement possible. Finalement, ce sont des forces quand même importantes qui se trouvent confiées au prince Charles de Lorraine et au maréchal Daun, pour couvrir la Bohême et marcher sur la Saxe et la Lusace – mais les deux hommes ne s'entendent pas –, et à Nadasny qui maintient l'insécurité avec ses troupes légères entre Silésie et Moravie.

La campagne contre la Bohême est lancée par Frédéric II en avril 1757, avec trois armées commandées par le maréchal Schwerin, le prince Maurice de Dessau, et lui-même accompagné par le prince Ferdinand de Brunswick. Avec cette vision stratégique supérieure qui le différencie de bien des généraux de son temps, le roi désigne pour cible de sa campagne la capitale, Prague. La ville est défendue par le maréchal Browne, qui a abandonné en hâte sa position de Budin, et par l'armée de Charles de Lorraine. La ville est assiégée au début du mois de mai. Le 7 mai, Prussiens et Autrichiens se livrent devant ses murs une terrible bataille, sans véritable vainqueur ou vaincu. Une bataille également meurtrière : pour les Prussiens quatre cents officiers et 14 000 hommes hors de combat, dont 3 400 morts, parmi lesquels le maréchal de Schwerin ; Winterfeldt et La Motte-Fouqué sont gravement blessés ; pour les Autrichiens, quatre cents officiers et 13 000 hommes perdus, le maréchal Browne mortellement blessé, Charles de Lorraine lui-même gravement blessé. Frédéric présente ce résultat indécis comme une victoire. Mais il n'a pas pris Prague, et si l'armée autrichienne s'y réfugie, elle n'est pas détruite. Le roi de Prusse fait le blocus de la ville, tente un bombardement massif à partir du 29 mai, pendant une dizaine de jours, sans résultat. Le feld-maréchal Daun rassemble alors une nouvelle armée, qu'il manœuvre avec une grande prudence et, profitant d'une position avantageuse, parvient à contraindre Frédéric II à la bataille, à Kolin le samedi 18 juin 1757. Une seconde bataille terrible, mais aussi la première défaite de Frédéric II, qui a bien failli tourner au désastre. Le roi perd à nouveau 14 000 hommes, dont cinq mille prisonniers. Sans doute seront-ils échangés mais, dans l'immédiat, l'armée prussienne est très affaiblie. Le roi vaincu lève le siège, et commence à battre en retraite en Bohême. Mais il faut du temps aussi au maréchal Daun pour se remettre de sa victoire, qui lui a coûté 8 000 hommes, tués, blessés et disparus. Plusieurs jours s'écoulent avant qu'il ne puisse rejoindre le prince Charles au sud-est de Prague. Frédéric II est désormais en position défensive, et recule devant l'avance autrichienne.

Été 1757. L'offensive russe en Prusse orientale. Gross-Jägersdorff

Depuis l'été 1756, la tsarine Elisabeth Petrovna, très francophile, avait elle aussi accompli sa révolution diplomatique. En dépit des vues de son Grand Chancelier le comte Bestoujev-Rioumine qui marquait sa préférence pour un traité avec l'Angleterre, elle a rompu son alliance avec elle au moment où Frédéric II signe la convention de Westminster. Elle se tourne alors vers l'alliance autrichienne, avec le dessein non dissimulé de tirer profit de la guerre qui commence. Alexis Bestoujev-Rioumine nomme alors son ami le comte Apraxine maréchal et commandant de l'armée impériale russe, qu'il envoie en direction de la Prusse orientale. En mai 1757, une armée de plus de 70 000 hommes, avec seize mille Cosaques, traverse la Pologne, et franchit le Niemen. Villim Fermor s'empare le 5 juillet du port stratégique de Mémel qui joue le rôle d'une nouvelle base de départ, et se dirige vers Königsberg. Mais Apraxine, qui a plus l'expérience de la cour et de la diplomatie que de la guerre, et a peu de confiance en son armée, qui manque d'officiers, manque de chevaux, et se trouve très lourde à approvisionner dans un pays relativement pauvre, avance relativement lentement. Néanmoins il avance, et franchit le Pregel, en direction de Königsberg. Contre lui, le maréchal Hans von Lehwaldt ne dispose que de 24 000 hommes, il est isolé de Frédéric II et de son armée, qui est alors occupée contre les Autrichiens en Silésie. Cependant, plus audacieux, il décide de passer à l'offensive, et d'intercepter l'armée russe en marche. Les deux armées se rencontrent le 30 août 1757 près du village de Gross-Jägersdorf (actuellement, district de Tcherniakhovsk, près de Kaliningrad [Königsberg]). Le corps du général russe Vassili Lopoukhine est bousculé par les Prussiens à la baïonnette, Lopoukhine lui-même est tué, mais les Russes ont l'avantage du nombre ; arrivant au son du canon, soutenu par les Cosaques, le corps du général Roumiantsev s'apprête à encercler l'armée prussienne. Ployant sous le nombre, Lehwaldt doit reculer, subit des pertes importantes, finit par battre définitivement en retraite, en bon ordre. Les Russes sont victorieux, mais ne poursuivent pas. Enfin, Apraxine avance jusqu'à Königsberg, mais ne tire pas profit de sa victoire, par manque d'expérience, ou par manœuvre politique. Sur la fausse nouvelle de la mort de la tsarine Elisabeth, il préfère ne pas en faire plus, impose une occupation très dure de la Prusse orientale, et lui-même se retire, très attentif aux événements de la Cour, sachant pertinemment que l'héritier d'Elisabeth, Pierre, est très prussophile. Mauvaise décision, d'ailleurs, il n'y gagne que de tomber en disgrâce et se trouve remplacé dans son commandement en Prusse orientale par Fermor. Apraxine aurait pu faire plus. La Suède du roi Adolphe-Frédéric, avec à Stockholm une Diète dominée par un fort parti français, met sur pied une armée de 20 000 hommes, et se prépare à entrer en Poméranie.

Quoi qu'il en soit, le danger couru par la Prusse sur sa frontière orientale s'ajoute au recul en Bohême, au moment où la Westphalie, puis le Hanovre deviennent les premiers champs de bataille de la guerre de Sept Ans...

La campagne d'Allemagne du maréchal d'Estrées jusqu'à Hastenbeck, 26 juillet 1757

Le choix d'une campagne maritime en Méditerranée le montrait clairement : l'ennemi de la France n'était pas la Prusse, mais l'Angleterre. Son alliance avec l'impératrice Marie-Thérèse entraîne Louis XV à conduire des opérations militaires en Allemagne, mais la campagne de 1757, qui vise à attaquer le Hanovre, auquel le roi George II est très attaché, a comme objectif stratégique d'en faire une monnaie d'échange lorsque France et Angleterre concluraient leur paix, permettant de récupérer en contrepartie toutes les pertes d'Amérique – et de permettre l'entretien de l'armée française sur le pays conquis. Enfin, en prenant position sur l'Elbe, la France en imposerait assez au roi de Prusse, en difficulté, pour le contraindre à faire sa propre paix avec Marie-Thérèse.

L'Impératrice-Reine, dès que Frédéric II a envahi la Saxe, a demandé à Louis XV le soutien des 24 000 hommes promis par le premier Traité de Versailles. Le roi, fidèle à ses engagements, ordonne en octobre de les rassembler en un corps, placé sous le commandement du prince de Soubise, dont la désignation grâce à l'appui de la marquise de Pompadour, n'a rien de choquant quand on se souvient de sa participation à la guerre de Succession d'Autriche, où il est l'un des officiers de l'état-major qui entourait Louis XV, et où il n'a pas démérité. La faveur, toujours accusée par le public, n'a pas été le seul argument de la carrière militaire du prince.

Au début de l'année 1757, revenant de Vienne où il est allé régler avec l'Impératrice les modalités de l'engagement français, le comte d'Estrées, promu maréchal de France le 24 février 1757, reçoit le commandement de l'armée du Bas-Rhin chargée de la guerre contre le Hanovre, avec Maillebois comme maréchal-général des logis. Ce n'est pas un hasard non plus : le comte de Maillebois, lieutenant-général, vient de se distinguer à la prise de Port-Mahon. Le 1er mars, le prince de Soubise, destiné l'année précédente à commander le corps des troupes auxiliaires que la France doit fournir à l'Impératrice, reçoit de nouveaux pouvoirs pour un corps séparé qui, selon les circonstances, se réunira à l'armée du maréchal d'Estrées, ou à celle de l'Impératrice en Bohême. Attendant sa jonction avec l'armée impériale, il est employé sous d'Estrées, un peu en position d'avant-garde. Aussi longtemps que le maréchal n'est pas arrivé à son armée pour en prendre le commandement, Soubise commande par intérim, et mène lui-même les opérations.

Le départ des troupes, depuis Lille, Valenciennes et Maubeuge, s'est fait dans la seconde quinzaine de février, en direction de Wesel, dont on pense d'abord faire le siège. Mais les Prussiens évacuent la ville à partir du 16 mars, exactement la veille du jour où la Diète impériale met Frédéric II au ban de l'Empire et donne à l'Armée des Cercles l'ordre de marcher contre lui. Sans surprise, le Hanovre, le Brunswick et la Hesse restent dans l'alliance prussienne. Le 26 mars, le prince de Soubise arrive à Tongres, et ayant appris l'évacuation totale de Wesel, envoie des troupes en direction des possessions prussiennes du Rhin, Clèves en particulier, pour saisir les bateaux qui passeraient chargés de fourrage. Le 27 mars, il rend son commandement au maréchal d'Estrées qui vient d'arriver, et reçoit la direction du corps de réserve, toujours en position d'avant-garde. Dans cette fonction, il achève l'occupation du duché de Clèves et organise le blocus de Gueldre, place cédée au roi de Prusse par la Hollande en 1713, réputée inattaquable parce que protégée par les inondations des marais de la Niers. Le 14 avril, Soubise établit son quartier général à Wesel, puis oblige les Prussiens à évacuer la haute vallée de la Lippe, campe à Lippstadt en mai, et s'approche alors de Paderborn. Il continue à observer les mouvements des ennemis, alors les troupes hanovriennes commandées par le duc de Cumberland, fils du roi George II, qui n'est pas un foudre de guerre – il est le vaincu de Fontenoy, mais on ne doit pas oublier qu'il est courageux, blessé à la bataille de Dettingen en 1743, et pour l'opinion anglaise, il est surtout le vainqueur de Culloden, le 16 avril 1746, la victoire qui entérine l'échec définitif des soulèvements écossais en faveur d'un rétablissement de la dynastie des Stuarts. Enfin, au début du mois de juin, Soubise rejoint le gros de l'armée d'Estrées pour passer l'Ems, alors que Cumberland continue son recul, lorsque le 16 juin il est rappelé subitement à Versailles.

Il reste au maréchal d'Estrées à achever sa campagne, prudente et remarquable, qui échappe à la fonction directe de Soubise. C'est ce à quoi il s'emploie après le franchissement de la Weser, avec des forces largement supérieures à celles du duc de Cumberland en se dirigeant vers Halle, où il campe le 22 juillet. Il est encore à cinq lieues de l'armée hanovrienne, et ne prolonge pas les petits combats d'avant-garde qui se produisent déjà. Il opère avec lenteur, ce qui n'est pas irrésolution, mais attente du moment le plus favorable pour engager une bataille complète et décisive. Cumberland a disposé son armée sur une ligne perpendiculaire à la Weser, dont le village d'Hastenbeck occupe la position centrale. La ligne, observée par d'Estrées pendant toute la journée du 25, est fermée par des hauteurs séparées d'Hastenbeck par une série de ravins qui rendent une attaque sur cette aile de l'armée de Cumberland difficile, voire impossible. Pendant la nuit un corps commandé par Chevert contourne les hauteurs. La bataille elle-même commence aux premières heures du 26 juillet. Le soir, Cumberland se retire. D'Estrées vient de remporter le premier grand succès français de cette guerre, confirmé par la prise de Hameln le 28 juillet, puis Minden, puis Hanovre, puis la demande du duc de Brunswick d'entrer en négociations.

Mais en même temps, un autre jeu s'était joué à Versailles, qui allait retirer au maréchal d'Estrées tout le profit de sa victoire, au bénéfice du maréchal de Richelieu. Les faveurs de la cour négligent le mérite au profit des intrigues. L'heure du prince de Soubise est bientôt arrivée. Et le premier acte de la suite des événements qui entre juillet et novembre le conduisent à Rossbach est désormais enclenché.

Choiseul : « Rétablir le repos de l'Europe en réduisant la puissance du roi de Prusse... »

Comment mieux conclure la présentation de cette suite d'événements qui amène à leur résolution brutale sur le champ de bataille de Rossbach qu'en relisant celle qu'en donne, en 1759, le duc de Choiseul à son cousin, comte de Choiseul et futur duc de Choiseul-Praslin, alors que le premier vient d'être nommé Secrétaire d'État aux Affaires étrangères, et le second appelé à lui succéder à l'ambassade de Vienne ?

Le *Mémoire pour servir d'instruction*, qu'il lui adresse alors, est un chef d'œuvre, autant pour l'élégance du style que par la clarté d'exposition de tous les éléments de la situation : « *Le Roi n'oublia rien à la vérité pour rendre solide la pacification d'Aix-la Chapelle qui termina la guerre en 1748. Sa Majesté, par un effort de générosité que l'humanité ne connaissait point encore, sacrifia ses succès et ses ressentiments au rétablissement de la bonne intelligence avec ses voisins et à celui de la tranquillité générale. C'est à ces sacrifices et aux soins infatigables du Roi que l'Europe a été redevable du repos dont elle a joui jusqu'en 1755, et elle en jouirait encore si les rois d'Angleterre et de Prusse avaient été animés d'un zèle aussi sincère que Sa Majesté pour le bien public ; mais ces deux princes ne regardèrent la paix que comme une trêve momentanée et comme un moyen sûr d'abuser de la confiance de leurs voisins dans la foi des traités, en se préparant à les attaquer inopinément pour se procurer de nouveaux avantages à leurs dépens avant qu'ils ne fussent en état de défense. L'Impératrice-Reine, instruite des menées secrètes du roi de Prusse avec l'Angleterre contre la France, fut indignée de la perfidie d'un prince qui avait de si grandes obligations au Roi ; elle dédaigna d'un autre côté de servir d'instrument à l'ambition du roi d'Angleterre aux dépens de la France, et inspirée par le rapport de ses sentiments généreux avec ceux du Roi, elle lui donna connaissance des négociations du roi de Prusse et offrit son alliance à Sa Majesté. Mme la marquise de Pompadour fut la dépositaire des premières ouvertures de cœur de cette princesse pour le Roi, et par une habileté et une prudence qui lui sont aussi naturelles que rares à son sexe, elle posa les premiers fondements de l'union que les cœurs des deux souverains avait préparée.* » Choiseul évoque alors les réticences de Louis XV à abandonner la Prusse, et sa décision prise, après le Traité de Westminster du 16 janvier 1756, de signer le premier Traité de Versailles du 1er mai suivant, alliance défensive, qui devient une alliance offensive après que le roi de Prusse eut lui-même attaqué la Saxe et la Bohême, ce qui entraine la signature du deuxième Traité de Versailles le 1er mai 1757. « *Ce traité stipulait le concours militaire de Leurs Majestés pour procurer à l'Impératrice, au Roi de Pologne et à la Suède une ample satisfaction sur le passé et des sûretés suffisantes pour l'avenir, comme aussi pour maintenir le système germanique et rétablir le repos de l'Europe en réduisant la puissance du roi de Prusse dans de telles bornes qu'il ne fût plus en son pouvoir de troubler à l'avenir la tranquillité publique*[22]. »

---

22. Duc de Choiseul (Choiseul-Stainville), « Mémoire pour servir d'instruction au sieur comte de Choiseul » (Choiseul-Praslin), juin 1759, cité par Pierre-Yves Beaurepaire, *La France des Lumières*, *op. cit.*, p. 270-271.

DEUXIÈME PARTIE

La bataille de Rossbach dans la guerre de Sept Ans

Chapitre 3

Juillet-novembre 1757
Les acteurs de la bataille de Rossbach

En juillet-août 1757, Marie-Thérèse, Louis XV et leurs alliés peuvent croire qu'ils vont gagner la partie. Frédéric II a été obligé de reculer jusqu'en Saxe, Daun se prépare à envahir la Silésie, le maréchal d'Estrées atteint la Weser, et une nouvelle armée française commandée par Soubise débouche bientôt d'Alsace pour soutenir l'Armée des Cercles du duc de Saxe-Hildburghausen qui se concentre à Würzburg. Sur la frontière de la Prusse orientale et de la Poméranie, les Russes et les Suédois dominent. À la tête d'une armée affaiblie, Frédéric a peu de chances d'échapper à un écrasement.

C'est à partir de ce moment que les acteurs de la bataille à venir se précisent, chacun avec son caractère, qu'il faut essayer de fixer avant la bataille : Richelieu, qui ne s'y trouve présent, si l'on peut dire, que par son absence, résultat de la campagne qu'il conduit entre juillet et octobre. S'il est trop réducteur de renvoyer le maréchal à sa cupidité en organisant le pillage de sa conquête, il n'est pas faux de dire qu'il n'a pas voulu aider Soubise, ni conduire lui-même ses armées jusqu'à Magdebourg, ce qu'il aurait pu faire. Soubise, le vaincu, présenté très défavorablement au jugement de l'opinion publique, c'est-à-dire de la rue parisienne, dès le lendemain de la bataille, n'est pas l'incapable poltron de caricature que stigmatisent chansons et libelles : tout simplement, au commandement d'une armée, il n'est pas à sa place. Il ne s'est d'ailleurs jamais encore trouvé dans cette position. Il n'a ni le coup d'œil militaire, ni l'intuition des placements nécessaires, et il obéit sans doute mieux qu'il ne commande. Il a le courage du combat, mais il lui manque le talent de la guerre. Devant l'opinion, il paye, rudement, l'impopularité de la marquise de Pompadour à laquelle seule on attribue son commandement. Et devant lui, il y a Frédéric II, le vainqueur, tout à la fois roi, homme d'État, général d'armée, « roi guerrier » plus que « roi de Guerre », alors que son père est resté « Roi-Sergent ». De plus, il a l'expérience : depuis 1740, il s'est imposé comme l'un des plus grands généraux de son temps. Frédéric II, qui a voulu la bataille, en partie parce que l'armée de Richelieu reste peu active, a toujours accordé beaucoup plus d'importance à sa victoire de Leuthen, que lui-même appelle Lissa, remportée le mois suivant, contre les Autrichiens, qu'à celle de Rossbach.

Le duc de Richelieu et la campagne de Hanovre. Les fautes initiales

Le duc de Richelieu n'est pas sans certaines ressemblances avec le prince de Soubise, si l'on excepte sa cupidité et sa hauteur, alors que Soubise est d'un caractère enjoué, très agréable avec tous… Mais comme lui, Richelieu, tenu sur les fonts baptismaux par le duc et la duchesse de Bourgogne, est d'une très grande famille, capable de rivaliser avec les Rohan, et comme lui, il est une des figures de la Cour. Arrière petit-neveu du cardinal de Richelieu, né duc de Fronsac, devenu duc de Richelieu en 1715, il laisse dans l'histoire un véritable modèle d'aristocrate séducteur et libertin, rendu célèbre autant par ses conquêtes et sa vie amoureuse mouvementée, que par des mérites militaires plusieurs fois démontrés, et attestés par une carrière brillante [1].

Un commandement justifié autant qu'usurpé

En effet, on ne doit pas oublier que si le duc de Richelieu est naturellement désigné à être un homme de cour, l'un des plus importants tant par son ascendance que par son baptême, il est aussi un homme de guerre. Il a sans doute peu retenu de ses études classiques, dont il conserve surtout l'amitié de son condisciple Voltaire, né comme lui en 1696, mais il a acquis dans sa jeunesse une grande adresse pour les armes – comme pour la danse ou la vènerie. Engagé très jeune dans la vie militaire, il a su y montrer de réelles qualités de courage, mais peu d'ardeur à l'étude théorique de la guerre et l'apprentissage des règlements, donnant toujours la priorité à la cour, à l'intrigue, et à l'éclat qu'autorisent sa naissance et ses qualités naturelles.

Remarqué dès sa jeunesse par un tempérament excessif, porté à tous les plaisirs, il débute dans la vie militaire par la campagne de 1712, et se trouve blessé devant Fribourg. Colonel du Régiment de Richelieu en 1718, il est compromis dans la conspiration de Cellamare en 1719. Mais la naissance et le nom donnent de l'autorité, permettent bien des fautes, ouvrent toutes les portes, et garantissent les faveurs. C'est à ses protections qu'il doit d'être nommé ambassadeur à Vienne entre 1725 et 1729, puis à Dresde, poste qui n'est pas secondaire dans un temps où Maurice de Saxe, fils bâtard de l'Électeur de Saxe, commence à se faire connaître à Paris.

En 1733, Richelieu participe aux campagnes de la guerre de Succession de Pologne, sous les ordres de Berwick, et se trouve une nouvelle fois blessé dans l'un des assauts qui précèdent la prise de Philippsbourg, ce qui lui vaut le grade de maréchal de camp, et en 1738 le commandement du Languedoc. Nommé premier gentilhomme de la Chambre en 1743, il prend part aux principales batailles de la guerre de Succession d'Autriche. Courageux, audacieux, il a un cheval tué sous lui à Dettingen, il a joué un rôle certain dans la victoire de Fontenoy, « *la première fois que le maréchal de Richelieu put*

---

1. *Mémoires authentiques du maréchal de Richelieu, 1725-1757*, publiés par Arthur de Boislisle, Paris, Société de l'Histoire de France, 1918. La référence vaut pour tout le paragraphe.

se distinguer à la guerre », écrit-il lui-même. Longtemps après, en évoquant cette bataille dans un mémoire adressé à Louis XVI en 1783, il écrit que le maréchal de Saxe « *était devenu hydropique* », et obligé de s'en rapporter à des « *officiers généraux qui avaient pris une très mauvaise position* »[2]. Il est vrai que lui-même prend la tête de la Maison du Roi au moment où la colonne anglaise va être rompue, mais il oublie de dire que c'est un officier de Touraine Infanterie qui lui indique l'existence des quatre canons dont le tir l'a détruite, et autorise ainsi la charge de la Maison du Roi dont le succès lui permet de s'arroger toute la gloire d'une victoire qui est pourtant bien celle de Maurice de Saxe, remonté sur son cheval, au moment de la charge générale de la cavalerie et de l'infanterie. « *Monsieur de Richelieu fut un vrai Bayard* », écrit le marquis d'Argenson à Voltaire, qui ne manque pas de chanter les louanges de celui auquel l'unit une amitié que ni les années ni la diversité de leurs horizons respectifs n'ont entamée.

C'est Richelieu qui, en 1746, se trouve chargé de conduire l'ambassade qui va à Dresde demander en faveur du Dauphin la main de Marie-Josèphe de Saxe, nièce du maréchal de Saxe. C'est pourtant celui-ci qui, en marge de la diplomatie officielle, avait encouragé son demi-frère à conclure ce mariage, sans doute en bénéficiant déjà de la faveur de Madame de Pompadour. C'est encore Richelieu qui est appelé par les Génois pour remplacer Boufflers, et qui délivre la République de la présence anglaise et de la domination autrichienne, au terme d'une belle campagne, après laquelle il est nommé maréchal de France le 11 octobre 1748, et agrégé à la noblesse génoise le 17 octobre suivant. Toujours bien en Cour, il devient premier gentilhomme de la chambre, mais se trouve en 1752 confronté à l'hostilité de la toute-puissante marquise, offensée par son refus de marier son fils, le duc de Fronsac, à Mademoiselle d'Etioles – alors âgée de huit ans – au prétexte que la mère du jeune duc étant princesse de Lorraine, il devait obtenir l'accord du chef de cette maison, qui est l'empereur François Ier... La marquise de Pompadour – née Jeanne-Antoinette Poisson – n'avait pas compris ce qu'est la naissance, même dans le monde en apparence léger des courtisans ; le duc, lui, n'avait pas compris que les sentiments du roi pour celle qui est devenue sa conseillère avaient une réelle profondeur qui justifiait que l'on recherche son amitié, synonyme d'influence.

Utile au roi par ses qualités de négociateur dans le conflit qui s'élève entre la monarchie et le Parlement, il lasse l'opinion par l'exemple des désordres qu'il semble donner au monarque, par les vices de sa jeunesse que l'âge semble aggraver. Lui confier un nouveau commandement pourrait transformer un peu son image. C'est alors qu'il reçoit la conduite de l'expédition de Minorque, au cours de laquelle il révèle effectivement des qualités militaires, mais pour la seconde fois, il s'attribue tout le mérite de la victoire, aux dépens de La Galissonnière, dont la victoire navale a été décisive, mais ne reçoit que la froideur du roi.

Richelieu a compris. Il est assez adroit pour montrer de la sympathie à Madame de Pompadour à l'occasion de l'attentat de Damiens, il bénéficie du renvoi du comte d'Argenson, puis de la démission de Rouillé remplacé aux Affaires étrangères par l'abbé de Bernis, « *une comète qui avait bien une*

2. *Ibid.*, p. 104-105, Mémoire adressé à Louis XVI en 1783.

queue très longue, mais à qui il manquait une tête »[3], et réussit le tour de force de se faire donner le commandement de l'Armée envoyée en Allemagne sous d'Estrées, un peu desservi par la lenteur de sa campagne, mais surtout déconsidéré en raison des plaintes que celui-ci formulait contre Pâris-Duverney, le munitionnaire, soutenu par des manœuvres du comte de Maillebois, maréchal des logis de l'armée d'Allemagne, qui fait cause commune avec le munitionnaire… L'ordre de rappel du maréchal d'Estrées est signé le 25 juillet. Le lendemain, celui-ci remporte la belle victoire d'Hastenbeck, connue à Versailles le 28 juillet. L'opinion, dont Barbier est toujours un bon écho, ne comprend pas – il y a discordance entre l'événement en Allemagne, et la décision du Roi. Barbier note que le jeudi 28 juillet – juste avant l'annonce de la victoire –, « *il est parti un courrier, avec une lettre du Roi au maréchal d'Estrées, qui lui mandait qu'il envoyait le maréchal de Richelieu avec des troupes pour réunir à la première armée et en prendre le commandement, étant plus ancien maréchal de France que M. le comte d'Estrées* », avec cette précision : « *On dit encore que quelque ami de Cour du comte d'Estrées l'a averti de ce changement pour le presser d'avoir une action, parce qu'il paraîtrait singulier de rappeler un général après le gain d'une bataille* »[4]. C'est pourtant ce qui a été fait. Une injustice de Cour, qui donne lieu à des couplets satiriques contre celui qui en bénéficie.

Closter-Seven, la première faute majeure

Richelieu reçoit donc le commandement des cent mille hommes du maréchal d'Estrées au lendemain de la belle victoire d'Hastenbeck. Le Hanovre lui est ouvert. Lui-même le reconnaît, rendant justice à son prédécesseur : « *Monsieur le maréchal d'Estrées m'a remis un état de son armée et de ses projets en bon citoyen. Rien n'est plus sage ; il est parti comme un héros* », écrit-il au roi. Sa mission est claire : achever la campagne, le Conseil supérieur de la guerre étant convaincu qu'après les succès de l'armée de l'Impératrice sur Frédéric II, celui de l'armée de Richelieu en Allemagne suffirait à écarter définitivement le roi de Prusse. Bien qu'il ne soit pas facile, au milieu d'une opération en cours, de relever le commandement d'un maréchal qui avait toute la confiance de ses troupes et qui vient de donner la démonstration de sa valeur, Richelieu remplit sa mission.

Le comte de Lynar : « Je viens, Messieurs, de vous arrêter dans vos conquêtes ; mais je n'ai rien diminué de votre gloire »

Et qu'on ne s'y trompe pas : il s'agit d'une vraie campagne, fort bien conduite.

Richelieu arrive à son armée le 3 août, et reçoit presque aussitôt la capitulation de Hanovre, suivie du recul de Cumberland à Werden, où il espère recevoir le secours de troupes venues d'Angleterre. Le maréchal-duc a fort bien compris qu'il doit en finir avant que cette jonction puisse se réaliser. Il n'est pas utile ici de retenir le détail de ses mouvements, qui répondent à une occupation méthodique du territoire, en pressant constamment son avance. Le 15 août, il reçoit les capitulations des villes de Brunswick et de

3. *Ibid.*, p. 150.
4. *Journal de Barbier*, *op. cit.*, t. VII, p. 548.

Wolfenbüttel, qu'il fait occuper par le duc d'Ayen, une semaine plus tard il apprend la capitulation de Gueldre – la « ville imprenable », c'est un succès flatteur –, suivie trois jours plus tard, le 26 août, de l'entrée de Broglie à Werden, qui rejette encore Cumberland et son armée dans le pays marécageux de la basse vallée de la Weser, et trois jours plus tard encore, le 29 août, d'Armentières reçoit à son tour la soumission de Brême, dont les magistrats livrent les portes et reçoivent les troupes du roi. Le maréchal de Richelieu, ne pouvant suivre son ennemi avec toute son armée dans un pays si difficile et dénué de toutes sortes de subsistance, laisse un gros détachement destiné à l'observation de Cumberland maintenant en retraite à Stade. « *Apprenant que les ennemis sont restés au camp de Selsen et que le marquis de Poyanne a trouvé leur arrière-garde à Closter-Seven, il se porte sur le camp en cet endroit avec tous les grenadiers et la brigade d'Alsace* » qui forme l'avant-garde de Richelieu dans l'invasion du Hanovre[5]. Il y établit son quartier général le 4 septembre, et commence à faire ramasser toutes les subsistances qui se trouveraient dans le duché de Magdebourg. Le 5 septembre, Cumberland lui envoie un émissaire, le comte de Lynar, ministre du roi de Danemark, ouvrir des négociations.

Ainsi, en un mois, Richelieu est maître de tout l'Électorat de Hanovre. Le maréchal estime que ses objectifs sont atteints, il s'en contente, en contradiction avec les ordres reçus qui lui demandaient de désarmer et licencier les troupes de Cumberland. Richelieu, qui aurait dû, selon ses instructions, obtenir une capitulation purement militaire, entame alors, de son propre chef, des négociations avec son adversaire, qui, lui, a reçu de son père les pleins pouvoirs pour discuter avec l'ennemi, et conclure une sorte de traité politique dont l'exécution dépend de la ratification des puissances belligérantes.

Les négociations aboutissent rapidement. Le 8 septembre la capitulation, dite Convention de Closter-Seven, est conclue, signée par Cumberland à Bremervörde, et placée sous la garantie de Frédéric V roi de Danemark, neutre dans la guerre en cours. Les Français occupent le pays qu'ils contrôlent alors. Le général anglais s'engage à renvoyer ses troupes allemandes de Hesse, Brunswick et Saxe-Gotha qu'il commande, auxquelles Richelieu accorde un passeport pour qu'elles regagnent leur pays et y soient dispersées, et cantonne les troupes de l'Électorat de Hanovre à une zone étroite autour de Stade et sur la rive droite de l'Elbe, où elles prennent leurs quartiers sans être prisonnières, en attendant la ratification par les gouvernements. Succès apparent, sans doute. Le comte de Lynar, sortant de la tente du maréchal de Richelieu, peut dire aux officiers qu'il rencontre : « *Je viens, Messieurs, de vous arrêter dans vos conquêtes ; mais je n'ai rien diminué de votre gloire* ». La capitulation laisse au maréchal de Richelieu la possibilité d'envoyer de nouveaux secours à l'Impératrice, pourquoi pas au roi de Pologne chassé de son Électorat de Saxe. Il peut même porter la guerre contre le roi de Prusse dans le duché de Magdebourg. À supposer enfin que Richelieu ait réuni son armée à celle de Soubise, la guerre était achevée victorieusement. C'est ce qu'attend le comte de Lynar.

---

5. Voir Charles Pierre Victor Pajol, *Les guerres sous Louis XV*, Paris, Firmin Didot, 1885, tome IV, p. 88-98, dont le récit est très précis.

Bernis : « Jamais acte n'a été moins réfléchi [...]. Gare les suites »

Ce n'est pas ainsi que la capitulation a été accueillie à Versailles. Quarante ans plus tard, Jomini en fait le constat : « *On a beaucoup blâmé cette capitulation* ». La première erreur a été de laisser intacte l'armée de Cumberland. « *Il ne prit pas la précaution de désarmer quarante mille alliés et de renvoyer chacun chez eux* », écrit simplement le futur général Dumouriez, lui-même présent à la bataille d'Hastenbeck, puis à l'attaque de Brême, dans un ouvrage publié en 1790[6]. Deuxième erreur, Richelieu n'avait pas pouvoir pour négocier : il devait vaincre, c'est tout. Et c'est différent. La convention ne sera effective qu'après ratification par la France et l'Angleterre.

Or, Versailles a fort mal reçu ce qui semble être une sorte d'arrangement entre Richelieu et Cumberland... C'est ce que Bernis écrit dès le 25 septembre à Choiseul, alors toujours dans son ambassade de Vienne : « *M. de Richelieu a un peu brusqué l'affaire de la Convention. Jamais acte n'a été moins réfléchi, ni contracté avec moins de formes* ». Il ajoute, ne cachant pas son inquiétude : « *Il est certain que cet événement est glorieux en apparence, et qu'il donne à M. de Richelieu la facilité de se porter en avant ; mais gare les suites !* » – formule de langue parlée plus que diplomatique : Bernis a souvent ce style que Sainte-Beuve, un siècle plus tard, appelle « le jargon des boudoirs de Bellevue ou de Babiole », du nom de la maison où s'étaient tenues les premières conférences du Traité de Versailles[7]. Effectivement, la ratification française n'arrive qu'après la bataille de Rossbach, après laquelle les Anglais ne se croient plus obligés d'exécuter le traité, que le gouvernement de William Pitt refuse alors de ratifier. L'armée de Cumberland, quasiment intacte, peut passer sous le commandement de Ferdinand de Brunswick, qui l'a remplacé. Bernis, honnête homme au-dessous de la situation, qui est l'auteur désigné et responsable d'une alliance devenue funeste, écrit à Choiseul, le 13 décembre : « *On ne meurt pas de douleur, puisque je ne suis pas mort depuis le 8 septembre* »[8] – le 8 septembre, Closter-Seven, et non le 5 novembre, Rossbach. C'est bien le 8 septembre que tout a commencé et que la faute de Richelieu en fait l'un des responsables de la défaite du 5 novembre.

Lorsqu'il consigne ces événements dans le mémoire qu'il adresse à Louis XVI en 1783, Richelieu en donne, on s'en doute, une autre version : « *Trois semaines ou un mois environ avant la bataille de Rossbach, le duc de Richelieu fit prisonnière l'armée ennemie, lui fit signer une capitulation, et, après que ces troupes eurent pris les chemins qu'elles devaient suivre, il crut bon de son côté de ne pas perdre un instant pour marcher au roi de Prusse. Pendant ce mouvement, il trouva à Brunswick un homme qui lui apporta la lettre du roi – il s'agit de Frédéric II –, [par laquelle on voit que] ce prince se remettait entre les mains du roi de France pour faire la paix. Ce fut cette*

6. Dumouriez, *Galerie des Aristocrates militaires et mémoires secrets*, Londres et Paris, chez Les Marchands de nouveauté, 1790. Sur Richelieu, p. 19.

7. Charles-Augustin Sainte-Beuve, *Les Causeries du Lundi (lundi 4 avril 1853)*, « De l'État de la France sous Louis XV », Paris, Garnier frères, s.d., Tome huitième, p. 23-43, correspondance citée p. 25.

8. *Ibid.*, p. 27.

même lettre qui acheva de perdre le duc de Richelieu, après le malheur qu'il avait déjà eu de faire l'armée ennemie prisonnière, et de la laisser en état d'exécuter tout ce qu'elle entreprit après qu'il eût quitté l'armée et que le roi de Prusse fut sûr que ses propositions avaient été rejetées »[9].

La lettre du roi de Prusse, écrite le 6 septembre, était en réalité fort habile : une étonnante flatterie à l'adresse du maréchal, dans les jours même où il négocie la capitulation de Closter-Seven, qui ne peut avoir aucun autre but que le résultat effectivement obtenu : « *Je sens, M. le Duc, que l'on ne vous a pas mis dans le poste où vous êtes pour négocier. Je suis cependant très persuadé que le neveu du grand cardinal de Richelieu est fait pour signer des traités comme pour gagner des batailles [...]. Il s'agit d'une bagatelle, Monsieur : de faire la paix, si on le veut bien* ». Il envoie un émissaire de confiance : « *Quoique les événements de cette année ne devaient pas me faire espérer que votre Cour conserve encore quelque disposition favorable pour mes intérêts, je ne puis cependant me persuader qu'une liaison qui a duré seize années n'ait pas laissé quelque trace dans les esprits* »[10]...

Le marquis de Valfons, qui évoque la même lettre, affirme que Richelieu a expédié un courrier à Versailles pour demander la permission de traiter, et que Bernis, convaincu par Starhemberg qui lui représente le roi de Prusse comme à bout de ressources, ce qui n'est pas faux, interdit au maréchal toute négociation[11].

Le « Père la Maraude », la seconde faute majeure

La seconde faute de Richelieu est sans doute plus grave. S'il réussit, par ses manœuvres, à ne pas être entamé, Richelieu se tient dans l'inaction, et en particulier refuse longtemps de joindre son armée à celle du prince de Soubise, ne voulant pas que celui-ci remporte un succès qui viendrait lui faire ombrage.

On peut considérer que la faute stratégique est de ne pas suivre le début de sa campagne par une marche offensive immédiate au cœur de la Prusse. Par la vallée de la Weser, puis de son affluent l'Aller, la route de Magdebourg lui était ouverte. L'importance de son armée lui donnait l'avantage sur toute tentative de Frédéric II pour l'arrêter ou simplement le contenir, les soldats de Cumberland ne sont pas encore passés sous le commandement de Ferdinand de Brunswick. Il s'arrête avant Halberstadt, comme s'il avait choisi la direction de Leipzig et de la Saxe plutôt que de la Prusse, mais en laissant l'achèvement de la campagne en cette direction à Soubise, dont il ne soutient pas l'armée...

En fait, au lieu de poursuivre sur la lancée de la capitulation de Closter-Seven, le duc, bientôt appelé par ses soldats du sobriquet plus méprisant qu'affectueux de « Père la Maraude », a privilégié une suite de marches et contre-marches qui visent à épuiser le pays, et deviennent un véritable brigandage qui lui permet d'assouvir son avidité dans les six à huit semaines pendant lesquelles il s'y livre. « Maraudeur », dans la langue militaire, le

9. Richelieu, *Mémoires...*, *op. cit.*, p. 165.
10. *Ibid.*, p. 166, lettre du roi de Prusse à Richelieu, le 6 septembre 1757.
11. Valfons, *Souvenirs du marquis de Valfons*, Paris, Emile-Paul frères, 1933, p. 312-313.

mot n'est pas flatteur. En règle générale, le maraudeur pris en flagrant délit par le Prévôt de l'armée est pendu sur le champ – il y a eu une série de terribles exécutions en 1756. Sans doute, il ne s'agit plus des pillages d'antan, dont le XVIIIe siècle garde le souvenir, mais, en date du 2 octobre, Madame de Pompadour parle des « pilleries » des officiers généraux, « qui mettent la disette là où avait été l'abondance » ; plutôt une « maraude en dentelle » que les « horreurs de la guerre » de Jacques Callot ; des réquisitions et du brigandage qui maintiennent son armée dans le Hanovre, et ne permettent à aucun moment à Soubise de conclure la campagne grâce à l'énorme supériorité numérique sur laquelle il pouvait compter. Celui-ci doit se contenter de harceler les Prussiens sans engager de véritable action. D'aucuns accusent le prince de pusillanimité. La Cour de Vienne se plaint des lenteurs de l'armée française ; Madame de Pompadour, encore elle, s'en alarme directement auprès de Richelieu : « *J'aurais désiré [...] que vous eussiez pu envoyer du secours à M. de Soubise dont la situation, quoiqu'avantageuse qu'elle soit à l'Impératrice si les généraux savent en profiter, mêle de l'amertume à la joie que votre capitulation me cause* »[12].

Quelques jours plus tard, nouvelle lettre : « *Je ne puis m'empêcher de vous solliciter encore pour mettre fin aux pilleries et aux mauvais propos de votre armée. Je sens qu'il est difficile d'arrêter un mal commencé avec la campagne. Mais, Monsieur le maréchal, si vous ne l'arrêtez pas dans ce moment, vous ne serez plus le maître dans six mois. [...] Employez-le à avoir des preuves contre les fripons. Plus ils seront élevés, plus leur punition fera d'effet aux subalternes. Je ne puis m'empêcher de vous reprocher les ménagements que vous avez pour les méchants et les tracassiers. Que craignez-vous quand votre maître vous soutient ? Si vous ne voulez pas les punir en personne, envoyez les preuves au Roi. Il fera justice. Mais, Monsieur le maréchal, quand on commande aux hommes, il ne faut pas craindre des ennemis impuissants, eussent-ils même le pouvoir de vous faire du mal. Il faut être assez grand pour se sacrifier au bien de l'État* ». Dans toutes ses lettres, la marquise insiste pour que Richelieu rejoigne Soubise, dont elle attend des merveilles – mais c'est une considération sans effet sur Richelieu. Le 27 octobre, elle serait alarmante, si elle n'était pas toujours convaincue que l'armée autrichienne disposera de Frédéric II – mais elle veut que ce soit l'heure de Soubise : « *Vous faites le mousquetaire, Monsieur le maréchal, et cela vous réussit toujours. [...] Monsieur de Soubise n'est pas aussi heureux que vous. Le roi de Prusse veut fondre sur son armée qui n'existe pas [...]. Il se repliera, si l'armée de l'Empire le suit. Les troupes du prince Charles auront beau jeu pour l'écraser et faire la paix cet hiver* ».

Rappelé à Versailles par Louis XV après la défaite de Rossbach, Richelieu quitte Hanovre le 8 février 1758. Là se termine sa carrière militaire. Son successeur est le comte de Clermont, de sang royal, abbé de Saint-Germain-des-Prés, curieux moine-soldat dont la désignation avait fait ricaner Frédéric II, disant plaisamment « *que la Cour de France avait sans doute épuisé ses*

12. Evelyne Lever, *Madame de Pompadour*, Paris, Perrin, 2000, p. 299 *sq.*, utilise les lettres de Madame de Pompadour à Richelieu, 2 octobre 1757, dans Bibliothèque Victor Cousin, Fonds Richelieu, 27, f° 161-189. La référence vaut pour tout le paragraphe et ne sera pas rappelée.

généraux, puisqu'elle lui envoyait celui des Bénédictins »[13]. On sait qu'après 1763, dans le quartier neuf de la Chaussée d'Antin, Richelieu fait achever la rotonde de l'élégant pavillon nommé *Pavillon de Hanovre*, réputé être le fruit de ses rapines – alors que beaucoup des rues nouvelles y reçoivent alors des noms liés à la guerre : Port-Mahon, Choiseul, Grammont, et même Provence et Artois, du nom des deux nouveau-nés du Dauphin en 1755 et 1757[14]...

Charles de Rohan-Soubise, un courtisan à la tête d'une armée

Soubise n'est pas Richelieu. Il n'est ni cupide, ni vaniteux. Mais, n'ayant encore jamais commandé en chef, il manque d'expérience et d'autorité. Si le premier n'est peut-être plus capable d'être un bon général, le second ne l'est pas encore. En revanche, il est, depuis longtemps, un courtisan accompli. Encore qu'un autre mot serait mieux approprié. Soubise n'appartient pas à la foule des quémandeurs de salon ou d'antichambre, en attente d'être vus, en espoir d'obtenir l'une des innombrables charges ou places qui rapprochent un peu de la proximité du roi celui qui les obtient, par le jeu complexe des ambitions et des recommandations, des héritages et des cousinages, des qualités et de la servilité. Il lui suffit d'être prince de Soubise, de la maison de Rohan, ami du roi.

Charles de Rohan, prince de Soubise, a laissé son nom à la bataille de Rossbach. Il a endossé toute la honte d'une défaite que rien ne laissait imaginer. C'est lui qui a été chansonné, moqué, méprisé. C'est lui, surtout, qui a payé l'impopularité de Louis XV et de la marquise de Pompadour. Réputé formé à la guerre, parce qu'il est l'un des officiers de l'entourage immédiat du roi pendant la guerre de Succession d'Autriche, le prince de Soubise est surtout un prince de haute naissance, et par là un homme de Cour, état qui n'a rien d'inhabituel dans une monarchie dont la Cour est l'une des institutions centrales. Un espace de rencontres, d'intrigues et d'influence, en même temps qu'un instrument naturel de pouvoir et de contrôle porté à son apogée par Louis XIV, devenu avec Louis XV plutôt un lieu de coteries sinon de cabales, où s'obtiennent les gratifications et les faveurs, mais aussi la plupart des plus hautes fonctions de l'État. Placée sous le regard du roi, la Cour est le vivier dans lequel se recrutent, directement ou par le jeu des influences et des protections, les secrétaires d'État, les diplomates et le monde des ambassades, les archevêques, évêques et grands dignitaires de l'Église, les maréchaux et lieutenants généraux appelés au commandement des armées.

La nomination de Soubise au commandement de l'armée qui lui est confiée en 1757 ne résulte pas que des intrigues de la marquise de Pompadour. Peut-être doit-elle plus à l'amitié du roi, mais elle s'inscrit surtout dans la logique du fonctionnement de l'État royal. On aurait tort de ne voir la Cour qu'au prisme du regard que porte sur elle « l'opinion »[15]. Sa désignation

---

13. Dumouriez, *Galerie des aristocrates militaires...*, *op. cit.*, p. 26 et 28.

14. Voir l'observation de Baptiste Capefigue, *Le Maréchal de Richelieu*, Paris, Amyot, 1857 – qui s'acharne à défendre la mémoire du maréchal –, p. 156-157.

15. Deux ouvrages de référence : Jean-François Solnon, *La Cour de France*, Paris, Perrin, 1987 ; et Bernard Hours, *Louis XV et sa Cour. Le roi, l'étiquette et le courtisan*, Paris, Presses Universitaires de France, 2002.

est aussi la reconnaissance de qualités réelles, trop oubliées par l'effet de Rossbach. Voltaire, dans *Le siècle de Louis XV*, donne sans doute son portrait le plus exact en écrivant qu'il était « *un général d'un courage tranquille et ferme, d'esprit sage, d'une conduite mesurée* ». Camille Rousset, l'historien du XIXe siècle, est le premier après Voltaire à le qualifier avec mesure et simplicité, et sans doute avec exactitude : « *Le prince de Soubise est l'un des hommes que l'opinion de son temps et l'histoire ont le plus maltraité. Cette extrême sévérité n'est pas juste. Quand on lit sa correspondance militaire, fréquente, étendue, toute de sa main, on y trouve la marque d'un esprit sensé, honnête, exact, attentif à ses devoirs* »[16]. Cinquante ans plus tard, en 1914, André Dussauge laisse un portrait très nuancé du prince devenu maréchal après la victoire de Lutzelberg : « *Le nom de Soubise n'arrivera jamais à se séparer du souvenir de Rossbach. C'est une tâche à peu près impossible, car pendant plus d'un siècle, la satire et la caricature se sont acharnées à ridiculiser un général malheureux et une armée qui n'était pas tout à fait responsable de la défaite* », écrit-il. Il observe que la faveur n'a pas été le seul moteur de sa nomination : « *Chef de l'une des premières familles du royaume, familier du roi et de sa favorite* », sa place n'est pas dans des commandements subalternes. Tout en reconnaissant en lui des défauts propres aux généraux peu expérimentés : la crainte du risque, le souci de préparer sa victoire par une supériorité numérique excessive, l'habitude d'attendre avant de prendre une décision que l'adversaire ait dévoilé ses intentions, bref un honnête homme, plein de générosité et de noblesse, mais peu capable de se mesurer avec le roi de Prusse pour son apprentissage du commandement en chef[17].

Une famille, une carrière

Les Rohan. « Roi ne puis, duc ne daigne, Rohan suis. »

Charles de Rohan, prince de Soubise, né le 16 juillet 1715, un mois et demi avant la mort de Louis XIV, appartient à l'une des plus grandes familles de France, celle des Rohan, qui revendique le rang de deuxième famille de la noblesse de Bretagne après la famille ducale, avec une devise magnifique et orgueilleuse : « *Roi ne puis, duc ne daigne, Rohan suis* »[18].

La famille a de nombreuses branches, celle des Rohan-Chabot et celle des Rohan-Guéméné sont les plus illustres[19]. Le prince de Soubise, qui n'a pas encore trouvé son biographe[20], est issu des Guéméné, et tire son nom et son titre, prince de Soubise, petite terre située à l'embouchure de la Charente,

---

16. Camille Rousset, *Le comte de Gisors, 1732-1768. Étude historique*, Paris, Didier, 1868, p. 307.

17. André Dussauge, *Études sur la guerre de Sept Ans. Le ministère de Belle-Isle*, Paris, L. Fournier, 1914, p. 317-319.

18. La fière devise de la maison de Rohan donne son titre à l'étude d'Alain Boulaire, *Les Rohan : « Roi ne puis, duc ne daigne, Rohan suis »*, Paris, France-Empire, 2001.

19. Éric Mension-Rigaud, *Les Rohan. Histoire d'une grande famille*, Perrin, 2007.

20. La seule étude sur Soubise est celle de Rita Gemayel, *Le maréchal de Soubise, courtisan et homme de guerre*, Jean Meyer (dir.), Université de Paris IV, 1986, mémoire de DEA, dactylographié. À retenir aussi, Brigitte Lognone, *Les Rohan-Soubise au XVIIIe siècle. Nature et transmission de leurs biens*, mémoire de maîtrise, Jean Meyer (dir.), *ibid.*, 1985.

du mariage en 1663 de François de Rohan-Chabot avec sa cousine Anne de Rohan-Chabot, qui lui apporte la baronnie de Soubise, érigée en principauté par lettres patentes de mars 1667. Louis XIV ne refusait rien à cette dame du palais de la reine, dont la beauté éclipsait même celle de Madame de Montespan, et qui fut brièvement l'une de ses maîtresses. François de Rohan est lui-même un officier de grande valeur, qui commande les Gendarmes du Roi et s'illustre sur tous les champs de bataille. Les bienfaits se sont accumulés sur la famille de la princesse, un beau mariage et une belle carrière pour son fils Hercule-Mériadec, grand-père du maréchal, l'évêché de Strasbourg pour son autre fils Armand-Gaston, plus tard le premier des quatre cardinaux de Rohan[21]. Rappeler les grands noms de cette famille n'est pas indifférent à la position de Soubise à la Cour de Louis XV. Les ascendances, l'ancienneté et les parentés, les alliances, au XVIIIe siècle, justifient la place tenue en société et à la Cour.

La famille a déjà donné de grands noms à la guerre et à l'Église, les deux domaines réservés de la plus grande noblesse, et ces noms – moins anciens pour les contemporains de Soubise que pour nous – comptent encore au milieu du XVIIIe siècle. Au tournant des XVe et XVIe siècles, le maréchal de Gié, Pierre de Rohan, était un Rohan-Guéméné, au service de Louis XI, Charles VIII, puis Louis XII. Au tournant des XVIe et XVIIe siècles, le premier duc de Rohan, prince de Léon, élevé dans la religion protestante, très proche de Henri IV et d'abord fidèle au service de Louis XIII puis l'un des chefs de la rébellion huguenote, colonel-général des Suisses et des Grisons, de la branche cadette des Rohan-Gié, a également laissé son nom comme écrivain militaire avec un ouvrage titré *Le Parfait capitaine*, publié en 1636, deux ans avant sa mort, mais également des traités politiques et des *Mémoires*. Sa fille unique Marguerite, elle-même petite-fille de Sully, épouse en 1645 Henri de Chabot, titré en 1648 duc de Rohan, fondateur de la branche des Rohan-Chabot, dont l'un des descendants est le fameux Rohan-Chabot qui fait bastonner Voltaire en 1726 pour sa fière insolence… À l'Église, les Rohan donnent au XVIIIe siècle un archevêque-duc de Reims Armand-Jules de Rohan-Guéméné, qui sacre Louis XV en octobre 1722, et avant 1757 déjà trois évêques de Strasbourg, tous trois cardinaux, Armand Gaston, prince de Rohan, dit « le grand cardinal », évêque de 1704 à 1749, et grand-oncle du prince de Soubise ; Armand de Rohan-Soubise, de 1749 à 1756, frère cadet du prince de Soubise ; Louis Constantin prince de Rohan-Guéméné en 1756, créé cardinal en 1761. À sa mort en 1779, un quatrième cardinal poursuit cette tradition familiale, Louis René prince de Rohan-Guéméné, dont le nom reste attaché à la très mauvaise affaire du collier.

Charles de Rohan-Soubise, l'ami de Louis XV

La lignée de Soubise, petit-fils d'Hercule-Mériadec de Rohan-Soubise, mort en 1749, fils de Jules François Louis de Rohan-Soubise, mort jeune en 1724, étant capitaine des gendarmes de la garde du Roi, s'est encore rapprochée de la lignée royale. Veuf d'Anne de la Tour d'Auvergne, de la maison

21. Voir Lucien Bély, *Les Secrets de Louis XIV. Mystères d'État et pouvoir absolu*, Paris, Tallandier, 2013, p. 384-385.

de Bouillon, en 1738, le prince de Soubise épouse en secondes noces en 1741 Anne-Thérèse de Savoie-Carignan, fille de Victor-Amédée Ier, cousine de Louis XV, lui-même fils de Marie-Adélaïde de Savoie. Sa fille, Charlotte de Rohan-Soubise, née en 1737, épouse le 3 mai 1753 Louis Joseph de Bourbon, lieutenant général et colonel général de l'Infanterie, huitième prince de Condé, donc prince du sang. Des alliances qui lui donnent l'une des premières places à Versailles – avant les Richelieu. Cette union, en partie l'ouvrage de Madame de Pompadour, était d'ailleurs regardée comme une mésalliance par les autres princes du sang qui, en signant le contrat de mariage, protestent contre la qualité de *très-haut et très excellent prince* que prenait Soubise. Mais le roi ne veut contrarier ni Madame de Pompadour, ni son ami : cela donne à Soubise une position très particulière dans cette société que forme la Cour, où il côtoie beaucoup ceux qui ont été, comme lui, formés dans leur enfance au collège Louis-le-Grand, ancien Collège de Clermont devenu collège royal depuis 1682, celui des Conti, des Rohan, des Villars, des Luxembourg, des Richelieu…

L'amitié de Louis XV, âgé de cinq ans de plus que Soubise, est une singularité : il est difficile d'être l'ami d'un roi, et plus encore pour un roi d'avoir des amis… « L'ami du roi », c'est la formule de Dufort de Cheverny dans ses Mémoires, « l'ami intime de cœur » écrit même le duc de Croÿ avec lequel il était très lié, « l'ami de cœur » écrit simplement l'abbé Géorgel, proche des Rohan dans les dernières années du règne[22]. Il est le seul des courtisans qui ait été qualifié ainsi, et Dufort ajoute même qu'il était « *peu fêté de tous les partis, parce qu'on savait qu'il n'aimait que son maître* ». Autrement dit, une amitié qui distingue, mais aussi isole, celui qui en est l'objet[23]… Entre Louis XV et Soubise, il y a une relation différente de celle d'un courtisan avec un souverain ; une confiance, une simplicité, une fidélité qu'aucun événement n'a jamais affectée.

Cette amitié favorise une carrière militaire, souvent présentée comme le résultat des faveurs dont il bénéficie, mais dont il ne faut pas oublier le caractère réel. Le 1er mai 1732, il obtient, âgé de dix-sept ans, la charge de guidon des gendarmes de la Garde du Roi : cette compagnie de deux cents cavaliers tient la deuxième place dans l'ordre de préséance de la Maison du Roi, après les gardes du corps et avant les chevau-légers. Le « guidon » des gendarmes est un grade qui équivaut, dans les troupes réglées, à celui de maréchal de camp. Le 28 juin 1734, à la démission de son aïeul le prince de Rohan, le jeune Soubise devient capitaine-lieutenant de cette compagnie – âgé de dix-neuf ans –, ce qui lui donne le rang de premier mestre de camp de cavalerie et lui permet de commander les autres mestres de camp de cavalerie et de dragons. Le 6 juillet suivant, il est nommé gouverneur et lieutenant-général en Champagne et en Brie. Le métier s'apprend alors surtout en le pratiquant : dix ans plus tard, le jeune Soubise, nommé brigadier de cavalerie le 1er janvier

---

22. Abbé Géorgel, *Mémoires pour servir à l'histoire des événements de la fin du dix-huitième siècle depuis 1760 jusqu'en 1806-1810*, Paris, Alexis Emery, vol. I, p. 277.

23. Dufort de Cheverny, *Mémoires sur les règnes de Louis XV et Louis XVI, et sur la Révolution*, Paris, Plon, 2 vol., tome 1, p. 103 ; duc de Croÿ, *Journal inédit du duc de Croÿ…*, Paris, Flammarion, 1906, 4 vol., tome 1, p. 420.

1740, puis maréchal de camp le 14 mai 1743, accompagne Louis XV de 1744 à 1748 en qualité d'aide-de-camp. À la tête de sa compagnie de gendarmes, il accompagne le roi pour son entrée à Strasbourg en août 1744, puis en juillet 1745 à son entrée à Bruges. Il a le bras cassé au siège de Fribourg : « *Une pierre y atteignit le prince de Soubise et lui cassa le bas. Dès que le roi le sut, il alla le voir, il y retourna plusieurs fois ; il voyait mettre l'appareil à ses blessures* », écrit Voltaire dans son *Histoire de la Guerre de 1741*[24] ; l'année suivante, il est l'un des héros de Fontenoy, secondant le comte de La Marck dans la défense du poste d'Antoing, puis chargeant à la tête des gendarmes de la Garde au moment du mouvement final qui décide de la victoire[25] : « *Maison du Roy ! Marchez, assurez la victoire / Soubise et Peicquigny [sic] vous mènent à la gloire* », écrit Voltaire dans son fameux *Poème de Fontenoy*[26]. En 1746, il dirige la prise de Malines. En 1748, il est nommé au grade de lieutenant-général, ce qui n'est pas usurpé, et reçoit en 1751 le gouvernement de la Flandre et du Hainaut, ce qui n'est pas forcément aussi justifié. Il s'y attache plus qu'on ne pourrait l'imaginer d'un prince qui vit à la Cour. On connait par exemple l'ordonnance qu'il prend le 11 février 1756 sur la règlementation de la chasse dans son gouvernement, exemple d'un gouvernement effectif et minutieux, avec l'énumération de ses titres militaires et fonctions civiles, « Connétable héréditaire de Flandre, sénéchal de Hainaut Capitaine-lieutenant des Gendarmes de la Garde ordinaire du Roi, Gouverneur et lieutenant-général pour Sa Majesté des Provinces de Flandre et Hainaut, Gouverneur particulier des Ville et Citadelle de Lille, souverain bailly des Ville et Châtellenie dudit Lille »[27]. Mais il n'a encore exercé aucun commandement d'armée avant d'être envoyé sur le Rhin, puis vers la Saxe, en 1757.

Un homme de Cour, ami de la marquise de Pompadour

Homme de Cour par sa naissance et ses fonctions, Soubise attache sa qualité de courtisan aux prétextes du mépris qui entoure sa mémoire, comme s'il y avait incompatibilité entre l'art de la vie de Cour et l'art de la guerre en campagne. Contresens, évidemment. La légèreté, produit d'une culture soigneusement maîtrisée, la désinvolture apparente devant les difficultés de la vie – et de la guerre quand on doit la faire, ce qui est un devoir de la noblesse – l'art de la Cour et de l'étiquette, avec ses débordements de jeu ou d'alcôve, avec son élégance et ses « manières » pour reprendre le mot de Mona Ozouf[28], tout cela appartient à la société et aux institutions des Lumières. Une époque où il n'y a pas de ministère, mais un roi et des Secrétaires, pas de grande

---

24. Voltaire, *Histoire de la Guerre de 1741*, édition de J. Maurens, Paris, 1961, p. 113.

25. *Ibid.*, p. 151. Pecquigny est le futur duc de Chaulnes.

26. Voltaire, *Le Poème de Fontenoy*, Paris, Prault, 1745, p. 29, vers 177/178. Voltaire précise en note : « *M. le Prince de Soubise prit sur lui de seconder M. le Comte de La Marck dans la défense obstinée du poste d'Antoin ; il alla ensuite se mettre à la tête des Gendarmes, comme M. de Pecquigny à la tête des Chevau-Légers, ce qui contribua beaucoup au gain de la bataille* ».

27. *Ordonnance de Charles de Rohan, prince de Soubise, d'Epinoy et de Maubuisson, duc de Rohan-Rohan…, 11 février 1746*, Lille, Imprimerie de la veuve de C.M. Cramé, 1756.

28. Mona Ozouf, *Pour rendre la vie plus légère. Les livres, les femmes, les manières*, Paris, Stock, 2020.

École de formation à la haute fonction publique ou militaire ; une époque où pas un maréchal de France et pas un général d'armée, pas un cardinal et pas un évêque, pas un seul des hauts responsables dont la fonction échappe à l'office, ne peut échapper à la Cour comme seule voie d'ascension. Une Cour où la naissance concurrence le talent ou le mérite, et au sein de laquelle nul n'échappe à un cercle particulier d'influence, que tous ceux qui n'en sont pas qualifient d'intrigues et de coteries…

Le jeune prince de Soubise n'a guère retenu l'attention du public avant son second mariage avec Anne-Thérèse de Savoie-Carignan en octobre 1741, célébré à Saverne, en l'hôtel du cardinal de Rohan. Parce que ce mariage rend le prince « le plus proche parent du Roi, à cause de sa femme », car Louis XV est lui-même le fils de Marie-Adélaïde de Savoie, fille de Victor Amédée II[29]. Veuf le 5 avril 1745, Soubise se remarie dès le 23 décembre suivant avec Victoria de Hesse-Rotenbourg, fille du prince de Hesse-Rotenbourg, cousine du futur Victor-Amédée III, encore une alliance de proximité avec Louis XV, qui commence à fixer l'attention sur lui après 1748. Par exemple lorsque le 11 août 1750, le roi, de retour d'une chasse dans la plaine de Saint-Denis, s'arrête pour souper chez le prince de Soubise, à Saint-Ouen. « *C'est une faveur, quoique couteuse, que les courtisans ne négligent point* », écrit Barbier, qui décrit l'événement : « *Le prince avait fait préparer une illumination du plus grand goût dans le jardin, avec des lustres et des lampions dont tous les arbres étaient garnis, et un feu d'artifice magnifique dans une île que l'on voit du salon* ». Trois dames étaient présentes : la marquise de Pompadour, la marquise d'Estrades et la comtesse de Clermont, et Soubise avait défendu qu'il y en ait d'autres, par « *galanterie envers Madame la marquise […]. Il aurait pu venir à ce souper de très jolies femmes de Paris, qui peut-être auraient attiré les regards du Roi* », écrit encore Barbier[30]. Sous une autre forme, le courtisan assure ses appuis à la Cour. Et ne s'arrête pas là, lorsque, le 16 février 1752, il donne une fête magnifique à Paris, dans l'hôtel de Soubise à Paris, afin de rapprocher le jeune prince de Condé, quinze ans, de sa fille née de son premier mariage, Charlotte de Soubise, qui a le même âge : trois cents invités, et les gendarmes, dans leur service de Cour, transformés en laquais – le mariage est célébré le 3 mai 1753, Condé est désormais son gendre… Soubise s'installe en 1756, dans cet Hôtel que son aïeul Hercule-Mériadec occupait depuis 1712, réaménagé après sa mort en 1749 par son neveu le deuxième cardinal de Rohan, et enrichi de la bibliothèque acquise des de Thou et considérablement augmentée. Bien qu'au milieu du siècle le quartier du Marais commence à être délaissé, l'hôtel de Soubise, occupé par le prince à partir de 1756, reste un lieu de fêtes – encore longtemps après 1757[31].

À Versailles, dans cette position particulière d'ami proche et de parent par alliance de Louis XV, il devient l'un de ses rares confidents, avec lequel le roi partage volontiers ses petits dîners, et après 1745 la compagnie de la marquise de Pompadour, formant à Versailles ou à Compiègne, et bientôt au

29. *Journal de Barbier, op. cit.*, tome III, p. 314, se fait l'écho de ce « grand mariage ».

30. *Ibid.*, tome IV, p. 456-457.

31. Léon Mirot, « Les hôtels de Rohan-Soubise », *Procès-verbaux de la Commission municipale du Vieux Paris*, 1923, p. 108-114.

château de la marquise à Bellevue, un cercle d'intimes du roi et de sa favorite, auquel seul ne se mêle pas le duc de Richelieu, proche du roi lui aussi, vieux libertin confident des amours royales, mais imbu des préjugés d'un grand seigneur pour une parvenue, peu respectueux des femmes qui n'étaient pas nées. Mais c'est aussi le temps où le roi, « *s'adonnant à une dissipation continuelle* », selon le mot du marquis d'Argenson, ne semble plus avoir « *aucune idée de ce qui s'appelle gouverner* », c'est le mot de Kaunitz[32] ; et le temps où la marquise de Pompadour joue un rôle devenu important auprès du monarque au caractère dépressif qu'elle arrache à sa mélancolie, jusqu'à tenir une position politique, siégeant au Conseil, faisant et défaisant les ministres et les ambassadeurs, et imprimant sa marque sur la politique extérieure en ayant une influence directe sur la nomination des généraux.

Après 1752, et installée en 1753 au palais d'Évreux – aujourd'hui, palais de l'Élysée – et nommée dame du palais de la Reine en février 1756, c'est au Conseil du roi qu'elle commence à soutenir, contre les avis du comte d'Argenson et de Machault, la politique favorable au rapprochement avec l'Autriche. C'est à elle que s'adresse le comte de Starhemberg pour lui remettre les lettres de Kaunitz. Avec la présence de Bernis dont elle favorise la carrière, la marquise de Pompadour peut engager le jeu secret, qui se conclut par le renversement des alliances, dont bénéficie bientôt le prince de Soubise.

Les *Mémoires du Cardinal de Bernis* nous livrent les jeux d'intrigues qui faisaient et défaisaient les généraux : « *J'ai déjà dit que le Maréchal d'Estrées avait fait une grande faute en ne voulant pas se concerter avec Pâris-Duverney, qui était à la tête des vivres, qui avait toujours été le bras droit des généraux et des ministres de la guerre [...]. Il en commit une aussi grande en marquant de la jalousie à M. de Soubise sur la réserve qu'il commandait dans son armée, et que l'on intitulait armée de Soubise. Le prince de Soubise était aimé du Roi et de la marquise. [...] La marquise croyait trouver un appui dans un homme de la considération et de la probité de M. de Soubise, et un ministre ainsi qu'un général habile et docile à remplir ses vues et à suivre ses idées* ». De là, une série de manœuvres compliquées, le jeu des ambitions et des influences. En définitive, en juillet 1757, si Richelieu reçoit le commandement de l'armée du Hanovre, on donne au prince de Soubise « *une armée de vingt-cinq à trente mille hommes qui devaient agir immédiatement sur la Saxe, y amuser le roi de Prusse, sans hasarder de bataille* »[33].

Il ne faut pas s'y tromper : cette double désignation n'est pas exclusivement le choix de l'intrigue. Il ne faut pas oublier que pour Louis XV, roi secret mais ami fidèle, il ne s'agit plus de courtisans ou de favoris : Richelieu et Soubise appartiennent tous deux à ce qu'on pourrait appeler, en risquant un gros anachronisme, « la promotion Fontenoy ». Il les a vus, l'un et l'autre, contribuer de manière décisive à la victoire de 1745. À quoi l'on peut ajouter que, même s'il n'a pas derrière lui la carrière de Richelieu, Soubise connaît la guerre – et, ce qu'on oublie trop souvent, il a, si l'on en croit sa bibliothèque, tous les moyens d'une formation à l'art militaire de son temps –, un temps où

32. Evelyne Lever, *Madame de Pompadour*, *op. cit.*, p. 174-175.

33. *Mémoires du cardinal de Bernis*, Paris, Mercure de France, coll. Le temps retrouvé, 1980, p. 422-425, s'étend longuement sur ces intrigues.

la guerre n'est pas « en dentelles » comme a voulu le dire l'histoire républicaine après 1880, en reprenant le titre d'un mauvais ouvrage publié en 1896 par Georges d'Esparbès, de la famille, mais non en ligne directe, du colonel du Régiment de Piémont qui combat si glorieusement à Rossbach[34].

Une vraie culture militaire, de Végèce à Maurice de Saxe

L'art de la guerre relève du terrain. Soubise en a l'expérience. Il relève aussi de l'étude des ouvrages des théoriciens militaires, particulièrement nombreux en ce milieu du XVIIIe siècle. Si posséder des livres ne veut pas dire qu'ils aient été lus, et si le prince lui-même, tout comme Richelieu, n'a pas contribué aux débats tactiques de son temps par l'écriture d'un ouvrage quelconque, il faut au moins convenir que tous les grands traités historiques ou théoriques sur la guerre, formant la bibliothèque de tous les généraux ou de tout officier français de son temps, sont chez lui.

Sa bibliothèque est présentée dans un catalogue imprimé à l'occasion de sa vente en janvier 1789, qui dénombre plus de huit à neuf mille ouvrages auxquels il faudrait ajouter environ douze mille articles, surtout des pièces manuscrites[35]. Vingt mille titres, c'est une bibliothèque qui dépasse en importance celle de la plupart des abbayes, et dont on ne trouve alors l'équivalent que chez les plus grands seigneurs. Une telle bibliothèque a une histoire : celle de Soubise a été constituée pendant deux siècles par des magistrats, des prélats, des savants, qui ont tous eu en commun le goût et la culture des lettres et de la science, et qui de vente en vente est passée de la famille de Thou – le père, historien, et le fils, exécuté avec Cinq-Mars en 1642, ont possédé la charge de maître de la libraire du roi – au président de Ménard, président à mortier au Parlement de Paris, et beau-frère de Colbert en 1679, puis à sa mort en 1718 au cardinal Armand Gaston de Rohan, dont la succession en 1749 est réglée au profit de Soubise, son petit-neveu. Augmentée d'année en année par des achats réguliers, elle porte le témoignage de la conservation d'une tradition culturelle élevée dans la famille. Et étant donnée son origine, on ne peut s'étonner d'y trouver un nombre considérable d'ouvrages portant sur la religion, le droit, les mœurs, les belles-lettres, avec les auteurs grecs, les auteurs latins, les lettres françaises ; l'histoire enfin, histoire ancienne, mais également histoire de France encore souvent écrite jusqu'au milieu du XVIIIe siècle de manière purement événementielle et chronologique, avec pour ossature majeure l'histoire militaire des rois. On peut simplement souligner que si l'on s'en tient aux ouvrages publiés avant 1757, les Lumières ne sont guère représentées. *L'Encyclopédie* – interdite depuis 1752 – n'y figure pas. Pas un titre de D'Alembert, Diderot, Rousseau. De Voltaire, la *Henriade* dans l'édition de 1728, mais aussi l'*Histoire de Charles XII* dans l'édition de 1732, et l'*Histoire de la Guerre de 1741*, en réalité la guerre de Succession d'Autriche, deux ouvrages d'historien, et non de philosophe politique ; seul

---

34. Georges d'Esparbès, *La Guerre en dentelles, poème épique en vingt contes*, Paris, E. Dentu, 1896.

35. *Catalogue des livres, imprimés et manuscrits de la Bibliothèque de Feu Monseigneur le Prince de Soubise, maréchal de France, dont la vente sera indiquée par Affiches au mois de janvier 1789*, Paris, Leclerc, 1788. Ouvrages d'Art militaire, p. 268-274, Attaque et défense des places, p. 274-275. La référence vaut pour tout le paragraphe.

Montesquieu est représenté par ses trois grandes œuvres, les *Lettres Persanes* dans l'édition de 1721, *L'Esprit des Lois* dans l'édition de 1748, et *Grandeur et décadence des Romains* dans une édition de 1755.

On y trouve plus d'une centaine d'ouvrages sur l'Art de la Guerre. Tous les auteurs anciens, Végèce, Frontin, Aelien, Polybe et Hygin, Onosander, jusqu'à Enée le Tacticien publié en 1757 par Beausobre ; des auteurs italiens du XVIe siècle de la *Scienza d'Arme* de Camillo Agrippa, architecte, mathématicien, ingénieur, à l'*Arte militare terrestre e maritima* de Mario Savorgnano, qui analyse en profondeur la bataille de Pharsale, et étudie la guerre entre Pompée et César ; des auteurs français du XVIe siècle, de Gaspard de Saux-Tavannes avec *Instruction et Devises d'un vrai chef de guerre* à Armand de Gontaut-Biron, avec *Maximes et Instructions de la guerre*, édition posthume de 1611.

Le XVIIe siècle est celui des grands travaux sur les fortifications : Soubise possède les principaux traités. On part de « la trace italienne », avec l'*Architettura militare* de Francesco di Martini, puis les grands classiques, la *Fortification* d'Errard de Bar-le-Duc, la *Fortification* d'Antoine de Ville, l'*Architecture militaire* d'Adam Fritach (ou Freitag) ouvrage de synthèse considérablement enrichi jusqu'à l'édition de 1668, contenant « *toutes les diverses manières qui ont esté inventées jusqu'à présent par les plus sçavans autheurs et fameux ingénieurs qui ont traitté de cette science* », la fortification[36] parmi lesquels Pagan, qui ne figure pas dans la bibliothèque de Soubise, contrairement à Vauban, Samuel Marolais, Menno van Coehoorn. Plus récents, un *Essai sur la fortification de Campagne* publié à Sarrebruck en 1739, et le traité sur la construction de la fortification régulière et irrégulière de Dupain de Montesson, publié en 1742.

Pour le XVIIIe siècle enfin, on trouve dans la bibliothèque de Soubise d'abord l'ouvrage du comte de Puységur, édité en deux gros volumes en 1748, *L'Art de la Guerre par principes et par règles*, synthèse de toutes les pratiques académiques de la guerre – et les grands ouvrages novateurs qui, contre la routine, ont nourri le débat tactique dans la première moitié du XVIIIe siècle : *L'Art de la Guerre* du marquis de Quincy, publié à La Haye en 1728, année de sa mort, ouvrage qui reprend, ou plus exactement développe les leçons de l'*Histoire militaire de Louis XIV* qu'il vient de publier en 1726 ; à laquelle était adjoint un *Traité particulier des pratiques et de maximes de l'art militaire* ; les premiers rénovateurs de la pensée militaire sont présents avec les *Réflexions militaires et politiques* du marquis de Santa-Cruz, dont le traité, publié à Turin entre 1724 et 1727, traduit de l'espagnol en 1735, est chez Soubise dans son édition des années 1735 à 1738, complétés par les *Mémoires sur la Guerre* de Feuquières, parent du maréchal de Luxembourg. Enfin, le couple majeur de la réflexion tactique du milieu du XVIIIe siècle, Folard-Maurice de Saxe, le premier avec un *Abrégé* des commentaires de Folard sur Polybe, l'un des ouvrages les plus lus et débattus dans les années 1730-1750, le second avec ses *Rêveries*, dont ne circulent que quelques copies manuscrites avant l'édition posthume de 1756, dont l'une figure dans

---

36. Adam Fritach (Freitag), *L'architecture militaire ou la fortification nouvelle*, Paris, Guillaume de Luynes, 1668, sous-titre du frontispice ; 1re édition, Leyde, Elzevir, 1635.

la bibliothèque de Soubise, ainsi que la rarissime *Histoire du maréchal de Saxe* publiée en trois volumes à Mittau en 1752, écrite par Louis Balthazar de Néel, l'ancien précepteur de Maurice de Saxe auquel il était très attaché, et deux ouvrages du baron d'Espagnac, celui de ses officiers de la guerre de Succession d'Autriche avec lequel Maurice de Saxe a le plus échangé sur les questions tactiques, qui a déjà publié en 1747 à La Haye un *Journal de la campagne de 1746* et en 1751 à Amsterdam les *Sièges et Campagnes du maréchal de Saxe*.

Tous ces ouvrages sont la pensée de trente années sur l'art de la guerre. Une réflexion qui se donnait pour but de résoudre le blocage tactique d'une guerre dont les grandes batailles en ligne sont conduites avec des armées très ou trop nombreuses, immobilisées en lignes frontales, dont le feu, soutenu par celui de l'artillerie, cause des pertes sans obtenir de décision. À la ligne, quelques théoriciens, ainsi Folard, opposent une colonne d'attaque. C'est le débat entre « le choc et le feu », ou entre « la ligne ou la colonne », ou entre « l'ordre mince » et « l'ordre profond ». Maurice de Saxe réfléchissait sur de nouvelles ordonnances en combat, comme l'ensemble des officiers français, depuis les manœuvres commencées aux Invalides en 1750, au moment où Louis XV, qui vient d'ouvrir l'École du Génie à Mézières, s'apprête à ouvrir l'École militaire.

Avec Soubise, Johann-Friedrich, duc de Saxe-Hildburghausen

Soubise n'est, en novembre 1757, que le commandant en second de l'armée franco-impériale combinée, dont le commandement en chef a été remis par l'Impératrice au duc de Saxe-Hildburghausen, trop souvent oublié, comme s'il n'avait tenu à Rossbach qu'une place secondaire, ce qui est loin d'être le cas.

Né en 1702, Johann-Friedrich de Saxe-Hildburghausen est sensiblement plus âgé que Soubise – et que Frédéric II[37]. Le plus jeune des cinq enfants du duc régnant, Ernest de Saxe-Hildburghausen, né l'année même où la couronne du duché devient héréditaire par primogéniture mâle, n'est pas destiné à régner, et reçoit l'éducation classique d'un jeune prince, avec des voyages qui le mènent dans les cours européennes, puis il commence une carrière militaire, grâce à la protection du comte Friedrich-Heinrich von Seckendorff, feld-maréchal saxon au service de l'Empire, comme capitaine dans le 18e régiment d'infanterie qui porte son nom. Johann-Friedrich de Saxe-Hildburghausen prend part, encore jeune, à la guerre de la Quadruple Alliance en 1718 et 1719. Luthérien, il se convertit en 1728 au catholicisme, ce qui lui ouvre une carrière rapide dans les troupes impériales. Lieutenant-colonel dès 1729, colonel du régiment de Palffy en 1730, il reçoit le 8e Régiment d'Infanterie qui devient Régiment de Saxe-Hildburghausen en 1732. Maréchal de camp dans l'Armée du comte de Mercy, il prend part à la guerre

37. Il y a peu d'études sur le duc de Saxe-Hildburghausen. Voir surtout Frank Huss, *Prinz Joseph-Friedrich von Sachsen-Hildburghausen, der « Erbe » des Prinzen Eugen*, Vienne, Hollitzer, 2005, référence qui vaut pour tout le paragraphe et n'est pas rappelée. Voir également Oliver Heyn, « Joseph Friedrich von Sachsen-Hildburghausen und die Führung des Reichsarmee », dans Alexander Querrengässer (dir.), *Die Schlacht bei Roßbach. Akteure – Verlauf – Nachwirkung.. Beiträge zur Geschichte des Militärs in Sachsen*, tome 2, Berlin, Zeughaus Verlag, 2017.

de Succession de Pologne et combat en Italie du Nord, présent en particulier à la bataille de Parme le 29 juin 1734, une victoire des Français que ceux-ci doivent confirmer le 19 septembre suivant à Guastalla. Saxe-Hildburghausen s'y est bien comporté, et se trouve nommé en septembre 1735 général d'artillerie. Dans cette fonction, il prend part à la guerre russo-austro-turque de 1735-1739, au cours de laquelle il commande un corps d'armée autrichien, sous le maréchal de Seckendorff. Sa tentative sur Banja Luka en 1737 échoue, mais il se signale par un courage personnel exemplaire dans les combats qui suivent, et en particulier à la retraite de l'armée impériale, de nuit, après sa défaite à la bataille de Grocka, le 22 juillet 1739.

Il semble donc avoir à la fois une formation, une réputation de valeur, mais aussi l'expérience de plusieurs défaites, lorsqu'il se trouve nommé en 1740 gouverneur de Komarom (Komorn), sur la rive droite du Danube, à la frontière hongroise, et attaché désormais à des fonctions de caractère administratif, la formation et l'armement des nouveaux régiments hongrois de la reine Marie-Thérèse, puis en 1743 les opérations de ravitaillement de l'armée impériale et surtout, avec la fonction de général commandant les forces armées de l'intérieur, la responsabilité de la frontière militaire, ces « confins militaires » entre l'Empire ottoman et l'Empire des Habsbourg. Une tâche pour laquelle Guibert, dans son voyage de 1773 qui le conduit jusqu'à la Croatie, lui rend un sensible hommage : « *En 1746, le prince de Hildburghausen commença à leur donner une forme régulière et à établir la frontière militaire : d'abord établie dans une partie de la Croatie, elle l'a été ensuite dans les autres, dans l'Esclavonie, dans la Transylvanie ; elle se forme aujourd'hui dans le Banat ; et elle fait enfin aujourd'hui depuis le Littoral Autrichien, sur la mer Adriatique, jusqu'à l'extrémité de la Transylvanie, c'est-à-dire dans une longueur de près de trois cent lieues, une chaîne de milice territoriale et régulière dont l'Autriche a tiré et tirera encore les plus grands secours* »[38]. Désignés par leur ville de recrutement, plusieurs régiments frontaliers sont présents à Rossbach, dans les forces impériales – les « Grenzer » de Karlstadt, ceux de Varasdin, et ceux de Slavonie, alors placés sous le commandement du général-major von Laudon. « *Le futur vaincu de Rossbach avait été un bon organisateur* », écrit André Corvisier[39], ce que confirment les travaux du colonel Nouzille[40]. Ce qu'il faut savoir avant de donner raison à Pierre Gaxotte, dont l'affirmation péremptoire n'est pas recevable : « *le prince de Saxe-Hildburghausen : une nullité* »[41].

Il obtient le grade de feld-maréchal en 1744, et en 1749 se trouve déchargé de fonctions actives au sein de l'armée, à sa demande. Il ne retrouve un rôle actif que lorsque le commandement du corps impérial qui doit accompagner le corps du prince de Soubise lui est confié, formant ce qu'on appelle alors « l'armée combinée », qu'il reçoit en raison de son âge, 55 ans, et de son ancienneté – tandis que Soubise n'a lui-même que 42 ans. Mais après la

---

38. Guibert, *Journal d'un voyage en Allemagne (1773)*, Paris, Treuttel et Würz, An XI (1803), tome II, p. 44, (édition posthume, sur le manuscrit laissé par Guibert, publié par son épouse).

39. André Corvisier, *La Guerre. Essais historiques*, Paris, PUF, 1995, p. 197.

40. Jean Nouzille, *Histoire de Frontières. Autriche-Empire ottoman*, Paris, Berg International, 1991.

41. Pierre Gaxotte, *Frédéric II*, Paris, Arthème Fayard, 1938, p. 342.

défaite du 5 novembre, dans laquelle sa responsabilité est nettement engagée, il abandonne définitivement toute activité militaire, et sa réputation se trouve définitivement réduite à ce désastreux événement. Pourtant, s'il a, dans la brève campagne d'automne qu'il a conduite, effectivement montré beaucoup d'indécision, il peut avoir pour excuse l'organisation de la chaîne hiérarchique de l'armée impériale, qui remonte jusqu'au cabinet de Vienne. Lorsqu'il choisit l'option de la bataille au début de novembre, qui vient rompre la stratégie très prudente de Soubise, il ne fait qu'obéir aux ordres du Conseil de Guerre et de l'Impératrice, malgré l'état réel de son armée[42]. Il est vrai que depuis la victoire de Kolin, l'Autriche croit pouvoir mettre la main sur la Saxe, franchir l'Elbe, avancer peut-être en Prusse... Qu'on ajoute à cela que dans le combat, comme Soubise, il n'a pas manqué de courage, mais plutôt de persévérance, et se trouve l'un de ceux qui ont donné le signal de la fuite. Après la bataille, dans laquelle il est l'un de ceux qui ont donné le signal de la fuite, il perd définitivement toute fonction militaire.

Il y avait une autre raison au retrait des fonctions combattantes de Saxe-Hildburghausen après 1739 : son mariage le 17 avril 1738 avec Marie-Anne Victoire de Savoie, fille de Thomas de Savoie-Carignan, comte de Soissons, mais surtout nièce du Prince Eugène, et son unique héritière. Johann-Friedrich de Saxe-Hildburghausen épouse une immense fortune – qui permet d'oublier un sensible écart d'âge : « Mademoiselle de Soissons » a vingt ans de plus que son époux. Il devient ainsi l'un des princes les plus riches de son époque, peut vivre en mécène, amateur d'art, collectionneur, possesseur de palais à Vienne et hors de Vienne, ainsi le château de Hof (Schloss Hof), que son épouse lui a apporté en dot. Le couple se sépare en 1752. Saxe-Hildburghausen reçoit l'Impératrice en son château en 1754 et lui offre une fête qui passe toujours pour la plus coûteuse de toute l'histoire autrichienne... Marie-Thérèse le lui achète en 1755 et en fait l'une de ses résidences impériales les plus somptueuses...

Un train de vie et une proximité de Cour qui ne sont pas sans rappeler un peu ceux de Soubise ? Ils ne se sont pas entendus, mais, au fond, ils ne sont pas très différents. Après Rossbach, vivant à Vienne, successivement dans le palais Strada, puis le palais Auersperg, le duc de Saxe-Hildburghausen mène une vie prodigue, jusqu'à ce qu'en 1769 l'empereur Joseph II le nomme l'un des administrateurs du duché pour lui éviter une banqueroute vers laquelle le conduit l'endettement excessif du duc Ernest-Heinrich III, son petit-neveu, placé sous tutelle. « Prince-Régent », il remplit cette fonction jusqu'à sa mort le 14 janvier 1787, par le hasard des dates, six mois avant le prince de Soubise.

Frédéric II, le roi guerrier

Chez Frédéric II, c'est le tempérament militaire qui domine. Ce devait être une surprise pour l'Europe, chez un jeune roi qu'elle tient, à son avènement, au mieux pour une sorte de poète un peu musicien, homme de plume

---

42. Sur ce point précis, Helmut Neuhaus, « Das Reich im Kampf gegen Friedrich den Großen. Reichsarmee und Reichskriegsführung, im Siebenjährigen Krieg », dans Bernhard Kröner (dir.), *Europa im Zeitalter Friedrichs des Großen*, Munich, Oldenburg Verlag, 1989, p. 213-244.

ou philosophe. À la surprise générale, il n'avait pas tardé à révéler les qualités exceptionnelles d'un très grand homme de guerre, en même temps qu'il est aussi un très grand roi. En 1757, il commande personnellement l'armée qu'il oppose à l'armée de Soubise. C'est d'ailleurs la seule occasion en laquelle il ait lui-même commandé dans une bataille livrée contre des troupes françaises.

La formation militaire du prince royal

La formation de Frédéric n'a pas eu la facilité et les grâces de celle de Soubise, mais plutôt le parcours de celle d'un roi-capitaine... Il se trouve, curieusement, un héritier du modèle de Charles XII, ou, plus ancien, mais mieux approprié, de Gustave-Adolphe, qui restent avec Turenne les grandes références militaires des officiers généraux du XVIIIe siècle, plus que l'élève de son père, le fameux « Roi-Sergent », créateur de l'armée prussienne, célèbre pour ses soldats géants, mais qui n'a jamais été chef de guerre.

Fils d'un roi très dur comme souverain – et comme père –, il a connu des épreuves dramatiques – la prison dans la forteresse de Küstrin, l'exécution de Katte. Il a reçu aussi une formation au métier des armes qui n'est pas celle d'un officier de Cour. C'est au moment où il a vraiment retrouvé aux yeux du roi son père le statut de prince héritier qu'il reçoit le commandement d'un régiment, le régiment d'infanterie Goltz, et se donne à une vie militaire nouvelle pour lui, mais à laquelle il prend goût, et surtout pour laquelle il a des dispositions. « *Le petit marquis, tant raillé par Frédéric Guillaume, a en réalité l'âme d'un soldat*[43]. » Les exercices et les manœuvres occupent alors son temps, ses loisirs se déroulent avec les officiers de son régiment – le jeu, le vin, les conversations. Il rêve cependant de s'illustrer autrement que sur le champ de manœuvres, l'occasion de la guerre de Succession de Pologne à l'automne 1733 arrive au bon moment. Le prince Frédéric est alors âgé de vingt et un ans.

Son père, qui envoie un contingent de dix mille hommes à l'armée impériale, met les circonstances à profit pour que son héritier ait une première expérience de la guerre, le détache au quartier général de l'armée du Rhin, plus pour écouter et observer que pour combattre. Il reçoit le baptême du feu lors d'une reconnaissance aux environs de Phillipsbourg, montre sous le tir des Français le plus grand sang-froid, et cela se sait rapidement. Cette guerre n'a pas donné lieu à des campagnes de grande envergure, ni à des batailles majeures, mais plutôt à des opérations d'esquive qui imposent la maîtrise de l'art de la manœuvre. Frédéric en profite pour tirer une leçon de la fin du Prince Eugène. Le héros des années de Belgrade, très âgé, n'est plus que l'ombre de lui-même, l'apôtre de l'action offensive s'est transformé en maître de l'inaction. Mais celle-ci n'est pas seulement due à la vieillesse du grand prince : Frédéric observe également le désordre et la confusion qui règnent dans l'armée, et tout autant dans l'armée autrichienne que dans le contingent prussien. Il ne participe pas à la campagne de 1735, rentre à sa garnison de Ruppin, puis s'installe enfin dans sa résidence du château de Rheinsberg où il peut se former alors aux autres facettes du métier de roi, en même temps

43. Le mot de Jean-Paul Bled, *Frédéric le Grand,* Paris, Fayard, 2004, p. 124. Pour tout ce qui suit, *ibid.*, p. 124-129.

que se laisser aller à son goût très fort pour les arts, la musique d'abord, et la flûte en particulier ; mais également les lettres et la philosophie ; il entre en correspondance avec Fontenelle, puis avec Voltaire qui ne lui ménage ni les compliments sincères, ni les hyperboles les plus flatteuses : il devient « le nouveau Marc-Aurèle », le « moderne Alcibiade », le « Salomon du Nord », l'émule de Trajan et de Pline[44].

Il ne se limite pas à l'esprit. Il observe également la scène européenne, couche ses réflexions dans un essai titré *Considérations sur l'état présent du corps politique de l'Europe*, publié en 1788 dans l'édition des *Œuvres posthumes*[45], qui révèle une vue très réaliste de l'état de l'Empire des Habsbourg, une construction de plus en plus fragile, et menacée en particulier par la France. Il dresse aussi le portrait du prince idéal, se fixant à lui-même des devoirs qui en font le premier serviteur de l'État et de son peuple ; dans un système absolutiste qui a été la référence éclairée des Lumières, et annoncé publiquement dans un autre ouvrage publié en 1740, sous le titre l'*Antimachiavel, ou Examen du « Prince » de Machiavel*[46]. Un livre qui figure dans la bibliothèque de Soubise, dans l'édition de 1741, en français, et dans une traduction latine de 1743[47]. On en retiendra ici seulement la double affirmation que le prince idéal est censé commander en personne son armée, et que cette armée doit être formée d'une majorité de soldats recrutés parmi ses sujets, « *puisque l'expérience a fait voir que les meilleures troupes d'un État sont nationales* »[48]. Il bénéficie du système de recrutement établi en 1733 par son père, le « *kantonsystem* » qui mobilise pendant toute leur vie, dans chaque canton, tous les hommes valides, chaque année pendant deux à trois mois. Entraînement, endurance, discipline font de cette armée de caractère national une machine de guerre redoutable.

Frédéric II revient plus tard sur la fonction militaire des rois dans son *Essai sur les formes des gouvernements et les devoirs des souverains*, autre écrit de l'édition posthume de 1788, avec une observation qui va dans le même sens : « *On doit connaître le génie de la nation, de quoi elle est capable, et jusqu'où l'on ose risquer ses entreprises en la menant à l'ennemi* », et une autre observation qui s'applique parfaitement à la bataille à venir de Rossbach : « *Ce qui restera éternellement stable dans l'art militaire, c'est la castramétrie, ou l'art de tirer le plus grand parti possible d'un terrain pour son avantage* »[49] – mais l'écriture de ce texte est postérieure à la bataille.

---

44. Voir la correspondance de Voltaire et Frédéric II, dans Voltaire, *Correspondance*, Paris, Gallimard, Bibl. de la Pléiade, 1977, t. I, p. 824 *sqq.*, années 1736 et 1737.

45. Frédéric II, *Considérations sur l'état présent du corps politique de l'Europe*, *Œuvres posthumes*, t. VI, volume III, Berlin, Voss et fils, et Decker et fils, 1788, p. 3-52.

46. Frédéric II, *L'Antimachiavel ou Examen du « Prince » de Machiavel*, La Haye, Van Duren, 1740. Exemplaire utilisé, *Œuvres de Frédéric II, roi de Prusse, ou collection des ouvrages qu'il publia pendant son règne*, Potsdam, Aux dépens des Associés, 1805, « L'Antimachiavel… », p. 9-134.

47. *Ibid.*, édition de La Haye, datée de 1741, et *Antimachiavellus, latine facto, a Frederico II Rege Borussorum*, Amsterdam, 1743, dans *Catalogue des livres de la Bibliothèque de feu M. le prince de Soubise*, *op. cit.*, p. 203.

48. *Ibid.*, p. 100. Voir Jean-Paul Bled, *op. cit.*, p. 163-164.

49. Frédéric II, *Essai sur les formes des gouvernements et les devoirs des souverains*, *Œuvres posthumes*, *op. cit.*, p. 55-88, citation p. 73.

Frédéric II, roi de Prusse. « La guerre est un métier »

Ouvrant son *Histoire de la guerre de Sept Ans et des événements depuis 1746 jusqu'à la paix de Hubertusburg en 1763*, Frédéric II développe exactement ce propos, et trace presque un autoportrait, en décrivant en avant-propos les circonstances qui font le succès d'une guerre : « *Le succès d'une guerre dépend en partie de l'habilité du général, de la connaissance des lieux qu'il occupe, et de l'art avec lequel il sait tirer avantage du terrain, soit en empêchant l'ennemi de prendre des postes qui pourraient le favoriser, soit en choisissant lui-même les plus convenables à ses desseins* »[50]. Il définit exactement l'une de ses qualités tactiques majeures, celle que l'on appelle « le coup d'œil ». À laquelle il en ajoute une seconde, l'exécution immédiate de la manœuvre qui en découle, ou, sous une forme plus technique, la maîtrise du temps, facteur toujours déterminant d'une victoire, surtout dans une époque où le déplacement d'une armée est généralement lent. Deux qualités que n'avait pas Soubise, qu'une formation théorique et un grand courage personnel ne transforment pas en homme d'action sur un terrain justement apprécié.

Un roi qui a l'expérience de la guerre

Ces qualités, Frédéric II ne les tient pas de l'étude théorique, mais de la pratique acquise sur le terrain, en Silésie, au temps de la guerre de Succession d'Autriche. Une pratique qui lui a valu rapidement une réputation militaire effaçant totalement l'image presque pacifiste et assez molle du roi à son avènement. Frédéric II fait la guerre pour l'intérêt de son État, et pour la gagner, même s'il lui faut pour cela l'ouvrir sans déclaration – ce qu'il vient de faire en Silésie et en Bohême en 1756 – ; il sait aussi que ce n'est pas nécessairement le nombre des hommes déployés en bataille qui fait la victoire, mais leur discipline et la rapidité de décision de leur chef.

Dès son avènement, il prend la suite directe de son père en établissant entre son armée et lui un lien particulier. Il n'apparaît plus que vêtu de l'uniforme de son régiment, et s'il fait disparaître les géants de Frédéric-Guillaume, il augmente immédiatement les effectifs de son armée. Et dès que la guerre s'engage, il occupe la Silésie. On ne peut ici faire le récit de cette guerre de Succession d'Autriche, il ne faut qu'en marquer ce qui a un effet toujours sensible en 1757. On peut par exemple rappeler la signature du Traité de Breslau en mai 1741, pour une durée de quinze ans – alliance défensive entre la Prusse et la France, qui connaît son terme en mai 1756. On peut rappeler aussi que le vaincu de la bataille de Chotusitz, le 17 mai 1742, est Charles de Lorraine, descendant du vainqueur des Turcs en 1683, et deux fois beau-frère de Marie-Thérèse puisque frère de François de Lorraine et époux de l'archiduchesse Marie-Anne. Ayant le même âge que Frédéric II, courageux, excellent administrateur des Pays-Bas après le Traité d'Aix-la-Chapelle, le nouveau généralissime autrichien n'a pas les qualités de stratège de son ancêtre, ni celles de Frédéric, mais il est toujours généralissime quinze ans plus tard, en 1757.

---

50. Frédéric II, *Histoire de la guerre de Sept Ans*, volumes III et IV des *Œuvres posthumes*, publiées en 1788, rééd. Potsdam, Aux dépens des Associés, 1805, Avant-propos, p. 6-7.

Menant lui-même ses armées, présent dans les batailles comme combattant, pas seulement comme assistant, le roi de Prusse en tire un lien particulièrement fort avec ses soldats, confirmé de victoire en victoire. Si sa réputation internationale se trouve entachée par la légèreté avec laquelle il répond à ses engagements diplomatiques, en particulier par le peu de respect dans lequel il tient ses alliances, il sait élever la Prusse dans la hiérarchie des puissances, et s'il n'a sans doute pas encore atteint la plénitude de son génie militaire en 1742, « *à Chotusitz, un capitaine est né* »[51]. N'est-il pas aussi, après ces deux premières campagnes, dans la position qu'il cherche à obtenir de Richelieu en octobre 1757, lui permettant de ne pas prendre part aux opérations militaires sur le front du Hanovre et de l'Allemagne, pour rester libre de mener sa guerre contre l'Autriche ?

Et n'est-il pas à nouveau, lorsqu'il reprend la guerre contre Marie-Thérèse en janvier 1745, dans une position qui annonce elle aussi celle d'octobre 1757 ? Le 8 janvier de cette année, à Varsovie, l'Autriche, la Saxe, les Provinces Unies et l'Angleterre se sont unies en un traité d'alliance qui prend la Prusse pour cible. Frédéric II peut se voir perdu, il avoue son tourment. Au comte de Podewils, son ministre d'État, il écrit, le 27 avril : « *J'ai passé le Rubicon, et ou je veux soutenir ma puissance, ou je veux que tout périsse et que jusqu'au nom prussien soit enseveli avec moi* ». À côté de l'aspect moral, celui de ses officiers et de sa troupe, Frédéric II doit aussi affronter l'inégalité du nombre : la solution, c'est la stratégie offensive, seule réponse à l'infériorité numérique, une offensive qui n'est pas aventure, mais le résultat de manœuvres qui créent un effet de surprise. C'est le mouvement de nuit qui précède la bataille de Hohenfrieberg, lancée le 4 juin 1745 à l'aube, et lui donne en moins de deux heures une victoire éclatante. Pour tromper les troupes de Charles de Lorraine, les feux de camp ont été laissés allumés devant les tentes – à Rossbach, les tentes dissimulent le mouvement des troupes prussiennes. Sans doute, le 1er octobre suivant, les Autrichiens prennent leur revanche à Soor, mais le 15 décembre à Kesseldorf, la défaite de l'Électeur de Saxe achève la guerre pour le roi de Prusse. L'élection de François de Lorraine peut être pour lui une défaite politique, du moins ces victoires et l'acquisition de la Silésie ont-elles fait de la Prusse une puissance militaire.

Dans les dernières années de la guerre de Succession d'Autriche, elle est également une alliée, sur la fidélité de laquelle on ne peut guère compter, sentiment de gêne qui s'ajoute à l'ensemble des autres facettes de la politique internationale pour qu'en moins de dix ans, le système de l'équilibre européen se modifie, même, si les clauses du Traité de Breslau sont respectées par ses deux signataires jusqu'à son échéance en 1756. Dans l'année qui suit, la Prusse se retrouve encerclée par quatre ennemis, unis contre elle : France, Autriche, Russie et Suède. L'alliée anglaise est présente en Allemagne avec l'Électorat de Hanovre, mais l'on sait depuis bientôt un siècle que l'Angleterre est une puissance de mer, non de terre. L'infériorité numérique est accablante pour Frédéric II…

51. Jean-Paul Bled, *op. cit.*, p. 240.

Les Instructions militaires de Frédéric II pour ses généraux

Pendant les dix années qui séparent son retrait de la guerre de Succession d'Autriche et son entrée en guerre en 1756, Frédéric II, même pris par les affaires de l'État et ses plaisirs et querelles de philosophe à Sans-Souci, a continué à penser son métier militaire. Ses *Instructions militaires pour ses généraux* permettent de mesurer l'approfondissement d'une pensée maintenant stratégique, formée par l'expérience – le traité fourmille d'exemples tirés des batailles des années 1740 à 1742, 1744 et 1745 –, mais aussi par la connaissance et la critique des campagnes des grands généraux du passé : Condé, Turenne, le maréchal de Luxembourg, le Prince Eugène sont ses modèles permanents[52]. Il y ajoute la lecture des traités des premiers théoriciens du XVIIIe siècle, Folard, plus tacticien que stratège, et Quincy, dont l'*Art de la guerre*, qui figure dans la bibliothèque de Soubise, ouvre pour la première fois des perspectives stratégiques plus que tactiques – les deux termes ne sont pas encore nettement distingués l'un de l'autre, ils ne l'ont été que dans la seconde moitié du siècle.

Dans cet ouvrage le roi définit lui-même la première qualité du général, « le coup d'œil » qui se réduit à deux points : « *Le premier est d'avoir le talent de juger combien un terrain peut contenir de troupes. C'est une habitude qu'on n'acquiert que par la pratique* » ; et le second « *est de savoir distinguer au premier moment tous les avantages qu'on peut tirer d'un terrain [...]. Un général habile saura profiter de la moindre hauteur d'un défilé, d'un chemin creux, d'un marais, etc. C'est ce qui m'amène à critiquer les ordres de bataille d'aujourd'hui* », qui sont « vieux » et ne se règlent jamais sur le terrain – c'est la ligne sur trois ou quatre et parfois cinq hommes de rang : « *Toute armée doit être mise en bataille selon le terrain qui lui est convenable [...]. Les postes les plus avantageux pour une armée sont les hauteurs, les cimetières, les chemins creux, et les fossés* ». Il ajoute à cela une série de règles sur la disposition des camps, l'organisation et la préparation des magasins, la préparation des marches, l'importance pour le général de la connaissance des contrées fertiles et contrées stériles, des chemins et rivières, pour savoir « *non seulement en combien de colonnes on pourra marcher, mais encore pour former des projets, et voir par quel chemin on pourrait arriver, et forcer le camp de l'ennemi [...] ou de quelle façon on pourrait se mettre sur son flanc* ». Il va jusqu'à développer la question des stratagèmes et ruses de guerre : « *on se sert alternativement à la guerre de la peau du lion et de celle du renard. La ruse réussit là où la force échoue* »[53].

Comme beaucoup d'auteurs de son temps, Voltaire en historien[54], l'abbé de Saint-Pierre en moraliste lorsqu'il distingue le grand homme de l'homme illustre[55], Frédéric II s'est intéressé à la vie militaire fulgurante de Charles XII, le dernier roi-soldat de la Suède, auquel il consacre, toujours dans la même

52. *Œuvres de Frédéric II, roi de Prusse..., op. cit.*, t. I : *Instructions militaires de Frédéric II pour ses généraux*, p. 135-192.

53. *Ibid.*, p. 153-157 et 175.

54. Voltaire, *Histoire de Charles XII, roi de Suède*, Bâle, 1732, éd. de la *Collection complète des œuvres de M. de Voltaire,* s.l., 1743, tome VI.

55. Abbé de Saint-Pierre, « Réflexions morales et politiques sur la vie de Charles XII », *Œuvres de Politique et de Morale*, Rotterdam, Jean-Daniel Beman, tome IX, 1734, p. 297-237.

époque entre 1745 et 1756, un traité très critique[56]. Cet « illustre guerrier » n'avait pas toutes les perfections de l'état militaire : « *Cette science si difficile n'est point infusée par la nature. Quelles que soient les heureuses dispositions de la naissance, il faut une profonde étude, et une longue expérience pour les perfectionner ; ou il faut avoir fait son apprentissage dans l'école et sous les yeux d'un grand capitaine ; ou il faut, après s'être souvent égaré, apprendre les règles à ses propres dépens* ». « *On lui avait fait traduire à la vérité l'ingénieux roman de Quinte-Curce pour l'amuser, et pour lui donner le goût du latin, qu'il n'aimait pas : ce livre a pu inspirer à notre héros le désir d'imiter Alexandre, mais il n'a pu lui apprendre les règles que le système de la guerre moderne fournit pour y réussir.* » Admirable dans les situations où la valeur et la promptitude conviennent, il n'est plus le même dans les circonstances qui demandent du temps, de la patience, une formation théorique.

Formation théorique à laquelle il ajoute beaucoup de points pratiques, et donne l'exemple. Dans son *Mémoire pour servir à l'histoire de la Maison de Brandebourg*[57], rendant hommage à l'œuvre considérable du roi-sergent son père, Frédéric II y ajoute son adaptation à l'évolution des armes, et plus qu'à l'infanterie, il porte attention à la cavalerie qui doit devenir une force de rupture, et à l'artillerie dont on sait, depuis Fontenoy, qu'elle devient la reine des batailles.

Il a ainsi, en quelques années, forgé une armée nouvelle, la meilleure de son temps, celle de Rossbach, et un mois plus tard de Leuthen. Entraînement, exercices, discipline sont ses règles de base, avec le recrutement fondé sur le système des cantons, qui contribue à développer au sein de cette armée un véritable sentiment national. Avec un armement de très grande qualité. La baguette en fer a remplacé la baguette en bois. La cadence de tir de l'infanterie est largement supérieure à celle de l'armée française avec cinq à six volées à la minute contre deux. Avec aussi un commandement de valeur. À Rossbach, le roi est lui-même son propre général en chef, commandant seul tous les autres officiers généraux, décidant seul, ne laissant aucune place aux hésitations ou tergiversations des uns ou des autres. Mais il est bien entouré. Il est immédiatement secondé par James Keith, officier d'origine écossaise passé successivement au service du roi d'Espagne, puis de la Russie, enfin à la Prusse, nommé feld-maréchal en 1749. Le général de l'infanterie en première ligne est le prince Maurice d'Anhalt-Dessau, pour la seconde ligne le général lieutenant von Forcade. L'aile droite de l'infanterie est conduite par le prince Ferdinand de Brunswick-Lunebourg, son beau-frère, et l'aile gauche par Henri de Prusse, son frère. Frédéric II a déjà le sens du rôle que peut désormais recevoir l'artillerie, soutien décisif de l'infanterie. Dès 1754, il s'est décidé à adopter un nouveau canon léger qui serait mis au service de l'infanterie. Lorsque le comte d'Argenson a appris la volonté de Frédéric II, l'alliance franco-prussienne étant toujours effective, il s'y intéresse assez

---

56. *Œuvres de Frédéric II, roi de Prusse…*, *op. cit.*, t. IV, « Réflexions sur les talents militaires et sur le caractère de Charles XII, roi de Suède », p. 21-46.

57. *Ibid.*, *Œuvres historiques*, t. I, *Mémoire pour servir à l'histoire de la maison de Brandebourg*, « Du militaire depuis son institution jusqu'à la fin du règne de Frédéric-Guillaume », p. 176-195.

pour obtenir l'envoi à Berlin d'un officier d'artillerie – pas n'importe lequel, Gribeauval –, auquel le roi de Prusse montrera tout ce qu'il a fait : dimensions, utilisation avec boulets ou mitraille, manœuvres et nombre d'hommes pour les conduire. Le roi s'empresse à le recevoir, sans doute pour mieux dissimuler les ouvertures diplomatiques en cours auprès de l'Angleterre. À Berlin, où il arrive le 20 mai 1755, Gribeauval voit « *avec admiration des troupes prussiennes, ainsi que leurs manœuvres* ». Mais, le 9 juin, après trois semaines passées à Potsdam et Berlin, il est de retour, et remet au ministre un rapport très défavorable au matériel prussien. Le calibre n'est même pas de 3 ; plus court que le canon de 4 à la suédoise, il a une portée insuffisante ; il bombarde plus qu'il ne canonne. Une pièce, fabriquée sur le modèle prussien et présentée aux manœuvres de Compiègne à l'automne 1755, n'a convaincu personne, et n'est tenue que comme une pièce « *hors d'état de remplir les grands objets auxquels l'artillerie est destinée* »[58]. Deux ans plus tard, la leçon de Rossbach est bien différente. Enfin, Frédéric a su faire de la cavalerie son arme majeure, bien aidé en cela par son général-major, Wilhem von Seydlitz qui mérite une place particulière, mais également grâce à ses généraux placés à la tête de ses brigades, le général-major von Czettritz, le général major von Meinicke, le baron von Schönaich.

Le marquis de Valfons emploie la meilleure formule pour qualifier l'âme militaire de Frédéric II, en achevant son récit, très bref, de la bataille de Rossbach dont il a auparavant développé les manœuvres diplomatiques que le roi a fait mine d'entamer avec le duc de Richelieu. Évoquant celui « *qui depuis quinze ans, formait ses troupes, les menait lui-même à la guerre, et combattait à leur tête* », il conclut : « *La guerre est un métier, et, en toutes choses, les succès sont réservés à ceux qui savent leur métier* »[59].

Avec Frédéric II, Friedrich-Wilhelm von Seydlitz : « la plus grande figure d'officier de cavalerie des temps modernes »

Savoir s'entourer fait partie du métier : aux côtés du roi de Prusse, il y a Friedrich-Wilhelm von Seydlitz : « *la plus grande figure d'officier de cavalerie des temps modernes* », écrit l'un de ses biographes du milieu du XIXe siècle, Karl-August Varnhagen von Ense, qui ose rappeler les victoires de Rivoli, Marengo, Eylau, Friedland et Essling : « *mais dans aucune de ces victoires la cavalerie française n'a joué un aussi grand rôle que celle de Seydlitz à Rossbach et Zorndorf* »[60]. C'est le jugement que confirment à la même époque le Français Édouard de La Barre du Parcq, ou l'Anglais Robert Neville Lawley[61]. Seydlitz un profil inverse de celui de Soubise : ni courti-

58. Pierre Nardin, *Gribeauval, lieutenant-général des armées du roi (1715-1789)*, Les Sept-Épées, cahier n° 24, Paris, Les cahiers de la Fondation pour les Études de Défense nationale, 1982, p. 38-49, citation p. 45.

59. *Souvenirs du marquis de Valfonds*, éd. Paris, Émile-Paul frères, 1930, p. 317.

60. Karl-August Varnhagen von Ense, *Vie de Seydlitz*, traduit de l'allemand par Savin Delarclause, Paris, Ch. Tanera, 1869. Cit. p. v-vi.

61. Robert Neville Lawley, *General Seydlitz. A Military Biography*, Londres, W. Clerves and Sons, 1852 ; Édouard de La Barre du Parcq, *Portraits militaires. Esquisses historiques*, Paris, Ch. Tanera, 1855, vol. II, « Seydlitz ». Ou, récent, Klaus Christian Richter, *Friedrich-Wilhelm von Seydlitz, ein preussischer Reitergeneral und seine Zeit*, Osnabrück, Biblio Verlag, 1996.

san, ni lecteur d'ouvrages théoriques, il pratique l'équitation à son plus haut niveau, et a l'expérience des trois armes de la cavalerie – hussards, cuirassiers, dragons.

Une carrière d'officier, à l'opposé d'une vie de Cour

Né en 1721 d'un père officier, destiné à l'armée dès son enfance, le jeune Seydlitz, orphelin, devient page du margrave Frédéric-Guillaume de Schwedt, neveu et gendre du roi, dont la cavalerie est l'une des passions, fort réputé pour les exercices périlleux qu'il aimait à faire. À son école, Seydlitz développe vite les qualités qui vont faire de lui plus tard un grand général, tout en contractant d'autres habitudes, ainsi celle du tabac dont il a abusé toute sa vie. À dix-huit ans, en 1739, il devient cornette dans le régiment de cuirassiers du margrave, et se trouve dès 1741 engagé dans les opérations de la guerre de Succession d'Autriche, dès le début desquelles il se signale par la promptitude de coup d'œil que Frédéric II place au premier rang des qualités militaires. Son courage est illustré par un fait d'armes : envoyé avec trente cuirassiers par son colonel à la défense d'un village bientôt attaqué par plusieurs milliers de soldats hongrois, il se défend pied à pied pendant plusieurs heures avant de se rendre avec les honneurs. Envoyé à Raab, il est échangé à la demande expresse de Frédéric II qui le nomme immédiatement capitaine de hussards – les hussards blancs de Natzmer. Lors de la seconde guerre de Silésie, il se signale en s'opposant aux avant-postes et aux troupes légères de la reine de Hongrie, puis à la bataille de Hohenfriedberg, faisant prisonnier le général saxon von Schlichting, ce qui lui vaut d'être nommé major. C'est dans cette campagne qu'il se lie à Warnery, en compagnie duquel il reçoit un sabre d'honneur de Frédéric II en 1746.

Étranger à tout ce qui n'est pas la guerre, et bénéficiant de la faveur du roi, Seydlitz n'a jamais été un homme de Cour. En garnison à Trebnitz après la guerre, « *il employa son temps à exercer son escadron. Il rejeta les pratiques minutieuses qui alourdissaient et ridiculisaient la cavalerie sous le règne précédent ; il visa uniquement à l'utile, et par une progression bien entendue du travail, parvint à obtenir des cavaliers ayant une instruction complète et solide* »[62]. Il consacre surtout son temps à l'organisation de son escadron – la tenue, les harnachements, le fourrage, les exercices d'équitation qu'il exige de chacun de ses hussards, l'exercice du sabre et du fusil. En même temps, proche de ses hommes, il se plaît au milieu de ses officiers, parle avec eux sans contrainte du service, des événements de la guerre, de la chasse, fume beaucoup, boit un peu, et ne joue pas. Malgré la paix, dans cet intervalle des années 1746-1756, Frédéric II ne l'oublie pas : en 1752, il est nommé lieutenant-colonel, puis au commandement du régiment de dragons Prince Frédéric de Wurtemberg, enfin au commandement du régiment des cuirassiers de Rochow, son arme d'origine. C'est avec ses cuirassiers qu'il se forme à des charges impétueuses et rapides, il en devient le colonel en 1755, et joue, à la tête de ce régiment un grand rôle à la guerre en 1756. Il est, en août, dans le corps d'armée de Ferdinand de Brunswick devant le camp de Pirna, puis passe en hiver à Dresde. En avril 1757, il fait partie du corps du prince

62. Édouard de La Barre du Parcq, *op. cit.*, p. 86.

Maurice d'Anhalt-Dessau, dans l'avant-garde qui marche sur Prague, en juin à Kolin. Son régiment est du petit nombre que les Autrichiens ne culbutent pas, mais l'armée prussienne doit finalement se replier devant l'armée autrichienne de Daun. Même en ce cas, Frédéric II reconnait le mérite de Seydlitz, nommé major-général deux jours après, âgé de trente-six ans.

En septembre 1757, après la Convention de Closter-Seven, qui le prive du secours de l'armée hanovrienne, Frédéric II laisse Seydlitz à Gotha, avec vingt escadrons. Soubise songe à s'en débarrasser, encouragé par le prince de Saxe-Hildburghausen : ensemble, ils marchent contre Gotha, avec six mille fantassins, quatre mille cavaliers, quatre pièces d'artillerie. Le 19 octobre, Seydlitz réussit à tromper ses adversaires par la disposition de sa cavalerie, qui annonce presque la position des Prussiens à Rossbach : il évacue la ville, va se poster sur des hauteurs en arrière, déployant ses cavaliers sur un seul rang, et plaçant entre les intervalles des escadrons de cuirassiers et quelques hussards à pied. Ces dispositions sont prises de manière que l'ennemi ne distingue qu'une masse, sur un front très étendu, sans deviner sa profondeur. Il ajoute une « ruse de guerre » bien commune : il envoie dans la direction des ennemis un faux déserteur rapportant que les Prussiens rangés devant eux n'attendent que l'arrivée de Frédéric II pour attaquer. « *Soubise reçoit cette nouvelle au moment de se mettre à table, il fait partir un corps de reconnaissance pour vérifier les assertions du déserteur, ce corps prend les hussards à pied pour de l'infanterie, et croyant les troupes qu'il voit aussi nombreuses que leur front, allongé aux dépens de la profondeur, il suppose Frédéric présent. Soubise, au rapport qu'on lui fait, ne voulant pas se mesurer avec la totalité des forces prussiennes, ordonne la retraite et l'exécute en toute hâte* », abandonnant de nombreux prisonniers[63]... « *Cet exemple prouve que la capacité et la résolution d'un général décident plus à la guerre que le nombre des troupes* », écrit alors Frédéric II. C'est exactement ce qui a manqué à Soubise. Il cherche à éviter l'engagement, pendant que d'autres attaquent le roi de tous côtés – Suédois, Russes, Autrichiens. Seydlitz, lui, ne manque pas l'occasion d'une action même de petite importance, qu'il mène toujours avec une grande résolution. Rappelé par Frédéric II, ayant opéré sa retraite sans être inquiété par ses ennemis, il peut écrire au roi de Prusse : « *La crainte des armes de Votre Majesté est grande chez vos ennemis* »[64].

« Il était beau général, et sa seule présence entraînait les masses »

Seydlitz sait ce dont il parle. Mais comme Soubise, il n'a pas théorisé, il n'a laissé aucun ouvrage d'instruction, aucun traité tactique. Il n'en a sans doute pas beaucoup lu. Alors que Soubise dispose d'une immense bibliothèque, Seydlitz, praticien de la guerre à cheval, n'a sans doute côtoyé, parmi les théoriciens de l'art de la guerre, que Charles-Emmanuel de Warnery, auquel son exemple a beaucoup apporté. Officier d'origine suisse, d'abord en service dans l'armée du roi de Sardaigne, puis dans l'armée de la tsarine Anna Ivanovna, Warnery passe en 1742 au service du roi de Prusse, comme capitaine d'un régiment de hussards. Lieutenant-colonel au début de

63. *Ibid.*, p. 88.
64. Varnhagen von Ense, *op. cit.*, p. 50.

la guerre en 1756, puis colonel du régiment des hussards de Wartenberg, il est fait prisonnier par les Autrichiens à la bataille de Schweidniz. Il quitte alors le service de la Prusse, et commence à écrire des ouvrages d'art militaire, en particulier *Campagnes de Frédéric II Roi de Prusse, de 1756 à 1762*, publié en 1788, deux ans après sa mort. Les auteurs du XIXe siècle s'accordent à considérer que dans ses *Remarques sur la Cavalerie*, ouvrage publié à Dublin en 1781, c'est le régiment commandé par Seydlitz qui est la base des analyses de Warnery[65].

Sans véritable formation théorique, Seydlitz a une « instruction » militaire, plus qu'une « culture » militaire. Il a l'expérience de toutes les armes de la cavalerie, ayant servi successivement dans les hussards, les dragons puis les cuirassiers, ce qui lui a appris les détails les plus minutieux du service. Pourtant, persuadé qu'un officier de cavalerie ne doit pas borner son ambition à être solide à cheval et à connaître uniquement des manœuvres ce qu'exige son grade, il s'était dès sa jeunesse adonné à la topographie, seule étude de caractère théorique à laquelle il se soit réellement formé, sans doute parce qu'elle est la plus immédiatement utile en bataille : lire un paysage, déchiffrer un terrain c'est-à-dire en apprécier le fort et le faible, en voir les particularités du relief, les données de la végétation, la présence de l'eau, les possibilités de cheminement, de déploiement, de charges : au moment d'une charge, l'officier de cavalerie doit, en quelques instants, savoir apprécier le sol sur lequel il va lancer ses escadrons…

La science topographique du jeune officier et sa remarquable formation aux exercices d'équitation avaient retenu l'attention de Frédéric II. Son père, qui avait amélioré l'infanterie, avait négligé la cavalerie, en ne la composant que d'hommes et de chevaux gigantesques ; de sorte que, suivant la curieuse expression du roi lui-même, les cavaliers prussiens ressemblaient alors à des colosses montés sur des éléphants. Alourdie, elle était incapable de souplesse au combat. Convaincu que la véritable qualité de la cavalerie réside dans une rapidité de mouvement telle qu'elle puisse arriver au combat en formation serrée, au botte à botte, au galop pour donner plus de force au choc, et à l'arme blanche, Frédéric II avait chargé Seydlitz d'introduire dans les charges ces nouveautés, mises en œuvre à Rossbach.

Le jugement de La Barre du Parcq est celui d'un connaisseur, qui dit tout en un seul mot : « [Seydlitz] *était* beau général*, et sa seule présence entraînait les masses* », ce qui a caractérisé tous les grands généraux de cavalerie, de Parménion, le général de Philippe de Macédoine, à Murat, sorte d'héritier napoléonien de Seydlitz. La Barre du Parcq écrit encore : « *Nous pouvons ajouter qu'il fut un* général-né *[…], aussi prompt à se décider, aussi habile tacticien sur le champ de bataille que sur un champ de manœuvres* » – qualités qu'il partage avec Frédéric II[66].

65. Voir George Taylor Denison, *A History of Cavalry from the Earliest Times…*, Londres, Macmillan and Sons, 1913, p. 261-262.

66. La Barre du Parcq, *op. cit.*, p. 94-98.

Chapitre 4

Le Samedi de Rossbach

« Une des batailles les plus singulières en son genre »

Un récit de bataille offre toujours une complexité particulière : la première prudence est de se souvenir du conseil de Philippe Contamine donné en 1980 à la génération nouvelle qui commence à transformer la vieille « histoire-bataille » en « nouvelle histoire des batailles » Tout récit d'une bataille rangée doit « *éviter deux écueils : la dramatisation et aussi la rationalisation, c'est-à-dire la reconstruction* a posteriori *d'une tactique, d'un schéma directeur qui n'a peut-être jamais été appliqué ni même imaginé* »[1]. Ni le regard des généraux qui mènent les armées, ni celui des combattants qui échangent coups de feu et coups d'épée, n'est le même que le regard de l'historien. La bataille ne dure que quelques heures, son récit occupe un livre, son histoire occupe les siècles qui la suivent…

L'observation s'applique bien à la bataille de Rossbach. Au-delà du simple constat unanime d'une « fuite honteuse », elle inaugure, si l'on en croit les historiens, l'entrée dans le débat du XVIIIe sur les ordres de bataille, entre « ordre mince » et « ordre profond », de celui que l'on a appelé « l'ordre oblique ». L'idée en serait-elle venue au roi de Prusse lors de son entretien avec Maurice de Saxe en juillet 1749, évoquant les nouvelles formations qu'il commence à expérimenter dans différentes manœuvres, en 1748 à Potsdam puis en 1750 aux manœuvres de Tempelhof, annonciatrices de ce que l'on appelle plus tard en allemand *schiefe Schlachtordnung* ou *Schrägangriff* ? La première expression plutôt statique indique une réflexion sur l'ordonnance de bataille (*Ordnung*), en rupture avec le traditionnel « ordre mince », la seconde insiste plutôt sur le mouvement en bataille (*Angriff*), l'une et l'autre avec une disposition en biais (*schief*, ou *schräg*) retenue par l'expression convenue « ordre oblique ». On a pu considérer que Rossbach, en novembre 1757, en a été le premier terrain d'application, avant Leuthen en décembre. Mais Frédéric II, son initiateur, ne l'a pas dit, et les mouvements de la bataille qui se

1. Philippe Contamine, *La Guerre au Moyen Âge*, Paris, PUF, coll. Nouvelle Clio, 1980, p. 380.

déroule au pied du *Janus Hügel* entre Rossbach et Weissenfels ne répondent pas à une ordonnance aussi géométrique que les mots le suggèrent[2]...

Au reste, entre ordre profond et ordre mince, l'ordre de combat de Frédéric II ne se définit pas par une disposition topographique de l'armée sur le terrain – d'où l'ambiguïté de l'expression française, que les deux expressions allemandes évitent en partie : *Schrägangriff* indique à la fois le mouvement et sa direction, tandis que *schiefe Schlachtordnung* indique plutôt une position de départ qui peut être offensive ou défensive en attendant le choc. L'ordre oblique devient donc une idée de manœuvre : la recherche du déséquilibre des forces à son avantage par l'attaquant contre un point du dispositif adverse, en portant contre l'ennemi une partie de l'élite de ses forces tout en lui dérobant le reste. Adapté aux lieux et aux circonstances, l'ordre oblique ne relève pas d'un concept théorisé. Il n'est pas interdit de penser que le point de vue des historiens est surtout marqué par les observations que Guibert laisse après 1772 sur l'art de la guerre de Frédéric II, sinon celles de Napoléon lui-même qui, après 1815, revient sur la bataille de Rossbach, la défaite effacée par sa victoire de Iéna en 1806, en balayant les approches tactiques au profit d'une perspective stratégique –, avant que les historiens ne prennent le relais des théoriciens ou des chefs d'armée dans le courant du XIXe siècle.

La bataille qui se déroule le samedi 5 novembre au sud du village de Rossbach, autour de quelques grosses collines qui forment les dernières hauteurs du Harz, dans la vallée de la Saale, au sud de Magdebourg, à l'ouest de Leipzig et de Dresde, sur la zone frontalière étonnamment découpée entre l'Électorat de Saxe et le royaume de Prusse, offre bien d'autres caractères assez particuliers.

C'est d'abord la première fois, et en même temps la dernière, que le roi de Prusse Frédéric II, chef de guerre et chef d'armée qui a si souvent combattu les Autrichiens et les Russes, commande en personne son armée en bataille contre une armée française.

C'est aussi la première fois, mais non la dernière, que combattent ensemble les armées de l'Empire et celles du roi de France : depuis François Ier et Charles Quint, ces armées se sont toujours opposées. Malgré la réputation ancienne de l'Angleterre, revivifiée au XVIIIe siècle comme en témoigne en 1795 l'abbé Rangeard, l'ennemi héréditaire de la France est depuis deux siècles l'Empire. Jusqu'à la paix de 1748, comme Léopold Ier et ses successeurs l'avaient été au temps de Louis XIV, l'impératrice Marie-Thérèse était l'adversaire désignée du roi Louis XV, qui, par son rôle dans la guerre de Succession d'Autriche, avait largement aidé Frédéric II à conquérir la Silésie. Et voici que moins de dix ans plus tard, et après plus de deux siècles de guerres entre Habsbourg et Bourbons, les Français aident l'Impératrice devenue une alliée à récupérer la Silésie, que défend maintenant Frédéric II devenu l'ennemi... Si les diplomates, et plus largement toute la société des princes, pour reprendre l'expression de Lucien Bély, peuvent s'y retrouver, il est moins sûr que le soldat ait une vision claire de la position qu'il tient.

---

2. Heinz Schilling, *Das Reich und die Deutschen. Höfe und Allianzen, Deutschland, (1648-1763)*, Berlin, Siedler Verlag, 1989, p. 464 et 467, expose le principe de l'ordre oblique qu'il appelle uniquement *schiefe Schlachtordnung*.

Enfin, cette bataille est destinée à avoir un tel écho que, sans être une de ces « batailles décisives » de l'histoire, celles qui achèvent une guerre, celles que recherchent tant les stratèges comme les historiens, elle devient une bataille qui marque une rupture du temps long en Europe, presque entre une Europe moderne et une Europe contemporaine, dont la nouvelle balance des puissances fait place, à partir de cette date, à un nouvel « ennemi héréditaire » de la France, le troisième, la Prusse, même si cela ne devient réellement sensible que dans le courant du XIXe siècle[3]. Et pourtant, elle n'est en vérité qu'une surprise, au bénéfice du vainqueur qui ne l'a livrée que pour n'avoir pas réussi à empêcher les Français de poursuivre leur avance après la Convention de Closter-Seven, ni empêcher les Autrichiens de viser la prise de Leipzig ; les Français, de leur côté, attendaient surtout leurs quartiers d'hiver depuis que Cumberland avait quitté son armée pour rejoindre l'Angleterre. L'un de ses premiers historiens, Johann-Wilhelm von Archenholz, lui-même capitaine dans l'armée prussienne après décembre 1758, ayant servi jusqu'en 1762, qui n'accorde à la bataille de Rossbach qu'un bref récit, la qualifie sans doute très exactement, avec un rapprochement indirect avec l'ancienne bataille de Lützen du 6 novembre 1632, toujours en mémoire des Allemands du XVIIIe siècle : « *Ce fut, le 5 novembre [1757], près du village de Rosbach en Saxe, à une lieue de Lützen où le grand Gustave-Adolphe était mort en combattant pour la liberté de l'Allemagne, que se donna une des batailles les plus singulières en son genre* »[4].

Été-automne 1757. Frédéric II et la menace de trois armées

Depuis l'été 1757, tout va mal pour Frédéric, lentement pris en tenaille par les armées qui convergent vers la Prusse.

Tout a commencé après la malheureuse bataille perdue à Kolin, l'initiative en Bohême étant prise par Charles de Lorraine et Daun qui se dirigent vers la Silésie. La campagne conduite par le roi de Prusse, en recul devant l'armée impériale, est la première qu'il ait à mener. L'armée de Charles de Lorraine, caractérisée, comme celle de Soubise, par sa lenteur très prudente, mais nettement victorieuse au moins jusqu'au mois de novembre, ne se trouve mêlée directement à aucune des deux autres, mais les succès autrichiens jouent un rôle déterminant dans la résolution stratégique de Frédéric II, qui n'oublie pas que, si par bonheur, Stepan Fiodorovitch Apraxine ne force pas son succès en Prusse orientale, ce sont encore trois armées qui peuvent venir le forcer en Saxe.

La première est celle de Richelieu. Quelle que soit sa position après la Convention de Closter-Seven, la seule présence de son armée de soixante mille hommes reste une menace directe. Si la campagne conduite jusqu'à Halberstadt depuis septembre par le maréchal-duc doit, dans son esprit, s'achever avec les quartiers d'hiver, il n'en reste pas moins qu'elle prépare à moyen terme, celui du printemps prochain, soit une bataille, soit le siège de Magdebourg dont la perte consommerait la défaite de la Prusse. À court

3. C'est la belle leçon de l'ouvrage d'Hélène Miard-Delacroix et Andreas Wirsching, *Ennemis héréditaires ? Un dialogue franco-allemand*, Paris, Fayard, 2020.

4. Johann-Wilhelm von Archenholz, *Histoire de la Guerre de Sept Ans en Allemagne de 1756 à 1763*, Berne, E. Haller, 1789, p. 56.

terme, Frédéric II tente, ou du moins donne l'impression de vouloir le faire, d'ouvrir des pourparlers de paix qui lui éviteraient cette bataille qu'il redoute en raison de son infériorité numérique considérable.

La Prusse dans la guerre de Sept Ans, automne 1757

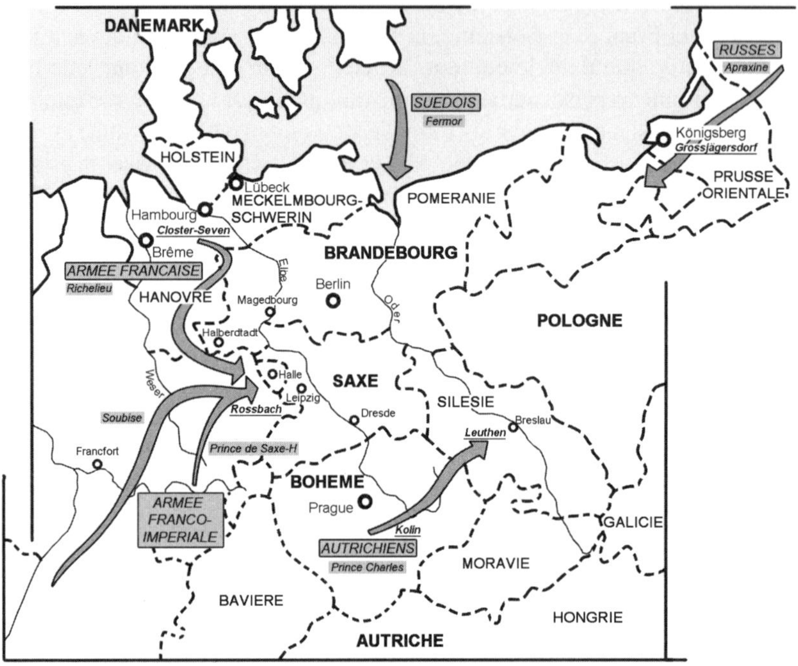

Et l'armée du Hanovre est maintenant renforcée par une deuxième armée, celle du prince de Soubise, avec laquelle elle ne se confond pas. Son avancée à l'Ouest semble lente, mais elle se rapproche inexorablement. Soubise marche avec le soutien du contingent des Cercles de l'Empire et de quelques troupes autrichiennes du duc de Saxe-Hildburghausen, qui a le commandement de « l'Armée combinée ». S'ajoute pour Frédéric II la menace à l'Est d'une troisième armée, celle de Daun et Charles de Lorraine qui maintenant menacent Breslau et la Lusace… Quels que soient les rapports entre les deux hommes, Soubise d'une grande prudence et préparant ses mouvements avec une grande minutie, Saxe-Hildburghausen meilleur administrateur que bon combattant, et dont l'indécision et l'absence d'autorité gênent Soubise, c'est leur armée combinée qui semble appelée à forcer la décision. Soubise, au moins, est le seul à attendre une vraie bataille, qui lui vaudrait le bâton de maréchal, mais il ne veut la livrer qu'avec le soutien en force de l'armée de Richelieu afin d'assurer une supériorité numérique qui garantisse la victoire contre le roi de Prusse, dont la réputation n'est plus à faire[5]. Depuis le

5. Pour le récit événementiel, les deux références majeures restent Richard Waddington, *La Guerre de Sept Ans : histoire diplomatique et militaire*, tome I, Paris, Firmin Didot, 1899 ; et général comte Charles Pierre Victor Pajol, *Les Guerres sous Louis XV*, Paris, Firmin-Didot, vol. 1, 1885. Les deux références valent pour tout le chapitre, et ne sont plus répétées que pour certaines correspondances.

Rhin, il traverse l'Allemagne du Sud, arrive en Thuringe, s'apprête à pénétrer en Saxe. Sa jonction avec Richelieu sur les rives de la Saale, qui dessine une frontière tourmentée avec le duché d'Anhalt, serait désastreuse pour Frédéric II.

Il est relativement difficile de suivre chacune des trois armées que Frédéric voit devant lui : la chronologie des faits se superpose d'un front à l'autre, alors que les Français et l'armée impériale ont leur propre progression, et que les trois armées ont des objectifs qui ne se confondent pas mais s'additionnent. Tout aurait pu s'achever sans que la bataille de Rossbach ait lieu. Quant au roi de Prusse, qui cherche désespérément à protéger la Silésie, et à conserver la Saxe, il a un seul atout réel devant les trois armées qui le menacent, une stratégie très offensive, avec deux clefs tactiques, la rapidité de mouvement et la surprise – ou ce qu'on pourrait appeler l'énergie du désespoir.

Charles de Lorraine et Frédéric II, de Kolin au siège de Schweidnitz

La victoire de Kolin le 18 juin 1757 avait été un immense soulagement pour Marie-Thérèse et son ministre Kaunitz – qui vivent un apogée de l'histoire militaire de l'Autriche : pour la première fois, le roi de Prusse a été vaincu, et la manière dont il a mené sa bataille a été critiquée. Mais, s'il n'inspire plus la même crainte après cette défaite, Vienne se fait peut-être des illusions dans l'euphorie d'une victoire inhabituelle…

Il avait pourtant fallu du temps au maréchal Daun pour se remettre de sa victoire, très coûteuse en hommes, et avec l'inconvénient de devoir laisser le commandement en chef au prince Charles de Lorraine, frère de l'Empereur[6]. Or, si les Autrichiens sont résolus à porter le coup de grâce à l'ennemi vaincu, Charles de Lorraine ne semble pas pressé d'agir, n'est pas capable de préciser un plan d'opérations, laisse simplement Laudon avec ses irréguliers se montrer en aval de l'Elbe, sur la rive gauche, et Nadasty poursuivre lentement Maurice d'Anhalt-Dessau qui mène le gros de l'armée prussienne que Frédéric II a quittée pour se rendre à Dresde. À défaut d'obliger les Autrichiens à livrer une bataille décisive, Frédéric II tente d'agir sur son allié et d'obtenir une intervention militaire directe de l'Angleterre, faisant valoir son impuissance à venir en aide à l'Électorat de Hanovre. Il s'en ouvre en juillet 1757 auprès d'Abraham Michell, le résident prussien à Londres, semblant convaincu que les Français peuvent se contenter de jouer le rôle d'arbitres entre Prusse et Autriche, et se satisfaire d'une démonstration de puissance en Allemagne… Sans résultat, alors que les Autrichiens, lentement mais sûrement, entrent maintenant en Silésie, il ne lui reste qu'à faire tête à ses ennemis.

Très indisposé par la décision de Maurice d'Anhalt de se replier et se retrancher à Zittau, il le remplace par son frère le prince Guillaume de Prusse, qui a bien du mal à s'imposer à un état-major divisé, d'un côté le duc de Brunswick-Bevern et Schmettau, de l'autre Winterfeldt, La Motte-Fouqué et von Goltz. Guillaume n'a ni l'autorité, ni le sens militaire de son frère, sa seule chance est la médiocrité timide de Charles de Lorraine, et l'effacement de Daun sous le commandement du prince. À Vienne, Marie-Thérèse est

6. Pour Frédéric II, référence générale, Robert Asprey, *Frédéric le Grand, 1712-1786*, Paris, Hachette, 1989.

plus déterminée que ses généraux. Sous sa pression, ils franchissent l'Elbe et marchent sur Gabel, vainement défendue par Georg von Puttkammer qui n'est pas secouru par le prince Guillaume ; celui-ci se contente de poursuivre sa retraite, par de mauvaises routes, étroites, sinueuses, coupées de vallées profondes, et ne s'arrête qu'à Bautzen, en Lusace, où Frédéric II arrive à son tour. Le roi le rend responsable de la « situation désespérée » où il se trouve, et des conséquences « désastreuses » qu'elle aura pour le royaume. Guillaume est brutalement chassé, mais Frédéric ne peut rien faire d'autre que poursuivre son repli vers le nord. C'est alors qu'il apprend la défaite de Cumberland à Hastenbeck, donc à court terme la perte du Hanovre, et peut-être de la Saxe, le Brandebourg lui-même se trouve menacé. Il n'a quasiment plus d'approvisionnements. Rarement sa situation n'a été aussi mauvaise. Il ne peut même pas envisager de déloger les Autrichiens des hauteurs de Zittau. Il se résout à se diriger sur Dresde, laissant le duc de Bevern et Winterfeldt avec trente mille hommes pour protéger la Lusace et la Silésie. La Prusse est seule. L'armée de Frédéric est très petite, face à ce que peut être le déferlement de ses adversaires ; le Trésor est exsangue ; Winterfeldt, blessé dans un accrochage avec les troupes de Nadasty, meurt le 8 septembre à Görlitz ; les armées autrichienne au sud, française et impériale à l'ouest, ainsi que suédoise et russe au nord et à l'est, encerclent la Prusse.

Au comte de Finckenstein, Frédéric II avait écrit dès le 28 août : « *La crise est si terrible que cela ne saurait durer plus longtemps ; le mois de septembre décidera de mon sort pour l'automne et pour l'hiver ; quand nous l'aurons passé, il faudra voir ce qui nous reste à faire* »[7]. Le 10 octobre, il écrit encore à Finckenstein : « *Je regarde nos affaires comme désespérées ou, pour mieux dire, perdues. Il ne me reste plus de ressources, et l'on doit s'attendre d'un jour à l'autre, à voir augmenter nos malheurs. Le Ciel m'est témoin que ce n'est pas ma faute* ». Quelques jours plus tard, il apprend le coup de main du 16 octobre sur Berlin du comte Andreas Hadik, qui, faute d'avoir assez de troupes pour tenir la ville, se contente d'une contribution énorme, et se retire. Il apprend aussi le retrait d'Apraxine, qui se replie sur Tilsitt et abandonne la Prusse orientale – enfin une bonne nouvelle ! Il laisse Lehwaldt au nord, chargé de repousser les Suédois, envoie Maurice d'Anhalt poursuivre Hadik, demande au duc de Brunswick d'aller protéger Berlin, lui-même se retourne vers les Autrichiens qu'il veut repousser jusqu'en Bohême, pour nettoyer la Silésie de toutes les forces ennemies qui l'occupent. Mais il ne parvient pas à obliger Charles de Lorraine à livrer bataille. Nadasny peut s'avancer et commence à mettre le siège avec vingt mille hommes devant Schweidnitz (Svídnice, actuellement Świdnica, en Pologne), en Basse-Silésie, dans la région des Sudètes, qui avait été conquise par les Prussiens en 1741. Un siège classique : la ville entourée de fortifications formant une sorte de gros quadrilatère, avec des bastions détachés à chaque angle, un peu en hauteur surmontant le cours de la Weistritz (Bystrzyca), petit affluent de l'Oder, est facile à bloquer complètement. Il suffit d'attendre, même si la place peut tenir six à huit semaines. Alors que Soubise marche vers Leipzig, Hildburghausen vers Halle, et bientôt tous deux sur Magdebourg…

---

7. *Ibid.*, Frédéric à Finckenstein, 28 août 1757, p. 312.

Découragé, mais toujours pugnace, Frédéric II n'a plus aucun autre choix que prendre les devants en cherchant ses positions sur la Saale. Il ne s'agit plus d'intimider ou de couvrir, il faut maintenant obliger ses adversaires à livrer bataille à l'ouest, ce qu'il ne parvient pas à faire à l'est. Le 26 octobre, il rejoint Keith à Leipzig, se trouve le 27 et le 28 rejoint par le prince Henri, son frère, puis le duc Ferdinand de Brunswick-Wolfenbüttel enfin le petit corps du prince Maurice d'Anhalt-Dessau. Il a environ vingt-deux mille hommes, disproportion de forces telle qu'il ne peut croire en une victoire. En vérité, c'est son seul véritable moment de confusion... Lorsque Keith lui confirme que Soubise et Hildburghausen se mettent en marche manifestement vers la Saxe, qu'ils peuvent atteindre l'Elbe, remonter eux-mêmes jusqu'à Magdebourg, il se met en marche.

Richelieu, de Closter-Seven à Halberstadt : vers les quartiers d'hiver

Plutôt que de combattre à l'ouest, Frédéric II avait-il d'abord espéré obtenir une paix avec Louis XV qui lui aurait permis d'éviter le pire en Silésie, et de terminer une guerre dont l'issue peut être la ruine de son royaume ? Il n'avait pas attendu Closter-Seven pour tenter de négocier avec Versailles, par l'intermédiaire de sa sœur la margrave de Bayreuth, avec laquelle il a des relations de grande confiance. Dès le 25 juin, avant même Hastenbeck, il lui demande de faire agir le chevalier Hubert de Folard, le neveu du théoricien militaire, ministre de France auprès des petites cours allemandes, en particulier de faire valoir un « reste d'amitié pour ses anciens alliés » et en protestant que s'il n'a pas voulu souscrire aux conditions que lui proposaient les Autrichiens, « il n'attendait la paix que de la France ». La margrave fait passer une lettre au maréchal de Broglie, et demande au chevalier Louis de Mirabeau de se faire son interprète auprès de la marquise de Pompadour, Frédéric approuve la démarche : « *Il* [Mirabeau] *pourra offrir jusqu'à 500 000 écus à la favorite pour sa part* »[8]. Cette démarche ne donne aucun résultat, Madame de Pompadour n'a pas même été informée. La démarche a été renouvelée, avec une mission extraordinaire maintenant confiée au colonel Johann Friedrich von Balbi, ingénieur et spécialiste des fortifications, en vain : Frédéric II n'a pas compris la force du lien qui existe entre Marie-Thérèse et Louis XV.

De son côté, même si Richelieu a pu être flatté, ou trompé, dans la langue du XVIIIe siècle, on dirait « amusé » par les flatteries que le roi de Prusse lui a adressées, on aurait tort de le réduire à ses faiblesses de tempérament, il est aussi homme de guerre. Il attendait de la signature de la Convention de Closter-Seven le retrait du duc de Cumberland, comptant sur la ratification de la convention signée. À la fin d'octobre, il apprend les réserves du roi. L'article 1er fixant un terme à la cessation des hostilités, n'est pas assez net, l'article 3 stipulant que les troupes hanovriennes qui ne resteraient pas à Stade passeraient sur la rive droite de l'Elbe leur donnerait la liberté de se joindre aux troupes prussiennes. Le Conseil indique que le roi ne saurait admettre une suspension d'armes que si elle est durable autant que la guerre,

8. Frédéric II, *Correspondance politique,* « Lettres à la margrave de Bayreuth, 25 juin et 7 juillet 1757 », vol. XV, p. 287 et 218.

et si elle concerne la totalité des troupes hanovriennes, qui de plus ne pourraient servir contre aucun des alliés du roi, ni se joindre à celles de l'Angleterre. Autrement dit, la guerre continue. Lorsque le chevalier de Ray, alors officier de cavalerie dans l'armée de Richelieu, résume en 1790, en quelques lignes, la guerre de l'automne 1757, il ne se trompe pas forcément : « *Il* [le maréchal de Richelieu] *part avec son armée pour Halberstadt, frontière de la Saxe, avec l'espérance de se joindre à l'armée de Soubise réunie à celle de l'empire, d'y commander seul pour combattre et vaincre le roi de Prusse en personne* »[9].

Les ordres de la Cour l'ont arrêté. C'est bien Soubise qui doit attaquer, et il répugne alors à le soutenir. Mais la guerre n'a, de fait, jamais cessé depuis le début du mois de septembre, sans batailles, mais en marches répétées, et épuisantes alors que le temps est au froid et à la pluie. Elles permettent l'occupation du Hanovre jusqu'à l'Elbe au nord, et en direction de la frontière de la Prusse et de la Saxe. De là, restant plutôt en attente, après la période des quartiers d'hiver, Richelieu pourrait se tourner vers Magdebourg, ce qui ouvre la route de Berlin au nord-est, et de Leipzig et Dresde au sud-est. Sans se projeter si loin, et même si le maréchal a des préoccupations plus pillardes que guerrières, il n'oublie pas qu'il est chef d'une armée en campagne, qu'il doit conduire si possible en accord avec les instructions qu'il reçoit de Versailles. Dans la mesure où il apparaît que le roi de Prusse, qui a abandonné la Bohême pour la Saxe, semble se tourner contre l'armée de Soubise qui arrive par la Hesse et la Thuringe, il faut songer à de nouvelles opérations. Il ne s'y soustrait pas, mais agit avec lenteur.

Ainsi, dès le 10 septembre, Richelieu se porte dans le pays de Brunswick, qu'il occupe, ainsi que Wolfenbüttel, et déjà dans le pays d'Halberstadt, envoyant Monteynard et de Vogüé couvrir le terrain aussi loin que possible, afin de reconnaître les positions, les routes, les passages. Le duc d'Ayen, de son côté, avance jusqu'à Rogenstein, s'empare du château, qui tient la communication avec Blankenburg, et peut ainsi arrêter des partis du roi de Prusse – ce qui indique la proximité de son armée. Richelieu lui-même entre à Halberstadt le 19 septembre. De son côté, Frédéric II, qui ne se sent pas en force, tente encore de négocier, fait directement proposer par le directeur de la Chambre d'Halberstadt, nommé Dietrich, de désigner la petit rivière Bode comme ligne de démarcation entre leurs deux armées, et de cesser les hostilités. Un nouveau projet de convention est provisoirement signé par le prince Ferdinand de Brunswick, que le maréchal-duc trouve satisfaisant pour les garanties militaires qu'il propose.

Il n'y a pas, chez Richelieu, que de la mauvaise volonté à soutenir Soubise, ou la tentation de prendre déjà ses quartiers d'hiver. Il y a aussi la prise en compte de l'état réel de l'armée qu'il commande. Les marches qu'il a faites à allure assez vive ont été mauvaises pour les soldats. Le jeune comte de Gisors, alors colonel du régiment de Champagne, fils du maréchal de Belle-Isle, futur ministre de la Guerre, mais déjà membre du Conseil du Roi, lui écrit le 17 septembre, à propos de l'état des soldats : « *Il y en a beaucoup qui,*

---

9. Lucien Mouillard, *Généraux et lieutenants-généraux sous Louis XV. Réflexions et souvenirs du chevalier de Ray*, Paris, Charles Lavauzelle, 1895, p. 106.

si nous avions longtemps à marcher, demeureraient en chemin par le défaut de souliers ; les trois paires que chaque soldat avait en entrant en campagne sont usées ; nous n'avons pas eu un séjour assez long pour que nos ouvriers de régiments aient pu en faire, et nous serons à plaindre si M. le maréchal ne trouve pas le moyen d'en fournir à nos troupes 40 000 paires »[10]. Le 29 septembre, Richelieu écrit lui-même à Paulmy : « *Je regarde Halberstadt comme la terre promise où la nécessité me force de recourir… Je vous prie de penser qu'il faudra entrer en quartier d'hiver tout au plus tôt pour conserver l'armée pour l'année prochaine ; huit jours de pluie et de froid de ce pays-ci fait périr un nombre infini de soldats* »[11]. Sous une autre forme, pour Richelieu le but militaire qu'il s'est fixé est atteint. Il ajoute : « *Demander plus des soldats épuisés par des marches depuis cinq mois, ajourner le repos, serait ruiner l'armée* ». Plus directement encore, alors que Versailles le pousse à poursuivre ses mouvements, il écrit le 3 octobre suivant à son ami Pâris-Duverney, proche du Conseil du roi : « *Je vois l'armée perdue, sans pouvoir se rétablir pour le printemps prochain où nous en avons besoin* ». Il annonce donc sa préférence pour les quartiers d'hiver, ce qui remettrait toute opération offensive au printemps de l'année suivante.

Mais les cabinets, peuplés de ministres et de conseillers, ne voient jamais la guerre comme les généraux qui la font sur le terrain. À Versailles, comme à Vienne d'ailleurs, on estime que suspendre les opérations serait perdre les avantages acquis, et abandonner au roi de Prusse les territoires qui lui permettront de recruter des hommes et reconstituer une armée largement affaiblie par ses défaites en Bohême : un dernier effort terminerait la guerre, en le forçant à évacuer la Saxe. Pressé par les lettres de Paulmy d'une part, par les instances de Soubise d'autre part, Richelieu se détermine enfin à faire partir, le 7 octobre, un petit corps placé sous le commandement du duc de Broglie avec vingt bataillons et dix-huit escadrons, afin de le rejoindre. Il écrit en même temps au prince, lui indiquant qu'il ne restera alors à lui-même qu'environ quarante-deux mille hommes, et dès lors une armée hors d'état d'entrer en campagne, qu'il tiendrait néanmoins sa position tant qu'il pourrait ramasser du grain et du fourrage, et qu'il pouvait toujours maintenir à distance le roi de Prusse, lui-même n'étant pas éloigné de Soubise. Le roi de Prusse est alors occupé, le long de la Saale, à une série de marches et contremarches, qui plus que d'inquiéter l'adversaire, ont pour but de le tromper sur ses propres forces.

Soubise, du Rhin à la rive gauche de la Saale

Il faut reprendre la campagne de Soubise au moment où Richelieu, en partie à la suite des intrigues qui se jouent autour du Conseil du roi, en partie grâce à sa proximité personnelle avec lui, obtient le commandement de l'armée du maréchal d'Estrées. Dans les mois d'août, septembre et octobre, le prince conduit son armée en campagne, sans plus ni moins de difficulté que toute armée dont le quotidien est fait de marches, de campements et de fourrages ou ravitaillements.

---

10. Waddington, *op. cit.*, le comte de Gisors au maréchal de Belle-Isle, t. I, p. 539.
11. *Ibid.*, Richelieu à Paulmy, 29 septembre 1757, p. 542.

Juillet-août. De Strasbourg à Erfurt

En juillet 1757, le roi, loin de se laisser tenter par les propositions de paix de Frédéric II qui d'ailleurs ne parviennent pas jusqu'à lui, se décide, conformément à ses engagements auprès de l'Impératrice, à former l'Armée du Rhin, confiée à Soubise, destinée à agir conjointement avec celle de l'Empire qui s'assemble alors à Furth, près de Nuremberg, sous les ordres du duc de Saxe-Hildburghausen, feld-maréchal de l'Impératrice. Le comte de Saint-Germain précède Soubise auprès du duc pour traiter des problèmes de la jonction et du service des deux corps, en même temps qu'un autre officier est envoyé à Munich pour s'entendre avec la cour de Bavière sur les troupes qui doivent également joindre l'armée de Soubise. L'Électeur, qui doit fournir quatre mille hommes, ne se presse pas de remplir ses engagements, il en est de même du contingent de six mille hommes qu'aurait dû fournir le Wurtemberg : fort mal disposés pour la cause impériale, ils se mutinent, désertent en masse. D'Alsace, prennent le départ trente et un bataillons, dont treize suisses ou allemands, et vingt-deux escadrons, au total vingt et un mille combattants, sous les ordres de Soubise secondé par quatre lieutenants généraux – le chevalier de Nicolaï, le comte de Lorges, le comte de Mailly et le comte de Saint-Germain –, neuf maréchaux de camps, sept brigadiers d'infanterie et quatre de cavalerie ; le comte de Revel remplit l'emploi de major général des logis. Une belle armée, dont il est convenu qu'elle sera renforcée par huit mille hommes tirés de l'armée de Richelieu.

C'est une marche vers le nord, en traversant le Palatinat, en direction de la Hesse. L'armée part de Strasbourg et du Fort-Louis, d'abord en direction de Hanau à quelques lieues de Francfort, en passant par Rastatt et Heidelberg, puis en gagnant le Main, descendu par Aschaffenburg. Le comté de Hanau appartient au landgrave de Hesse, Nicolaï est chargé de prendre la place, avec le régiment de Piémont. Le 31 juillet, la ville, gardée seulement par la bourgeoisie, ouvre ses portes. Soubise lui-même arrive le 2 août à Hanau, et repart le 15 pour Fulda, y séjourne jusqu'au 20, et gagne le petit duché de Saxe-Weimar à Eisenach, dans la vallée de l'Hörsel, en Thuringe, toujours précédé par Nicolaï avec le régiment de Piémont, formant l'avant-garde de l'infanterie – Eisenach, la « chère ville » de Luther, dominée par le château de la Wartburg. Sans s'attarder, Soubise repart en direction de Gotha, dont le duc est l'un de ceux qui ont refusé de fournir un contingent à l'armée française, mais a envoyé un bataillon à l'armée hanovrienne : la ville est traitée comme l'avait été Hanau, la garnison est désarmée, les troupes sont licenciées.

Enfin le 25 août, Soubise entre à Erfurt, capitale de la Thuringe, siège d'un évêché catholique. Il y installe son quartier général, la ville devient le dépôt principal des services nécessaires à l'armée – approvisionnements, fours, hôpitaux. À Erfurt également s'installent, avec deux bataillons de Piémont Infanterie, les premières troupes de l'Empire avec le régiment de Wurtzburg et un bataillon du régiment autrichien de Geisrück. Il reçoit le contingent allemand de Georges de Darmstadt, qu'il fait camper au sud, à Arnstadt, au pied des hauteurs du Thuringer Wald, se prépare à la jonction avec la première division de l'armée de l'Empire composée de neuf bataillons et un régiment de dragons, dont la présence aggrave la question des subsistances, insuffisantes.

Hélas ! La vue des troupes de l'Empire et de l'Armée des Cercles est consternante. Sans doute, on ne peut faire crédit au jugement encore une fois excessif de Pierre Gaxotte : « *un ramassis de chemineaux, de pouilleux et d'échappés de geôles encadrés par un état-major de princes* »[12]. Plutôt que ce mauvais ramassis, c'est une réunion de milices affectées à la défense de leurs territoires respectifs plus qu'une armée propre à faire campagne ; des cadres sans expérience, des soldats trop jeunes, indisciplinés, parmi eux beaucoup de protestants qui manifestent leur sympathie pour le roi de Prusse ; munitions, équipements, ravitaillement, tout fait défaut. Le comte de Saint-Germain, qui a déjà pu les observer, prépare un règlement qui commence par un avertissement : « *Il serait à propos de faire le service séparément pour éviter les difficultés et les inconvénients qui naîtraient nécessairement à chaque pas* ». Le 28 août, le comte de Vault, qui seconde le comte de Revel, adresse à Paulmy une description accablante du contingent de Hesse-Darmstadt, qu'il applique à l'ensemble des troupes : « *Presque toutes les troupes qui sont ici n'ont de munitions de guerre que quelques boulets pour leurs pièces de régiment, point de cartouches pour l'infanterie au-delà de trente coups par homme, pas de chariots composés, très peu de troupes, point de pierre à fusil et point d'argent pour faire des achats. [...] Quant à ce qui regarde M. le prince de Hesse, il ne sait pas le matin ce qu'il doit faire le soir...* »[13]. Il s'agit de Georges de Darmstadt, fils du margrave Louis VIII qui s'est rangé du côté de Marie-Thérèse au moment de la guerre de Sept Ans.

Sans surprise, la mésentente entre Soubise et Hildburghausen commence dès leur première rencontre, le 29 août, et confirme la méfiance que celui-ci inspire aux autres généraux de l'armée autrichienne. À leurs yeux, le duc de Saxe-Hildburghausen, passe au mieux pour un bon soldat, mais dont la carrière, avant qu'il soit attaché à l'organisation militaire de la frontière, n'a jamais été marquée par la part qu'il aurait prise à des victoires, et marche avec une armée qui semble presque hors d'état de mener une action.

Septembre. Le mois de la défensive

Le séjour à Erfurt permet au moins de reposer les troupes, à défaut de les refaire vraiment. Mais c'est aussi lors de cette pause, le 5 septembre, que parvient la réponse redoutée par Soubise : « *Pour être agréable à l'Impératrice, le corps de M. de Soubise sera aux ordres de la cour de Vienne et se joindra à l'armée de l'Empire commandée par le duc de Saxe-Hildburghausen* ». Les deux armées doivent rester « combinées », tout en se tenant séparées pour leur service. Soubise doit commander seul les troupes françaises, mais reste assujetti à recevoir l'ordre du duc, et doit se conformer à ses résolutions sur les mouvements et expéditions de l'armée. Enfin, la Cour de Versailles souscrit au projet de la Cour de Vienne, qui reste de porter les deux armées réunies vers la Saxe, sinon même sur l'Elbe, en fonction des nouvelles qui

---

12. Pierre Gaxotte, *Frédéric II*, Paris, Arthème Fayard, 1938, p. 341.
13. Soubise à Paulmy, d'Erfurt, 30 août 1757, Waddington, *op. cit.*, p. 530-531.

viendraient de la situation des armées de l'Impératrice et du roi de Prusse en Bohême et Lusace.

Mais, dès le 10 septembre, Soubise écrit à Paulmy qu'il vient d'apprendre, par un message de Laudon que Frédéric II vient d'arriver à Kosen et se dirige vraisemblablement sur Erfurt. Cherche-t-il à provoquer une décision en Thuringe ? C'est effectivement le moment où il vient de quitter son armée de Silésie, laissant cinquante mille hommes au duc de Bevern, lui-même avec un corps de seulement douze mille hommes, donc assez mobile, bientôt rejoint par dix mille hommes sous le commandement du prince Maurice d'Anhalt. Il prend la route d'Erfurt, menaçant directement les Français et les Impériaux. Alors commencent des mouvements d'apparence un peu désordonnée, qui vont se multiplier pendant les deux mois de septembre et octobre, des allers et retours entre Gotha et la rivière la Saale, que Frédéric II semble vouloir franchir : Frédéric est en position offensive, au moins de harcèlement ; Soubise en position défensive, au moins attentiste, et ne cesse d'éviter le combat. Il juge son armée insuffisante en nombre, attend un secours de Richelieu, que celui-ci tarde à envoyer, et n'a aucune confiance dans l'armée impériale. Le 11 septembre, de Gotha, Soubise annonce à Paulmy qu'il va se replier sur Eisenach sans dissimuler la difficulté et la fatigue d'opérations qui ne peuvent être qu'une attente : « *L'armée est arrivée hier ici [...] après une marche très pénible. La pluie a été continuelle et les chemins affreux. Comme le roi de Prusse éprouve le même temps, j'ai séjourné aujourd'hui. Peut-être y resterai-je demain si sa marche se ralentit* ». Puis une observation plus tactique : « *Les grandes plaines depuis Erfurt jusqu'ici m'inquiétaient avec dix escadrons. En approchant d'Eisenach, le pays devient plus favorable pour l'infanterie. Je compte y tenir plus ou moins selon les positions militaires que l'on peut y prendre, les secours que je puis espérer de l'armée de l'Empire, et les moyens de subsistance que nous y trouverons* ». Il ignore ce que fera Saxe-Hildburghausen : « *Je vais m'arranger comme ne comptant que sur mes seules forces* »[14].

Finalement, c'est le prince Maurice d'Anhalt qui franchit la Saale à Weissenfels, pousse des reconnaissances par la vallée de l'Unstrutt en direction de Nordhausen, pendant que Frédéric s'avance jusqu'à Erfurt. Soubise abandonne Gotha et rejoint Hildburghausen à Eisenach, où il arrive le 14 septembre. Il reste attaché à sa volonté d'éviter une confrontation directe. Il écrit à Paulmy le lendemain : « *Il a été question de marcher en avant dans les plaines de Gotha avec toute la cavalerie des deux armées qui se trouvent réunies, mais la qualité des troupes fait faire des réflexions. Du moins quand on est bien posté, il n'y a pas de manœuvres à faire ; dans une redoute bien fermée, on ne peut fuir* ». En réalité, Soubise attend des instructions claires du Cabinet de Versailles, qui ne viennent pas. C'est une difficulté de plus. Il semble que deux partis s'opposent. Pâris-Duverney souhaite que Richelieu tienne la position d'Halberstadt, y prenne ses quartiers d'hiver, et se prépare pour le siège de Magdebourg au printemps 1758 – mais il doit alors conserver toute son armée. Le maréchal de Belle-Isle, qui déteste Richelieu, veut donner le rôle principal à Soubise, qu'il faudrait affranchir de la tutelle des

14. *Ibid.*, p. 533.

Impériaux, et renforcer par un appui sensible de l'armée de Richelieu. Dans l'attente, ne pouvant compter sur les troupes de l'Empire pour se hasarder avec elles, le prince de Soubise envisage de se retirer vers la Hesse.

L'offensive de Frédéric II sur Eisenach à la fin septembre tranche le débat. L'ordre est enfin donné à Richelieu de dégager Soubise en faisant une diversion sur Halberstadt et en combinant avec lui une action commune. Richelieu n'avait d'ailleurs pas attendu l'avis de Versailles pour répondre à l'appel que lui a adressé Soubise dans le même sens. Il lui fait savoir que, débarrassé de l'armée de Cumberland, il dirige son armée sur Brunswick. Mais il ne fait pas plus. Il apparaît alors que l'avant-garde du roi de Prusse ne fait aucun mouvement, que sa marche rapide sur Erfurt n'avait d'autre but que de pousser les Français à ce repli, mais que lui-même ne cherche pas le combat.

Octobre. Entre défensive et offensive

Effectivement, le 3 octobre, le roi de Prusse rétrograde, Maurice d'Anhalt redescend de Torgau sur Naumburg. Le même jour, Richelieu écrit à Soubise : « *Après s'être trouvés comme vous et moi, le 11 mai 1745, à la tête des meilleures troupes de France, nous devons savoir par là ce que c'est que le vertige des Français, et en même temps combien il est aisé de le faire passer d'une extrémité à l'autre. Tout cela me détermine à penser que si, vous et moi, nous nous commettions avec le roi de Prusse, il y beaucoup à risquer, beaucoup à perdre et rien à gagner* ». Le rappel de Fontenoy, leur souvenir commun, propre à donner le sentiment d'une fausse camaraderie entre les deux généraux, est-il une sorte de fanfaronnade ? Il poursuit : « *L'avantage d'obliger les Prussiens à se retirer de l'autre côté de l'Elbe n'est pas proportionné aux risques qu'il y a à courir vis-à-vis d'une armée aussi en haleine, aussi aguerrie, et qui a à sa tête un homme comme le roi de Prusse* ». Sa conclusion est nette : « *Ne perdez pas de vue de l'importance de conserver cette armée et d'en avoir une au printemps prochain* ». Ce n'est pas irréaliste. Le 29 septembre, son maréchal général des logis de cavalerie, Redmond, a lui-même écrit à Paulmy : « *Aujourd'hui, nous voyons la neige sur les montagnes, et il grêle dans la plaine ; toute la nuit le vent a été si fort que je n'ai pu dormir ; plusieurs tentes ont été abattues. Vous jugez aisément que tout cela redouble l'envie d'entrer en quartiers d'hiver...* », et Maillebois, dans un rapport que Richelieu joint à sa lettre du 3 octobre, renchérit : « *Il n'y a rien de bon à faire cette année au-delà du point où [l'armée] s'est portée* »[15].

Mais Soubise, chef d'armée, n'est pas un homme d'aventure. Il fait observer, avec une grande clairvoyance, que tout arrêt ou tout recul de Richelieu aurait pour corollaire la reprise de l'offensive de Frédéric II, et la retraite de l'armée combinée dans un pays déjà épuisé par le passage successif des armées des deux belligérants prolongerait son mouvement rétrograde jusqu'en Hesse. Aussi ne veut-il pas renoncer aux secours qui lui ont été promis, d'autant plus qu'il n'a pas le choix : l'Impératrice n'entend pas que le duc de Saxe-Hildburghausen se mette lui aussi en quartiers d'hiver. Le cabinet de Vienne attache à la possession de la Saxe une importance capitale, et tient à ce que Hildburghausen, avec l'Armée combinée, fasse la reconquête

15. Pour le paragraphe, *ibid.*, p. 553.

de l'Électorat. Les instances de Soubise, et les avis de la Cour, obligent Richelieu à s'incliner. Le 9 octobre, il envoie donc la petite armée de renfort confiée au comte de Broglie, lieutenant-général, qui prend la route de Nordhausen, puis Mulhausen pour faire sa jonction avec Soubise. « *La jonction faite, on marchera en avant, selon le parti que prendra l'ennemi* », en attendant qu'un détachement autrichien, envoyé par le prince Charles, commandé par Marshall, arrive avec des pontons pour passer l'Elbe, étant aux ordres de Hildburghausen. Le 11 octobre, Soubise écrit à Richelieu pour se concerter avec lui sur les diversions qu'il peut opérer par des détachements qu'il enverrait le plus en avant possible…

Il n'est donc plus question de quartiers d'hiver. Le roi de Prusse lui-même semble se retirer sur la route de Leipzig, en même temps qu'Anhalt se place entre Naumburg et Weissenfels, sur la Saale avec beaucoup d'artillerie. Hildburghausen, comme Soubise, sent l'avantage d'entamer le roi de Prusse dans sa retraite, ou du moins de l'obliger à se presser. On apprend que, du côté autrichien, Marshall s'approche de l'Elbe, et doit passer le fleuve à la première réquisition. Soubise espère que l'armée sera en état de le rejoindre, ou de marcher sur Leipzig ou Torgau en raison du parti que prendra le roi de Prusse, mais ne pense pas que l'Armée combinée soit en état de prendre Dresde, en particulier parce que les subsistances font gravement défaut.

Soubise demande alors les instructions, au cas où la Cour de Vienne exigerait cette entreprise. Le roi, d'après une lettre de Paulmy en date du 13 octobre, approuve sa conduite pour éloigner le roi de Prusse, et ainsi procurer à ses troupes des quartiers d'hiver tranquilles en facilitant la séparation de l'armée de l'Empire ; il lui suffirait que les secours de Richelieu lui permettent d'étendre ses quartiers sur la rive gauche de la Saale. Mais Hildburghausen a toujours le projet de porter les opérations jusqu'à l'Elbe, et Soubise ne parvient pas à avoir une vue claire des intentions du roi de Prusse. On savait qu'il avait laissé des troupes à Naumburg, avec Keith et Retzow, installé des magasins, que quelques corps sont retranchés à Kosen, qu'il faisait fortifier le pont de Weissenfels ; on apprend qu'après l'expédition de Hadik sur Berlin il semble chercher à réunir ses troupes à Leipzig. Le 23 octobre Soubise entre à Naumburg, qui ne renferme pas les magasins annoncés. Le 26 octobre, Frédéric II entre à Leipzig. Soubise sait maintenant que ce n'est pas pour prendre la route de la Silésie : il se dirige vers la Saale.

Commencent alors à se mettre en place les éléments de la bataille à venir, qui ne semble toujours pas inéluctable. Hildburghausen montre une fébrilité irrésolue, ne cherche plus à s'installer sur la rive droite de la Saale et progresser vers l'Elbe. Le 30 octobre, les Français, à l'exception d'un détachement de grenadiers qui occupe le poste de Weissenfels, et les troupes de l'Empire, sauf quatre bataillons pour les grenadiers, prennent leurs cantonnements entre Weissenfels et Mersebourg, poste occupé par le corps commandé par de Broglie. Le quartier général de Soubise est établi à Gross-Corbetha, sur la Saale, celui d'Hildburghausen au château de Bergwerben, près de Weissenfels. Le comte de Saint-Germain, un peu à l'écart, occupe Altenburg. Custine occupe le pont de Kosen. Le 31 octobre, prélude à ce qui peut devenir une bataille, l'avant-garde prussienne, à peine ralentie par les hussards de Széchenyi qui n'ont pas informé les Impériaux qui tiennent la ville, s'en empare après une marche de nuit. Le pont de la Saale est couvert par les grenadiers de Crillon, qui tiennent le poste toute la journée. Un combat qui est tout à leur honneur, les grenadiers d'Arbonnier, du prince de Rohan, de Saint-Chamant chargent les ennemis sur le pont pour les empêcher d'éteindre les flammes, eux-mêmes soutenus par le feu des troupes venues des cantonnements, et d'un canon placé sur les hauteurs de la rive droite en face du village. Les Prussiens ne passent pas, le pont est détruit. Les Français campent le soir à Reichertswerben près du quartier général du prince de Soubise, dont l'armée a montré sa valeur, tandis que les Impériaux n'ont su que se retirer. Richard Waddington, dans la présentation fouillée de la guerre en cet automne 1757, peut conclure : « *Le mois d'octobre fut certainement pour Frédéric le moment le plus critique de l'année 1757* »[16].

La première semaine de novembre 1757

Le pays où se déroule la bataille, malgré le nom retenu du « mont de Janus », n'est qu'une plaine ondulée, coupée de rideaux d'arbres, sans véritables accidents, tout au plus des pentes un peu irrégulières et assez douces montant vers des hauteurs insignifiantes, une élévation de cent vingt à moins de deux cent cinquante mètres. Les dépressions, qu'on peut appeler « fonds de vallées », n'ont pas de véritable profondeur. Les villages, dans les plis du terrain, peu éloignés les uns des autres, ne sont composés que de quelques fermes, formant à peine des hameaux. Rossbach n'est qu'un petit village, qui occupe un espace en forme d'amphithéâtre bordé au nord-ouest par le *Janus Hügel*, prolongée par le *Poelzen Hügel*, baigné par un ruisseau, la Leiha, qui tombe des hauteurs du mont de Janus et se dirige vers Schortau, au pied de la colline du *Schortauer Hügel* puis tourne par Bedra et Braunsdorf vers la Saale. Derrière les hauteurs de Schortau, au nord-ouest de Rossbach, se trouve le petit village de Mücheln (le nom est parfois francisé en Saint-Michel) d'où vont partir les troupes de l'armée combinée. Au sud, une seconde ligne de hauteurs est suivie par la route qui mène de Mücheln à Tagewerben et Reichertswerben où elle s'ouvre sur un espace assez dégagé, sans arbres ni haies, mais sur un terrain parfois sablonneux, parfois marécageux, impropre aux grands mouvements. Au sud-est, Weissenfels sur la Saale est la petite bourgade par le pont de laquelle on rejoint la route de Leipzig et, plus à l'ouest, à Freyburg sur la petite rivière de l'Unstrutt, se trouve le pont de la route qui mène à Erfurt et Eisenach.

1er-4 novembre. La bataille de Mücheln n'a pas eu lieu

L'affaire du pont de Weissenfels n'a pas été immédiatement suivie. Frédéric II n'a pu s'emparer du pont, brûlé sous ses yeux ; Keith, qui avait été dirigé sur Mersebourg, y trouve également le pont coupé. Il en est de même à Halle. Soubise peut estimer que Frédéric n'en fera pas plus. Il quitte alors sa position de Reichertswerben et replie son armée à Mücheln, face au débouché de Mersebourg. Il y est rejoint par une partie de l'Armée des Cercles. Lui-même se rend en personne à Mersebourg, apprend qu'on y a vu

16. *Ibid.*, p. 606.

toute la journée marcher l'artillerie et les troupes prussiennes en direction de Halle. Il conclut : « *Je dois compter que la campagne finira bientôt. Le roi de Prusse sera content de conserver la Saxe ; avec 25 000 hommes, il en est venu à bout* », écrit-il à Paulmy le 2 novembre. Mais au cas où Frédéric voudrait malgré tout y franchir la Saale, il se dit maintenant prêt à le combattre. Il poursuit le même courrier : « *S'il passe la Sala [la Saale], pour la gloire de la nation et la tranquillité assurée de l'armée pendant l'hiver, je pense qu'il ne faut pas balancer à marcher à lui et le combattre. Les troupes le désirent avec une ardeur qui est de bon augure ? [...] Il serait honteux de reculer, après la réunion des 20 bataillons et 18 escadrons qui me sont arrivés en beaucoup meilleur état qu'on ne l'avait assuré* »[17]. Ce n'est pas la lettre d'un couard, ni d'une armée de couards.

Le 3 novembre, Frédéric II franchit effectivement la Saale, à Weissenfels où il a fait rétablir le pont, en même temps qu'à Mersebourg et Halle, et atteint les hauteurs de Braunsdorf, à peu de distance du camp de Mücheln. Hildburghausen, apeuré par la proximité des Prussiens, se livre alors à des mouvements imprévus et désordonnés, sans en avoir informé Soubise, et s'éloigne jusqu'à Schortau avec une partie des troupes de l'Empire, avant de reprendre position derrière l'armée française, maintenant au complet, avec même le retour des corps détachés du comte de Saint-Germain, celui de Custine, et même celui du prince Camille de Saxe – plus symbolique qu'utile. Soubise, de son côté, a pris ses dispositions pour faire face à un dénouement possible de cette situation. Il a envoyé quelques hussards en observation du côté de Halle, et de petites gardes et patrouilles de cavalerie sur tout le terrain des environs du camp. Il s'agit de déterminer les différents champs de bataille suivant le côté où le roi de Prusse se présenterait. Celui-ci, voyant la position de l'Armée combinée trop forte pour être attaquée, a fait reculer sa petite armée sur le terrain qui s'étend entre Rossbach, où il installe son quartier général, Schortau et Bedra, l'infanterie en ligne devant, la cavalerie derrière. Le soir du 3 novembre, les troupes françaises se trouvent « *réunies en front de bandière derrière un ravin très escarpé qui longe tout le front du camp* »[18] – « front de bandière » : on appelle ainsi la ligne des drapeaux, étendards et armes en faisceaux formée en avant des troupes.

Le 4 novembre, de Mücheln, Soubise écrit à Paulmy : « *Nous apprîmes avant-hier sur le midi que le roi de Prusse avait fait rétablir les ponts de Weissenfels, et qu'il se proposait de passer la Saale. Notre journée fut employée à marquer un champ de bataille. [...] Sur les quatre heures, nos hussards, qui étaient à trois lieues de nous, furent poussés à leur ordinaire et suivis si vivement que ceux des ennemis vinrent jusqu'à l'endroit où les majors faisaient des emplacements pour l'alignement de chaque brigade* ». Il décrit ensuite précisément la position générale qu'il a adoptée, en vue d'une

---

17. *Ibid.*, p. 616.

18. À partir de ce moment, et jusqu'à la fin de la bataille, les repères sont pris sur la carte laissée par Henry Lloyd, *Histoire de la guerre d'Allemagne en 1756*, Lausanne, 1784, qui comprend la campagne de 1757. Sa carte très minutieuse du croquis de la bataille de Rossbach, en donne le meilleur récit, et en situe exactement la topographie et la toponymie. Remarquablement reprise par Adam Hook, dans Simon Millar, *Rossbach and Leuthen, 1757. Prussia's Eagle Resurgent*, Oxford, Osprey publishing, 2002, p. 26-27.

bataille en défensive, position privilégiée par les principes français de l'art de la guerre au milieu du XVIIIe siècle : « *Le front est bien abrité par un ravin impénétrable, le flanc droit un peu découvert forme la partie par laquelle on peut le plus facilement arriver. Il est décidé de prendre une autre position, la gauche appuyée au ravin de Mücheln, la droite à un bois et à un fond qui donnait de l'avantage à toutes les avenues de ce côté. [...] Il n'est guère possible, à cause des petits bois et des hauteurs dont le pays est rempli, que le roi de Prusse entreprenne de marcher entre cette rivière et la droite* ». Dans son histoire des *Guerres de Louis XV*, le comte Pajol, qui a examiné les dispositions avec sa minutie ordinaire, porte ce jugement : « *Cette position nouvelle offrait d'autant plus d'avantages que la ligne se trouvait placée à la tête de trois grands ravins perpendiculaires* ["ravins", le mot est excessif] *qui tombaient du côté des ennemis, et par lesquels leurs attaques se seraient forcément divisées. Toutes les dispositions nécessaires furent arrêtées en vue d'occuper cet emplacement, et on marqua les différents travaux à faire pour ajouter dans certaines parties le secours de l'art à l'avantage du terrain. Chaque troupe et chaque officier général reconnut son emplacement, avec le désir de voir arriver les Prussiens. M. de Soubise était bien résolu à les attendre ou de marcher à eux, selon les circonstances* »[19].

Ainsi formée, l'armée exactement disposée entre Mücheln et Branderoda a été effectivement observée au matin par Frédéric II, qui a avancé son infanterie au-delà de Schortau. Il la juge trop forte pour tenter une bataille. « *L'Armée combinée avoit pris une position plus avantageuse, par laquelle elle faisoit face au Camp opposé, appuyant sa droite à une hauteur couverte de bois et couronnée d'un Abatis. Le Front de cette Aile étoit encore protégé par trois Redoutes* », écrit, vingt ans plus tard, Johann Friedrich Seyfart, dans un ouvrage consacré aux batailles de la seconde partie du règne de Frédéric II[20] : il est presque étonnant de voir combien la position décrite rappelle celle de Fontenoy. Mais Frédéric II ne renouvelle pas l'erreur du duc de Cumberland en 1745. La bataille de Mücheln, le 4 novembre 1757, n'a pas eu lieu. On en retiendra seulement que Soubise n'a pas oublié les leçons d'une victoire à laquelle il avait contribué, et que sa position le 4 novembre est celle d'un très bon général.

L'erreur initiale commise par Soubise est d'avoir cru que cette non-bataille ne pouvait être suivie d'une nouvelle action le lendemain. Le courrier que le prince adresse à Paulmy le 5 novembre dans la matinée sonne presque comme un communiqué de victoire : « *Il avait été décidé qu'on laisserait avancer les Prussiens, et qu'à une certaine distance l'armée s'ébranlerait pour marcher à eux, d'autant plus que le terrain nous devenait avantageux en gagnant 3 ou 400 pas. D'ailleurs ce mouvement audacieux est plus conforme au génie de la nation et lui plaît davantage. Le roi de Prusse, après avoir reconnu, commença par faire retirer sa droite, et quand nous eûmes gagné la hauteur, nous n'aperçûmes en deçà du ruisseau que quelques escadrons et l'avant-garde qui se retiraient à mesure que nous avancions. Il ne fut pas possible de la*

---

19. Pajol, *op. cit.*, tome 4, p. 161, après l'extrait de la lettre adressée à Paulmy le 4 novembre.
20. Johann Friedrich Seyfart, *Beylagen zu dem Zweyten Theile des Lebens und Regierungsgeschichte Friedrichs des Grossen, Königs von Preussen*, [se., 1779], p. 186.

joindre. On les canonna assez vivement, ce qui hâta leur retraite. [...] Je ne puis vous exprimer, Monsieur, la joie qui était présente sur tous les visages. Il est malheureux que le roi de Prusse n'ait pas voulu soutenir la gageure. Je crois qu'il en sera de même à la première occasion, mais hier tout était bien préparé et arrangé »[21]. Il était loin de s'attendre à ce que la suite de la journée lui réservait.

Samedi 5 novembre : la surprise de Rossbach

Curieusement, la bataille n'a pas de nom initial... Soubise lui-même, dans ses différents courriers, n'évoque que son repli vers l'Unstrutt, ne parle que de « l'affaire » du 5 novembre, et les témoins plus souvent de « la malheureuse affaire du cinq »[22]. Si bien que pendant presque quinze jours on évoque indifféremment les noms de « bataille de Mersebourg », voire « bataille de Weissenfels », la destination initiale de l'armée ; on dit aussi « bataille de Werben » nom que portent trois petits villages devant lesquels elle s'est déroulée – Burgwerben, Tagewerben, Reichertswerben où l'armée avait installé son camp quelques jours auparavant –, sur la Saale, en gros les lieux qui sont sur la droite de Soubise, les hauteurs de la colline de Janus étant sur sa gauche, cachant le parcours suivi par la cavalerie de Seydlitz. La bataille a aussi souvent été désignée simplement par le nom du vaincu, « la défaite de Soubise ». L'expression « bataille de Rossbach » est employée le 15 novembre dans la *Gazette de Magdebourg*, et le 18 novembre dans la *Gazette de Leipzig*. Retenue par les Prussiens, elle finit par s'imposer...

Reprendre, après un si grand nombre de ses acteurs, puis tant d'autres auteurs, le récit de la bataille elle-même est une gageure. Les différentes relations laissées par de nombreux officiers français après la bataille ont été soigneusement recensées et lues par Arnaud Guinier pour éclairer sa réflexion sur « la malheureuse affaire du cinq »[23]. Nous y ajouterons certains des grands récits rédigés plus longtemps après les événements, toujours par certains de ses acteurs ou témoins, le premier d'entre eux étant Frédéric II lui-même, dans ses *Œuvres posthumes* éditées en 1788, que l'on peut doubler par le récit de Johann-Wilhelm von Archenholz, ancien capitaine devenu historien et publiciste, dont l'*Histoire de la Guerre de Sept Ans* est traduite en français dès 1789, lui-même inspiré de la publication du général Georg

21. Service Historique de la Défense, Vincennes, 1 A 3443, 44, « Lettre de Soubise à Paulmy, 5 novembre 1757 ». Voir aussi, Waddington, *op. cit.*, p. 617.

22. Arnaud Guinier, « "La malheureuse affaire du cinq". Rossbach ou la France à l'épreuve de la tactique prussienne », dans Ariane Boltanski *et al.* (dir.), *Batailles..., op cit.*, p. 231-244.

23. *Idem.* Voir en particulier, au Service Historique de la Défense, Vincennes : « Relation de la bataille de Saint-Michel » du 9 novembre 1757, 1 A 3443, 52 bis ; Bourcet, « Lettre du 10 novembre 1757 », 1 A 3443, 128 ; « Lettre du marquis de Castres [Castries] à M. le duc d'Ayen, de Nordhausen, le 10 novembre 1757 », 2 A 34, 35 ; « Lettre de Lugeac, 10 novembre 1757 », 1 A 3443, 134 ; « Comte de Lorge, Lettre du 17 novembre 1757 », 1 A 3444, 27 ; « De Nordhausen, le 10 novembre 1757 », 2 A 34, 34 ; « Lettre du comte de Gisors, 14 novembre 1757 », 1 A 3443, 193 ; « Cahier isolé sur les opérations de la campagne de 1757 depuis le 5 novembre jusqu'à la fin de l'année », 1 M 246, 168 ; Comte de Guibert (père du jeune Guibert), « Détail de la campagne de 1757 et spécialement de la bataille de Rossbach, 22 novembre 1757 », 1 M 246, 15 ; « Comte de Vault, Lettre du 24 novembre 1757 », 1 A 3444, 120 ; « Lettre du comte de Gisors au Maréchal de Belle-Isle, 26 novembre 1757 », 1 A 3444. Cette liste n'est pas exhaustive. La référence ne sera pas rappelée.

Friedrich von Tempelhof, alors simple sous-lieutenant d'artillerie, qui, en 1785, a traduit en allemand et complété le récit de Henry Lloyd. Celui-ci, théoricien militaire très informé sur la pensée tactique et stratégique de son temps, excellent observateur, a publié en anglais à Londres en 1766, une *Histoire de la Guerre d'Allemagne en 1756*, qui couvre les deux années 1756 et 1757, et se trouve traduite en français à Lausanne en 1784 après sa mort. On peut également retenir les deux relations données par le *Mercure Historique et Politique*, revue française fondée en 1686 et publiée à La Haye, pour se protéger de la censure, dirigée en 1757 par Frédéric-Henri Scheurleer ; ainsi que trois relations publiées en janvier 1758 deux mois après la bataille, par le *Nouvelliste Suisse*, un journal de Neufchâtel, petit territoire sous la souveraineté prussienne depuis 1707, qui recopie la relation de la Cour de France, une lettre d'un soldat de l'armée impériale, et la relation de la Cour de Prusse. Contrairement au récit de Lloyd, qui peut avoir un regard à la fois mieux informé et transformé par la suite des événements, les relations du *Mercure* et du *Nouvelliste* évitent de porter des jugements, mais donnent les listes nominatives des blessés et prisonniers[24].

Tous concordent sur l'essentiel : une disproportion des forces considérable en faveur de l'Armée combinée ; et malgré leur courage personnel, une suite d'erreurs des deux chefs de l'Armée combinée, Saxe-Hildburghausen et Soubise, le premier dans le rôle du général en chef qu'il a peu rempli, le second à la tête du combat avec les régiments français, puis suisses au dernier temps du combat, plutôt comme un bon colonel que comme un général en second.

Les forces en présence. Les armées de Soubise, Saxe-Hildburghausen, et Frédéric II

Pour comprendre la bataille, il faut d'abord s'en reporter aux ordres de bataille[25], qui décrivent l'ensemble des troupes engagées, même si les mouvements de la bataille en modifient l'organisation sur le terrain.

Le corps français, directement commandé par Soubise, a belle allure. Il comprend 49 bataillons d'infanterie, parmi lesquels six régiments suisses aux uniformes rouges – Reding et Planta, Castellas et Salis, Wittmer et

---

24. Wilhelm von Archenholz, *Histoire de la guerre de Sept Ans en Allemagne de 1756 à 1763*, *op. cit.* ; G.-F. von Tempelhof, *Geschichte des Siebenjährigen Krieges in Deutschland zwichen dem Könige von Preussen und der Kaiserin-Königin mit ihren Allierten*, 6 tomes, Berlin, 1783-1801 (tome 1, *Welcher die Feldzüge von 1756 und 1757 enthält*) ; Frédéric II, Roi de Prusse, *Histoire de la guerre de Sept Ans et des événements depuis 1746 jusqu'à la Paix de Hubertsburg en 1763. Œuvres posthumes de Frédéric II, Roi de Prusse*, Berlin, Voss et fils et Decker et fils, 1788 ; Henry Lloyd, *Histoire de la guerre d'Allemagne en 1756, op. cit.* ; *Le Nouvelliste Suisse Historique, politique, littéraire et amusant*, journal du Valais imprimé à Neufchatel, novembre 1757 ; *Mercure Historique et Politique*. Contenant l'état présent de l'Europe, ce qui se passe dans toutes les Cours, les Intérêts des Princes, et généralement tout ce qu'il y a de plus curieux pour le mois de Décembre 1757, Tome CXLIII ; La Haye, Frédéric Henri Scheurler. Les références valent pour tout le récit, et ne sont pas rappelées.

25. Les ordres de bataille se présentent sous la forme de tableaux distinguant du côté de l'armée combinée, les commandements des lieutenants-généraux et maréchaux de camp, avec comme formation de base les brigades, composées le plus souvent de deux régiments, et pour l'armée du roi de Prusse, les lieutenants généraux et les généraux majors. Les ordres de bataille présentés en annexe sont tirés de l'étude récente de Simon Millar, *op. cit.*, p. 19 et 20.

Diesbach – et 40 escadrons de cavalerie, avec au moment de la bataille 32 pièces d'artillerie : au total 30 200 hommes, auxquels manque peut-être une certaine uniformité d'organisation. Pour l'infanterie, le nombre de bataillons par régiment est variable, deux, trois, quatre, mais parfois un seul. Le nombre d'hommes effectivement présents n'est pas rigoureux non plus. L'effectif théorique d'un bataillon est de 685 hommes, répartis le 1er août 1755 en seize compagnies de fusiliers, nombre porté à dix-sept le 17 août 1757, une compagnie de grenadiers, et un état-major. Mais en raison des pertes, des maladies, de la désertion, on compte souvent moins de six cents hommes. Au combat, l'unité de base est le peloton, composé de deux compagnies, avec un capitaine, un lieutenant, deux sergents, trente et un fusiliers. Le bataillon marche et tire « à la prussienne », au pas cadencé de soixante à la minute. Il faut prendre la position en ligne pour tirer, sur quatre ou trois rangs, le premier rang genou en terre, le tir se faisant individuellement – « à la bilbaude » – ou en salves. Au combat, les hommes du premier rang subissent toujours les plus grosses pertes.

La cavalerie, composée d'une cavalerie lourde – les cuirassiers – et d'une cavalerie légère qui comprend également des dragons, est de meilleure qualité que l'infanterie. Les régiments de cavalerie comptent presque tous deux escadrons, de quatre compagnies, au total cent quarante cavaliers – là encore un effectif théorique. Mais elle est assez disparate, la préséance place dans les premières positions les régiments les plus anciens, on néglige trop les troupes légères de hussards ou plus récentes les compagnies de Volontaires, chargées du service d'éclaireurs, des embuscades et petits coups – ce qu'on appelle « la petite guerre ». À Rossbach, ce sont les Volontaires liégeois, ou Raugrave hussards du nom du comte de Raugrave, neveu du Chancelier de Liège, et les Volontaires de Nassau-Sarrebrück, régiment qui vient tout juste d'être levé par le prince Guillaume-Henri, et livre à Rossbach sa première bataille.

Avec seize bataillons et vingt-huit escadrons en première ligne, seize bataillons et dix-sept escadrons en deuxième ligne, huit bataillons et dix escadrons en réserve, Soubise a dans le combat la supériorité numérique, même pour l'artillerie avec trente-trois pièces. Il sait aussi qu'il peut compter sur des officiers de valeur : Victor-François duc de Broglie, qui, âgé de quinze ans, combattait déjà à Parme et Guastalla comme capitaine, et qui a combattu en Bohême en 1741, puis en Bavière et sur le Rhin, enfin en Flandre sous le commandement de Maurice de Saxe, est l'un d'eux. Il fait partie des vainqueurs d'Hastenbeck, et c'est l'arrivée de son détachement à l'armée de Soubise qui décide le prince à conduire une action offensive. Le comte de Saint-Germain, qui reste pendant la bataille dans une position de réserve qui lui a permis à la fois de secourir des troupes en déroute et d'empêcher les Prussiens de les poursuivre dans l'élan de leur victoire, compte aussi bien des qualités supérieures. Malgré une carrière brillante dans l'armée de l'Électeur du Palatinat, puis dans l'armée autrichienne, puis dans celle de l'Électeur de Bavière avant de se distinguer dans la guerre de Succession d'Autriche, il est peu apprécié, victime de jalousies et d'intrigues surtout parce qu'il a publié un ouvrage dénonçant les défauts de l'organisation militaire française, qu'il juge d'après son expérience internationale. Il faut citer aussi, commandant la cavalerie, le lieutenant-général-comte de Mailly, qui commande le régiment qui porte son nom, et nommé Inspecteur général de la cavalerie et des dragons puis directeur des camps, l'un des blessés de la bataille...

Avec un effectif total de 10 900 hommes seulement, trois fois moins que Soubise, un quart seulement de l'Armée combinée, le prince Joseph-Frédéric de Saxe-Hildburghausen en a le commandement général, et le premier rang dans la bataille. Le corps de l'Empire n'est pas négligeable. L'Autriche y compte pour dix-huit régiments de cavalerie lourde, dont deux sont en première ligne à Rossbach, les cuirassiers de Brettlach et les cuirassiers de Trautmanssdorf. Formés en première ligne sous le commandement du général major baron Louis de Brettlach ce sont au total quatorze escadrons, qui font la fierté de l'armée autrichienne, surtout depuis les succès qu'ils viennent de remporter sur l'armée prussienne. Sur le plan tactique, disposés en escadrons, chacun de deux compagnies composées de trois officiers, cinq sous-officiers, et soixante-quatre cavaliers, ils chargent au galop à l'approche de l'ennemi, déchargent leurs armes à vingt pas avant de se saisir de leurs sabres : deux gestes différents, qui réduisent leur force de choc : ils ont été surclassés par la cavalerie prussienne. Les Autrichiens ont également donné des troupes légères, trois escadrons de hussards du régiment de Hadik, sous le commandement du général major baron de Laudon, comme les Grenzer, sans avoir joué un grand rôle dans la bataille.

Le vrai problème est celui de l'Armée des Cercles : environ trois cents États du Saint-Empire, dits « États armés » (*Armierte Reichsstände*), traditionnellement engagés à assurer la protection de l'Empire par le biais de la fourniture de troupes ou de fonds. L'Empire est divisé en dix Cercles qui sont le cadre d'une organisation territoriale de ce service, sous l'autorité théorique d'un état-major général. Mais les Cercles, partagés entre catholiques et protestants, entre Allemands du Sud et Allemands du Nord ont été plus ou moins disposés à fournir une aide contre Frédéric II, les uns désireux de profiter de son affaiblissement après Kolin, les autres peu désireux de combattre pour l'Impératrice catholique contre un monarque protestant, ont mis dans l'ensemble peu d'empressement. Les régiments, qui amalgament des hommes venus de plusieurs contingents, sont peu soudés. Le Cercle de Franconie est représenté par trois régiments d'infanterie, qui mélangent les compagnies protestantes et catholiques – le régiment von Varell, de Bayreuth, von Ferntheil principalement de Nuremberg, Hildburghausen, Bamberg et Rothenburg, et le régiment von Kronegk, principalement d'Ansbach, Bamberg et Würzburg. Le Cercle du Bas-Rhin a envoyé un régiment d'infanterie de l'Électorat de Trêves. Le principal de la cavalerie est fourni par les Dragons d'Ansbach régiment qui provient de vingt et un contingents ; les Cuirassiers de Bayreuth, régiment formé par vingt-trois contingents ; les Cuirassiers du Palatinat électoral – Kur-Pfalz – sous le commandement du prince des Deux-Ponts – von Zweibrücken. Mais on trouve aussi les Cuirassiers de Hohenzollern, du Cercle de Souabe, qui forment avec les Dragons du Wurtemberg les deux lignes autrichiennes en tête de l'armée. Charles de Wurtemberg s'était engagé à envoyer six mille hommes, mais n'a pu en recruter que la moitié dans un pays protestant très favorable à la Prusse, et a dû faire face à une énorme désertion. À l'inverse, très hostile à Frédéric II, le prince évêque de Würzburg et Bamberg a fourni deux contingents sur sa propre cassette, dénommés selon leurs couleurs distinctives rouge ou bleu, le Rot-Würzburg et le Blau-Würzburg. Fait presque exception le Cercle du Haut-Rhin, avec le contingent de Hesse-Darmstadt, bien formé, discipliné, comptant une artillerie et un corps du Génie particulièrement instruits. Mais comment le duc de Saxe-Hildburghausen aurait-il pu imposer son autorité au feld-maréchal prince Georges-Guillaume de Hesse-Darmstadt ? Celui-ci, lui-même expérimenté, avait été chargé par son père le Landgrave Louis VIII de la direction des affaires militaires de sa principauté. Mais il se trouvait en position difficile devant son frère aîné, héritier de la principauté, et grand admirateur de Frédéric II… L'Armée des Cercles n'est finalement qu'une mosaïque de régiments, de bataillons, de compagnies appartenant à une multitude de petites principautés rivales ne relevant que de leur seigneur direct, et n'obéissant qu'à la Diète ; non pas une armée allemande, mais des troupes relevant de différents États de l'Allemagne.

Du côté prussien, sous le commandement de Frédéric II en personne, directement secondé par le feld-maréchal James Francis Keith, ce sont seulement 27 bataillons d'infanterie, sous le commandement du prince Ferdinand de Brunswick et du prince Henri de Prusse, le frère du roi, et 45 escadrons de cavalerie, sous le commandement de Seydlitz, avec près de quatre-vingt pièces d'artillerie, sous le commandement de Karl-Friedrich von Moller, dont les quelques engagées dans la bataille jouent un rôle essentiel. Au total, vingt-deux mille hommes. Le déséquilibre entre les deux armées crée une illusion qui n'est pas sans conséquence sur l'excès de confiance de Soubise. Il est sans doute largement compensé par l'uniformité de l'organisation des régiments, et l'absolue unité du commandement, entièrement concentré dans la main du roi – dans son regard et dans sa parole, serait mieux dit – et remis à la tête des brigades, formées de trois ou quatre régiments, à des officiers d'exception. Avec Seydlitz pour la cavalerie, il y a Georg Wilhelm von Driesen à la tête du 7e Cuirassiers, Ernst Heinrich von Czettritz à la tête respectivement du 4e Dragons. Avec Maurice d'Anhalt-Dessau pour l'infanterie, le duc de Brunswick et le prince Henri de Prusse, von Geist et von Oldenburg, en réserve les dix escadrons de hussards d'origine hongroise – qui ne combattent jamais contre les troupes hongroises de leurs adversaires.

Les erreurs de Soubise et le coup d'œil de Frédéric II

Si l'on s'en tient au canevas des faits, ils sont assez simples. Au matin du samedi 5 novembre, ayant achevé son rapport sur la bataille évitée la veille, et n'attendant plus qu'elle ait lieu ce jour, le prince de Soubise met en marche son armée en direction de Mersebourg, suivant les ordres du duc de Saxe-Hildburghausen, qui prend la tête de la colonne avec deux régiments de cavaliers autrichiens, étant disposé à attaquer les Prussiens après que la cavalerie de Saint-Germain, postée un peu en arrière sur la hauteur de Zenchfeld, une position d'observation et de couverture, a bousculé, à l'aube, leurs avant-gardes. Soubise aurait sans doute préféré attendre un jour ou deux. Il a depuis trois mois conduit son armée avec à la fois de l'ordre, une certaine autorité, et une grande prudence au point de paraître timide à l'excès, mais, en fin de compte, en bon général. En position de général commandant en bataille, nouvelle pour lui, qui n'a jamais commandé que des camps de manœuvres, il commet ce 5 novembre une succession d'erreurs majeures. Sont-elles liées à une « fatigue » qu'il évoque dans sa lettre à Paulmy ? « *Nous sommes un peu fatigués, mais devant l'ennemi on est toujours de bonne santé et de bonne humeur* », vient-il d'écrire quand il se met en marche. Ou est-ce l'inexpérience ? Ou l'incapacité d'un courtisan – jugement de l'histoire et de la rue ? Il est sûr que tout part d'une impression fausse. Hildburghausen, pressé par les instructions du cabinet de Vienne, croit pouvoir en finir, conforté par les succès de l'armée autrichienne depuis Kolin. Et Soubise se croit en train d'exploiter ce qu'il considère comme son succès de la veille. Il est convaincu que le roi de Prusse se retire, il n'a qu'à le suivre, il ne pense plus à un combat. Mais il ne faut pas oublier que, s'il commet une succession d'erreurs, il obéit d'abord aux ordres de Saxe-Hildburghausen.

La bataille de Rossbach, 5 novembre 1757

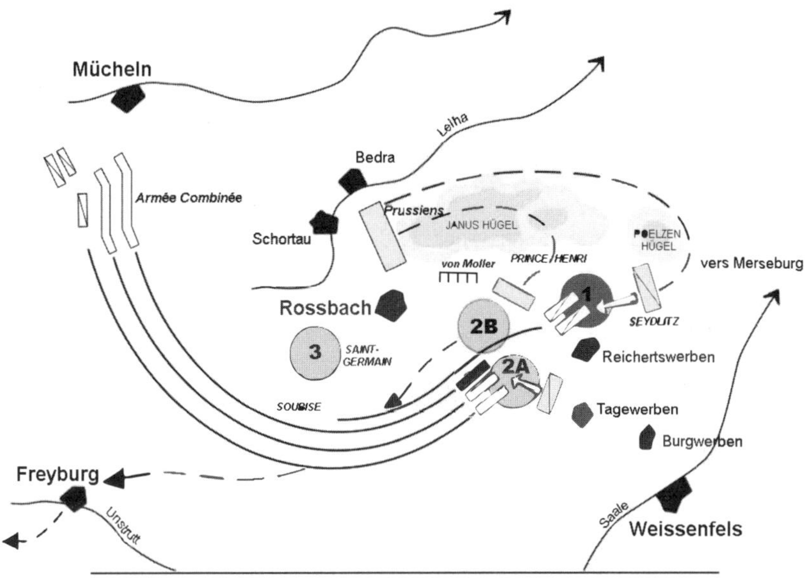

1 : Première attaque de Seydlitz
2 A : Seconde attaque de Seydlitz
2 B : Feu de l'infanterie (Prince Henri), et de l'artillerie (von Moller)
3 : Comte de Saint-Germain

La première erreur est d'ordre stratégique. C'est d'avoir quitté une bonne position de défense, d'où son artillerie pouvait atteindre les hauteurs du mont de Janus, où l'on sait que se trouve la petite armée de Frédéric, et au lieu de se diriger vers Mersebourg en contournant le mont de Janus au nord, de choisir la route du fond de vallée qui permet de le contourner au sud passant entre la Saale, sur sa droite, et Rossbach, sur sa gauche, c'est-à-dire avec l'intention de couper la route des Prussiens s'ils viennent à vouloir se retirer par le pont de Weissenfels, le plus proche, en laissant le comte de Saint-Germain avec son corps en observation sur la hauteur qui sépare Schortau de Branderoda pour couvrir l'armée principale si nécessaire : deux brigades d'infanterie et deux de cavalerie – qui ne vont pas directement prendre part au combat – brigade de Touraine formée avec Condé Infanterie, et brigade de La Marine, régiment d'infanterie qui compte quatre bataillons, et pour la cavalerie les brigades de Condé, avec les régiments de Bezons et Saint-Jal, et la brigade de Poly, avec les régiments de Grammont et Montcalm.

La deuxième erreur est d'ordre tactique : les trois colonnes françaises, à gauche la première ligne, à droite la deuxième ligne, entre les deux la troisième ligne formée par la réserve et l'artillerie, ne sont pas précédées d'une avant-garde pour une reconnaissance élémentaire, pas plus qu'une quatrième colonne, sur la droite des troupes françaises, formée par les troupes impériales. Alors que Frédéric II se déplace lui-même pour « observer la marche de M. de Soubise », celui-ci n'envoie aucun éclaireur reconnaître les hauteurs de son flanc gauche, pour savoir ce qui se prépare au-delà des pentes du mont de Janus, « *voir ce qui se passe derrière le rideau qui couvre tous les mouvements que le roi de Prusse peut faire exécuter* », écrit longtemps après l'événement Jacques de Mercoyrol de Beaulieu, alors simple capitaine au régiment de Picardie, qui ne prend pas part au combat, mais rapporte les récits qui lui en ont été faits. On se contente de l'impression d'apercevoir les tentes encore montées d'une armée prête à lever le camp, tout juste protégée par une ligne mince de cavaliers.

L'excès de confiance et l'ignorance de la situation réelle aggravent une troisième erreur, celle de la lenteur du déplacement, elle-même doublée du relâchement toléré dans les troupes, le désordre de la marche des colonnes : Mercoyrol, poursuivant son bref récit, en fait l'observation : « *J'ai su par des officiers qui étoient de cette armée, que tous les soldats porteurs des bâtons de tentes les avoient liés avec leurs armes, que ces colonnes marchaient avec la même négligence qu'elles eussent pu employer en pleine paix traversant une province amie* »[26]. Sous une autre forme, de l'indiscipline, accompagnant la lenteur du mouvement. À quoi s'ajoute une suite désorganisée de personnes inutiles en bataille, administrateurs et personnels civils dont la présence, surtout à l'arrière, alourdit l'ensemble, et aggrave bientôt le désordre d'un reflux, qui devient fuite, puis panique : vivandiers et cuisiniers, chariots de transport du matériel, équipages et domestiques des officiers… Sous une autre forme, les troupes ne sont pas prêtes à recevoir le choc d'un adversaire. Il est vrai que, si une infanterie dévalait les pentes du mont de Janus pour attaquer les colonnes, il lui faudrait un bon quart d'heure, au moins, et l'on peut penser que cela suffirait à se préparer.

Frédéric II observe dans ses premiers mouvements vers 10 heures du matin, depuis le manoir Goldacker, à Rossbach, où il a établi son quartier général cette mise en marche mal organisée : « *les François marchoient très lentement, parce qu'ils avoient formé différens bataillons en colonnes, ce qui les arrêtoit chaque fois que les chemins étroits les obligeoient de se rompre* », écrit-il plus tard. Il se sait en nette infériorité numérique, mais il a masqué cette insuffisance en faisant constamment changer les quartiers de

26. Jacques Mercoyrol de Beaulieu, *Campagnes de Jacques Mercoyrol de Beaulieu, capitaine du Régiment de Picardie (1743-1763)*, Paris, Renouard (Saurel successeur), 1915, p. 154.

son infanterie, ce qui donne l'impression qu'elle est en plus grand nombre. Le matin du 5 novembre, elle se trouve presque au sommet des hauteurs du mont Janus, en deux lignes, derrière ses tentes encore montées. Sa cavalerie est derrière, sur une seule ligne, à part les petits détachements qui donnent l'illusion de garder le camp. Frédéric II, ayant jugé la situation, laisse l'observation au jeune capitaine Friedrich Wilhelm von Gaudi, et prend le temps d'aller déjeuner, sans rien changer de sa disposition.

Vers une heure, lorsqu'il comprend que les colonnes de l'Armée combinée sont engagées dans le vaste mouvement qui va leur faire contourner les collines de Janus sur sa gauche, par le sud, il commence sa manœuvre. Il change l'organisation de son front, d'une part en faisant monter sur le mont Janus seize pièces de gros calibre, d'autre part en engageant le mouvement de sa propre cavalerie, que Seydlitz dissimule par les plis du terrain, entre Rossbach et Bedra, afin de recevoir les colonnes françaises lorsqu'elles achèveront à peu près leur mouvement, vers Buxendorff ou Reichertswerben. « *Il eut ordre de se glisser par les bas-fonds dont cette contrée est remplie, pour tourner la cavalerie Françoise, et fondre sur les têtes de leurs colonnes avant qu'elles eussent le temps de se former.* » L'armée combinée a seulement aperçu du mouvement dans l'armée prussienne, mais en voyant que ses soldats commencent à plier les tentes avec précipitation, Soubise, comme l'ensemble de ses officiers, a cru à une retraite : c'est sa quatrième erreur de commandement. Il croit pouvoir se lancer après les Prussiens en repli, et commence à faire monter sa cavalerie, non pour combattre, mais pour poursuivre. Le témoignage de Lloyd est accablant : « *Les Généraux de l'Armée combinée voyant que l'ennemi quittait son camp avec une forte précipitation, imaginèrent qu'il se repliait, d'autant plus portés à le croire qu'ils ne pouvoient rien apercevoir de sa marche, qui étoit couverte par les montagnes. Craignant que l'ennemi ne leur échappât, et ne voulant pas perdre le fruit de leurs belles dispositions, ils s'avancèrent précipitamment avec leur cavalerie suivie à grande distance par l'infanterie* »[27].

La victoire des cuirassiers de Seydlitz, des canons de Moller, et des grenadiers du prince Henri

Vers quinze heures, les têtes de colonnes débouchent sur la voie qui, au-delà de Reichertswerben, mène à Mersebourg. C'est alors la cinquième erreur de Soubise, fatale. Lloyd poursuit son récit : « *Arrivés près de Reichertswerben, ils aperçurent quelque cavalerie ennemie sur les hauteurs derrière le village ; cependant, ils continuèrent de s'avancer, imaginant que cette cavalerie n'étoit là que pour gagner du temps et pour protéger la retraite* »[28]. Erreur aggravée par le fait que les Français sont toujours au fond du terrain, qu'ils ne connaissent pas, alors que Frédéric II connait très bien l'endroit où s'entraînent régulièrement ses régiments, et a fait établir sa batterie d'artillerie en hauteur. Les Français en établissent une à leur tour, mais dans un fond, et comme elle doit tirer du bas vers le haut, elle sera sans effet.

27. Henry Lloyd, *op. cit.*, p. 103.
28. *Ibid.*, p. 104.

C'est alors que le choc se produit, très exactement au pied de la colline de Ploetzen, devant le village de Reichertswerben. Seydlitz, dont les cuirassiers abrités dans leur marche par les hauteurs du Janus et du Pöltzen sont arrivés derrière le village, leur donne le signal de la charge. Ils s'élancent, immédiatement soutenus par la batterie de dix pièces lourdes que von Moller vient de disposer entre la cavalerie et les bataillons d'infanterie du prince Henri. Les cuirassiers autrichiens du baron de Brettlach, sept escadrons, et ceux du baron de Trautmannsdorf, sept escadrons également, formant la tête de la cavalerie de tête, sont surpris dans leur marche et n'ont pas même le temps de prendre position en ligne. Ils subissent l'assaut brutal de la cavalerie de Seydlitz, qui surgit à la pointe de leur aile droite, en tête le 4e Dragons de Czettritz et le 3e Dragons de Meinicke, dix escadrons au total, et les cinq escadrons du 3e Cuirassiers de Leib, suivis en seconde attaque par le 8e Cuirassiers de Seydlitz lui-même, et, le 7e Cuirassiers de Driesen, les Gardes du Corps et les Gendarmes. Une charge en ordre serré, avec une rapidité soulignée par tous les récits, « elle fonça avec chaleur » écrit un officier prussien, « attaqua avec furie » écrit un officier français[29], « avec impétuosité » écrit Frédéric II, à l'arme blanche, formant une masse énorme et lourde qui détruit et disperse la cavalerie autrichienne, déjà désorganisée par les tirs de l'artillerie. Son reflux jette le désordre dans les rangs qui suivent, les dix-neuf escadrons de la cavalerie impériale principalement les Cuirassiers de Bayreuth et les Dragons d'Ansbach, qui ont peu combattu. « *Notre cavalerie se retira la première au grand galop* », écrit l'officier de l'Armée impériale dont le récit est publié par le *Mercure Historique et Politique.* En revanche, derrière les Autrichiens et les Impériaux, la brigade formée par les régiments de Bourbon, de Raugrave et de Beauvilliers Cavalerie d'une part, et les deux régiments de Fitz-James et Bourbon-Busset Cavalerie d'autre part, est montée, sans attendre que l'infanterie qui suit, menée par les régiments de Piémont et de Mailly, soit arrivée et rangée en ordre de bataille. Celle-ci était-elle déjà en repli ? À qui la faute ? À Broglie, qui n'aurait pas exécuté l'ordre que Soubise lui a donné, qu'il a répété trois fois ? À Soubise qui n'a pas l'autorité nécessaire pour commander, mais uniquement le courage de combattre ? Une des relations de la bataille mentionne « *le party que prirent presque tous les généraux, M. de Soubise luy-même, de charger à la tête de la cavalerie sans que pas un d'eux ne s'occupât de mettre l'infanterie en bataille* »[30]. Malgré le vrai courage, n'est-ce pas là une sixième erreur ? Soubise est-il à sa place ? Un général, commandant une armée, doit avoir une vue sur l'ensemble du champ de bataille, exercer son autorité, se faire rendre compte de l'exécution de ses ordres. À la tête d'un régiment avec lequel il charge, Soubise se comporte plutôt en bon colonel. Frédéric II, lui, commande l'ensemble de ses troupes, infanterie, cavalerie et artillerie, et ne s'est pas mêlé aux cuirassiers de Seydlitz.

---

29. *Gazette de Brunswic*, n° XCII, jeudi 17 novembre 1757, p. 364 ; n° XCVI, 1er décembre 1757, p. 384.

30. SHD, Fonds Suède, 34 S 39, relation du 11 novembre, citée par Édouard de Ribaucourt, *La vie militaire et les exploits de J.-C. Fisher*, Paris, Librairie universelle, 1929, p. 111-112.

Quoi qu'il en soit, et bien qu'elle n'ait elle-même pas eu le temps de se mettre en bataille, « *notre Cavalerie fit bien son devoir* » écrit encore l'officier français qui a employé le mot « furie » pour décrire l'attaque. Mieux, « *les Brigades de cavalerie de Bourbon, de Beauvilliers et des Volontaires Liégeois de Raugrave, renforcée de celle de Fitzjames, soutinrent l'honneur de la Nation. Commandées par M. de Raugrave, maréchal de Camp, elles repoussèrent la Gendarmerie prussienne, la culbutèrent deux fois et en sabrèrent une partie* »[31]. Gênés par le repli de la cavalerie impériale, les régiments français doivent à leur tour reculer, et se replient autour du village d'Obschutz, un peu au-delà de Storkau. Pendant ce temps, Seydlitz, lui-même blessé dans son attaque, s'est retiré, a rassemblé ses escadrons à l'écart du champ de bataille, et commence un nouveau mouvement enveloppant en passant derrière Posendorf et Tageswerben. Pendant que, dans une manœuvre inhabituelle surtout par sa rapidité, von Moller retire aussi ses canons, pour les faire monter à mi-pente du *Janus Hügel*. Soubise, trompé par ces mouvements, prêt à chasser les Prussiens qu'il croit en retraite, a cru qu'il pouvait entreprendre de redisposer son armée, ordonne un pivotement de ses colonnes vers l'est ce qui demande une coordination de mouvement que des troupes peu familières les unes avec les autres n'ont pas, la colonne de réserve entravant le mouvement, empêchant la mise en place de l'artillerie légère qui suit derrière. Son armée est rapidement en pleine confusion.

C'est le deuxième temps de la bataille. L'infanterie française, qui pendant le combat de cavalerie s'était portée à sa suite au combat, se trouve alors prise, sur son flanc gauche, sous le feu violent de la grosse artillerie de von Moller, en hauteur par rapport aux troupes qu'elle mitraille, la meilleure position, celle du tir le plus meurtrier, qui écrase et provoque rapidement un désordre qui devient panique – qui « *fit un grand effet et contribua essentiellement au succès de la bataille* », écrit encore Lloyd. En même temps, le haut de la colonne subit le feu de l'infanterie du prince Henri qui s'était formée en ligne entre Lundstadt et Reichertswerben, et lance son attaque – sous le commandement de von Geist lui-même avec les grenadiers de la Garde formant le régiment n° 6, héritier des géants de Frédéric-Guillaume, les régiments du Markgraf Karl et de Mayerinck, les régiments d'Itzenplitz et de Forcade, et sous le commandement de von Oldenburg, deux autres bataillons de grenadiers et les régiments n° 9, *Jung-Kleist*, et n° 5, *Alt-Braunschweig* – le régiment de Brunswick, celui dont les décharges reçoivent les régiments français d'infanterie, au fur et à mesure qu'ils montent au feu. Ceux-ci se battent avec l'héroïsme des grandes batailles. Le prestigieux régiment de Piémont, sous la conduite du comte d'Esparbès, le régiment de Mailly, dont le colonel, le comte de Mailly, tombe d'une blessure qui le laisse sans connaissance, et maintenant le régiment de Poitou dont le colonel, le comte de Revel, a été mortellement blessé forment la première ligne. Les régiments de Saint-Chamond, de Provence et de la Marck forment la seconde ligne. Tous subissent des pertes énormes. Ils subissent aussi, sur leur flanc droit, la seconde charge de la cavalerie de Seydlitz, qui déboule entre les maisons de Tagewerben et Skortau, fermant la route de Weissenfels, qui disperse les

31. *Gazette de Brunswic*, n° XCVI, 1er décembre 1757, p. 384.

bataillons impériaux des régiments de Blau-Würzburg, Hesse-Darmstadt, et le régiment palatin de Kur-Trier qui n'ont pas le temps de se déployer. Derrière, le reste des colonnes est déjà en déroute, et emporte tout dans sa fuite. Pour enrayer le mouvement et donner un peu de champ aux fantassins en perdition, trois régiments de cavalerie montent encore. Le marquis de Castries, à la tête de la Brigade de Lusignan, s'épuise en efforts pour ramener trois fois les escadrons à la charge, mais la cavalerie française se brise contre les charges prussiennes, une véritable muraille qui ne se désunit pas. Émiettés, les escadrons s'éparpillent à leur tour. L'armée franco-allemande se disperse dans la confusion. Le combat s'achève vers 16 heures 30. L'armée de Soubise n'existe plus.

Les vainqueurs de Rossbach sont désignés : Seydlitz, von Moller et le prince Henri, et avec eux Meinicke et Czettritz, Itzenplitz et Forcade.

Avec les Suisses de Planta et Diesbach, l'honneur de Soubise

La bataille n'est pourtant pas exactement terminée. Restent les deux régiments suisses de Planta et de Diesbach qui font encore face aux Prussiens, immobiles, reconnaissables à leurs devises symboliques portées sur leurs drapeaux, « *fortiter resistando* » et « *fidelitate et honore* ». Soubise les rejoint, et prend leur tête – mieux à sa place en ce dernier moment d'une bataille qu'il sait perdue, que combattant en son commencement… L'honneur, c'est le mot d'André Dussauge qui écrit en 1914 : « *Ce fut moins un désastre matériel qu'un échec moral à peu près irrémédiable pour notre pays. On ne fit pas la part des circonstances, et de cette politique hésitante qui subordonnait partout les troupes françaises aux généraux étrangers, on oublia que l'honneur de nos armes était presque sauvé par la bravoure personnelle de Soubise* »[32].

« Honneur et fidélité », la devise du régiment de Diesbach : c'est le titre de l'ouvrage que Paul de Vallière consacre à l'histoire des Suisses au service étranger, et dans lequel, après avoir signalé la présence de Soubise, il évoque, avec presque un excès d'éloquence, ce moment de la bataille : « *On les voyait de partout, ces sombres carrés rouges […]. Ils restaient debout. C'était la tradition suisse. La cavalerie de Seidlitz [sic], houzards et dragons, enveloppa alors ces carrés d'un tourbillon frénétique, les escadrons surgirent de tous les coins de l'horizon. Les baïonnettes s'abaissèrent. Comme autrefois les piques à Cerisoles, à Dreux, à Meaux, à Arques, à Ivry, les chevaux lancés à pleine bride vinrent se broyer contre cette infanterie impassible* »[33]. Une page de gloire, en cette soirée de la bataille de Rossbach. Soubise y tient sa place, à ce moment du combat, il n'y a plus confusion. Le général, présent jusqu'à la fin de la bataille, n'abandonne aucun de ses régiments. Soubise n'a pas suivi les fuyards. Il est allé se mêler aux régiments suisses, pour les conduire, il a su les retirer du feu en ordre, au petit pas, malgré des pertes énormes – pour un effectif de 1 356 hommes, le régiment compte 214 morts ou blessés. Paravicini, colonel du régiment de Wittmer qui les a rejoints,

---

32. André Dussauge, *Étude sur la guerre de Sept Ans. Le Ministère de Belle-Isle. Krefeld et Lutterberg*, Paris, L. Fournier, 1914, p. 47.

33. Paul de Vallière, Gonzague de Reynold, Henri Guisan, *Honneur et Fidélité*, Lausanne, Édition d'Art Suisse Ancien, 1940, p. 482-483.

est également tué. Les Suisses perdent au total vingt-huit officiers. « *Sur la croupe d'une colline, entouré de ses généraux, Frédéric-le-Grand regardait mourir la bataille. On entendait décroître le roulement des tambours suisses. Impatient, le roi se tourna vers un aide de camp : "Quels sont ces murs de brique que l'artillerie ne peut entamer ?", "Sire, ce sont les Suisses". Le roi ne répondit rien, et, grave, ôta son chapeau* », écrit encore Paul de Vallière[34]. Sous la conduite de Soubise, les survivants arrivent en ordre le soir, jusqu'à la petite rivière de l'Unstrutt, à Freyburg, dont ils font sauter les ponts derrière eux.

Paul de Vallière achève son récit par une anecdote, qui se déroule quelques mois plus tard. « *On discutait à la Cour des mérites des Suisses en présence de Sa Majesté.* » On s'étonne que les Cantons ne fournissent plus de cavalerie au roi. « *Parce que, déclara un courtisan, on ne saurait s'il convient mieux de mettre les Suisses sur des chevaux, ou des chevaux sur des Suisses.* » Un officier du régiment de Planta, qui avait été présent à la bataille, intervient alors dans le débat : « *Monsieur, dit-il, si la cavalerie de Sa Majesté avait été montée sur des Suisses à Rossbach, elle n'aurait pas f... le camp* »[35].

Ce mot n'efface pas les fautes du général, ni la déroute dont il a pu mesurer l'ampleur en parcourant le terrain, ni l'ensemble des causes générales d'une défaite qui est aussi celle du duc de Saxe-Hildburghausen, on ne le dit pas assez. Non seulement parce qu'il a mal exercé le commandement de l'ensemble de l'armée, mais aussi parce que ce sont ses soldats qui se débandent les premiers. Il faut également tenir compte de l'immobilité tenace du comte de Saint-Germain, qui n'a joué aucun rôle dans la bataille – alors que, comme Frédéric II, il a observé la marche de Soubise dans la matinée, et s'en est étonné. Cette inaction, qui rappelle celle de Maillebois à Hastenbeck, a été observée par Jacques Mercoyrol de Beaulieu, et sévèrement jugée. Il a été « *expectateur de la perte de la bataille de Rossbach* », écrit-il, alors qu'il avait observé, non sans surprise, que Soubise et Hildburghausen avaient entrepris une marche inconsidérée[36]... « *Le comte de Saint-Germain couvrit la retraite* », écrit seulement Lloyd, sans ajouter que, malgré le mot de Mercoyrol de Beaulieu, c'est à porter à son crédit.

« *Ainsi finit la bataille de Rossbach* » écrit-t-il encore, en donnant un bilan approximatif, traduisant surtout une impression générale : « *Vingt-deux mille hommes conduits avec prudence et avec vigueur défirent plus de cinquante mille hommes, sans autres pertes que celle de trois cens hommes tués ou blessés ; tandis que celle de l'Armée combinée fut de huit cens morts et de six mille prisonniers, y compris onze généraux et trois cens officiers, soixante-douze pièces de canon et d'autres trophées militaires* »[37].

La retraite et les quartiers d'hiver

En novembre, la nuit tombe assez tôt, dans l'Allemagne centrale, entre Saxe et Thuringe. « *Le temps étoit couvert, et l'obscurité si grande, qu'il*

34. *Ibid.*, p. 484.
35. *Ibid.*, p. 485-486.
36. *Ibid.*, p. 279-280.
37. Henry Lloyd, *op. cit.*, p. 105.

y auroit eu de l'imprudence à poursuivre l'ennemi, quelle que fût la confusion dans laquelle continuoit sa déroute. Le Roi se contenta d'envoyer à sa poursuite différens partis de cuirassiers, de dragons et de houssards », écrit Frédéric II. Le lendemain 6 novembre, il repart avec les hussards de Zieten, suivant les ennemis encore en fuite, ramassant de nouveaux prisonniers, des canons, des chariots, du fourrage, et envoie von Lentulus avec ses dragons les poursuivre jusqu'à Erfurt, le 9 novembre. Il fait conduire le même jour tous ceux qui ont été pris sur le champ de bataille, y compris les blessés, à Mersebourg.

Le bref répit du 5 novembre au soir a laissé le temps de franchir l'Unstrutt à Soubise, qui doit bien écrire dès le lendemain, au ministre de la Guerre, et une dizaine de jours plus tard, au roi, pour annoncer le triste événement de la bataille perdue dans le désastre d'une fuite presque générale. « *J'écris à Votre Majesté dans l'excès de mon désespoir, disait-il, la déroute de votre armée est totale. Je ne puis vous dire combien de vos officiers ont été pris, tués ou perdus.* » Une certaine sobriété, à laquelle Soubise ajoute la modestie de se mettre aux ordres de Richelieu dont il croyait pourtant avoir à se plaindre. Louis XV qui, dans une lettre adressée au duc de Richelieu, dès le 23 novembre est tout aussi sobre, et excuse déjà le général vaincu : « *M. de Soubise, qui a été malheureux et mal secondé par le prince de Saxe-Hildburghausen, commandera sous vos ordres* ».

Soubise, plus grand dans la défaite que dans la bataille ? Il est le seul à conduire les débris de son armée, hors du champ de bataille, prendre enfin des quartiers d'hiver qui, désormais, restent le seul objectif. Et désormais, il commande seul. En effet, le duc d'Hildburghausen, aussitôt après la défaite des cuirassiers autrichiens et de sa cavalerie, a quitté le champ de bataille et s'est rendu à Freyburg, où il passe la nuit, bientôt rejoint par les fuyards des troupes impériales. Le lendemain, il part de grand matin sans attendre Soubise, auquel il avait pourtant donné rendez-vous sur la hauteur, et gagne Kosen après avoir donné ordre aux troupes de l'Empire de s'y rendre, excepté les deux régiments de hussards autrichiens restés avec Soubise, ceux de Laudon et ceux de Szecheny. Il lui fait dire par son aide de camp « *que son devoir étant de couvrir l'Empire, il lui abandonnait la défense de la Saale et se retirait à Arnstadt* ». Le 7 novembre, depuis Sachsenburg, Soubise écrit à Paulmy : « *Depuis avant-hier, je n'entends plus parler de M. d'Hildburghausen ; heureux si je n'avais jamais joint son armée* »[38]... Hildburghausen, qui a repassé les montagnes de Thuringe, établit alors ses troupes en cantonnement en Franconie et en Souabe, et prend son quartier général à Nuremberg. Il abandonne toute fonction militaire peu après, et devient tout à fait étranger à Soubise.

Celui-ci a également franchi l'Unstrutt le 5 au soir, avec les régiments suisses, et retrouve, à Freyburg, les restes de son armée, au moins une grande partie des fuyards, quelques équipages, quelques pièces d'artillerie. Il rassemble les différents corps, et malgré l'absence des ennemis, qui n'ont pas immédiatement poursuivi, il juge prudent de s'éloigner par des marches forcées, pour que l'armée revienne de son abattement. Par la vallée de l'Unstrutt,

38. Général Pajol, *op. cit.*, p. 171. Hildburghausen disparaît alors de la campagne en cours...

il prend la direction de la Thuringe. Il marche le 6 novembre toute la journée, les troupes sont privées de tentes, elles passent la nuit au bivouac. Il laisse une brigade d'infanterie sous le commandement du prince Camille de Saxe – les régiments de Rohan-Montbazon et Beauvoisis, poursuivent leur marche, en direction de Wiehe, en établissant des détachements de dragons à Nebra et Bibra –, il ne s'agit plus de se faire surprendre une nouvelle fois. Le 7 novembre, Soubise atteint Weissensee, ayant franchi la Wapper, et prend alors, malgré la neige et le froid, la direction de Mülhausen, où il sait qu'il y a des subsistances, préférée à Nordhausen, meilleure pour le bivouac quand on manque de tentes. Mais montrant une irrésolution un peu apeurée, dès le lendemain, 8 novembre, il change de direction, sur le bruit que Frédéric II se rapprocherait de l'Unstrutt, et choisit alors la direction de Nordhausen, dont le terrain est plus favorable pour se dissimuler, avec ses petits monts et ses bois, et plus proche de Halberstadt où se trouve Richelieu. Le transport de l'artillerie devient difficile. Le 9 novembre, les troupes sont à Nordhausen, mais Soubise ne s'y attarde pas : il mène bien une retraite… Très fatiguées, les troupes repartent, reprenant la direction de l'ouest. Le 14 novembre, Soubise arrive à Duderstadt, où, enfin, il reste une semaine. Il rencontre Maillebois, pour arrêter avec lui les dispositions des quartiers d'hiver, qu'il pense prendre à Fulda. Sous une autre forme, c'est le retour de son armée vers son point de départ. Il reçoit alors une lettre de Paulmy, lui donnant les nouvelles instructions du roi, qui place ses troupes sous le commandement direct de Richelieu, en créant un nouveau corps que lui-même commanderait sous les ordres du maréchal, dans la même position qu'il avait sous d'Estrées au début de la campagne de Hanovre. Ce corps doit être composé des troupes qui ont le moins souffert dans l'action du 5, conservant ses officiers généraux et en ajoutant le duc de Broglie à son état-major. Ce n'est pas une sanction, mais ce n'est pas non plus une promotion. Arrivant à Fulda le 2 décembre, il apprend que l'Électeur de Mayence refuse de recevoir les troupes du roi dans ses États situés sur le Rhin et le Main, sous prétexte que tout le pays a déjà souffert de la présence des armées… Soubise doit alors se résoudre à remonter vers Cassel pour ses quartiers d'hiver si longtemps attendus. Parti de Fulda le 5 décembre, il est à Cassel le 13 décembre, et installe son armée dans le pays autour de la ville, au nord de la Hesse, juste au sud du Hanovre.

Richelieu, une fois encore, ne s'est pas vraiment distingué. Le maréchal est à Hachum quand il reçoit le 6 novembre l'annonce de « *la bataille perdue en Thuringe le 5 novembre par l'armée de l'Empire et celle du prince de Soubise* ». Voyant celui-ci repasser la Saale, Richelieu se dispose à rassembler l'armée à Duderstadt dans le cas où les circonstances exigeraient qu'il se rapproche de lui : c'est sur ce point qu'il résolut (enfin…) de réunir ses troupes, afin de recevoir le prince de Soubise et de s'opposer aux progrès du roi de Prusse. Mais le défaut de subsistances ne lui permet pas d'opérer ce mouvement avant le 12 ou le 13 novembre avec une armée dont l'effectif lui permette de livrer une bataille, dont la perte aurait été décisive. Il se rend alors le 7 à Brunswick où il établit son quartier général, en position d'attente plus que pour prolonger les opérations de la campagne : « *Lundi entre 3 et 4 heures après midi, le maréchal Duc de Richelieu arrive ici en parfaite santé* », note le gazetier de Brunswick, suivi le lendemain des Régiments de

Picardie et d'Enghien[39]. Le 12 novembre, Richelieu écrit au ministre de la Guerre : « *Les villes de Gardeleben, Salzwedel et Gross-Apenburg ont été châtiées rigoureusement par M. de Poleresky et M. de Chatelux que j'y avais envoyés : les portes, les murs sont démantelés, toutes les armes des bourgeois brisées et des otages les plus considérables amenés pour gages des contributions en argent, grains, et fourrages, de façon que la vieille marche a été dans le plus grand effroi et s'est soumise à payer tout ce qui lui a été imposé, pour ne pas être exposée à être brûlée et dévastée selon les lois de la guerre* ». En réalité, le maréchal s'inquiète surtout de voir les infractions à la capitulation de Closter-Seven et les mouvements des ennemis, qui rassemblent un corps d'infanterie devant Harbourg, avec de la cavalerie, des chasseurs et des hussards, et établissent un camp entre Alten-Kloster et Buxtchude sur l'Elbe, où ils forment des magasins... D'autant plus que des navires de transport à l'embouchure de l'Elbe font voile vers Stade. S'il se déclare prêt à marcher là où les circonstances l'exigeront, il envoie alors Maillebois à Duderstadt pour y joindre le prince de Soubise et conférer avec lui sur l'arrangement des quartiers d'hiver. Lui-même prend ses propres quartiers après le 20 novembre, Frédéric II s'étant retourné contre l'armée autrichienne. La campagne malheureuse de Soubise est achevée.

Observations tactiques sur la victoire de Rossbach

Avant de se pencher sur des raisons profondes, presque structurelles, que les analyses postérieures et les mises en perspective sur l'histoire des armées et des États qui s'affrontent ce 5 novembre sur le champ de bataille de Rossbach, reste à vraiment comprendre, dans le temps de cette bataille, la défaite d'une armée de plus de quarante mille hommes contre une armée d'un peu plus de vingt mille hommes, en une durée de quelques heures seulement. La réponse peut sembler simple : le triomphe de la manœuvre contre la routine des marches et des lignes, qui nourrit la réflexion de Guibert. Elle peut aussi être plus complexe : une mutation profonde de l'art de la guerre, qui, après Guibert, inspire Napoléon.

Soubise : l'échec des colonnes de marche et des lignes de combat

Soubise, malgré les erreurs commises le 5 novembre, a donné, dans sa conduite de la bataille qu'il livre à Rossbach, presque un cas d'école d'officier général formé à la lecture des théoriciens de la guerre de son temps. Qu'on s'en rapporte à *L'Art de la Guerre par principes et par règles* de Puységur, qui est depuis sa parution l'ouvrage de référence de tous les officiers, présent dans la bibliothèque du prince, ou aux débats publics entre les théoriciens, Folard auquel on fait toujours une place privilégiée depuis 1729, ou aux *Réflexions militaires* du marquis de Santa Cruz également présentes dans sa bibliothèque. On peut y ajouter les règlements énoncés par ordonnances, particulièrement nombreux depuis l'arrivée au ministère de la Guerre du comte d'Argenson[40].

---

39. *Gazette de Brunswic*, *op. cit.*, n° XC, 10 novembre 1757, p. 360.

40. Pour tout le paragraphe, voir Yves Combeau, *Le comte d'Argenson, ministre de Louis XV*, Paris, École des Chartes, 1999, p. 318-322.

Après 1749, le nouveau ministre, bon administrateur, mais qui n'est pas un militaire, surtout pas de terrain, entend préparer une armée prête à une guerre nouvelle, la Prusse, encore alliée de la France ayant impressionné l'Europe par l'efficacité et la préparation de ses troupes dans la guerre qui vient de s'achever, et les Français ne devant pas se montrer inférieurs à leurs alliés. Le comte pouvait compter sur l'imagination créatrice de Maurice de Saxe qui avait commencé à renouveler la tactique linéaire en introduisant les mouvements dans la bataille, mais ses *Rêveries* ne sont pas encore publiées, sa mort précoce en novembre 1750 laisse un vide dans la pensée théorique militaire française.

À partir de 1750, les exercices « à la prussienne » sont introduits pour l'infanterie, sans convaincre le roi qui préfère l'ordre à la française. Des revues ont été multipliées, et mènent pour l'infanterie à l'ordonnance du 6 mai 1755 qui vient conclure ses exercices, mais à une date trop tardive pour avoir pu être appliquée. Il en a été de même pour la cavalerie, d'Argenson étant peu favorable aux essais de cavalerie légère dont Maurice de Saxe avait donné l'exemple, avec ses uhlans de Saxe Volontaires. Il privilégie la cavalerie lourde, pour conclure en 1754 par une instruction puis en 1755 une ordonnance, qui font un compromis entre les différents exercices, avec la même année une instruction sur le service de la cavalerie en campagne, une autre sur le service des dragons. Comme pour l'infanterie, il est un peu tard.

Le comte d'Argenson avait également renouvelé l'ancienne institution des camps militaires qu'il multiplie pour maintenir, même en temps de paix, une armée entraînée, sinon presque créer, selon le mot d'Yves Combeau, une armée « *permanente, c'est-à-dire en permanence sur le pied de guerre* ». Ils n'ont rien des camps de parade que Louis XIV avait institués. Réunis à l'automne après la récolte et avant les labours, ils donnent l'occasion de manœuvres. Six camps ont eu lieu en 1753, quatre en 1754 dont celui d'Aymeries (Aymeries-Saint-Vaast, près d'Aulnoye) sous le commandement du prince de Soubise : son plan sur le terrain présente une armée en parfaite ligne mince d'un quart de lieue, juste au nord du terrain d'exercice, entre les bois de Berlaymont jusqu'à Bachant sur la Sambre, à trois lieues de Maubeuge, avec 15 bataillons d'infanterie au centre, et 24 escadrons de cavalerie répartis sur chaque aile[41] ; trois autres camps sont tenus en 1755, et encore avec Soubise au commandement à Aymeries dans les premiers jours de septembre, avec 16 bataillons et 28 escadrons tirés de régiments qui n'ont pas campé en 1754[42]. Le prince est d'ailleurs le seul lieutenant-général à ne pas s'être montré entièrement convaincu du bon esprit des troupes et de la qualité de leur travail dans le rapport qu'il adresse au comte d'Argenson le 1er octobre[43].

Soubise applique les règles qui prévalent à toute disposition en bataille : l'armée se déplace dans son ordre de marche, en colonnes, et se dispose en ordonnance de bataille en lignes. Les positions sont prises avant que la

---

41. Voir *Plan du camp d'Aymeries commandé par M. le prince de Soubise au mois de septembre 1754*, ms. 1754 (BNF, Gallica).

42. *Ibid.*, *Emplacement des troupes du camp d'Aymeries, 3 septembre 1755*, ms., 1755.

43. SHD, Vincennes, Ya 175, *Rapport de Soubise au comte d'Argenson, 1er octobre 1756*, ms.

bataille ne soit engagée, l'infanterie au centre, en deux lignes minces, d'une épaisseur de quatre à trois rangs, le premier rang genou en terre ; la cavalerie aux ailes, ses escadrons légèrement écartés les uns des autres. Les officiers sont devant les hommes, ce qui explique la très grande proportion des pertes qu'ils subissent ; l'artillerie qui, en marche est souvent derrière les hommes à pied, est la dernière mise en position de bataille, soit dans une position à l'écart dominant le champ prévu pour le combat, soit en ligne très discontinue devant les lignes des fantassins. Sous une autre forme, des positions lentes à prendre, au point d'être parfois prises au soir du jour qui précède la bataille. Exactement ce que Soubise a fait le 3 novembre au soir, en prévision de la bataille qu'il attendait le lendemain 4 novembre. Il n'y a rien de spontané ou d'imprévu dans ces positions qui relèvent de l'exercice et de la formation acquise, qui seule permet aux soldats d'exécuter tous les mouvements appris. Le prince de Soubise, parce qu'il n'imagine pas une bataille rangée, mais simplement une poursuite en cette journée du 5 novembre, ne s'est pas préparé à disposer son armée selon les principes et les règles tactiques qui lui sont familiers. Ses colonnes ont été surprises dans la marche qui, au mieux, précède leur mise en lignes, n'attendant pas le combat au moment où Seydlitz lance sa première charge.

Frédéric II. La victoire de la manœuvre : surprise et rapidité

Contre le classicisme presque académique, de la formation de Soubise, Frédéric II, pour compenser la faiblesse de son effectif, a renouvelé l'art de la manœuvre, bloqué depuis presque un siècle par une insuffisante mobilité de l'artillerie, et une utilisation minimale de la cavalerie. Il inaugure une tactique inhabituelle, qui se contient en deux mots : une *surprise*, qui ne résulte pas d'une embuscade ou de toute autre forme supérieure des pratiques de la petite guerre, qui supposent une préparation, mais d'une manœuvre pour ainsi dire improvisée, qui repose sur une parfaite compréhension des opportunités qu'offre le terrain – ici, les hauteurs qui permettent l'illusion d'une armée encore sous ses tentes qui, au sommet d'une colline, ne montrerait que sa première ligne, et l'observation minutieuse des mouvements de l'adversaire, qui a aucun moment n'a pris la précaution de se faire précéder d'éclaireurs en reconnaissance ; l'extrême *rapidité* des mouvements que savent exécuter ses trois armes – la cavalerie de Seydlitz, l'infanterie du prince Henri, l'artillerie de von Moller, grâce à la parfaite discipline des soldats dans tous leurs mouvements, y compris le déplacement des pièces lourdes pendant le combat, et dans la violence des charges de la grosse cavalerie. De là une attaque concentrée sur un point précis des troupes françaises – la tête des escadrons de cavalerie de la colonne de droite pour la première charge, sur leur flanc pour la seconde, accompagnée de volées d'artillerie qui double, par un déluge de feu, le fer des cuirassiers. Les régiments du prince Henri ont pris leur position au moment de la première attaque et celui-ci déclenche son feu soutenu par le tir de l'artillerie qui vient d'être déplacée, créant la plus grande confusion dans la colonne de gauche, au moment de la seconde charge de Seydlitz.

Les charges commandées par Seydlitz, remarquablement décrites par Frédéric Chauviré, sont, avec les tirs de l'artillerie et le feu de l'infanterie la clé de la victoire, par l'alliance permanente de deux principes acquis à l'entraînement : rapidité et cohésion[44]. « *Quand le grand mur frappe soudainement et impétueusement l'ennemi, il n'est pas possible d'offrir de résistance* », dit Seydlitz[45]. C'est la charge en muraille, une innovation par rapport à la charge traditionnelle en ligne. Elle supprime les intervalles entre les escadrons de première ligne, qui forment alors un front continu. Cette formation n'expose pas le flanc des escadrons, qui est toujours le point faible soit pour attaquer, soit pour pénétrer la formation de l'adversaire et le prendre à l'arrière. Elle a aussi l'avantage de maintenir la cohésion : lancés au galop, les cuirassiers ne peuvent pas s'extraire de leur escadron, leur ligne est pour ainsi dire verrouillée. Enfin, cette formation augmente la vitesse de la charge, qui se fait au galop, exclusivement à l'arme blanche, alors que la plupart des adversaires chargent traditionnellement au trot, et les Autrichiens toujours équipés de carabines dont l'emploi brise l'élan de la charge. Il en résulte que l'effet de choc, combinaison de la masse et de la vitesse, est l'un des éléments essentiels de la victoire.

Lorsque le général donne le signal, les escadrons s'ébranlent au son de la trompette, sans désordre. Les cuirassiers, parfaitement entraînés sur tous les terrains en escadrons, régiments ou brigades, se serrent les uns contre les autres à l'intérieur des escadrons, genou contre genou ; les chevaux eux-mêmes serrés flanc contre flanc, des *Trakheners*, une race créée en 1732 à l'initiative de Frédéric-Guillaume Ier, dans la Prusse orientale à Trakhenen, issue du croisement de pur-sang anglais et arabes avec les juments de souche locale : des chevaux grands, endurants, rapides, manœuvrables. Faits pour la « charge botte à botte ». Sabre pointé droit devant eux, quand ils arrivent au contact, les cuirassiers se fraient un chemin dans les escadrons de l'adversaire, faisant chuter ou déséquilibrant les cavaliers. L'essentiel n'est pas de tuer, même si l'arme est pointée et s'ils peuvent lâcher un coup de tranchant : c'est de détruire l'escadron comme unité tactique. Effectivement, les rangs et les files de l'adversaire ne peuvent résister à la violence du choc, les escadrons se désagrègent. C'est le déclenchement de la panique. Sur l'espace relativement étroit du choc, la première ligne de cavalerie de l'adversaire est disloquée, se replie en désordre, heurte la deuxième ligne elle-même désorganisée par les fuyards, puis il en est de même pour la troisième ligne. Les Prussiens ne perdent pas de temps à les poursuivre : une fois créée, la panique l'emporte. Après la charge, Seydlitz peut se retirer, et préparer une seconde charge sur le flanc de la colonne.

Première expérience d'ordre oblique mis en œuvre sur un schéma précis ? Non. Il n'y a pas une ligne en ordre du côté prussien, mais un front étroit de cavalerie en un point, une ligne relativement étroite d'infanterie en un autre point, avec en chacun d'eux la simple création d'un déséquilibre des forces, en faveur de l'attaquant, augmenté par le désordre que crée dans des colonnes de l'ennemi le tir de l'artillerie. Il n'y a alors plus de défense possible : ne

---

44. Voir Frédéric Chauviré, *Histoire de la Cavalerie*, Paris, Perrin, 2013, p. 233 et s., et *La charge de cavalerie de Bayard à Seydlitz*, thèse soutenue à l'Université de Nantes, Jean-Pierre Bois (dir.), 2009, ms., vol. I, p. 54-75, vol. II, p. 350-355 et 426-428. La référence vaut pour tout le paragraphe.

45. *Ibid.*, d'après Hans Delbrück, *Geschichte des Kriegskunst in Rahmen der politischen Geschichte,* Berlin, vol. 4, 1936, p. 482.

reste plus que la fuite. Soubise n'a plus d'armée à lui opposer, le roi de Prusse peut se retourner contre les Autrichiens, contre lesquels il renouvelle, à Leuthen, la manœuvre de Rossbach, mais en cette seconde bataille de manière préméditée : la surprise est devenue une nouvelle formation de bataille, désormais appelée l'ordre oblique.

CHAPITRE 5

Lendemains d'une défaite, lendemains d'une victoire

En cette fin d'année 1757, les nouvelles circulent, au mieux, à la vitesse du galop d'un cheval. Magdebourg et Berlin sont moins éloignées de Rossbach que Vienne ou Paris. Si, à Weissenfels, Freyburg ou Mersebourg, dès le soir du 5 novembre, la déroute de l'armée de Soubise et l'immense victoire du roi de Prusse sont tout de suite comprises, parce que vécues presque en direct, il faut attendre trois à cinq jours avant qu'elles soient connues en Prusse, puis en Allemagne, en tenant compte du temps de la circulation de l'information, du passage à l'écriture, puis la composition, enfin la diffusion des gazettes qui se publient dans la plupart des villes ; et au-delà d'une semaine pour être connues en Autriche et en France. Il y a ainsi toujours une sorte de curieux décalage entre le temps de l'événement et les réactions qu'il entraîne.

Même si les mouvements des troupes impériales et françaises sont visibles dans le pays qui s'étend en direction d'Erfurt et de Halle, il faut attendre le 14 novembre pour que la *Gazette de Brunswic*, publiée à Brunswick en français par Claude Le Beau, sous la protection du duc Charles de Brunswick frère ainé du général commandant les troupes hanovriennes, annonce que le comte de Schulenburg, capitaine des carabiniers, précédé de six postillons sonnant du cor, est passé le 7 novembre au matin à Halle, allant à Magdebourg porter à la reine et la famille royale « la nouvelle d'une victoire ». Le 17 novembre, d'après une nouvelle de Berlin du 13 novembre la même *Gazette* annonce que, dès le 12, il y avait eu des Actions de grâces dans toutes les églises de la ville « pour la grande victoire que notre Roi vient de remporter sur ses Ennemis », avec *Te Deum* et décharges de canons, et un premier récit, succinct, des événements du 31 au 4 novembre, et « le 5 de ce mois après-midi », d'une « attaque formelle des deux côtés », « une fameuse journée ». La *Gazette de Brunswic* donne enfin un récit circonstancié dans son numéro du 21 novembre, d'après le récit de la *Gazette de Berlin* du 15 novembre[1].

---

1. *Gazette de Brunswic* (Brunswick, Claude Le Beau, 1757), numéros XCI, lundi 14 novembre, p. 364 ; XCII du samedi 17 novembre, p. 367 ; et XCIII du lundi 21 novembre, p. 373.

Il y a encore plus de retard dans l'annonce de la bataille à Vienne, si l'on en croit la *Gazette de Vienne*, écrite par Jean-Théodore Gontier, avec le soutien de Kaunitz, presque comme une sorte de journal officiel en langue française, complément du *Wienerissches Diarium*, qui en ce mois de novembre privilégie les récits des opérations en cours de l'Armée impériale, et n'oublie pas l'actualité princière : le 5 novembre, la *Gazette de Vienne* annonce le gala à la Cour, « à l'occasion de la fête de St Charles, dont Mgr. le second Archiduc, et Madame l'Archiduchesse 7e portent le nom ». Il faut attendre le 16 novembre, pour qu'elle donne un premier récit de la bataille, en quelques lignes, et peu fidèle. Il s'en tient à l'affirmation de la valeur des régiments autrichiens de Brettlach et de Trautsmandorff d'une part, et de celle de l'infanterie française d'autre part, mais « *sans parvenir au but que l'on s'était proposé* », l'Armée combinée se trouvant contrainte à se retirer à Freyburg. « *Elle a depuis passé l'Unstrut sans que les Ennemis ayent rien entrepris pour l'inquiéter ni dans sa marche ni dans le passage de cette rivière*[2]. » Aux yeux de Vienne, ce qui compte alors est le siège de Schweidnitz prise par le comte Nadasty le 14 novembre, et la victoire de Charles de Lorraine sur le duc de Brunswick-Bevern le 22 novembre suivant. Le récit de la bataille de Rossbach n'est donné que le 10 décembre par la *Gazette de Vienne*. Le même jour est annoncé le « grand Gala » de la Cour donné deux jours avant pour le 50e anniversaire de l'Empereur[3].

Sans surprise, en France et en Prusse, l'écho immédiat de la bataille de Rossbach est d'une autre importance que l'attentisme des États allemands et le peu d'attention de la Cour impériale, entièrement fixée sur la guerre autrichienne…

Novembre et décembre 1757

Le jour d'après, 6 novembre 1757. Premier bilan

Dimanche 6 novembre, à Freyburg et Mersebourg

Soubise, le premier parmi tous ceux qui laissent une relation de la bataille, prend la plume dès le 6 novembre, écrivant au ministre de la Guerre. Il se contente d'informer, sans s'étendre. Il dit pourtant l'essentiel : « *Je vous annonce le plus grand malheur ; l'armée du roi a été repoussée hier, et suivie par les Prussiens depuis le commencement de la bataille jusqu'à la fin. Les manœuvres et le feu continuel de leur infanterie a arrêté la française à 25 pas de la ligne, et, depuis ce moment, il n'y a pas eu moyen de faire un pas en avant. La cavalerie a fait un peu plus de résistance, mais tout a plié, excepté quelques régiments qui ont battu quelques escadrons prussiens, mais en très petit nombre. Je suis occupé à rassembler l'armée derrière l'Unstrutt, à employer le fourrage qui me reste, et à mettre en sûreté l'armée que le roi a eu la bonté de me confier et qui finit la campagne aussi malheureusement. Je ferai mon possible pour envoyer les détails dès ce soir. Comme nous avons perdu le champ de bataille, il y a beaucoup de prisonniers, surtout parmi les blessés. Je n'ai pas voulu différer à mander une aussi triste nouvelle*

2. *Gazette de Vienne*, Vienne, Trattner, 1757, n° 72, 5 novembre 1757, et Supplément du n° 75, 16 novembre 1757.

3. *Ibid.*, n° 82, 10 décembre 1757.

exigeant peut-être de nouveaux ordres. L'armée marchera à la pointe du jour en remontant l'Unstrutt vers Laucha et Bobra… »[4].

Le même jour, à Choiseul, ambassadeur à Vienne, il écrit aussi brièvement, mais avec plus de sentiment, et un peu plus de flou sur la réalité du désastre. « *Quel malheur, et à quoi peut-on se fier ! Ardeur, bonne volonté, bonne disposition, j'ose le dire, étaient de notre côté ; en une demi-heure les manœuvres du roi de Prusse ont fait plier cavalerie et infanterie ; tout s'est retiré sans fuir, mais sans jamais retourner la tête.*

L'infanterie, malgré la déroute de la cavalerie, s'avançait de très bonne grâce ; elle marcha sans tirer un coup de fusil jusqu'à cinquante pas des ennemis, et, dans les moments où j'avais les plus grandes espérances, les têtes tournèrent, on tira en l'air, et on se retira. Il faut convenir que la contenance des ennemis fut très fière, et je n'y remarquai pas le moindre ébranlement. Depuis ce moment, la ligne des Prussiens s'avança toujours en faisant feu et sans se rompre ; nos brigades de la gauche reculaient sans fuir ; mais excepté quelques instants où l'on trouvait moyen de les arrêter, l'inclination pour la retraite m'emportait et dominait.

Je ne parle pas de l'infanterie des cercles, je ne m'en souviens que pour m'affliger du moment où j'ai eu le malheur de la joindre. L'artillerie et les équipages sont en sûreté, nos traîneurs rejoignent, et j'apprends que de tous côtés les fuyards se rallient. »

Quelques jours plus tard, le 10 novembre, Soubise, dans une lettre que rapporte le marquis de Valfons, qui, major-général de Chevert se trouve à Halberstadt au moment de la bataille, tente une autre approche du bilan qu'il lui faudra bien faire, au-delà de l'aveu d'une défaite : « *M. de Soubise mande que presque tous les officiers généraux et officiers de l'état-major sont blessés. M. de Cossé, fils aîné de M. de Brissac, est encore de ce monde, mais resté sur le champ de bataille ; Custine, blessé et prisonnier ; M. de Mailly, perdu ; M. du Monge aussi ; d'Ailly tué ; Durfort-Le Sourd, aide-major des gardes du corps, tué avec plusieurs autres. Piémont, Touraine, Poitou, Provence, Mailly, tous ces régiments écrasés ; notre cavalerie a fait des prodiges, et sûrement, sans le défaut des dispositions, nous aurions vaincu* ».

Au moment où il écrit ces mots, Soubise ne dispose pas d'informations précises. Il est vrai que le nombre des fuyards – valides ou blessés – et de tous ceux qui disparaissent en ce genre de circonstances – y compris ceux qui en profitent pour déserter – reste forcément incertain. La relation donnée un peu plus tard par la Cour de Berlin est elle-même imprécise : « *Nous avons 8 Généraux François, 250 Officiers de tout grade, 6 000 prisonniers, 63 canons, 15 étendarts, 2 paires de Timbales et 7 drapeaux. De notre côté, le colonel Prignitz est tué ; le Prince Henry, les généraux de Seydlitz et Meinecke sont blessés légèrement, et notre perte entre Morts et Blessez ne monte pas entièrement à 300 hommes* »[5]. L'ordre de grandeur du bilan, réajusté ensuite, n'a jamais été très différent. On le fixe à environ huit cents morts et blessés du côté de l'Armée combinée – ce qui est peu –, et plus de six mille prisonniers – ce qui est beaucoup – auxquels s'ajoutent trois mille

4. *Ibid.*, Pajol, *op. cit.*, p. 167. Voir les lettres de Soubise au SHD, série A 1 3443 et 3444…

5. Relation de la bataille de Rossbach, dans le *Nouvelliste Suisse*, novembre 1757, p. 154.

cinq cents morts, blessés ou prisonniers de l'armée impériale, pour moins de trois cents morts dans l'armée prussienne[6]. Vingt ans plus tard, au jugement d'Archenholz, « *une victoire aussi facile, et cependant si complète, contre un peuple aussi guerrier, n'a pas d'exemple dans l'histoire moderne. La brièveté de la journée, dans une saison aussi avancée, sauva l'armée fugitive d'une ruine totale ; car ce n'était point une retraite, mais une déroute et une fuite dans tout le désordre possible* »[7].

Ceux qui ont été pris sur le champ de bataille, conduits dès le lendemain 6 novembre à Mersebourg, ne sont pas des fuyards. Les premières relations prussiennes de la bataille donnent la liste des officiers pris sur le champ de bataille, certains d'entre eux très gravement blessés. Le comte de Revel meurt le même jour ; le duc de Beauvilliers, qui a reçu de violents coups de sabre sur la tête, meurt le 24 novembre à Leipzig où il avait été conduit pour recevoir des soins[8]... La liste est longue. On y relève onze officiers-généraux, deux au grade de lieutenant-général (Revel, et Mailly qui meurt, très âgé, guillotiné en 1794), trois au grade de maréchal de camp (d'Ailly, Custine, Rougé), cinq brigadiers, tous colonels d'un régiment, et Guibert, aide-major-général ; dix-neuf officiers supérieurs – colonels, dont le colonel de Castellas, Diesenthaller, lieutenants-colonels ou commandants d'un bataillon ; et cent soixante-six officiers – capitaines ou lieutenants – dont vingt-sept de Piémont Infanterie, dix-huit de Poitou Infanterie, onze de Beauvaisis, onze de Saint-Chamond, quinze du régiment suisse de Planta, huit du régiment suisse de Wittmer : qu'on ne les oublie pas. À Rossbach, une bataille a précédé la fuite, et ceux qui ont combattu, même vaincus, n'ont pas démérité. Soubise a sauvé l'honneur, ses officiers, ses soldats, ses régiments aussi. Et il a su rassembler les débris de son armée, et leur faire prendre leurs quartiers, ce qui n'est pas son moindre mérite.

Le tableau d'honneur des combattants de Rossbach

S'il est illusoire de vouloir présenter tous les combattants de Rossbach, il est nécessaire de rappeler le combat de plusieurs d'entre eux. Et avant tout autre, le combat de Soubise. Défaillant dans la fonction de général, peut-être ce jour-là, dans tous les mouvements qui ont précédé l'attaque des Prussiens, mais en position de second derrière le commandement en chef du duc de Hildburghausen, et après trois mois d'avancée de son armée sans désordre, sous sa conduite très prudente, jusqu'à son ordonnance impeccable pour la bataille qu'il attendait le 4 novembre, dans une position qui rappelle assez exactement celle de Fontenoy. Et d'un courage exemplaire dans le déroulement du combat, à la tête des deux régiments de cavalerie qui subissent le

---

6. Simon Millar, *op. cit.*, p. 20, évalue simplement les « pertes », 6 600 hommes perdus par la France, mais 3 552 pour les Impériaux, contre 548 pour la Prusse. Le démographe autrichien Gaston Bodart, dans son ouvrage (écrit en anglais) *Losses of Life in Modern Wars. Austria, Hungary and France*, Oxford, Clarendon Press, 1916, évalue de son côté les pertes des Franco-Impériaux à 1 000 morts et 3 500 blessés, les pertes prussiennes à 170 morts et 430 blessés.

7. Archenholz, *op. cit.*, p. 59.

8. Voir le récit ms. de Nicolas Segretier, curé de Saint-Pierre de Meung-sur-Loire, aumônier du duc de Beauvilliers, qu'il laisse sur les registres de Baptêmes, mariages et sépultures de sa paroisse à son retour, BMS Meung-sur-Loire, 1757-1758, f° 41-45, Arch. dép. du Loiret.

choc initial, jusqu'à la conduite remarquable des deux régiments d'infanterie suisse qui quittent les derniers le champ de bataille, en ordre, au pas simple et non au pas redoublé.

Les Suisses, dont aucun n'a fui. Les deux régiments de Diesbach et de Planta, les derniers sur le champ de bataille, qui ont perdu plus de deux cents hommes chacun, le premier douze officiers, le second dix-sept, parmi lesquels Frédéric d'Arbonnier de Disy[9] lieutenant-colonel de Diesbach, qui a reçu deux coups de feu et quatre coups de sabre. Dans la bataille, le régiment est commandé par François-Romain de Diesbach-Belleroche, qui a fait toute sa carrière dans le régiment qui appartient à son oncle François Philippe comte de Diesbach-Steinbrugg ; Louis-Auguste de Planta-de Wildenberg, brigadier en 1745, maréchal de camp en date du 10 mai 1748, qui a fait toutes les campagnes de la guerre de Succession d'Autriche, devenu colonel en 1754 du régiment de Balthazar qui prend alors le nom de Planta, partage sa gloire avec le régiment de Sébastien de Reding avec lequel il formait brigade. Reding Suisse, devise : « *Semper fidelis* » ; Wittmer Suisse, devise : « *Vis nulla revellet* », aucune force ne peut l'abattre ; Castellas Suisse, régiment dont le colonel depuis 1756 est Rodolphe de Castella, qui lui a donné sa devise dont les deux termes se croisent sur ses drapeaux : « *Castella fortitu et prudenter, Castella tuetur Pro pugnacula* », Castella avec force et prudence, Castella protège les remparts : tous les régiments suisses sont à l'honneur[10]…

Mais au cœur de la bataille, dans son second temps, beaucoup de régiments français ont subi des pertes bien supérieures à celles des Suisses. Piémont, l'un des fameux Six-Vieux, le plus atteint, n'est-il pas le régiment de la gloire ? En première ligne à la droite de l'infanterie, flanqué par la cavalerie autrichienne qui dans sa fuite le laisse à découvert, son premier bataillon formant une colonne de douze hommes de front, les trois autres bataillons en colonne par pelotons, il est celui qui subit tout le feu de l'artillerie prussienne. Sa compagnie de grenadiers, en tête, est entièrement détruite dès les premières salves. Le régiment monte pourtant encore en bataille, mais malgré les efforts du comte d'Esparbès de Lussan, son colonel, et des officiers restants, il finit par céder, laissant plus de mille hommes sur le terrain, dont vingt-deux officiers tués et soixante-quatre blessés. L'année suivante, le comte d'Esparbès reçoit une curieuse récompense de Madame de Pompadour qui le remercie du soutien qu'il a apporté au prince de Soubise en cette journée en lui faisant épouser l'une de ses jeunes parentes éloignées, Marie Barthélémie Thoynard de Jouy, âgée de dix-huit ans. D'Esparbès participe aux batailles de Bergen et de Minden en 1759, est nommé maréchal de camp en 1762, lieutenant-général en 1780, enfin gouverneur de Saint-Domingue.

Il faut faire une place d'honneur aussi à Poitou Infanterie, et à son colonel, François de Broglie, comte de Revel[11], qui combat au premier rang.

---

9. Voir Gilbert Bodinier, *Dictionnaire des Officiers généraux de l'Armée royale, 1763-1792*, Paris, Archives et cultures, 2017, t. 1, p. 76-77.

10. Devises des régiments, voir Alban Pérès, *Devises de l'Armée française, de l'Ancien Régime au XXIe siècle*, Paris-Nice, Arcadès, 2019, remarquable inventaire.

11. Voir *Chronologie historique militaire de François-Joseph Guillaume Pinard*, vol. VIII, p. 443, et SHD, 5 Yd 608.

Parent du duc de Broglie, mais issu d'une branche cadette, né en 1720, mousquetaire en 1737, il devient colonel de Poitou Infanterie en janvier 1745, et le commande en Italie jusqu'à la fin de la guerre. Brigadier en 1747, maréchal-général des Logis du corps de l'armée du Rhin confié à Soubise en mars 1757, il contribue à la prise de Wesel et de Juliers, reste sous le commandement de Soubise, et prend part à la bataille de Rossbach à la tête du Régiment de Poitou. Très gravement blessé, il est prisonnier, et conduit à Mersebourg où il meurt le 6 novembre, étant enterré sur place [12]. Dès le 29 novembre, le jeune Louis-César de Choiseul-Praslin, qui s'est distingué à la tête du Régiment de Poly, reçoit le commandement du Régiment de Poitou, envoyé se reconstituer sur les côtes de France, et de retour en Allemagne en 1761, lui-même profitant de cette activité pour rejoindre son père, lui-même successeur de son cousin Choiseul-Stainville à l'ambassade de Vienne, et s'initier à la diplomatie. Brigadier d'infanterie en 1762, menin du dauphin en 1764, ambassadeur à Naples de 1766 à 1771, alors nommé maréchal de camp, il achève une longue carrière comme gouverneur de La Flèche, puis député de la noblesse d'Anjou aux États-Généraux

Le régiment de Mailly, qui avait déjà perdu cent cinquante hommes à la bataille d'Hastenbeck, double ses lourdes pertes à Rossbach. Son colonel, le comte de Mailly [13], officier remarquable, mais de caractère sans doute difficile, « un homme orgueilleux » dit de lui le marquis d'Argenson [14], a fait les campagnes de la guerre de Succession de Pologne, sert en 1741 à l'armée de Maillebois en Westphalie, à l'armée du Rhin en 1743, montre une rare détermination à l'attaque de Wissembourg en 1744, est présent à Fontenoy et participe à la campagne de Flandre, puis à celle d'Italie en 1746. Blessé à l'Assiette, lieutenant-général en 1748, inspecteur général de la cavalerie et des dragons en 1749, enfin lieutenant-général au gouvernement du Roussillon, il montre un caractère entier, ambitieux, n'a jamais pu avoir un comportement de courtisan à la Cour. Employé à l'armée d'Allemagne en 1757, il a servi successivement dans la corps du prince de Soubise, puis sous le maréchal d'Estrées, participe à la bataille d'Hastenbeck, retourne à l'armée de Soubise dès le 1er août, et se trouve présent à Rossbach, où il commande la brigade de la Reine et la brigade de Bourbon, combattant avec Beauvilliers, Raugrave, Fitz-James. Blessé d'un coup de sabre à la tête, il est fait prisonnier sur le champ de bataille. Libéré peu après par le roi de Prusse, il a l'honneur d'être l'un de ceux qui, à la Cour prend la défense de Soubise en disant qu'il avait montré beaucoup de courage à Rossbach. Retourné en Allemagne, il achève sa carrière dans son commandement du Roussillon, dans un faste extraordinaire qui ne lui a pas attiré que des sympathies, mais doublé d'une très grande générosité, à la fois mécène et évergète. Malgré son âge, il est encore membre de l'Assemblée des Notables en 1787, désigné commandant de l'armée du Midi en 1790, employé en Normandie en 1791, démissionnaire, et présent aux Tuileries le 10 août 1792, épargné par le massacre et échappant aussi aux

---

12. Le corps de François de Broglie, comte de Revel, a été ramené à Broglie, dans l'Eure, en 1966.

13. Voir Gilbert Bodinier, *op. cit.*, vol. III, p. 332-335.

14. Marquis d'Argenson, *Journal du marquis d'Argenson*, Paris, Jannet, 1858, t. VIII, p. 169.

massacres de septembre – mais arrêté en septembre 1793, transféré à Arras, il n'échappe pas à la fureur sanguinaire de Lebon, et se trouve guillotiné le 18 mars 1794, à l'âge de 87 ans.

Mais combien d'autres à citer en position d'honneur… Le duc de Cossé-Brissac, colonel du régiment qui porte son nom, est blessé, et fait prisonnier, avec quatre autres officiers supérieurs, douze capitaines et douze lieutenants. Son régiment, décimé, est envoyé sur les côtes de Bretagne, participant à la bataille victorieuse de Saint-Cast en 1758, il y reste jusqu'en 1761, avant de reprendre place dans les troupes d'Allemagne pour les campagnes de 1761 et 1762. Philippe d'Ailly d'Annery, âgé de soixante-neuf ans en 1757, a pris part à la bataille d'Hastenbeck puis à la conquête du Hanovre, détaché sous les ordres du duc de Broglie prend part à celle de Rossbach, est fait prisonnier – et perd également tous ses équipages. Nommé lieutenant-général en 1759, il n'a pas repris le service – ce que son âge explique facilement. Le marquis de Custine, blessé lors de la malheureuse affaire de Dettingen en 1743, maréchal de camp en 1749, et envoyé au corps commandé par Soubise, est passé sous le commandement d'Estrées, et de ce fait présent à la bataille d'Hastenbeck ; grièvement blessé à Rossbach, il meurt le 21 novembre suivant. Joseph de Bodin Galembert, chevalier de Boisrenard, âgé de cinquante-neuf ans en 1757, qui avait commencé sa carrière en 1710 dans le régiment de Mailly, et fait toutes les guerres du royaume depuis cette date, blessé au siège de Landau en 1712, au siège de Fribourg en 1734, à l'attaque de l'Assiette en 1747, présent à la bataille d'Hastenbeck, est pour la quatrième fois blessé à Rossbach où un coup de feu lui fracasse le bras droit. Rétabli, il est admis à la pension de retraite ayant alors quitté le service[15]. Les deux marquis de Saluces, le père et le fils, le père commandant son régiment de cavalerie à la tête duquel il est blessé, le fils mestre de camp dans Penthièvre Cavalerie, dont le régiment est écrasé, lui-même blessé de trois coups de sabre et fait prisonnier – envoyé ensuite, avec son régiment, sur les côtes en 1758 jusqu'à la fin de la guerre. Brigadier en 1762, maréchal de camp en 1770, il cesse alors de servir. Malheureusement victime de la Révolution, déclaré conspirateur il est guillotiné le 14 décembre 1793 à Bordeaux[16]. Le prince de Rohan, de la branche des Rohan-Montbazon, apparenté au maréchal de Soubise, présent à Fontenoy comme aide de camp de Maurice de Saxe, devient après la bataille colonel du régiment d'Aubeterre Infanterie qui prend alors son nom. Son régiment se distingue à Raucoux en 1746, c'est lui qui porte au roi les dix drapeaux pris à l'ennemi. Employé en août 1757 à l'armée de Soubise, il commande à Weissenfels le 31 octobre, sous le duc de Crillon, quatorze compagnies, et se trouve à Rossbach, sous le commandement du prince Camille de Saxe à la tête de sa brigade que son régiment forme avec Beauvoisis, écrasée par le canon dans le combat héroïque de la tête de colonne d'infanterie française.

Dans ce long tableau d'honneur, qu'il n'est pas possible de rendre exhaustif, on doit faire encore une place un peu particulière à Jean-Benoit de Guibert, qui a une belle carrière militaire commencée dans la compagnie des

---

15. SHD, 5 Yd 89.

16. Voir Gilbert Bodinier, *op. cit.*, Saluces père, t. III, p. 313 ; Saluces fils, *ibid.*, p. 313-314.

cadets-gentilshommes de Strasbourg en 1731, blessé à la bataille de Parme en 1734, l'un des anciens de la glorieuse retraite de Prague en 1742, présent à Fontenoy en 1745, à Raucoux en 1746, à Lawfeld en 1747. Ayant cessé d'être employé en 1753, il est envoyé à l'armée d'Allemagne en 1757 dans des fonctions d'état-major, et se trouve aide-major-général surnuméraire de l'infanterie du corps de Soubise lors de la bataille de Rossbach, au cours de laquelle il est fait prisonnier. Il jouissait d'une très haute réputation : « *Je ne connais pas de tête mieux organisée, tout ce qu'il fait est de la sagesse, tout ce qu'il propose est d'un esprit juste et d'une grande modestie* », disait de lui le duc de Broglie – au point que Frédéric II refuse de l'échanger, et ne le libère que dix-huit mois plus tard, une captivité assez longue pour lui permettre d'étudier l'organisation de l'armée prussienne et les principes tactiques de Frédéric II, ce qui n'a pas été perdu pour son fils, le jeune Jacques-Antoine qui l'accompagnait dans la campagne. Le père, employé dans la rédaction du nouveau règlement de service de l'Infanterie en campagne, achève sa longue carrière comme gouverneur de l'Hôtel Royal des Invalides entre 1783-1786[17].

On peut longuement compléter la liste de ceux pour lesquels la bataille de Rossbach fut une défaite héroïque et non une fuite honteuse. C'est au moins le cas des deux cents prisonniers énumérés dans la relation officielle donnée par la Cour de Prusse. Après onze officiers généraux et dix-neuf officiers supérieurs, suivent cent soixante-six lieutenants ou capitaines, issus de vingt régiments différents, six de cavalerie, formant douze escadrons, et quatorze d'infanterie, dont huit bataillons sur trente et un sont tirés de quatre régiments suisses[18]. Tous des combattants de Rossbach, avec des pertes considérables, avant d'être emportés par la déroute générale, seul souvenir d'une défaite.

Les victoires de Frédéric II. Novembre-décembre 1757, de Rossbach à Leuthen

Rossbach, une victoire

Une défaite pour l'armée combinée, qui est une victoire pour Frédéric II. Une victoire importante, même si son bilan immédiat n'apparaît pas tout de suite. Quelques contemporains vont jusqu'à la tourner en dérision, ainsi Johann Wilhelm von Archenholz, l'un de ses futurs historiens, qui écrit : « *la bataille de Rosbach fut considérée par les deux camps comme une farce plaisante* ». Le roi de Prusse ne s'y trompe pas : il accorde rapidement des récompenses à ceux qui les méritent : « *S.M., toujours attentive à récompenser le mérite, a conféré au Général-Major de Seydlitz qui s'est fort distingué dans cette action, avec le Grade de Lieutenant-Général, un régiment de Cuirassiers et l'Ordre de l'Aigle Noire. Le colonel de Lentulus, Adjudant-Général du Roi, a marqué aussi beaucoup de bravoure à la journée du 5, aïant poursuivi les fuïards et fait le dernier coup de pistolet jusqu'aux portes d'Erfurth : le Monarque lui conféra d'abord à son retour à Leipsig le Grade*

17. *Ibid.*, t. II, p. 500-502.

18. Liste reprise par les *Nouvelles d'Amsterdam*, petite feuille publiée en français, « avec Privilège de Nosseigneurs les États de Hollande et de West-Frise », n° XCIV, le 15 novembre 1757, reprise par le *Nouvelliste Suisse*, *op. cit.*

de Général. Tous les officiers du Régiment du Prince Ferdinand de Brunswick ont été décorés de l'Ordre du Mérite, en récompense de la valeur qu'ils ont manifestée à la même journée ». C'est ainsi que le *Nouvelliste Suisse* conclut sa relation[19].

La *Gazette de Berlin* dans sa feuille du 10 novembre, soigneusement recopiée par la *Gazette de Brunswick* du 17 novembre, témoigne de l'enthousiasme de la capitale prussienne, avec un récit pourtant bien sommaire : « *Les plus heureuses Nouvelles viennent de remplir de joye, les fideles Sujets du Roi. On a appris que le 5 du présent mois, S.M. remporta, aux environs de Rosbach, près de Weissenfels, une Victoire complette sur l'Armée Françoise et sur celle de l'Empire. [...] L'Armée ennemie, commandée par les Princes de Soubise et de Hildburghausen étoit de plus de 50 mille Hommes, et celle du Roi n'étoit que de 20 mille. La Bataille commença vers 2 heures après midi. Notre Cavalerie a mis en déroute la Cavalerie et l'Infanterie des Ennemis, et on les a poursuivis, jusque dans la nuit. On leur a pris plus de 50 canons et beaucoup de Drapeaux et d'Étendars. On a fait aussi une grande quantité de prisonniers, parmi lesquels se trouvent le comte de Revel, lieutenant-général, au service de France, plusieurs autres Généraux, et nombre d'Oficiers. Notre perte ne va pas au-delà de quelques centaines d'Hommes* ». La *Gazette de Berlin* du 12 novembre ajoute l'article suivant : « *Demain toutes nos Églises retentiront d'Actions de grâces, pour la grande Victoire, que notre Roi vient de remporter sur ses Ennemis. On chantera le Te Deum, au bruit de plusieurs décharges des Canons* »[20]. Enfin, le 15 novembre pour la *Gazette de Berlin*, le 21 novembre seulement pour la *Gazette de Brunswic*, se trouve donnée une nouvelle relation de la bataille, très brève : « *Le 5, ils sortirent de leurs retranchemens à 1 h. après-midi. Le Roi étoit à table. Ils passèrent Zeuchfeld, et s'étendirent jusqu'à Rosbach, sur la Plaine de Richartwert. Les Troupes Prussiennes, en ordre de Bataille, essuyèrent 3 décharges et laissèrent aprocher l'Ennemi jusqu'à une distance de 50 pas : alors elles s'avancèrent et ataquèrent l'Infanterie Françoise, la bayonnette au bout du fusil. Cette Infanterie plia, et se retira en désordre de Richartwert à Rosbach. Pendant cette retraite, la Cavalerie Prussienne chargea la Cavalerie Françoise, postée sur 5 lignes, et la défit. Les Troupes des Cercles de l'Empire, étoient restées dans un Bois, à dessein de couper la retraite au Roi ; mais elles se retirèrent dès qu'elles virent que les affaires tournoient à leur désavantage. Notre Cavalerie les ateignit et les obligea à se débander* ». Suit le bilan, destiné à faire de Rossbach une grande victoire : « *L'Armée combinée s'étant séparée en 2 corps, l'un a été poursuivi par le Roi, vers Naumbourg, et l'autre l'a été du côté de Freybourg, par le maréchal Keith. S.M. a rejoint les Ennemis au passage de l'Instruth. Elle y a pris beaucoup de Canons et fait quantité de prisonniers. Le 7 il y avoit à Mersebourg 2 995 Soldats Prisoniers, sans compter ceux qui étoient déjà morts de leurs blessures ; et 440 officiers, du nombre des desquels plusieurs du premier rang – ainsi le comte de Mailly, le marquis de Custine, le duc de Beauvilliers, le duc de*

19. *Ibid.*, p. 157.

20. La *Gazette de Brunswic*, n° XCII, 17 novembre 1757, cite la *Gazette de Berlin*, n° CXXXIII du 10 novembre, et *Id.*, n° CXXXIV, du 12 novembre.

Cossé, le comte de Revel tous officiers généraux. [...] Le même jour [7 sept.] il y avoit déjà à Mersebourg 49 canons pris sur les Ennemis, le nombre s'en est depuis bien augmenté. Le soir, on y conduisit encore 1 500 prisonniers. Les Nouvelles s'acordent à ne pas faire monter la perte des Prussiens au délà de 400 »[21].

Une certaine fierté, donc, due à la disproportion des forces engagées, et à la disproportion encore plus forte des pertes. Mais à sa victoire, Frédéric II lui-même donne en quelques mots une autre dimension : « *Cette bataille ne devint importante que par l'impression qu'elle fit sur les François et sur les débris de l'armée de Mr. de Cumberland* ». Il n'y a effectivement pas commune mesure entre l'écho donné quelques semaines plus tard à la défaite de Soubise par l'opinion parisienne, et la perception militaire immédiate qu'en donne immédiatement Frédéric II : le roi de Prusse sait que cette victoire n'achève ni la guerre, ni même la campagne en cours.

Les dernières victoires autrichiennes : Schweidnitz et Breslau

Et pour lui, seules comptent, en novembre 1757, les opérations en Silésie, qui confirment la dynamique victorieuse de l'armée autrichienne. Son objectif, lorsqu'il est allé jusqu'à la Saale combattre Soubise, était d'assurer sa propre liberté pour empêcher, au moins ralentir, la progression des Autrichiens qui ont dépassé la Bohême et sont occupés à une lente reconquête de la Silésie, qu'il ne veut pas perdre. C'est la raison pour laquelle le roi de Prusse abandonne la poursuite des vaincus après que ses hussards ont chevauché jusqu'à Erfurt.

Au début du mois d'octobre, lui-même était campé à Breslau, avait passé l'Oder et pris une position retranchée derrière le petit ruisseau de la Lohe, cependant que les Autrichiens se plaçaient à portée de ses troupes, à Lissa. La cour de Vienne venait de renforcer la réserve commandée par Nadasty avec des troupes de l'Électeur de Bavière et du duc de Wurtemberg aux environs de Schweidnitz dont ils devaient faire le siège. Rien n'est terminé... Et les journaux, *Gazette de Berlin* et *Gazette de Brunswic*, *Gazette de Vienne* évidemment, ne retentissent en novembre 1757 que des succès de l'Armée impériale, sans le moindre relâchement apparent qu'aurait entraîné en écho la défaite de Rossbach. Dès le 9 novembre, Frédéric II est de retour à Leipzig. Il en repart le 12 novembre au matin, avec 19 bataillons et 28 escadrons, se proposant de marcher droit sur Schweidnitz pour obliger Nadasty à en lever le siège. Au passage, il déloge Hadik, qui, à son retour de Berlin s'était campé à Grossenhayn, puis fait reculer Marshall, mais il est déjà trop tard : le 14 novembre, la place de Schweidnitz, devant laquelle Nadasty avait ouvert la tranchée le 27 octobre, défendue par la garnison commandée par von Seers, vient de capituler. La *Gazette de Vienne* exulte. La garnison entière, dix bataillons d'infanterie et dix escadrons de hussards, au total six mille hommes est désarmée, les prisonniers renvoyés dans leurs villages de Silésie. Les prises sont considérables et renforcent l'armement, et surtout les approvisionnements des Autrichiens : 164 canons, de 3, de 6, de 12 ou de 24 ; 160 000 boulets, des mortiers, des pierriers, des bombes et des grenades, des

21. *Ibid.*, n° XCIII, lundi 21 novembre, cite la *Gazette de Berlin*, n° CXXXV, du 15 novembre.

cartouches, mais surtout 30 000 mesures de seigle, 80 000 mesures d'avoine, de la farine, des biscuits[22]... Le 20 novembre, à Vienne, en présence de l'Empereur, de l'Impératrice-Reine et de toute la famille impériale, un *Te Deum* est chanté dans la métropole Saint-Etienne, avec une triple décharge de canons depuis les remparts – écho de celui de Berlin un peu plus d'une semaine plus tôt en l'honneur de Rossbach[23]. Le 22 novembre, on apprend encore à Vienne la nouvelle victoire de l'armée autrichienne de Daun et Nadasty sur l'armée prussienne, à Breslau, le 23 la capture, par un détachement de pandours, du duc de Brunswick-Bevern en opération de reconnaissance, le 24 la capitulation de la ville[24]. Autant dire que, le 3 décembre enfin, l'annonce reçue de Paris en date du 30 novembre passe presque inaperçue : « *Il y a eu le 5 une action entre l'Armée commandée par le Prince de Soubise et celle du roi de Prusse : la première ayant été obligée de faire retraite, elle s'est retirée à Freyburg d'où elle a repassé l'Unstrutt et se rassemble derrière cette rivière* ». Le véritable récit de Rossbach n'est donné que le 10 décembre, cinq jours après la bataille de Leuthen – le 10 décembre, encore un jour de gala à Vienne à l'occasion du cinquantième anniversaire de l'Empereur. « *Leurs Majestés dînèrent en public, avec les trois Archiducs aînés et les quatre Archiduchesses aînées* »[25].

5 décembre 1757, Leuthen : le triomphe de l'ordre oblique

La victoire de Breslau est aussi le dernier de leurs succès, au terme d'une glorieuse campagne commencée à Kolin. Pendant quelques jours, les Autrichiens sont un peu dans le même état d'esprit que celui de Soubise dans les premiers jours de novembre : « *La Silésie parut alors perdue pour le roi de Prusse, et les Autrichiens se crurent en droit de former les plus grandes espérances. Ils avoient gagné une bataille, pris deux forteresses : ils étoient en possession de la capitale de cette province : ils avoient une armée immense pour se maintenir dans la possession de leurs conquêtes ; et par conséquent la perspective la plus favorable de terminer la guerre dans peu de temps, au gré de leurs désirs. Telle était leur heureuse situation vers la fin du mois de novembre* »[26]. Quinze jours plus tard, la chute est rude, plus sans doute que celle des Français après Rossbach.

Frédéric II, toujours en véritable chef de guerre, mais se voyant vaincu, rapporte lui-même son action, dans ces derniers jours de novembre, où l'euphorie de Rossbach semble déjà si lointaine : « *Le temps étoit ce qu'il y avoit de plus précieux ; il n'y avoit point de moment à perdre ; il falloit ou attaquer incessamment les Autrichiens à tout prix, et les mettre hors de la Silésie, ou se résoudre à perdre cette province pour jamais* ». L'armée qui repasse l'Oder joint les troupes du roi le 2 décembre, « *découragée, et dans l'accablement d'une défaite récente* ». Il s'attache à remonter le moral, tous les moyens sont bons : « *On prit les officiers par le point d'honneur ; on leur rappela*

22. Supplément de la *Gazette de Vienne*, n° 76, 19 novembre 1757.
23. *Ibid.*, n° 77, 23 novembre 1757.
24. *Ibid.*, n° 78, 26 novembre 1757.
25. *Ibid.*, n° 80, 3 décembre 1757, et n° 82, 10 décembre 1757.
26. G.-W. von Archenholz, *op. cit.*, p. 68.

le souvenir de leurs anciens exploits ; on tâcha de dissiper les idées tristes dont l'impression étoit fraîche ; le vin fut même une ressource pour ranimer ces esprits abattus. Le Roi parla aux soldats, il leur fit distribuer des vivres gratis. Enfin, on épuisa tous les moyens que l'imagination pouvoit fournir, et que le temps permettoit pour réveiller dans les troupes cette confiance sans laquelle l'espérance de la victoire est vaine. [...] Ceux qui venoient de battre les François à Rosbach, persuadèrent à leurs compagnons de prendre bon courage. Quelque peu de repos refit le soldat, et l'armée se trouva disposée à laver, aussitôt que l'occasion s'en présenteroit, l'affront qu'elle avoit reçu le 22. Le roi chercha cette occasion, et bientôt elle se trouva »[27].

Le 4 décembre il arrive à Neumarkt, proche de Breslau, dont il déloge les pandours croates en train d'y prendre position. Le prince Charles vient de quitter son camp de la Lohe, s'avance vers Lissa. Surpris par la rapidité de l'avance prussienne, il prend une position classique : deux lignes d'infanterie déployées entre Nippers et Leuthen un front qui s'étend sur près de deux lieues (huit km), avec en arrière, sur la droite, le corps de Nadasty et les réserves formant une troisième ligne. Le déploiement des troupes s'achève pendant la nuit, le matin du 5 décembre les Autrichiens sont prêts, leurs lignes prêtes à recevoir la bataille, en position défensive.

Les Prussiens se présentent alors, à la droite du front, ainsi décrit par Archenholz : « *Les Autrichiens étaient postés sur des lignes dont l'œil ne pouvoit apercevoir les extrémités* » – la faiblesse de l'ordre mince, dénoncée depuis vingt ans par tous les théoriciens de la guerre. Archenholz poursuit, illustrant ce qu'est le « coup d'œil » de Frédéric II : « *C'est alors que se montra le grand génie de Frédéric : il choisit cet ordre de bataille oblique, qui procura tant de victoires aux Grecs, et au moyen duquel Epaminondas vainquit les indomptables Spartiates*[28]. *[...] Cette position, qui est du nombre des chefs d'œuvre de l'art de la guerre, a pour principe fondamental, de porter, sur le principal point d'attaque, plus de soldats que n'en a l'ennemi, et pour ainsi dire, de lui arracher par-là la victoire. Frédéric fit des mouvemens simulés contre l'aile droite autrichienne, tandis que ses desseins effectifs étoient dirigés contre l'aile gauche* »[29]. Effectivement, alors que la ligne autrichienne se croit menacée sur sa droite et s'y met en défense, et se sait trop forte en son centre pour y être attaquée, la cavalerie prussienne commandée par von Zieten, se précipite en force sur l'aile gauche mal protégée par la cavalerie saxonne de Nostitz, en nette infériorité numérique, et la bouscule avant que la ligne autrichienne, trop étirée, ait pu la soutenir. C'est la définition exacte et appliquée de ce fameux ordre oblique, dont l'attaque de Seydlitz sur l'aile droite du front de l'armée combinée à Rossbach a donné une première expérience.

Le détail du récit de la bataille de Leuthen n'a pas ici sa place. Rappelons quand même qu'elle est beaucoup plus dure que celle de Rossbach, que les Autrichiens n'ont cédé qu'à la fin de la journée, et que l'attaque initiale de la cavalerie de von Zieten à l'aile, puis les tirs de l'artillerie contre le

---

27. Frédéric II, *Histoire de la Guerre de Sept Ans*, *op. cit.*, p. 197-198.

28. Épaminondas, le vainqueur de la bataille de Leuctres en 371 av. J.-C., référence majeure de tous les théoriciens du XVIIIe siècle, et l'une des Vies perdues des *Vies parallèles* de Plutarque.

29. G.-W. von Archenholz, *op. cit.*, p. 70-71.

centre de la ligne ont une influence décisive sur la victoire. C'est le résultat qui importe. Une bataille violente qui s'achève, comme à Rossbach par une débandade générale. Considérées ensemble comme les deux parties d'une seule et même campagne, elles justifient le jugement de Pierre Gaxotte qui, ici, ne se laisse pas simplement emporter par son admiration pour le roi de Prusse : « *Dans toute la vie de Frédéric, il n'est point de campagne plus brillante. […] Par le choix de l'adversaire, la combinaison des manœuvres, le calcul des marches, la disposition des armées, la domination complète de la carte, il a réussi son chef d'œuvre* »[30].

« *Une des plus grandes victoires du siècle* », écrit le roi à sa sœur la margrave de Bayreuth. Avec un bilan beaucoup plus lourd que celui de Rossbach : Frédéric II a perdu 6 400 hommes dont 1 200 morts, le prince Charles en a perdu plus du double, environ 3 000 morts, près de 7 000 blessés, plus de douze mille prisonniers – et 131 canons. La principale armée autrichienne n'existe plus. Le prince Charles et le maréchal Daun font retraite vers Schweidnitz, et regagnent la Bohême le 20 décembre pour prendre leurs quartiers d'hiver aux abords de Königgrätz, pendant que, de son côté, Frédéric envoie Zieten, La Motte-Fouqué et von Mayr refouler les dernières troupes autrichiennes hors de Silésie, et s'empare lui-même de Breslau dont la garnison, désorganisée par l'arrivée de sept mille fuyards, capitule le 20 décembre – encore près de dix-huit mille prisonniers, dont treize généraux et 670 officiers… À la fin de décembre, si les victoires n'ont pas achevé la guerre, du moins l'armée autrichienne est-elle réduite à rien – il ne reste plus que vingt-cinq mille hommes environ, et en Silésie la garnison de Schweidnitz, assiégée par Lentulus.

Les victoires de Frédéric II ont jeté la consternation à Vienne et à Versailles, mais si Bernis estime après Rossbach que la France doit faire la paix, il est bien le seul. Le 28 février 1758, il est remplacé par le duc de Choiseul, avec désormais le maréchal de Belle-Isle à la Guerre. Richelieu lui-même vient d'être rappelé, et remplacé par le comte de Clermont, encore choisi à l'instigation de Madame de Pompadour. Le comte de Clermont, prince du sang, est abbé de Saint-Germain-des-Prés depuis 1737, après avoir été comandataire de plusieurs autres abbayes. Il avait obtenu en 1733, du pape Clément XII, l'autorisation de porter les armes ; en 1743, il se trouve grand maître de toutes les loges régulières de France et membre de l'Académie française en 1753. Tandis qu'à Vienne, une fois dissipé le choc terrible de la défaite, l'indomptable impératrice Marie-Thérèse, soutenue par son puissant conseiller politique le comte von Kaunitz, retire enfin au prince Charles de Lorraine son commandement, au profit du maréchal Daun, et se prépare à relever l'armée autrichienne, en développant son offensive diplomatique auprès de la tsarine Elisabeth Petrovna, qui a elle-même remplacé le maréchal Apraxine par le général Fermor, et nommé comme chancelier le comte Vorontsov.

Ainsi, la guerre continue. Le manque de recul a masqué, pour les contemporains, la véritable portée historique des deux défaites : une fêlure majeure du Saint-Empire, ébranlé par le basculement de l'Allemagne du Nord, protestante, dans le camp de la Prusse. Dans le cours de la bataille de Rossbach, la

30. Pierre Gaxotte, *Le siècle de Louis XV*, Paris, Fayard, 1933, p. 341.

solidarité des luthériens avec Frédéric II s'est exprimée. Après Leuthen, elle se double d'un mouvement plus profond contre l'Autriche catholique... Si l'on ne parle plus de guerre de religion, la construction politique impériale se trouve fragilisée, et l'on ne peut négliger les envolées des pasteurs, du haut de leurs chaires... Le prédicateur de la Cour de Berlin, depuis 1740 August-Friedrich Wilhelm Sack, dont les prédications après les différentes victoires de Frédéric II en particulier Prague le 1er octobre 1756, Rossbach et Leuthen en 1757, ont reçu un grand écho, est le premier à comparer le roi Frédéric au roi David, ce qui donne à la bataille de Rossbach un halo vétéro-testamentaire[31]... Ses collègues l'imitent. Pour eux, Rossbach symbolise la supériorité de la doctrine luthérienne, comme une victoire remportée par la foi et l'Évangile sur l'idolâtrie de Rome[32]. Et derrière l'élan des prédicateurs, il y a déjà une Allemagne qui se tourne maintenant vers « Frédéric II, patriote exemplaire qui libère la Germanie » de son assujettissement à l'Autriche catholique[33].

Hiver 1758. Le retour de Soubise à Paris, au temps des « soubisades »

Après avoir pris ses quartiers d'hiver, et après les deux victoires de Frédéric II, il a bien fallu, pour Soubise, retourner à Paris, et à la Cour. La nouvelle de sa défaite était arrivée à Versailles le 12 novembre. « *Très mauvaise nouvelles de l'armée de M. le prince de Soubise* », note Barbier, dont le récit, bien que sommaire, dit l'essentiel : « *Le prince de Soubise avait trente-cinq mille hommes de bonnes troupes, sans compter dix mille hommes de l'armée de l'Empire* », mais le roi de Prusse « *est un grand homme de guerre et bien supérieur dans l'art militaire à M. le prince de Soubise, qui est brave personnellement, mais qui n'a jamais commandé une armée* ». Il note aussi que l'aile droite de l'armée des cercles, qui a plié à la première décharge, est composée de soldats pour la plupart protestants. Son bilan est approximatif : « *Nous avons eu douze mille hommes tués, blessés ou prisonniers* »[34].

« La bataille gagnée par le roi de Prusse sur ce général de Cour »...

Mais au constat, Barbier ajoute les commentaires qui courent tout de suite à Paris. On craignait fort cette nouvelle « *par la prévention désavantageuse qu'on avait du prince de Soubise, que l'on dit s'être conduit en écolier* ». De là les regrets du rappel du maréchal d'Estrées après le gain d'une bataille, « *parce que le prince de Soubise ne voulait pas agir sous ses ordres et qu'il voulait commander en chef pour être maréchal de France, et que cela s'était fait sur les conseils de Madame la marquise de Pompadour et de l'abbé de Bernis* ». Il conclut : « *Il est bien triste de sacrifier, pour l'ambition et la présomption d'un homme, grand nombre de bonnes gens et la gloire de la nation* »[35]... De son côté, Charles Collé, qui a donné en 1756 une chanson patriotique sur la prise

---

31. August Friedrich Wilhelm Sachs, *Drei Dankpredigten über die von dem Großen König Friedrich II im Jahre 1757 erfochtenen Siege*, Berlin, 1857.

32. Voir Thomas Nicklas, « Rossbach – Du lieu de la violence au lieu de l'imagination », dans *Les Voyageurs européens sur les chemins de la guerre et de la paix du temps des Lumières au début du XIXe siècle,* François Knopper et Alain Ruiz (dir.), p. 200.

33. *Ibid.*, la formule de Thomas Nicklas.

34. Edmond Jean-François Barbier, *Journal de Barbier*, *op. cit.*, tome VI, 1866, p. 594-595.

35. *Ibid.*, p. 595-596.

de Port-Mahon[36], est, à l'égard de Soubise, plus vulgaire que Barbier, mais son propos, dans son *Journal*, indique bien que ce n'est pas seulement la rue de Paris qui murmure ou ironise, mais également la Cour : « *Octobre* [1757], *rien ; novembre, trop. J'entends par trop la perte de la bataille donnée par le prince de Soubise le 5 de ce mois, et gagnée par le roi de Prusse, sur ce général de cour, qui n'avoit jamais commandé que des camps de paix ; cela a ici consterné tout le monde. La duchesse d'Orléans, qui est enchantée que ce malheur lui soit arrivé, a dit que si le Roi lui donnoit le bâton de maréchal de France, il seroit le Cocu battu et content* »[37] – allusion cruelle à son épouse, aussi dépensière que dissolue, qui avait été, quelques mois plus tôt, arrêtée par ordre du roi à Tourny : « *Après avoir fait neuf cent mille livres de ses diamants, bijoux et équipages, elle était partie pour aller joindre son amant, M. de Laval-Montmorency* », écrit le 20 juin la confidente de Mopinot de la Chapotte[38] – le comte de Laval-Montmorency, l'un des menins du dauphin, qui allait être tué à la bataille de Rossbach. Un peu plus loin, Barbier rapporte encore un propos de la duchesse d'Orléans, à l'occasion de la reprise d'*Alceste ou le triomphe d'Alcide* à l'Opéra le 15 novembre 1757 : « *Ce n'étoit que de la veille que l'on avoit appris à Paris la perte de la bataille ; cependant, le prince de Condé, gendre du Soubise, eut la mâle assurance de venir à cette première représentation* ». Ce qui permet à la duchesse d'Orléans qui l'aperçoit lisant des lettres énumérant des listes de morts et de blessés, de clamer haut et fort : « *Croyez-vous que M. de Soubise ait été battu ? Ce sont des contes ; sûrement, rien n'est si faux : je ne puis me mettre cela dans la tête ; et je ne veux d'autre preuve que c'est un mensonge, que de voir ici M. le prince de Condé, le gendre de M. de Soubise* »[39].

En fait, cette défaite arrive mal, pour Louis XV, et devient très rapidement le support d'une réaction de l'opinion publique qui en condamnant Soubise, vite ridiculisé en chansons et épigrammes, attaque en réalité le gouvernement par la Cour et la favorite, donc Louis XV. Alors que la bataille antiphilosophique est ouvertement engagée, la question des rapports entre le roi, le Parlement de Paris et les parlements de province, forme la toile de fond d'un mécontentement et d'une véritable crise de l'État concrétisée par une évidente crise ministérielle, comme si le royaume manquait alors de personnages de grande stature. Peyrenc de Moras, Contrôleur général depuis juin 1756, a dû abandonner les finances le 25 août 1757, au profit de Jean de Boullongne, conseiller d'État honnête mais sans éclat. Le 22 septembre suivant, René-Charles de Maupeou, premier président du Parlement de Paris, contraint à démissionner, est remplacé par Matthieu François Molé, avant la rentrée triomphale du Parlement, et des parlementaires démissionnaires auxquels le chancelier de Lamoignon rend leurs lettres le 1er décembre 1757. On

36. Charles Collé, « Couplets sur la prise de Port-Mahon », *Recueil de chansons de Charles Collé*, Hambourg et Paris, 1807, Marchands de nouveauté, t. 2, p. 19-21.

37. Charles Collé, *Journal et Mémoires de Charles Collé sur les hommes de lettres, les ouvrages dramatiques et les événements les plus mémorables du règne de Louis XV, 1748-1772*, Paris, Firmin Didot, 1768, t. II, p. 115-116.

38. Jean Lemoine, *Sous Louis le Bien-Aimé. Correspondance amoureuse d'un officier*, Paris, C. Levy, 1905, p. 46-47.

39. *Ibid.*, p. 116. *Alceste ou le Triomphe d'Alcide*, tragédie lyrique de Lulli, sur un livret de Quinault, alors repris avec succès par l'Académie royale de Musique, avec Rebel et Francœur.

est dans l'improvisation, sinon dans la reculade, et tout semble être le jeu de la marquise de Pompadour… À quoi s'ajoute toujours le ressentiment général contre l'alliance franco-autrichienne. Et voici que l'on apprend la seconde victoire de Frédéric II, le 5 décembre à Leuthen.

« Si Pompadour le blanchit, le roi de Prusse le repasse »

C'est alors le temps des « soubisades », qui succèdent dans l'opinion à ce qu'avaient été les « poissonnades » après la paix de 1748. Le public, écrit Bernis à Choiseul dès le 14 novembre, « *n'aurait pardonné le commandement de M. de Soubise qu'à la faveur d'une victoire*[40] »… Mais il faut voir plus que des mots d'esprit dans les soubisades. Si Soubise devient l'objet de toutes les railleries, il n'est que le bouc émissaire à la fois des critiques jusqu'alors encore contenues contre l'alliance autrichienne, et des critiques plus générales contre le système absolutiste, le régime et la prédominance de l'aristocratie. Un an après l'attentat de Damiens, le général incapable symbolise un régime mal aimé. Avant même le retour de Soubise à Paris le 22 février 1758, deux jours après le maréchal de Richelieu, les premiers brocards se répandent dans les rues. Barbier ne manque pas de s'en faire le témoin. « *Il ne faut plus dire qu'on est fichu du vent de* bise, *mais du vent de* Soubise » – on disait proverbialement qu'un homme était frappé du vent de bise pour dire qu'il était ruiné, ou qu'il lui était arrivé quelque chose de fâcheux. « *On a dit que l'hôtel de Soubise était à louer, parce que le prince de Soubise allait demeurer à l'École militaire.* » On a fait des chansons, dont la plus fameuse dénonce la fuite générale de l'armée du prince que celui-ci ne trouve plus au soir de la bataille :

> « Soubise dit, la lanterne à la main :
> J'ai beau chercher, où diable est mon armée ;
> Elle était pourtant là hier matin.
> Me l'a-t-on prise, ou l'aurais-je égarée ? »[41]…

Il y en a eu beaucoup d'autres, dont la chronologie s'étend en gros, jusqu'à la fin de la guerre de Sept Ans, sous la forme de mots d'esprit, épigrammes, vers satiriques, des « pasquinades » selon un mot du temps[42]. Ils ont en commun de moquer Soubise, et d'exprimer une véritable haine de la marquise, jugée responsable de tous les maux de la monarchie, et en particulier du choix de généraux incapables. Ces petits textes ne sont pas toujours spirituels, ni bien écrits, mais plutôt de « médiocre facture ». Tout au plus, des méchancetés parfois bien troussées, mais souvent « une misère poétique », juge Pierre Gaxotte, en regrettant que cette littérature de rue qui se nourrit de ragots ait été trop utilisée par les historiens pour faire une présentation biaisée de l'époque[43]… Il a raison sur ce point, et l'on pourrait même dire que cette littérature a trop

---

40. Cardinal de Bernis, *Mémoires et Lettres*, publiés par Frédéric Masson, Paris, Plon, 1878, t. I, p. 138, lettre du 14 novembre 1757.

41. *Journal de Barbier*, *op. cit.*, t. VI, p. 602.

42. Voir Émile Raunié, *Chansonnier historique du XVIII*e *siècle*…, Paris, A. Quantin, vol. II, 1882, p. 287-330 : « Rimes et épigrammes concernant le prince de Soubise, 1758-1761 ».

43. Pierre Gaxotte, *op. cit.* On pourrait en dire autant de nos jours à propos de ce qui s'écrit sur les « réseaux sociaux », qu'on ne qualifie plus de « littérature de ragots » mais de « fake news »…

été utilisée pour tracer le portrait de Soubise. Tout au plus peut-on se contenter de considérer les soubisades comme ce qu'elles sont, des réponses émotives à un fait d'actualité. Elles en ont les caractères constants : superficielles, pas d'analyses, recherche d'un bon mot, et un coupable de circonstance jeté à la vindicte publique. Fluides, ces attaques ne durent que le temps de l'actualité. Anonymes, enfin : qu'elles émanent des salons, des publicistes ou des poissardes de la halle, de la cour ou de la rue, elles ne peuvent être renvoyées qu'à ce qu'elles sont, une bassesse. Méritent-elles d'être lues ? Au moins Maurepas, ancien secrétaire d'État à la Marine, en disgrâce depuis 1749, s'est-il attaché à collectionner – avec beaucoup d'autres – ces libelles, en forme de moquerie contre le général vaincu :

« Entrez, entrez, s'écriait un fripier,
J'ai des habits à la Soubise !
Au diable dit un officier,
Qui voudrait donner un denier
De si chétive marchandise ;
Le fripier qui l'entend aussitôt lui répond :
Monsieur, vous vous trompez, j'en connais la facture,
Je vous garantis que ce sont
Des habits à plate couture. »

Parfois aussi, presque en forme d'éloge adressé au vainqueur :

« Frédéric, combattant et d'estoc et de taille,
Quelqu'un au fort de la bataille,
Vint lui dire : Nous avons pris…
Qui donc ? – le général Soubise. –
Oh ! morbleu, dit le roi, tant pis !
Qu'on le relâche sans remise.
Je connais du sujet l'importance et le prix ;
Et sa présence ici me deviendrait contraire,
Au lieu qu'il m'est très nécessaire
À la tête des ennemis. »

Mais plus souvent les soubisades associent directement le prince et la marquise, ainsi dans ce couplet, parfois attribué au jeune Louis-Joseph Timoléon de Cossé-Brissac, fils du maréchal de Brissac, mort en 1759 des suites des blessures reçues lors de la bataille de Rossbach :

« En vain vous vous flattez, obligeante marquise,
De mettre en beaux draps blancs le maréchal de Soubise ;
Vous ne pouvez laver, à force de crédit,
La tache qu'à son front imprime sa disgrâce.
Et quoi que votre faveur fasse,
En tous temps on dira ce qu'à présent l'on dit :
Que si Pompadour le blanchit,
Le roi de Prusse le repasse. »[44]

44. François Xavier Testu, *Le Bouquin des méchancetés et autres traits d'esprit*, Paris, Robert Laffont, coll. Bouquins, 2014, p. 175. Testu, en note, reconnaît que le prince de Soubise « n'était pas un général aussi nul que l'ont dit les chansons du temps ».

Ou encore, cette autre soubisade attribuée par Barbier à la Dauphine :

« Delphine à Pompadour a tenu ce propos :
Madame, désormais, si vous voulez m'en croire,
Vous vous contenterez, pour votre propre gloire
De faire des fermiers et non des généraux. »[45]

Si la réputation du prince est directement atteinte, du moins sa carrière n'a-t-elle pas vraiment souffert de l'échec de Rossbach. Sans doute la marquise de Pompadour, ennemie farouche de Frédéric II, s'effondre et sanglote en apprenant la nouvelle de la défaite, mais elle s'est vite reprise. Seul, Bernis, l'un des auteurs de l'alliance autrichienne, écrit à un ami qu'il est « *presque mort de honte et de douleur* ». Mais passée l'émotion, ni le Roi, ni la marquise de Pompadour ne lui a fait mauvais accueil à son retour à Paris, le 21 février 1758. Louis XV est à Choisy, où le prince se rend dès le 22 : le roi le reçoit « à l'ordinaire »[46]. Le duc de Croÿ témoigne : « *Autant il aurait été mal reçu du peuple de Paris qui était furieux contre lui, autant il fut bien reçu dans l'intérieur. Loin de le gronder, il ne fut question que de le consoler. Il parut, comme de raison, fort affligé, et on l'accabla d'amitiés* ». Soubise lui-même parle de la bataille avec le duc, « *me disant que, sévère comme je l'étais sur les principes, j'avais dû bien le blâmer. Je lui répondis que je l'avais blâmé que de n'avoir pas eu la fermeté d'en imposer à M. de Saxe-Hildburghausen, tout son supérieur qu'il était, et de l'avoir suivi contre son propre gré* » et que d'ailleurs « *j'avais senti et dit combien il était à plaindre, et cela était vrai. Il me réembrassa et continua à me parler guerre* »[47].

En vérité, Soubise n'a perdu aucun crédit à la Cour, au moins auprès de la favorite et de Louis XV. Au milieu du XIXe siècle, c'est à peu près tout ce que retient Sainte-Beuve, présentant à ses lecteurs des *Lundis*, le recueil manuscrit de la correspondance de Bernis, il écrit : « *le roi aime M. de Soubise* », et reprenant le propos de Pâris-Duverney, « *il voudrait le mettre à portée d'avoir sa revanche du 5 novembre, voilà la vérité* »[48]. Il est vrai, note encore Barbier, que « *le crédit de Madame la marquise de Pompadour est au plus haut point ; les ministres, dit-on, vont lui rendre compte de tout avant qu'il en soit question au Conseil. Elle se mêle du militaire et de toutes les affaires d'État* »[49].

1758-1759. Regards sur Rossbach et la guerre

Les batailles de Rossbach et Leuthen n'ont pas achevé la guerre. Après la pause des quartiers d'hiver, les opérations militaires ont repris, avec en 1758 une victoire de Soubise à Lützelberg, le 10 octobre, puis en 1759, avec une grosse défaite à Minden le 1er août… La durée de la guerre, et ses conséquences pour les pays qui la conduisent et les pays qui la subissent, ne laissent pas les contemporains indifférents, on s'en doute. Les historiens immédiats

45. Pour toutes les soubisades citées, sauf ci-dessus, voir Émile Raunié, *op. cit.*
46. *Journal de Barbier*, *op. cit.*, t. VII, p. 16.
47. Duc de Croÿ, *Journal inédit du duc de Crouÿ*, Paris, Flammarion, 1906, t. 1, p. 420-421.
48. Charles Augustin Sainte-Beuve, *Causeries du Lundi*, Paris, Garnier, s.d., tome VIII, p. 25.
49. *Ibid.*, p. 17-18.

des événements traduisent une nette lassitude. Ainsi le Prussien Johann Friedrich Seyfart qui rédige une histoire de la guerre en 1756 et 1757, achevée le 20 mars 1758 si l'on en croit la préface de sa première édition, qu'il conclut sur un appel pressant à la paix : « *Mon vœu, enfin, serait que le Dieu de la Paix veuille rendre très prochainement à la patrie allemande* (*dem deutschen Vaterland*) *cet état de paix si favorable au développement des connaissances et à la croissance des Arts et des Sciences* » – la patrie allemande, l'autre mot important de cette espérance[50]. Ou le Français Jacob-Nicolas Moreau, rédacteur entre 1755 et 1759 d'un périodique, *L'Observateur hollandais*, et en 1757 d'un ouvrage intitulé *L'Europe ridicule, ou Réflexions politiques sur la guerre présente*, violemment anti-anglais, mais qui en appelle lui aussi à la fin de la guerre, et espère qu'il y ait toujours dans les cœurs des hommes « *de la Clémence et de la Générosité* »[51]...

Pour évaluer l'actualité immédiate de la défaite, nous avons retenu quatre regards, qui ne sont pas choisis au hasard. Leurs approches, très différentes de nature, ont en commun de prendre de la hauteur par rapport à la bataille elle-même, et de livrer une pensée qui, plutôt que sur la seule défaite de Rossbach, porte sur l'ensemble des événements d'une guerre encore inachevée. Le premier d'entre eux, Dumouriez – le futur général –, alors simple capitaine, est obsédé par les responsabilités d'une défaite militaire dont il ne recherche pas les causes profondes ni les effets lointains, mais se contente d'accuser les généraux français. Le deuxième, Voltaire, y trouve le support d'une très haute condamnation intemporelle de la guerre, mais pas exactement celle qui est en cours. Le troisième, Gottlob von Justi, qui approche une vision du bouleversement futur des équilibres européens au profit de la Prusse qui doit résulter des victoires de 1757, se laisse gagner par l'utopie. Le quatrième, un poète anacréontique allemand gagné par un patriotisme naissant, Johann Wilhelm Ludwig Gleim, écrit en l'honneur du roi de Prusse une étonnante série de « Chants de Guerre » – *Kriegslieder* –, dont un « Chant de victoire » – *Siegeslied* – sur la bataille de Rossbach.

Le militaire, Dumouriez. « La Galerie des aristocrates militaires »

Ouvrons d'abord une *Galerie des aristocrates militaires* que le général Dumouriez publie en 1790[52]. Écrit dans les années qui suivent immédiatement la guerre, mais sur l'expérience immédiate des événements qu'il vient de vivre, l'ouvrage n'est alors pas publié par son auteur. Jeune officier, destiné à être réformé – c'est fait en 1762, après avoir reçu la croix de Saint-Louis – il avait d'abord accompagné son père, commissaire des guerres, successivement attaché au service du comte de Saint-Germain, du duc de Broglie, du comte de Pisa lieutenant-général de l'armée autrichienne qu'il accompagne jusqu'au siège de Brême. En 1758, le voici cornette de cavalerie dans le régiment d'Escars, au repos en Normandie où il se refait après les pertes subies à

---

50. Johann Friedrich Seyfahrt, *Geschichte des im 1756 und 1757 sten Jahre in Deutschland und dessen an gränzenden Ländern geführter Krieges*, Francfort et Leipzig, s.e 1759, Prologue, p. 6.

51. Jacob-Nicolas Moreau, *L'Observateur hollandais...*, La Haye, 1758. « Quarante-quatrième lettre, 18 octobre 1758 », p. 47-48.

52. Général Dumouriez, *Galerie des Aristocrates militaires et mémoires secrets*, Londres et Paris, chez Les Marchands de nouveauté, 1790.

la bataille de Rossbach, à laquelle lui-même n'a pas pris part, et retourne en Allemagne à la fin de l'année, au moment où il reçoit son brevet de capitaine. Plusieurs fois blessé dans des opérations mineures en 1759, il est présent aux grandes batailles de l'année 1760, en particulier Clostercamp – encore six blessures vives et treize contusions, le bras cassé, un doigt de la main droite emporté – et de 1761, en particulier Willingshausen[53]. Lorsqu'il écrit sa *Galerie des aristocrates militaires*, il parle de ce qu'il connaît.

Le titre est très clair : il s'agit des officiers généraux portés à leur grade grâce à leur naissance, et non en reconnaissance de leurs mérites, sans aucun doute l'un des problèmes majeurs du système militaire français. C'est le jugement amer d'un combattant courageux et officier subalterne vaincu. Il y porte un regard impitoyable sur l'ensemble de ceux qui ont exercé les commandements d'armée pendant la guerre de Sept Ans, ce qu'annonce une citation extraite de *Don Carlos, prince of Spain*, pièce de Thomas Otway, auteur dramatique de la seconde moitié du XVIIe siècle, qu'il traduit assez librement : « *Conseillé par des fous et servi par les poltrons, Louis XV a reçu les plus sanglants affronts* ». On comprend facilement que le livre ne soit pas publié au moment où la France sort tout juste de la guerre de Sept Ans, d'autant plus que Dumouriez cherche à la même époque à attirer l'attention de Choiseul, ce n'est pas le moment de provoquer les foudres des maréchaux ou lieutenants-généraux, toujours puissants en cour, dénoncés dans cette cohorte de « fous » placés au commandement des armées presque interdit aux officiers de petite naissance. Dumouriez lui-même a une carrière militaire à conduire, mais lente, accidentée, besogneuse, jusqu'à ce qu'il attire, à Cherbourg, l'attention de Louis XVI, le roi qui aimait la mer… En 1790, les temps ont bien changé, et l'on peut dénoncer les faveurs d'une aristocratie bientôt mise en pièces.

Dans cette *Galerie*, un brûlot, le jeune Dumouriez ne s'étend pas sur les événements de la guerre. Il ne retient qu'une cause de la défaite : la faiblesse du commandement. « *Il s'est fait peu de guerres avec aussi peu de conduite, aussi peu de courage, aussi peu d'honneur, aussi peu de plans assurés.* » Ce qui ne tient, à ses yeux, qu'au système de désignation des généraux, qui ne repose jamais sur leur valeur. Il dénonce « *les cabales de Cour, les changements fréquents de ministres et de généraux, l'influence imprudente, indécise, et toujours despotique et déplacée, de la maîtresse du roi, l'indiscipline des armées françaises, le trop grand nombre et l'avidité des officiers généraux, la profusion de la dépense, le luxe et les voleries nécessaires pour le soutenir, soit à l'armée, soit à Paris ; voilà les principales causes des disgrâces flétrissantes dont la nation française a été accablée dans le cours de cette guerre également funeste et honteuse…* ». C'était, en quelque sorte, la *vox populi*. Contre ces officiers, le prince Ferdinand de Brunswick, dont on peut prédire « *qu'il sera un jour un des plus grands capitaines d'Europe* », et Luckner, « *fameux partisan […] et celui qui a le plus profité de la guerre par sa vivacité à nous inquiéter* », trouvent grâce aux yeux de Dumouriez. Le premier doit peut-être son commandement à sa naissance, mais tous deux ont démontré leurs mérites. Par opposition, les Français n'ont été que de

53. Voir Jean-Pierre Bois, *Dumouriez, Héros et Proscrit*, Paris, Perrin 2005.

« *grands seigneurs ignorants, cabaleurs, avides d'argent, amollis par le luxe, ne doutant de rien, éloignés des lois de l'honneur, affichant tous les vices et méprisant cette austérité de mœurs qui est le principe des vertus mâles et vigoureuses qui font les grands hommes* ». Suit une série de portraits personnels, « *liste nombreuse d'officiers généraux inutiles, à charge ou dangereux* »[54].

N'échappent vraiment à la critique que le maréchal d'Estrées, qui « *avait fait son apprentissage sous le fameux, l'immortel maréchal de Saxe* », et le maréchal de Contades, lui aussi « *l'un des meilleurs élèves du maréchal de Saxe* »[55] – ce qui, d'ailleurs, n'a pas été démontré par la suite de la guerre. Quant aux autres... Les princes du sang ne font qu'alourdir et affamer l'armée par leurs équipages et leur luxe funeste, le comte de Clermont est « *sans talent* » ; le maréchal de Richelieu, créature de la marquise, un incapable, qui n'a pas su désarmer l'armée de Cumberland après Closter-Seven, et a dispersé ses troupes de Cassel à la Frise uniquement pour pouvoir rançonner, piller, réquisitionner, « *de sorte que de cent mille hommes qui composaient son armée, il n'en avait nulle part dix mille ensemble* », « *un homme fort dangereux dont l'esprit et les talents sont aussi nuisibles que la sottise et l'ignorance de ses successeurs* » ; le comte de Mortagne « *a la tête très forte et le cœur très mauvais* » ; le comte de Stainville, frère du duc de Choiseul, n'a comme mérite que sa parenté ; le marquis de Poyanne, commandant les carabiniers, « *est un matamore* » qui « *a affermé la dépense du corps qu'il commande et s'en est fait soixante mille livre de rente [...], moyen honteux pour un homme de guerre. Du Guesclin, Bayard, Coligny ! Que diriez-vous en voyant dans le siècle tout devenir le prix de l'argent, jusqu'à l'honneur* » – ce qui va plus loin qu'une simple critique des capacités militaires[56]. Mais le plus grand coupable est le maréchal de Soubise, auquel est réservée une place de choix dans ce réquisitoire. Il est directement responsable du « *mauvais destin de la France* », par « *la fureur* » qu'il a montrée de commander les armées, vaincu à Rossbach où « *peu d'armées ont été aussi mal conduites* »[57]...

Dumouriez en trace un portrait contrasté, lui reconnaissant des qualités humaines qui sont bien celles d'un homme de Cour accompli : « *Le prince de Soubise était le plus riche seigneur de la France, beau-père du prince de Condé, ami du Roi ; il avait des vertus civiles, de la générosité, de la politesse, de la douceur dans ses protections, enfin toutes les qualités sociales qui convenaient à sa naissance* », mais « *son ambition a produit en lui un changement désavantageux, il est devenu courtisan de la marquise* », ce qui résume tout. « *Comme général, il est brave, infatigable, désintéressé, exact sur la discipline, mais il est ignorant.* » De là le jugement porté sur son armée dans une formule percutante : « *c'était une armée de Titans, beaucoup de bras et point de tête* ». Passons sur le récit de la bataille de Rossbach : « *Il fut battu en un moment, avec une déroute complète, et des circonstances les*

54. Dumouriez, *Galerie...*, *op. cit.*, p. 2.

55. *Ibid.*, maréchal d'Estrées, p. 11-13 ; maréchal de Contades, p. 35.

56. *Ibid.*, comte de Clermont, p. 18 ; maréchal de Richelieu, p. 19 ; comte de Stainville, p. 96 ; marquis de Poyanne, p. 97.

57. *Ibid.*, prince de Soubise, p. 117-153.

plus flétrissantes pour la nation française. […] La retraite fut encore plus honteuse que la bataille ». Dumouriez suit alors Soubise jusqu'à la fin de la guerre, dénonce en 1758 l'usurpation de gloire aux dépens de Chevert, ce « *vieux Nestor de l'armée française* », victime de sa naissance obscure[58], et en 1760 la jalousie qui a opposé le prince au maréchal de Broglie, pour conclure en spéculant sur l'avenir : « *Le prince de Soubise est malheureusement encore jeune et robuste* [âgé de cinquante ans en 1765]. *Il est à craindre que le cri général de la nation, les preuves répétées de son ignorance et de son guignon, et la conviction du tort qu'on se fera en l'employant, ne suffisent pas vis-à-vis de la Cour s'il vient une guerre. Ce général est un fléau national* ».

En s'en prenant à l'incapacité des généraux d'armée, en opposant la naissance au talent – Soubise à Chevert – ou au vice de forme qu'est l'intrusion de la Cour, et en particulier de la favorite dans la conduite de la guerre et le choix de ceux auxquels on confie les armées, Dumouriez limite son analyse à un regard étroit, qui pouvait être celui de beaucoup d'officiers français, sans l'élever à une analyse plus profonde de la société française ou du fonctionnement général de l'État au temps des Lumières.

Le philosophe, Voltaire. De La Tulipe à Candide, l'intemporalité de la guerre

À l'inverse, c'est bien en homme des Lumières que réagit Voltaire, le plus illustre des témoins de la guerre de son temps, et l'ami de Frédéric II, mais toujours ambigu.

Il semble aller dans le même sens que Dumouriez, avec une soubisade qu'on lui attribue, la seule qui mérite d'être retenue, et ne puisse être lue sans émotion : « *Les amers reproches de La Tulipe à Madame de Pompadour* ». La Tulipe s'adresse directement à la marquise, qu'il accuse, avec une force poignante, d'avoir causé la mort de son capitaine par la nomination de « *certain général archifou* », directement nommé peu après, « *Soubise, cet incapable ! Ce filou !* ». Mais c'est bien la marquise qui est attaquée, plus que Soubise, et d'une manière plus générale la guerre elle-même, et les morts qui l'accompagnent dans un « *ruisseau de sang* »[59]. Le même Voltaire adresse pourtant à Frédéric II, dès le 22 novembre 1757, une courte lettre agrémentée de quelques vers dithyrambiques, se disant « *être fâché du malheur des Français* » et cependant attaché « *à applaudir* » aux « *admirables actions* » du roi[60].

Deux ans après, toujours en ce temps immédiat de la guerre, le philosophe des Lumières a changé l'angle d'analyse d'une guerre marquée par plusieurs grandes défaites. Ce n'est pas une pensée divergente des analyses militaires ou politiques qu'on peut en faire, elle est plutôt de nature différente. La guerre devient le support d'une réflexion morale intemporelle. Voltaire n'évoque ni les causes, ni les enjeux politiques, ni les étapes de son déroulement, ni ses conséquences à moyen ou long terme, lorsqu'il donne en 1759 son conte *Candide ou*

58. *Ibid.*, Chevert, p. 133-134.

59. Henri Duranton, *Poèmes satiriques du XVIIIe siècle*, site de l'Université Jean Monnet, Saint-Étienne, 2012.

60. *Correspondance de Voltaire*, Bibliothèque de la Pléiade, Lettre de Voltaire à Frédéric II, 22 novembre 1757, vol. IV, p. 1156-1157.

l'optimisme[61]. Au fond, s'il n'a pas écrit l'article « Guerre » de l'*Encyclopédie*, confié à Jaucourt, Voltaire, marqué par la relation passionnée mais compliquée qu'il entretient avec la Prusse, mais habitant désormais en Suisse, lui substitue le récit de bataille qui constitue le troisième chapitre de ce conte, en réalité une condamnation de portée universelle, et applicable à tous les temps.

Mais il s'agit bien de la guerre en cours. Le conte commence à être diffusé dans l'édition de Genève en février 1759. Le livre paru, Voltaire l'envoie à Pierre Rousseau, fondateur et éditeur à Liège du *Journal encyclopédique*, pour qu'il en parle dans sa publication, et en envoie en Allemagne un certain nombre d'exemplaires, car il sait que parmi ses lecteurs il comptera Frédéric II, avec beaucoup des officiers, prussiens ou français, qui prennent part à la guerre, et sont ouverts à la pensée des Lumières. Un sous-titre postérieur le dit « traduit de l'allemand de Mr le Docteur Ralph, avec les additions qu'on a trouvées dans la poche du docteur lorsqu'il mourut à Minden, l'an de grâce 1759 » – le sous-titre est donc écrit après le 1er août, mais le conte était écrit avant. Le récit de la bataille entre Bulgares et Abares, qui ouvre presque le livre, l'un des épisodes qui émaillent le destin philosophique de son héros, renvoie donc à une bataille antérieure à celle de Minden, antérieure même à celles de l'été 1758 si l'on en croit Formey qui indique que Voltaire aurait écrit le conte à Schwetzingen, petite ville proche de Mannheim, à la fin du mois de juillet de cette année, au cours d'un séjour qu'il fait chez l'Électeur palatin. Il s'agit donc de Rossbach – ou Leuthen, on ne sait. Une référence, ou plutôt un prétexte : la réflexion du philosophe porte en réalité sur une bataille qui n'a ni lieu ni temps.

Ni lieu ni temps, mais son décor est bien fixé. La bataille entre Bulgares et Abares, respectivement les Prussiens et les Français, est localisée en « Vestphalie », Candide est recruté comme un vagabond trompé par les propos fallacieux de deux recruteurs « habillés de bleu » – la couleur de l'habit des recruteurs des Prussiens ; il est cruellement malmené dans son passage au régiment ; enfin pris dans la bataille par circonstance, sans expérience, sans formation, sans savoir pour quelle cause ni pour quel roi il combat. Tout se déroule comme un spectacle bien réglé : « *Rien n'était si beau, si leste, si brillant, si bien ordonné que les deux armées. Les trompettes, les fifres, les hautbois, les tambours, les canons formaient une harmonie telle qu'il n'y en eut jamais en enfer* ». En un instant, les canons et les baïonnettes font trente mille morts, au canon, au feu de la mousqueterie, à la baïonnette, « boucherie héroïque » que chacun considère comme une victoire. Le pays que traverse Candide immédiatement après s'être éloigné du champ de bataille est décrit sous la simple forme d'un constat sans émotion des lois violentes de la guerre : « *Il passa par-dessus des tas de morts et de mourants : c'était un village abare que les Bulgares avaient brûlé, selon les règles du droit public* », ce sont des vieillards massacrés, des mères égorgées, des filles violentées ; le spectacle est le même dans un village bulgare détruit par les Abares. Une épouvantable tuerie pour une bataille sans objet.

61. Voltaire, *Candide ou l'optimisme. Traduit de l'Allemand de M. le docteur Ralph*, s.l. (Genève, Cramer, 1759). Édition utilisée, Paris, Garnier, 1964, p. 137-283.

Voltaire décrit donc la cruauté et l'absurdité de la guerre, en faisant le constat que l'homme est capable de commettre des atrocités incompatibles avec l'humanisme du siècle des Lumières, et utilise la guerre comme argument contre la philosophie optimiste du docteur Pangloss, celle du « meilleur des mondes ». Mais on doit se demander si ses acteurs ont perçu la guerre de la même façon que le philosophe, qui, au fond, décrit une guerre qui n'existe plus – ou du moins dont les deux derniers épisodes, la sauvagerie du duc de Cumberland en Écosse après Culloden en 1746, et la mise à sac de Berg-op-Zoom par Löwendal en 1747, ont profondément choqué une opinion par leur caractère devenu inhabituel. La guerre du XVIIIe siècle n'est plus celle des siècles précédents. Les mouvements de troupes sont réglés, on marche, on campe, on attend, on cherche l'ennemi, on cherche une position, et parfois mais rarement, on livre une bataille rangée, au terme de laquelle on fait des prisonniers, qu'on enrôle ou qu'un peu plus tard on échange. C'est la description qu'en donne dans les lettres qu'il adresse à son ami, Antoine Rigobert Mopinot de la Chapotte officier du régiment de Cavalerie Royal-Dauphin, qui n'était pas à Rossbach, mais à Lützelberg, en octobre 1758[62].

On peut convenir que la violence dans le déroulement des combats est bien celle que décrit Voltaire – ce que confirme, par exemple, un volontaire suisse de l'armée prussienne, Ulrich Bräker, à propos de la bataille de Lobositz à laquelle il a pris part, au cours de laquelle il note que ses camarades de combat prussiens ou brandebourgeois n'ont plus rien d'humain[63]. Mais la description de la guerre entre les batailles que laisse le philosophe relève plutôt des « malheurs de la guerre », ceux qu'avait causés la guerre de Trente Ans, dénoncés par Jacques Callot ou Grimmelshausen. Callot, dessinateur et graveur lorrain, donne en 1633 dix-huit eaux-fortes, *Les Misères et malheurs de la guerre*, qu'il a vus commis en Lorraine par les soldats suédois ou polonais qui la parcourent alors[64]. Grimmelshausen, qui a également vécu les atrocités de cette guerre, fournit en 1668 un témoignage presque autobiographique dans *Les Aventures de Simplicius Simplicissimus* un jeune paysan naïf, innocent, vagabond – une sorte de Candide du XVIIe siècle, qui serait le témoin des pires exactions de la soldatesque[65]. Loin d'être intemporels, ces témoignages ont alors une actualité historique réelle, toujours présente dans les mémoires, comme le choc sur les consciences d'un temps épouvantable de transgression et de recul d'humanité, mais ce temps est révolu. Sans doute, les diplomates et les gazetiers qui décrivent la guerre, et cherchent à l'expliquer, au moment même où elle se déroule, renvoient à la position de garants des traités de 1648 qu'avaient alors reçue la France et la Suède. Voltaire, lui, se donne une dimension intemporelle, il s'exprime au nom de la

---

62. Jean Lemoine, *Sous Louis le Bien-Aimé*, *op. cit.*

63. Ulrich Bräker, *Lebensgeschichte und natürliche Ebentheuer des Armen Mannes im Tockenburg*, Zürich, H.H. Füssli, 1789, ch. LV, *Die Schlacht bey Losowitz*, p. 151-156. Voir Sven Externbrink, « Ils se sont battus comme des enragés. La guerre de Sept Ans vue par des officiers français », dans *Voyageurs européens sur les chemins de la guerre et de la paix…*, *op. cit.*, p. 183-196.

64. Jacques Callot, *Les Misères et les mal-heurs de la Guerre, 1633*, dans *Jacques Callot et son temps*, Nantes, Musées départementaux de Loire-Atlantique, 1992.

65. Édition de référence, Jakob Grimmelshausen, *Les Aventures de Simplicius Simplicissimus* ; tr. de Michel Coleville, Paris, Aubier, 1951.

raison et de l'humanité, en s'en rapportant à des malheurs de la guerre qui, au fond, n'existent plus au milieu du XVIIIe siècle[66]. Les contributions et les pillages exercés par les maraudeurs du maréchal de Richelieu n'ont jamais été accompagnés de telles violences, les prisonniers ramenés le 6 novembre 1757 à Mersebourg n'ont pas été massacrés, les blessés ont été soignés… La dénonciation de la guerre par Voltaire reçoit une valeur conceptuelle et morale, et une portée universelle.

Curieusement, le baron de Grimm, dans sa *Correspondance littéraire*, juge très sévèrement *Candide*, que la postérité recevra comme « *un ouvrage de jeunesse* », qui « *ne soutiendrait pas une critique sérieuse* », écrit-il dès février 1759 sans avoir rien vu de la profondeur de l'ouvrage[67]. Si le bâton de maréchal de Löwendal est assombri par le sac de Berg-op-Zoom, celui de Soubise n'est assombri que par la fuite de l'armée de Rossbach. Ce n'est pas vraiment comparable. Sur le ton de l'évidence et de la naïveté, les violences de la guerre dont le jeune Candide est le témoin ne sont que le prétexte de la mise à l'épreuve des théories de Pangloss, et quelques-uns seulement des faits dont l'accumulation tout au long du récit répond aux spéculations sur l'origine et la signification du mal.

N'y aurait pas, alors, du sens à s'interroger sur la lettre que Voltaire adresse le 10 février 1758, de Lausanne, à François Antoine Chevrier qui vient de lui adresser son ouvrage, *Suite des Mémoires pour servir à l'Histoire de notre tems par rapport à la Campagne de MDCCLVII, où l'on voit les circonstances qui ont précédé, accompagné et suivi la Battaille de Rosbach* : « *Votre ouvrage m'a fait un très grand plaisir ; il me paraît avec une liberté d'honnête homme et avec vérité […]. M. le Prince de Soubise est un homme plein de sagesse et de valeur ; il y a très grande apparence qu'il réparera tout, quand les opérations dependront de luy seul…* »[68].

Le juriste, Gottlob von Justi. Un utopiste de la Paix perpétuelle…

Il faut se tourner vers un juriste allemand, Johann Heinrich Gottlob von Justi, pour avoir, dès 1759, une appréciation, que les deux siècles suivants ont d'ailleurs largement confirmée, de ce qu'on pourrait appeler la portée majeure de cette bataille de Rossbach, vue non pas comme une défaite de la France, mais une victoire de Frédéric II et de la Prusse. Et plus qu'une victoire militaire, c'est une victoire politique majeure, autant par ses conséquences immédiates que plus lointaines, sans surprise alors mieux perçues par un observateur allemand que par un philosophe français. C'est de Rossbach, victoire doublée par celle de Leuthen, confirmée par les traités de 1763, que date l'ascension de la Prusse comme seconde grande puissance de l'Empire, devant tous les autres États allemands – la Bavière, qui avait eu

66. Voir Ralf Pröve, « Le Tourisme de Guerre au XVIIIe siècle. Typologie des modes de perception de l'Armée et de la Guerre dans les témoignages des contemporains », dans *Les Voyageurs européens sur les chemins de la guerre…, op. cit.*, p. 157-168.

67. Melchior Grimm, *Correspondance littéraire, philosophique et critique…* Paris, Longchamps et Buisson, 1813, tome 2, p. 388-392 (mois de février 1759).

68. Antoine-François Chevrier, *Suite des Mémoires pour servir à l'Histoire de notre tems par rapport à la Campagne de MDCCLVII, où l'on voit les circonstances qui ont précédé, accompagné et suivi la Battaille de Rosbach*, Francfort, s.e., 1758.

des prétentions impériales avec Charles VII, la Saxe, qui avait réussi à s'augmenter d'une couronne royale, celle de Pologne, qu'Auguste III aurait bien voulu rendre héréditaire, un peu sur le modèle du Hanovre dont l'Électeur devient avec George III, en 1760, un roi d'Angleterre un peu plus anglais qu'allemand[69].

La naissance de cette nouvelle puissance dans la *Mitteleuropa* avait modifié de fond en comble l'équilibre de l'Europe, cet équilibre si difficilement mis en place à Utrecht en 1713, mais alors une Europe où la Prusse, nouveau royaume pour le roi Frédéric Ier, n'était qu'une puissance d'appoint. C'est, ce qu'elle est restée pendant tout le règne de Frédéric-Guillaume, roi-sergent mais jamais roi de guerre. C'est aussi une Europe dans l'histoire de laquelle n'était jamais intervenue la Russie, qui annonçait en 1747 des troupes pour force d'appoint au service de la France, intervention précédée par la paix d'Aix-la-Chapelle. Son rôle ne devient décisif que dans la guerre suivante, en faveur de Frédéric II vainqueur, en définitive, grâce au changement d'alliance brutal et inattendu de Pierre III dans les premiers mois de 1762, et au retrait de la Russie voulu par Catherine II après le renversement puis l'assassinat de son époux.

Que les données générales de l'histoire européenne aient changé après les deux victoires prussiennes de l'automne 1757, c'est bien ce que pressent Gottlob von Justi, fort bon connaisseur de toute l'Europe du Saint-Empire. C'est un personnage très contrasté, desservi par un caractère hautain, inconstant, parfois violent, mais servi par une énorme capacité de travail, une plume claire et élégante, des connaissances étendues, tout à la fois chimiste et minéralogiste, juriste et économiste, homme à tout faire de la science – et administrateur pas toujours très honnête. Né en 1717 à Brücken, dans le duché d'Anhalt, il est formé à l'université d'Iéna, où il se fait remarquer encore jeune pour sa thèse sur l'Économie politique, puis à l'université de Leipzig, où il séduit, épouse et abandonne une jeune paysanne... Heureusement, sa thèse lui avait valu des protections à Vienne, où il espère obtenir une chaire au *Theresianum*, ayant abjuré le luthéranisme pour y parvenir, mais n'obtenant qu'un poste de conseiller dans les mines. Cette fonction administrative lui permet de visiter l'Autriche et la Hongrie entre 1751 et 1754, et de nouer des rapports avec Haugwitz dont les réformes administratives l'inspirent beaucoup. Disgracié pour son caractère, il passe à Erfurt, puis en 1755 à Göttingen où il vient d'être élu à l'Académie de la ville. Il y professe des cours d'économie politique et des cours d'histoire naturelle, il travaille au journal de la ville, célèbre dans toute l'Europe. En 1757, il est au cœur de l'Allemagne parcourue par la guerre. Dès 1758, il se met au service du Danemark, puis de la Prusse en 1760. Plus tard membre de l'Académie des Sciences de Berlin, de l'Académie électorale de Mayence, de la *Royal Society* de Londres, de l'Académie de Saint-Pétersbourg il est un scientifique réputé pour ses très nombreuses publications ; il alterne des travaux de valeur et des querelles et quelques malversations qui lui font achever sa vie en prison, à Custrin, où il meurt en 1771. Il laisse de remarquables travaux scientifiques ou économiques. En 1756, une traduction de *La noblesse commerçante* de l'abbé

69. Voir, sur ce point de vue, Heinz Schilling, *Höfe und Allianzen ; Deutschland (1648-1763)*, coll. Das Reich und die Deutschen, Berlin, Siedler Verlgag, 1989, p. 460 *sqq*.

Coyer, en 1757, un *Traité de minéralogie*, dans lequel il prétend corriger Linné, en 1758 un *Traité sur les monnaies*[70].

En 1759, l'année de *Candide*, il publie, à Altona, petite ville du territoire hanséatique libre de Hambourg, un petit livre intitulé *Die Chimäre des Gleichgewichts von Europa* (*La chimère de l'équilibre de l'Europe*)[71]... Le mot « chimère », que Justi revendique[72], avait été celui dont on avait qualifié dès sa parution en 1713 le *Projet de Paix perpétuelle* de l'abbé de Saint-Pierre, qui se fondait sur l'immuabilité du nouvel équilibre auquel il prétendait atteindre, « Gleichgewicht », ou « balance des forces », selon l'expression tirée du traité ancien de Trajano Boccalini, *La Bilancia politica*[73], auquel Saint-Pierre renvoie dans sa préface de 1717, et traduction du titre de l'ouvrage par les auteurs des *Annales typographiques* qui en rendent compte en 1761. Cette publication, fondée en 1757, par Morin d'Hérouville, alors dédiée au duc de Bourgogne proposait une intelligente recension d'ouvrages qu'on appellerait aujourd'hui de « sciences politiques », dont beaucoup sont écrits dans l'Allemagne des Lumières[74].

Le point de départ de l'ouvrage de Justi est le désir de proposer, au fléau de la guerre dont il voit les effets autour de lui, une réponse plus utile que la dénonciation de Voltaire. Mais, lecteur manifeste de l'abbé de Saint-Pierre[75], il en partage l'esprit utopique. Il se fait presque, avec ce petit ouvrage, un continuateur, ou un rénovateur du *Projet de Paix perpétuelle*, dont Rousseau propose en 1761 dans son *Extrait*, un exposé enfin lisible, avec une audience que n'avait pas connue son auteur. Cependant, en donnant au concept de paix une dimension beaucoup plus large que l'absence de guerre, il en fait un principe juridique et une exigence morale qui recouvre autant l'état social que politique, le philosophe ne renvoie ni à la guerre en cours, ni à l'avènement de la puissance prussienne[76]. Retenons que l'*Extrait* a été écrit et pensé par Rousseau dans les années de la guerre de Sept Ans, exactement comme *Candide* l'a été par Voltaire, et comme *La chimère de l'équilibre de l'Europe* de Gottlob von Justi. Mais également lecteur de Montesquieu ou Pufendorff, Justi ne se perd pas dans la philosophie politique ou la morale, il cherche concrètement le moyen de passer de la guerre à la paix, dans un traité que son titre renvoie aux utopies qui l'ont précédé.

Ce que l'on doit ici retenir de cette « *Chimäre* » n'est d'ailleurs pas la solution que préconise son auteur, la création de « monarchies commerciales »

70. Voir Michaud, *Biographie universelle ancienne et moderne*, Paris, Plon, tome XXI, p. 360-361, qui mentionne les ouvrages cités, mais non *La Chimère de l'Équilibre*. Voir note suivante.

71. Johann-Heinrich Gottlob von Justi, *Die Chimäre des Gleichgewichts in Europa...*, Altona, David Iverse, 1759.

72. Le choix du mot, « Chimäre », qui renvoie directement au jugement de Leibniz sur le *Projet* de l'abbé de Saint-Pierre, parfois écrit Schimäre, n'est pas un hasard. La langue allemande dispose de nombreux synonymes : *Wahnbild, Trugbild, Phantasterei...*

73. Trajano Boccalini, *La Bilancia politica*, Castellana, G.-H. Widerhold, 1678 (l'auteur est mort en 1613).

74. *Annales typographiques, ou notice du progrès des connaissances humaines pour l'année mil sept cent cinquante-neuf*, Paris, Lambert et Vincent, octobre 1761, p. 370-371.

75. Jean-Pierre Bois, *L'abbé de Saint-Pierre, entre classicisme et Lumières*, Ceyzérieux, Champvallon, 2017.

76. Voir l'étude de Géraldine Pavin, « Que signifie vivre en paix pour Rousseau ? », *Dix-Huitième Siècle*, n° 43, 2011, p. 577-594.

dans l'espace de l'Empire, qui puissent, sur cette assise économique d'intérêts et d'échanges, fonder un nouvel équilibre. C'est ici l'économiste qui écrit. Il est plutôt à retenir quand il rejoint l'abbé de Saint-Pierre, en ce qu'il se montre convaincu que la puissance d'un État ne consiste ni dans l'étendue de ses provinces, ni dans le grand nombre de ses habitants, ni dans la richesse des sujets, ni dans la force des armées, ni dans le grand nombre des forteresses, mais uniquement dans la sagesse et la perfection du gouvernement. C'est-à-dire un système politique monarchique, modéré et non despotique, où le monarque règne lui-même, entouré de bons officiers et de ministres bien choisis, capables de faire régner l'ordre dans toutes les affaires, et se dit convaincu que cela n'est pas difficile... Une « chimère », le titre est bien choisi.

Mais on n'est plus sur une lecture de Rossbach. L'intérêt de son traité est surtout que Justi est alors celui qui a le mieux compris ce qu'il annonce comme une conséquence des deux victoires prussiennes de 1757, l'ébranlement de l'Europe, dans une nouvelle organisation générale de ses États à laquelle conduisent effectivement peu après les traités de 1763. L'Europe d'avant la guerre de Sept Ans comptait quatre pôles sur lesquels elle fondait son équilibre et tentait de maintenir une paix, en gros effective depuis 1713 : Vienne, Versailles, Madrid, et Londres. Justi, qui note avec exactitude l'importance primordiale du facteur militaire dans l'évolution de la balance des forces auquel il assiste, voit dès 1759, deux ans avant la signature du troisième Pacte de Famille entre France et Espagne en août 1761, que l'Europe d'après la guerre devra compter autrement ses pôles d'équilibre : Madrid aura disparu, ce sera alors Berlin, que ne soutient pas encore la Russie dont il n'était pas possible, en 1759, de prévoir le retournement de 1762. C'est sans doute ce qui explique que Justi n'annonce pas encore « l'émergence des puissances de l'Est », si clairement analysée dans un ouvrage encore récent par Hamish Scott, qui étend son regard jusqu'au premier partage de la Pologne[77], et confirmée par Ferenc Tóth dans son étude sur la guerre russo-turque des années 1768-1774[78], qui décrivent exactement la montée de la présence de Saint-Pétersbourg dans une nouvelle Europe.

Gottlob von Justi est-il aussi clairvoyant que le duc de Choiseul, lorsque, secrétaire d'État aux Affaires étrangères depuis bientôt deux ans, il écrit en novembre 1760 : « *Les colonies, le commerce et la puissance maritime qui en découle, décideront de la balance des forces sur le continent. L'Autriche, la Russie et le roi de Prusse ne sont que des puissances de seconde classe, comme celles qui ne peuvent faire la guerre que lorsqu'elles sont subventionnées par les puissances maritimes, qui sont la France, l'Angleterre, l'Espagne et la Hollande* »[79] ? Malgré la tournure de la guerre continentale, malgré Rossbach en 1757, malgré Minden en 1759, le grand ministre comprend que la mer devient exclusivement anglaise.

---

77. Hamish M. Scott, *The Emergence of the Eastern Powers, 1756-1775*, Cambridge, Cambridge University Press, 2001.

78. Ferenc Tóth, *La Guerre russo-turque (1768-1774) et la défense des Dardanelles*, Paris, Economica, 2008.

79. Hamish Scott, *op. cit.*, p. 10, s'appuie sur l'analyse d'Alan Christelow, « Economic Background of the Anglo-Spanish War of 1762 », *Journal of Modern History*, n° 18 (1946), p. 22-36, citation de Choiseul p. 26.

Le poète, Johann Wilhelm Ludwig Gleim.
La naissance du patriotisme prussien, la naissance de l'Allemagne

Il faut enfin ouvrir un dernier ouvrage, témoignage direct, et sans doute curieusement le mieux en rapport avec la destinée de la Prusse après ses victoires de 1757, bien qu'il soit relativement peu connu.

Son auteur est le poète Johann Wilhelm Ludwig Gleim, né en 1719 à Ermleben. Après des études de droit, il s'était lié vers 1740, à l'avènement de Frédéric II, à quelques jeunes poètes, Johann Peter Uz, le traducteur des *Odes d'Anacréon* en 1746, Johann Nikolaus Götz, l'un des plus célèbres anacréontiques de l'école de Halle, avant de passer à Berlin où il devient secrétaire de la cathédrale et chanoine de l'évêché protestant de Halberstadt. Il réunit autour de lui un groupe élargi d'écrivains de talent ou d'avenir, et un cercle de poètes dont il est le principal animateur. Lui-même se signale alors par des chants lyriques, des poésies à la manières de Pétrarque, des chansons de tables… Ses œuvres n'avaient connu jusqu'en 1757 qu'assez peu de succès, mais d'autres auteurs, dans son entourage, ont vite un réel rayonnement. Ainsi Friedrich Gottlieb Klopstock, l'un des précurseurs du *Sturm und Drang* ; ainsi encore, Gottfried Ephraim Lessing, saxon de naissance, qui achève sa vie en 1781 à Brunswick. Installé à Berlin en 1753, voyageant en Angleterre en 1757 et 1758, entretenant alors une correspondance active avec Gleim, Lessing revient se fixer en 1758 à Leipzig. Autour d'eux, il y a encore Karl Wilhelm Ramler qui, ayant fait ses études à Halle, devient précepteur chez la sœur de Gleim, puis professeur de logique à l'École militaire de Berlin ; et surtout, Ewald Christian von Kleist, merveilleux poète, et officier, mort des blessures reçues à la bataille de Kunersdorf en 1759. C'est lui qui dans son *Ode à l'armée prussienne* lui a ouvert la voie, et lui donne, dans ses lettres, la matière nécessaire en décrivant de manière très précise les champs de bataille et les combats. Un Cercle allemand, où se mêlent la poésie, l'armée et la guerre, la Prusse, dont tous les membres écrivent des élégies, des idylles champêtres ou populaires, une des formes littéraires de l'époque des Pré-Lumières en Allemagne.

Dans ce milieu, Gleim, en 1757-1758, se transforme de poète obscur en chantre de la guerre prussienne et des victoires de son roi, découvre le thème de la bataille, et se trouve l'un de ceux qui y voient, plus que la déroute des Français, la révélation de ce qui devient en quelques années un véritable patriotisme prussien, destiné à être le ciment d'une union des Allemands contre la domination de l'Empire. Il n'est pas exactement le premier, ni le seul. August Sauer, auteur au XIXe siècle d'une biographie de Kleist et de l'édition de ses œuvres, évoque un chant, *La bataille de Prague, 6 mai 1757*, de Georg Gottfried Rogalls, et trouve dans la correspondance de Kleist avec Herder la mention d'une petite poésie sur la bataille de Weissenfels de ce poète tout jeune encore, alors au service du roi de Prusse dans un régiment d'artilleurs puis de hussards. Bien que lui-même n'ait pas fréquenté les champs de bataille, l'œuvre de Gleim a tout de suite plus d'ampleur. Il s'impose avec éclat en publiant en 1758, des *Chants de Guerre d'un grenadier prussien sur les champs de bataille de 1756 et 1757*, destinés à devenir des chants de marche, parmi lesquels on trouve plusieurs « Chants de victoire », en particulier un très long *Chant de victoire après la bataille de Rossbach*[80]. C'est la première fois depuis que les victoires du Prince Eugène contre les Turcs se sont imposées à l'imagination collective des Européens, qu'une victoire prend possession de l'Allemagne comme nation, ou plus exactement de l'Allemagne du Nord autour de la figure de Frédéric, car s'il n'y a pas encore de nation allemande, une nation prussienne commence à s'identifier, se confondant avec son roi, son armée, ses victoires.

Un patriotisme nouveau, donc, qui se décline d'abord dans les douze chansons de marches du recueil de Gleim, qui en donne même les mélodies : la première, à l'ouverture de la campagne de 1756, donne le ton : « *La Guerre est mon chant : Puisque le monde veut la guerre, que ce soit la Guerre ! Que Berlin soit Sparte !* », et un peu plus loin : « *La mort du héros le rend immortel, / la mort pour la Patrie* » ; puis un chant de victoire après la bataille de Lobositz, pour lequel Gleim a lui-même demandé des comptes rendus et des plans à Kleist, qui y a pris part – « *Chantez, mes frères, chantez Dieu / Parce que Frédéric, l'ami des hommes / A vaincu avec Dieu !* » ; à la fin de l'année 1756, il songe à écrire des chansons sur Frédéric II lui-même, qui demande à Uz d'être celui qui chante le héros de Lobositz : « *Si vous êtes convaincu que notre Frédéric mène la guerre la plus juste qui ait jamais été conduite [...], alors vous devez chanter sur lui les Odes qu'Horace chantait pour son Auguste* »[81]. Vient ensuite le chant de bataille à l'ouverture de la campagne de 1757, un chant avant la bataille de Prague, un autre après la victoire de Prague, déjà célébrée par *L'Ode à l'armée prussienne* de Kleist, alors officier de la garnison de Leipzig, imprimée dès le 8 mai ; un chant avant la « rencontre » de Kolin, un autre après la bataille de Kolin ; un chant d'entraînement avant la bataille de Rossbach, un *Chant de victoire après la bataille de Rossbach*[82]. Dès le 14 novembre, Gleim écrit à Kleist : « *Je lis en ce moment la lettre d'un grenadier qui a chanté les chants de la victoire : c'est de la dithyrambe ; ne nous reposons pas, les Français doivent partir, ou nous les ferons danser avec nos baïonnettes* ». Le texte est communiqué à Lessing, qui suggère de lui donner un ton plus joyeux, amusé, plus facile à chanter pour les soldats quand ils marcheront. Le texte définitif est achevé le 8 décembre, mais à ce moment Gleim a déjà commencé le chant après la bataille de Lissa (Leuthen), complété ensuite avec un chant adressé à l'Impératrice-Reine après la reprise de Breslau, enfin une adresse du Grenadier à la Muse de la guerre après la bataille de Zorndorf.

Gleim n'a pas immédiatement connu le succès attendu : le 6 janvier 1758, il écrit à Kleist que « *le chant de victoire de Rossbach n'a pas plu à la cour du Prince Henri. Je ne serais pas étonné que plusieurs autres ne l'aiment pas. Il se situe entre les grandes Odes et les chansons populaires, mais n'est ni l'une ni l'autre* ». Pour compenser cette mauvaise impression, Lessing accepte d'écrire un prologue pour l'édition : il a pris son temps, son texte est

---

80. Johann Wilhelm Ludwig Gleim, *Preussische Kriegslieder in den Feldzügen 1756 und 1757, von einem Grenadier, und Melodien*, Berlin, Christian Friedrich Voß, 1758, « Siegeslied nach der Schlacht bei Roßbach (den 5ten November 1757) », p. 61-96.

81. Il s'agit de l'Ode *Quae cura Patrum*... Horace, Odes IV, 14, *Quelle attention des Pères*...

82. En annexe, le texte du *Siegeslied nach der Schlacht bei Rossbach*, traduction par Christophe Bois et Valérie Bled.

achevé et envoyé à Halberstadt le 6 août seulement, confié par Lessing à son propre éditeur, Christian Friedrich Voß. Le petit recueil paraît presque aussitôt après. Prologue aussi éloquent qu'élogieux, le « Grenadier allemand » est un Horace allemand qui aurait le feu de Pindare, il aurait voulu « *apprendre de Tyrtée la fierté de mourir pour la patrie* », « *il pourrait être notre barde* ». Une réédition du petit recueil suit en 1760, augmentée de plusieurs odes à Sa Majesté le Roi de Prusse. Il semble pourtant que Frédéric II, peu sensible à ce genre de manifestation patriotique qui dérive en culte de la personne, n'ait pas lu ces chansons et n'y ait jamais accordé grande importance. Ce sont d'autres travaux ultérieurs qui imposent Gleim dans le monde des auteurs, mais à une époque où d'autres que lui le dominent, dans l'élan de ce qu'on a appelé le *Sturm und Drang*. Cependant il reste attentif et inspiré par les opérations militaires de la Prusse, et donne encore des *Chants de Guerre* en mars et avril 1778, à nouveau en mai 1790, une dernière fois en 1793[83]. Gleim meurt en 1803. La réédition de ses *Œuvres complètes* en 1811 en six volumes, dont le quatrième contient les *Kriegslieder*, confirme qu'il retrouve alors vraiment la place qui leur est due dans la naissance, entre 1757 et 1760, du patriotisme prussien qui renaît après le double désastre de 1806[84].

Le chant de la victoire après la bataille de Rossbach n'est pas une copie, ni une revanche du poème de Fontenoy de Voltaire. Gleim nomme fort peu d'officiers de l'armée victorieuse : Frédéric II bien évidemment, de brèves mentions de Schwerin, Winterfeld, Keith et Maurice d'Anhalt, et surtout les trois vainqueurs du combat lui-même, le prince Henri – « le vaillant Henri » –, von Moller et Seydlitz. En revanche, il décrit très exactement la manœuvre conçue par le roi, « notre héros », cette sorte de piège tendu à Soubise qui lui-même n'est pas nommé (mais le roi « Louis » est nommé), il décoche ses flèches les plus moqueuses non aux Français, mais aux contingents des Cercles de l'Empire en déroute – « le soldat de Trèves », le « soldat franconien », « le Souabe », le soldat de Paderborn, Nuremberg, Munster, Cologne, Wurtemberg et Mayence, « les Suisses » même, qui dans leur fuite crient « vive Frédéric ! », devenu leur « frère », « un vrai Guillaume Tell »… ce qui lui permet de faire de la bataille de Rossbach une victoire contre Marie-Thérèse, et de faire de Frédéric celui qui « *aura mené à bien la grande œuvre entreprise, / Soumis Vienne la fière et libéré l'Allemagne* »… C'est le mot qui compte le plus : Gleim a senti que la victoire de Rossbach annonçait, dans un avenir qu'il ne peut ni imaginer ni décrire, l'unité allemande, autour de la Prusse. L'histoire de l'Allemagne pour les deux siècles qui suivent Rossbach…

*

*   *

83. On trouve ces « Kriegslieder » dans *Gleim's Sämtliche Werke*, Halberstad, W. Körte, 1811-1813 (Preussische Kriegslieder im März und April 1778, Preussische Kriegslieder im May 1790, Kriegslieder im Jahr 1793).

84. Gleim, *Preussische Kriegslieder in den Feldzügen 1756 und 1757*, *op. cit.* ; voir aussi l'édition de Berlin, Voß, 1760, et *Gleim's Sämtliche Werke*, vol. 4, *op. cit.*, réédité à Leipzig en 1841. Nous avons utilisé l'unique réédition postérieure de 1882, *Preussische Kriegslieder von einem Grenadier*, Heilbronn, Gebrüder Henninger, avec une longue présentation d'August Sauer, p. i-xxxvi, qui est déjà l'éditeur des œuvres de Kleist. Depuis cette date, il n'y a eu qu'une reproduction, en reprint, à Nendel/Liechtenstein, 1968.

Le 14 novembre 1764, Jacques Rangeard, cet académicien de l'Académie royale des Belles-Lettres d'Angers, abbé poète et historien, qui en 1795 dénonce encore le rôle ancien de la marquise de Pompadour, morte le 15 avril de cette année 1764, est chargé par ses confrères de prononcer le panégyrique annuel du roi Louis XV, exercice de style et en même temps geste politique – que les circonstances rendent difficile[85]. Le royaume est exsangue après l'achèvement de la guerre de Sept Ans par les traités de février 1763, après la signature desquels le roi lui-même a refusé les rituelles réjouissances publiques qui accompagnaient traditionnellement la fin de toutes les guerres.

Ne pouvant cependant en esquiver l'évocation, l'abbé Rangeard choisit alors de présenter Louis XV comme un roi qui n'a jamais recouru à la guerre que pour soutenir ses Alliés – Stanislas Leczinski en 1733, l'Électeur de Bavière en 1740, l'impératrice Marie-Thérèse en 1756. « *J'aime à vous le peindre vainqueur modeste et généreux, ne se réservant pour fruit de ses conquêtes que l'honorable plaisir d'avoir rappelé la paix du sein de la victoire* », dit-il, balayant Rossbach, Minden et les autres batailles, « *ces champs de la Germanie encore fumans du sang français* ». Il n'en dit pas plus. « *Effaçons, Messieurs, des annales de la France l'humiliante histoire de nos pertes et de nos disgrâces encore récentes. Jouissons d'une paix, l'ouvrage de la modération de Louis et le fruit amer de tout le sang inutilement versé.* » Louis, qui redevient avec Rangeard « Louis le Bien-Aimé », successeur de Louis XII et de Henri IV – le nom de Louis XIV, « son immortel bisayeul », n'est pas prononcé.

Celui de Soubise non plus. Le mot de Rangeard, « l'humiliante » disgrâce, est le bon. Il suffit à donner court terme son impact à la défaite de novembre 1757 et la fuite de toute l'armée du roi devant un adversaire si inférieur en nombre, qui allait être en partie effacée à moyen terme par les victoires françaises, de Valmy à Iéna. Mais l'autre lecture de la bataille, la victoire du roi de Prusse, chantée par Gleim, moteur d'un patriotisme allemand né dans l'éclat de ses armes, allait produire à long terme dans l'histoire de la France, et dans l'ensemble des équilibres de l'Europe, un effet beaucoup plus considérable que le souvenir d'une humiliante défaite, ou d'une brillante victoire.

---

85. *Id.*, « Éloge du roi Louis XV », Bibl. Municipale d'Angers, ms. 639, *Œuvres de l'abbé Rangeard*, XVIIIe s., f° 113-119.

Chapitre 6

Trois héritiers de Rossbach, de 1757 à 1806

Il n'est pas question de faire ici le récit de la suite de la guerre de Sept Ans, achevée avec les traités de 1763, ni de l'ensemble des réformes militaires indispensables qui ont marqué le choc de la guerre perdue sur les institutions et la pensée militaire française, marquée pour trente ans par « le modèle prussien »[1].

Mais la trace prussienne avait déjà intéressé les théoriciens et l'administration militaire française avec le ministère du comte d'Argenson. Ses initiatives sont reprises sous l'impulsion de Choiseul, secrétaire d'État de la Guerre de 1761 à 1770, qui sait que l'armée de Rossbach, la même que celle de Fontenoy, vaut mieux que sa réputation, mais qu'elle est à réformer en profondeur. Il s'y emploie par une sensible amélioration de la formation des ingénieurs à l'École du Génie de Mézières, fondée en 1748, par la création en 1763 à La Flèche de la première École préparatoire à l'École militaire de Paris fondée en 1751, et de l'École des Carabiniers de Provence à Saumur. Viennent ensuite les réformes du comte de Saint-Germain de 1775 à 1777, qui avait déjà reconstitué l'armée danoise sur le modèle prussien dont il est l'un des admirateurs, et qui en appelle au concours de Guibert dans ses bureaux pour réformer le règlement d'exercice et de manœuvre. C'est lui qui introduit dans la discipline les châtiments corporels en usage dans l'armée prussienne, notamment les coups de plat de sabre, ce qui déplait fortement. « *Tous ceux qui s'étaient engoués de la discipline allemande [...] soutenaient qu'avec des coups de plat de sabre, notre armée égalerait en perfection celle du grand Frédéric ; les autres n'y voyaient qu'une humiliante dégradation, incompatible avec l'honneur français* », écrit Ségur dans ses *Mémoires*[2]... Saint-Germain a également généralisé l'abolition de la vénalité des charges dans l'armée à partir de 1776, ce qui venait de ce que l'on attribuait les défaites de la

1. Pour tout le paragraphe, voir Annie Crépin, *Défendre la France. Les Français, la guerre et le service militaire de la guerre de Sept Ans à Verdun*, Rennes, PUR, 2005, p. 20.
2. *Mémoires et Souvenir du marquis de Ségur*, Paris, Fayard, 1909, t. I, p. 142-143.

guerre de Sept Ans à des officiers qui ne devaient leur grade qu'à leur fortune. Mais si par cette réforme, l'avancement se ferme à l'argent, il ne s'ouvre par pour autant au mérite, mais accentue le rôle de la naissance. Avec le marquis de Ségur, ministre de la Guerre à son tour de 1780 à 1787, c'est même l'un des aspects les plus décriés de la réaction nobiliaire avec l'exigence des quatre quartiers pour être officier, qui se développe ainsi[3]. Un dernier train de réformes engagé en 1787, maintenant avec Guibert au Conseil de la Guerre, aggrave, par l'ordonnance du 17 mars 1788, les conditions de l'édit de 1781 au point que les bas-officiers peuvent craindre de ne jamais atteindre les grades supérieurs, la noblesse pauvre rejoignant alors les rangs des mécontents qui ont à se plaindre de la noblesse de cour… Le Conseil de la Guerre est supprimé en juillet 1789.

Dans cette période, entre 1763 et les débuts de la Révolution, il est deux hommes qui peuvent être considérés comme héritiers directs de la bataille de Rossbach, en ce que leur destin pour l'un et l'autre, Soubise et Guibert, en reste irrévocablement marqué, mais dans un sens contraire. Soubise dans le rôle du vaincu accablé, au moins si l'on en croit l'historiographie du règne de Louis XV, plus que les écrits des mémorialistes souvent plus nuancés. Tout à l'opposé, Guibert trouve la gloire dans la pensée qu'il développe en matière tactique sur le modèle du vainqueur, le système « oblique », lui-même emploie le mot. Sans que cela soit trop artificiel, un troisième héritier s'impose – qui n'était pas né lorsque se livre la bataille : Bonaparte devenu l'empereur Napoléon, né en 1769, celui qui a le plus profondément analysé les forces de l'héritage stratégique et les faiblesses de l'héritage tactique de Frédéric II. Il fait de la campagne d'octobre 1806 contre la Prusse une revanche de la campagne de l'automne 1757 – presque sur les mêmes champs de bataille. Mais il ne faut pas non plus trop en dire et la filiation Frédéric II – Guibert – Napoléon a ceci de fragile que, du roi de Prusse à l'Empereur, la guerre a trop changé pour qu'on puisse y voir une continuité : la conduite de la guerre avec la faculté laissée aux chefs d'armée d'adopter l'ordonnance en bataille de leurs bataillons et escadrons ; une guerre de masse qui remplace l'art par le nombre, puis l'apparition de divisions de dix à quinze mille hommes, formation qui porte enfin ses fruits dans la campagne d'Italie en 1797 ; une nouvelle guerre de mouvement, avec des opérations combinées et un élargissement de la vision stratégique. Qui donne toute sa mesure avec les guerres napoléoniennes, dès 1805 et 1806, à l'échelle de l'Europe alors que la guerre de Frédéric II ne touchait que la Prusse et ses marges… Sans oublier qu'entre Frédéric le Prussien et Napoléon l'Européen, Guibert, lui, n'a jamais eu à conduire une campagne…

Soubise, maréchal de France, 1758-1787. La réhabilitation ?

Le premier des héritiers de la bataille de Rossbach est bien le prince de Soubise, qu'on dit toujours marqué par la honte, sinon celle de la défaite, au moins de la fuite de toute son armée. Elle est donnée tout à la fois pour le prix

---

3. Voir Rafe Blaufarb, « *L'Édit de Ségur représentait une conception de la réforme qui ne peut pas être comprise dans le cadre de nos idées reçues sur la réaction et la réforme à la fin de l'Ancien Régime* », dans « Le Conseil de la Guerre, 1787-1789 : aspects sociaux de la Réforme militaire après l'Édit de Ségur », *Revue d'Histoire Moderne et Contemporaine*, 1996, n° 43-3, p. 447.

de ses erreurs et le prix de ses faveurs. Pourtant, parmi ceux qui l'ont côtoyé, même en retenant Rossbach, tous ne caractérisent pas cette défaite comme l'image de Soubise, bien au contraire. À part les « soubisades » des années 1757-1760, qui, comme toujours avec la littérature de rue, restent sans lendemain, la mention de la défaite disparaît dans les mémoires de ses contemporains. Porté par les chemins de la cour à une fonction qu'il n'a pas illustrée, les brocards de l'opinion font de lui le bouc émissaire de critiques qui visent un roi faible, et une favorite trop influente. Mais le reste de la vie du prince n'est pas à lire à cet unique éclairage. Les historiens du XIXe siècle, et ceux du XXe, trop souvent attachés à déprécier la monarchie, n'ont retenu de Soubise que la lanterne : la vision est partiale et partielle. Même si Soubise reste un courtisan toujours proche de Louis XV, menant une vie fastueuse et entretenant nombre de courtisanes, il n'est pas le seul.

Sonderhausen et Lützelberg : le bâton de maréchal du prince de Soubise

L'année 1758 n'est-elle pas pour le prince l'année de la revanche ? À la faveur qu'il conserve autant auprès du roi que de la marquise, Soubise doit d'avoir retrouvé dès l'année suivante un nouveau commandement – dans la langue du XXIe siècle, « une seconde chance ». Il ne la laisse pas passer.

L'année 1758 voit en Allemagne sur des théâtres différents, plusieurs campagnes successives. À partir de février, alors que Soubise est à Paris, et après le départ du maréchal de Richelieu qui quitte Hanovre le 8 février, remplacé par le comte de Clermont qui y arrive le 14, les opérations se déroulent en Allemagne du Nord. Clermont, peu capable de mener une offensive, encore moins de résister à la pression des armées de Henri de Prusse et Ferdinand de Brunswick, se replie sur l'Allemagne centrale et la guerre s'étend alors entre le Rhin et la Meuse. Soubise, au commandement d'un corps de vingt-quatre mille hommes, détaché de l'armée d'Allemagne, doit rejoindre l'armée de l'Impératrice en marchant vers la Bohême. Son corps est laissé à l'écart lorsque se trouve formé le plan d'opérations pour l'ouverture de la campagne le 31 mai 1758. Devant les difficultés du comte de Clermont, Belle-Isle, secrétaire d'État à la Guerre depuis mars, change en juin la destination de Soubise en lui faisant descendre le Rhin par la rive droite, décision tardive. Le prince ne participe pas à la bataille perdue de Crefeld le 23 juin 1758.

En juillet, le marquis de Contades remplace Clermont, et mène une seconde campagne sur le Bas-Rhin, sans véritable succès. Il piétine... Nommé maréchal de France le 24 août, il essaye de rejoindre l'armée de Soubise qui s'approche de la vallée de la Lippe. Le 23 juillet, l'avant-garde de l'armée du prince, commandée par le duc de Broglie, remporte à Sonderhausen une victoire sur les Hessois du prince d'Isenburg, ce qui met Soubise en position de menacer le Hanovre et fait de sa progression la clef des opérations. Maîtres de la Hesse, les Français occupent Cassel, Soubise s'avance jusqu'à Göttingen, pendant que Contades fait entrer dans l'évêché de Paderborn les troupes alors commandées par Chevert. Le prince, en position de force lorsque Hessois et Hanovriens tentent de couper leurs approvisionnements, livre la bataille de Lützelberg, le 10 octobre 1758. Après le succès de Sonderhausen, c'est l'occasion pour lui d'effacer la honte de Rossbach. « Bataille méconnue », écrit Frédéric Chauviré qui en donne une belle analyse dans laquelle Soubise a donné pour mission au corps de Chevert d'envelopper la gauche de l'armée de von Oberg, lui-même ne devant s'engager qu'une fois la manœuvre terminée[4]. Mais Chevert est d'abord repoussé, situation malencontreuse, qu'il rétablit par une série de charges de ses dix-huit escadrons. Ceux-ci, après un furieux corps à corps, l'emportent, au prix de pertes élevées, sur les bataillons anglo-hanovriens. C'est une victoire, même si, la saison étant trop avancée, elle ne se trouve pas exploitée. Comment interpréter le rôle exact de Soubise, que Mopinot de la Chapotte, maintenant officier dans le régiment de Dauphin Cavalerie, juge très sévèrement ? Le corps de Chevert est le seul « *qui a attaqué et vaincu, ceux de MM. de Soubise et de Fitz-James n'ayant exactement fait autre chose que de se montrer et tirer quelques coups de canon* », écrit-il le 12 octobre à son amie, cherchant à se faire valoir puisqu'il faisait partie des troupes de Chevert, et oubliant que c'est par cette canonnade que le prince d'Isenburg a été rejeté sur la cavalerie de Chevert : une bataille est un tout. Mopinot est sans doute plus fiable quand il ajoute : « *Nous n'avions plus d'ennemis, nous comptions que MM. de Soubise et de Fitz-James auraient pris ou détruit ces corps ennemis vaincus ou délabrés que nous leur chassions ; mais ils ne firent aucun mouvement, ils laissèrent tout sauver, sans remuer* », ce qui peut être interprété comme « un complexe de Rossbach »[5].

Quoi qu'il en soit, dès le 19 octobre, Soubise reçoit son bâton de maréchal de France. La relation de la bataille donnée par la *Gazette de France*, lue par l'inévitable Barbier, qui fait mention des dispositions faites par Soubise, dit aussi que « *les efforts des ennemis se sont portés sur l'aile gauche commandée par M. de Chevert. Comme le public est fort porté pour M. de Chevert qui est en effet un grand militaire, et qu'il est fort indisposé contre M. le prince de Soubise, tant à cause de l'ancienne affaire de Rossbach que parce qu'il est protégé par Madame la marquise* », on prétend qu'il ne serait arrivé de son camp que pour récolter les lauriers dus à Chevert[6]. C'est inexact : Soubise joue son rôle, commandant l'ensemble de l'armée, et imposant son mouvement au prince d'Isenburg. La lettre du roi adressée aux vicaires généraux de l'archevêque de Paris, pour les préparer au *Te Deum* chanté le 28 octobre, le rappelle, tout en reconnaissant les mérites de Chevert – également récompensé par le roi de Pologne Auguste III, qui lui décerne l'ordre de l'Aigle Blanc[7]...

Très mal reçu par l'opinion, le bâton de maréchal accordé à Soubise est-il seulement un cadeau offert à celui qui est toujours le favori de la marquise de Pompadour ? Il faut d'abord rappeler que l'annonce de cette victoire contre les Hessois arrive à Paris au moment exact de l'euphorie de la victoire du duc d'Aiguillon à Saint-Cast, le 11 septembre précédent, contre les troupes anglaises de Thomas Bligh, qui prend des proportions démesurées[8]. Son obtention, qui n'est pas illégitime dans les circonstances de la bataille, se fait au moins sous une forme bien particulière. La règle est que le futur

4. Frédéric Chauviré, *Histoire de la Cavalerie*, Paris, Perrin, 2013, p. 264.

5. J. Lemoine, *Sous Louis le Bien-Aimé...*, *op. cit.*, p. 240-241, lettre du 12 octobre 1758.

6. Barbier, *Journal de Barbier...*, *op. cit.*, t. VII, p. 100-102.

7. Ordre de l'Aigle Blanc : *Order Orla Białego*, créé par Auguste II le Fort le 1er novembre 1705.

8. Stéphane Perréon et Yann Lagadec, *La bataille de Saint-Cast, entre histoire et mémoire*, Rennes, PUR, 2009, p. 238-269.

maréchal adresse à la chancellerie un mémoire de ses services, valorisant ses hauts faits, en particulier une victoire, argument décisif. Deux maréchaux au XVIIIe siècle n'ont pas eu à se plier à cette procédure : Maurice de Saxe, si couvert de lauriers après la prise de Prague en 1741 et la campagne d'Alsace en 1743 qu'il est nommé maréchal le 26 mars 1744, puis après Fontenoy en 1745 et Raucoux en 1746, maréchal général, sans avoir eu à remplir la moindre formalité ; Soubise est le second, auquel on évite ainsi d'avoir « *le malheur de voir porté le nom de Rossbach porté sur ses lettres* »[9]. Au reste, fait observer Fadi El Hage, historien des maréchaux de l'armée royale, le choix de Soubise parmi les maréchaux de 1758 n'est pas choquant. Depuis la fin du règne de Louis XIV, la mainmise de quelques grandes familles sur cette dignité s'est accentuée. Les lettres patentes donnant le titre au prince de Soubise le confirment, en soulignant ses parentés royales : « *Il joint à ses qualités personnelles l'avantage d'être issu d'une Maison qui depuis plusieurs siècles est attachée au service de notre couronne, et qui tant par son origine que par les alliances qu'elle a souvent contractées, non seulement avec la Maison Royale de France, mais encore avec presque toutes les Maisons souveraines d'Europe* »[10], ce qui le met, avec ses victoires de l'année 1758, en position légitime de devenir maréchal de France.

L'opinion publique n'a pas les mêmes repères, et cultive ses rancunes. Il fait rapidement partie de la liste des « maréchaux réprouvés », avec Villeroy, Tallard et Marcin, selon la formule de Thierry Sarmant[11]. Il est vrai qu'on a toujours opposé les maréchaux courtisans à ceux que la guerre a élevés à cette dignité, que le débat public, qui s'articule au mérite opposé à la naissance, est ici empoisonné par la faveur. La victoire de Lützelberg, en octobre 1758, concrétise ce à quoi la bataille de Rossbach aurait dû aboutir l'année précédente, comme une sorte de rattrapage. Une usurpation, si l'on considère le rôle décisif de Chevert ? Celui-ci est d'origine roturière : on se retrouve au cœur de la question posée sur les rouages du fonctionnement même de l'État absolu inscrit dans la société d'ordres où prévaut la naissance, alors que la philosophie politique, entièrement aux mains de la bourgeoisie éclairée, tend à privilégier le talent, et que les rues de Paris, aux mains des folliculaires, se contentent de la moquerie, et renouvellent à la fin de cette année 1758 les chansons de 1757.

« Pourquoi le bâton à Soubise ?
Tandis que Chevert est vainqueur !
C'est de la Cour une méprise,
Ou c'est l'abus de la faveur.
Je ne vois rien là qui m'étonne,
Répond aussitôt un railleur,
C'est à l'aveugle qu'on donne,
Et non pas à son conducteur. »[12]

---

9. L'expression est de Fadi El Hage, *Histoire des maréchaux de France à l'époque moderne*, Paris, Ministère de la Défense, DMPA et Éditions Nouveau monde, 2012, p. 82.

10. Archives Nationales, P 2477, f° 214.

11. Thierry Sarmant, « Qu'est-ce qu'un maréchal de France ? Le statut des maréchaux des origines à nos jours », *Revue historique des Armées*, 2018, n° 292, p. 5-16, cit. p. 9.

12. Émile Raunié, *Chansonnier historique du XVIIIe siècle*…, *op. cit.*, vol. VII, 1882, p. 300.

Si l'on en croit le marquis d'Argenson, on parlait dès 1756, à la veille des premières opérations de la guerre, d'une promotion de Chevert au maréchalat, qu'il n'obtient pas sur la liste des promus le 24 février 1757. Son rôle déterminant à la bataille de Lützelberg semblait à nouveau justifier cette promotion, qu'il n'a jamais obtenue[13]. À sa mort en 1769, la stèle qui est apposée en l'église Saint-Eustache à Paris, porte le jugement de la postérité : « *Sans ayeux, sans fortune, sans appuy, orphelin dès l'enfance, il entra au service à l'âge de XI ans, il s'éleva malgré l'envie à force de mérite ; et chaque grade fut le prix d'une action d'éclat. Le seul titre de Maréchal de France a manqué, non pas à sa gloire, mais à l'exemple de ceux qui le prendront pour modèle* »[14]. Mirabeau ne l'a pas oublié lorsque, le 4 mars 1791, il énonce devant l'Assemblée les raisons de promouvoir un officier au maréchalat : « *On ne verra plus ce qu'on a vu [...], les bâtons de maréchaux de France donnés pour des assiduités d'antichambre, à une courtisane* »[15].

À contre-plume de toutes les soubisades, une *Ode* est intitulée *Sur la victoire de M. le prince de Soubise...*

[...] « Partez, fiers combattants, sous les loix de SOUBISE,
Partez la foudre en main, la Victoire est à vous,
Une juste vengeance enfin vous est permise ;
Hessois, Hanovriens, vont tomber sous vos coups »[16]...

Il est vrai que son auteur, Alexandre Tannevot, un « écrivaillon parisien alors très couru » écrit Stéphane Perréon, est surtout un auteur dramatique et un librettiste spécialiste de stances louangeuses – la même année 1758, il donne une autre Ode, *Sur la victoire de Monsieur le duc d'Aiguillon*, celle de Saint-Cast[17]. C'est rappeler quand même que Soubise, qui n'est pas sans raison résolu à « *détruire les impressions humiliantes [...] que les événements passés avaient laissées sur notre conduite militaire* »[18], est bien celui qui a jugé, en ce début d'octobre 1758, que la disposition des armées justifiait une bataille dont il a eu l'initiative. La paix pouvait alors être conclue, c'est encore l'opinion du cardinal de Bernis, soutenu par le Dauphin et le Conseil – mais elle est combattue par Choiseul qui s'en remet toujours aux ressources réelles de l'Autriche. Et c'est lui que Louis XV appelle au ministère des Affaires étrangères, en le créant duc et pair. Le traité signé avec l'Autriche le 30 décembre 1758 consacre sa position. La guerre continue...

Également ministre d'État et à ce titre membre du Conseil du roi, le nouveau maréchal prince de Soubise, reçoit en 1761 le commandement d'une armée de cent dix mille hommes, réunie à celle, inférieure en nombre, du duc de Broglie, maréchal depuis 1759, nommé au commandement général. Soubise, dont l'ancienneté est plus grande d'un an, accepte mal le rôle apparemment secondaire qui lui est dévolu. Lors de la bataille de Willingshausen, en Westphalie, les 15 et 16 juillet 1761, leur mésentente empêche la victoire...

---

13. Fadi El Hage, *op. cit.*, p. 283.
14. *Stèle et médaillon de François de Chevert*, Église Saint-Eustache de Paris.
15. *Archives Parlementaires*, Tome XXVIII, 4 mars 1791, p. 662.
16. Alexandre Tannevot, *Ode sur la victoire de M. le Prince de Soubise*, s.l. (Nancy), s.d. (1758).
17. Stéphane Perréon, et Yann Lagadec, *La Bataille de Saint-Cast...*, *op. cit.*, p. 245.
18. Comte de Pajol, *Les Guerres sous Louis XV*, *op. cit.*, t. 4, p. 312.

Soubise a établi de bonnes positions défensives, mais Broglie espère récupérer seul une victoire attendue, s'avance de manière risquée et ne prévient pas le prince à temps lorsqu'il se trouve en difficulté. Mopinot juge, ce jour, que « *l'entreprise de Broglie paraissait à tout le monde d'une difficulté effroyable* ». Les deux maréchaux adressent à la Cour des mémoires contradictoires. Choiseul coupe la poire en deux, reproche à Soubise sa lenteur et à de Broglie sa témérité. Celui-ci, dont le caractère est difficile, ne s'en tient pas là, et exige un désaveu royal envers Soubise. Le duc de Croÿ, ami proche du prince, adresse de son côté un mémoire, « *tout à l'avantage du prince de Soubise [...] dont j'avais été, le jour de l'action, plus content que du maréchal de Broglie* » : sans surprise, le 19 février 1762, c'est celui-ci qui se trouve disgracié, et exilé dans ses terres[19]. Fadi El Hage clôt le débat en considérant que « *la disgrâce subie par Broglie ne fut pas une injustice, car il avait été effectivement présomptueux, tout en voulant recueillir seul la gloire d'une victoire sur les Anglo-Prussiens-Hanovriens* »[20]. Il reste vrai que Soubise a toujours les faveurs de la Cour, et qu'aussitôt, un nouveau déluge d'épigrammes vient l'accabler, en même temps que la marquise, sa protectrice. Le public réagit une nouvelle fois en faveur de celui qui passe pour une victime du courtisan – à une date où le roi lui-même s'enlise dans une impopularité plus forte que jamais. L'année suivante, Soubise, chargé de défendre ce que les Français possèdent encore en Allemagne, seconde le maréchal d'Estrées dans la victoire de Johannisberg, le 30 août 1762, qui achève militairement les opérations de la guerre de Sept Ans. Il ne mérite pas la réputation qui lui est faite.

1763-1787. Entre repos du guerrier et culture militaire

Soubise et son environnement libertin

À la fin de la guerre, et après la mort de la marquise de Pompadour, le maréchal de Soubise se tourne plutôt vers d'autres plaisirs. Un rapport de police rédigé en 1760 nous apprend que « *M. le prince de Soubise vient de faire un arrangement avec mademoiselle Audinot. Au lieu de trois mille livres par an qu'il lui donnait, il lui donne douze cents livres pour ses menus plaisirs, et douze cents à sa mère pour la dépense de sa maison. Il a fait le même marché avec la petite Dervien. Il n'y a que les demoiselles Coste et Guimard à qui il donne les trois mille livres* »[21]. Nicolas-Médard Audinot, né en 1732, entretenait lui-même une succession de demoiselles qui toutes se donnaient le nom de « mademoiselle Audinot », mais il peut s'agir de sa fille qui serait alors bien jeune... En 1768, Louis de Bachaumont, dans ses *Mémoires secrets*, confirme que « *Mademoiselle Guimard est entretenue par le maréchal prince de Soubise dans le luxe le plus élégant et le plus incroyable* »[22]. Il est vrai que Soubise fréquente alors l'Opéra et entretient,

---

19. Duc de Croÿ, *Journal inédit du duc de Croÿ...*, *op. cit.*, 1906, t. 2, p. 19.

20. Fadi El Hage, « Le maréchalat de France, un symbole des institutions françaises », *Revue historique des Armées*, 2018, n° 292, p. 17-28, cit. p. 23.

21. *Mémoires du duc de Lauzun, 1747-1783*, éd. par Louis Lacour, Paris, Poulet-Malassis et de Braise, 1858, p. 83.

22. Louis Petit de Bachaumont, *Mémoires secrets pour servir à la République des Lettres... (1762-1788)*, Londres, s.e., 1788, tome II, à la date du 24 janvier 1768.

dans son hôtel de la rue de l'Arcade, cette coûteuse courtisane. Fille naturelle de Fabien Guimard née en 1743, légitimée en 1765, c'est une libertine, et une mécène au goût très sûr, dont le futur mari, Despréaux, est le professeur de danse de Mme du Barry. Elle compte aussi parmi ses protecteurs Jean-Benjamin Laborde, premier valet de chambre ordinaire du roi[23]. L'année suivante, en 1769, le duc de Lauzun évoque sa propre liaison avec Mademoiselle Audinot qui « *était entretenue magnifiquement par M. le maréchal de Soubise, étroitement gardée par sa mère et par plusieurs autres personnes* », un partage que Soubise, conscient de leurs âges respectifs – lui-même, cinquante-quatre ans, Lauzun, vingt-deux –, accepte bien volontiers, allant jusqu'à assurer l'entretien de l'enfant, qui vécut peu de temps, né de la liaison de Lauzun avec la demoiselle[24]...

Peut-on vraiment lui en faire reproche ? Il n'est pas le seul des gens de cour à cultiver des maîtresses de petite ou basse extraction – le roi ne donne-t-il pas l'exemple ? Il ne faut pas oublier que ce côté libertin de la vie sociale se double d'un contenu culturel qui n'est pas toujours sans valeur. Audinot lui-même, acteur et compositeur, s'est fait connaître par son théâtre de marionnettes de la foire Saint-Germain à partir de 1762, donne en 1765 un opéra-comique mêlé d'ariettes, *Le Tonnelier*, représenté au Théâtre des Italiens avec un succès longtemps confirmé[25], passe ensuite à l'Ambigu comique. Soubise lui-même, mélomane distingué, recevait alors dans son hôtel de la rue de l'Arcade tous les musiciens et amateurs des années 1770-1780, du chevalier de Saint-Georges à Charlotte Vanhove, future Madame Talma qui débute à la Comédie-Française en 1785, à l'âge de quatorze ans... Que l'on ajoute que Soubise est l'un de ceux qui avait su faire bon accueil à Madame du Barry lorsque les dames les plus qualifiées de la Cour faisaient mine de l'ignorer. Lui l'avait reçue, et avait même consenti au mariage d'une demoiselle de Tournon, sa parente, avec le vicomte du Barry, neveu de la favorite.

Proximité, puis éloignement du pouvoir

Soubise, si proche de Louis XV, présent au Conseil du Roi comme ministre d'État, ne semble jamais avoir été tenté par le pouvoir. L'abbé Géorgel, un témoin dont les *Mémoires* historiques sont colorés et remplis de notations enlevées au vol de la plume, le laisse vaguement supposer. Lui-même avait approché le prince sur les prétentions des trois grandes familles, les Rohan, les Lorraine et les Bouillon, à précéder les ducs et pairs dans la hiérarchie des honneurs de la Cour[26], et avait suivi ensuite le cardinal de Rohan nommé à l'ambassade de Vienne. Il y côtoie le prince de Saxe-Hildburghausen, « *aux conseils de qui l'âge, le rang, la considération étaient faits pour donner du poids* », chargé par l'Impératrice de contraindre ce nouvel ambassadeur dont le luxe et la légèreté scandalisent à vivre sur un pied plus modeste que

---

23. Voir Guy Scarpetta, *La Guimard*, Paris, Gallimard, 2008.

24. *Mémoires du duc de Lauzun...*, *op. cit.*, p. 84.

25. Nicolas-Médard Audinot, *Le Tonnelier, opéra-comique...*, Paris, chez Le Clerc, 1765.

26. Abbé Géorgel, *Réponse à un écrit intitulé : Mémoire sur les rangs et honneurs de la Cour*, Paris, Le Breton et veuve Duchesne, 1771.

celui qu'il affichait, affaire qui se termine par le départ de Rohan. Géorgel se trouve aussi informé des correspondances que le comte de Broglie, frère du maréchal et ennemi des Rohan, entretient auprès des cours d'Europe, dans le cadre du Secret du Roi. Affaire aussitôt portée à la connaissance de Louis XV, par l'entremise du prince de « Soubise, l'ami de cœur du roi », devenu ainsi partie prenante dans le réseau des secrets de Louis XV. La mort du roi a interrompu cette affaire. Il ne semble pas que Soubise ait cherché à tenir une meilleure position[27].

Pour autant, restant dans le premier entourage de Louis XV jusqu'à sa mort, en mai 1774, le prince maréchal n'a jamais été à l'écart de l'institution militaire, ni de ses transformations après la guerre de Sept Ans. Déjà, en 1761, est créé le régiment des Volontaires de Soubise[28], dont il est le colonel, au total près d'un millier d'hommes. Ses premiers contrôles sont signés le 17 janvier 1762. Les Volontaires deviennent en 1767 la Légion de Soubise, une nouvelle série de contrôles est alors signée le 21 janvier 1767[29]. Elle est supprimée lors des réformes de 1776, ses huit compagnies de dragons transformées en quatre escadrons attachés, sous le nom de Chasseurs, aux régiments de dragons de Custine, La Rochefoucauld, Jarnac et Lanan[30].

Le maréchal de Soubise est encore l'un de ceux auxquels le duc d'Aiguillon, lors de son court passage au ministère de la Guerre, confie en mars 1774, un rôle actif dans les réformes militaires qu'il entreprend. Soubise est chargé de coordonner les réunions du conseil qui touchent à la cavalerie et aux dragons – des réunions semblables se tiennent sous la direction de Biron pour l'infanterie, et de Richelieu pour les milices et garde-côtes. La mort de Louis XV en mai empêche leur aboutissement, mais des jalons sont posés pour les successeurs du duc d'Aiguillon. La réunion du dernier conseil, chargé des réformes possibles dans l'artillerie, a eu plus d'importance. Il réunit en mars 1774 les quatre maréchaux chargés d'un commandement pendant la guerre de Sept Ans, et qui donc avaient eu affaire à l'artillerie prussienne. Soubise, Broglie, Contades et Richelieu lisent donc attentivement les mémoires de Vallière jeune, fils de l'ancien directeur de l'Artillerie, et ceux de Gribeauval, se fondant sur les résultats des essais menés à Strasbourg entre 1764 et 1766. Ils tranchent pour la guerre de campagne en faveur des pièces du modèle Gribeauval qui, à défaut d'une solidité garantie, ont une précision et une portée de tir supérieures aux lourdes pièces de Vallière, et pour la guerre de siège et la défense des places, en faveur des pièces du modèle Vallière[31]. Une expertise de valeur, qui prépare, sans le savoir, l'artillerie de l'époque révolutionnaire.

---

27. Abbé Géorgel, *Mémoires pour servir à l'histoire des événements de la fin du dix-huitième siècle depuis 1760 jusqu'en 1806-1810*, Paris, Alexis Emery, 1820, 2 vol. Hildburghausen, t. I, p. 225-228 (cit., p. 225) ; Soubise, p. 270-279 (cit., p. 277).

28. SHD, Vincennes, 1 Yc 1062, *Contrôles des Volontaires de Soubise, Infanterie*, et 4 Yc 1032, *Contrôles des Volontaires de Soubise, Dragons*.

29. *Ibid.*, 1 Yc 1063, deuxième registre, *Contrôles de la Légion de Soubise*, 21 janvier 1767, et 1 Yc 1063, 3e registre, *id.*, 1er janvier 1771.

30. André Corvisier, *Contrôles des troupes de l'Ancien Régime*, Vincennes, SHAT 1970, vol. 3, p. 308-309.

31. Fadi El Hage, *op. cit.*, p. 362-364, et Frédéric Naulet, *L'Artillerie française (1665-1765) – Naissance d'une arme*, Paris, Economica, 2002, p. 140-142.

N'est-ce pas en même temps une sorte de conseil d'anciens, secoués par une nouvelle génération de théoriciens, parmi lesquels le jeune Jacques-Hyppolite Guibert, qui sait faire parler de lui ? Bien que Louis XVI, à son avènement, lui ait fait dire de reprendre sa place dans le Conseil des ministres, Soubise, ennemi des réformes tentées par Turgot, ne peut plus être entendu. L'expertise des vieux maréchaux est négligée par le comte de Saint-Germain et, lorsque le marquis de Ségur met en place en 1781 un nouveau Comité de la Guerre, Soubise, âgé de 66 ans, n'en fait pas partie ; Richelieu, 85 ans, atteint par les faiblesses de l'âge, Clermont-Tonnerre, 93 ans, le plus âgé des maréchaux, qui meurt le 16 mars 1781, n'ont pas été consultés non plus, mais le Conseil est présidé par le maréchal de Contades lui-même âgé de 77 ans. Ce n'est pas vraiment l'âge qui a écarté Soubise, mais bien plutôt les difficultés financières dans lesquelles il se débat, ayant dû quitter son hôtel situé au cœur de Paris. La fête donnée en 1780 pour le mariage de Marie-Louise Joséphine de Rohan-Guéméné avec le prince Charles de Rohan-Rochefort a été la dernière. La banqueroute des Guéméné en 1782 a été un premier coup terrible pour la maison de Rohan, et en 1785 l'arrestation du quatrième cardinal de Rohan, l'ancien ambassadeur à Vienne, compromis dans la malheureuse « Affaire du collier », un second coup tout aussi dur… Le maréchal achève sa vie en 1787 dans son hôtel de la rue de l'Arcade, dans une discrétion assez triste pour celui qui fut le premier des courtisans.

On retiendra, ce qui est tout à son honneur, que Soubise se trouve le seul des familiers de Versailles à avoir accompagné le cercueil de Louis XV, son ami et son roi, à la nécropole de Saint-Denis, le mercredi 12 mai 1774. L'époque de sa mort en 1787 est celle de la disparition de la génération de maréchaux, qui ont entouré sa vie – Berwick duc de Fitz-James, mort le 22 mars 1787 ; le maréchal de Lévis le 26 novembre 1787 ; le maréchal de Richelieu le 8 août 1788 ; le maréchal d'Aubeterre le 28 août 1788 ; le maréchal de Vaux le 14 septembre 1788 ; enfin le maréchal de Biron le 19 octobre 1788[32].

Soubise et ses derniers livres militaires

La vente de sa magnifique bibliothèque en janvier 1789 est le dernier acte de sa vie, posthume, mais capable d'en rappeler tout l'éclat. Et de confirmer qu'après la guerre de Sept Ans, le prince de Soubise a continué à enrichir ses connaissances – au moins ses collections – en histoire militaire et dans le domaine de l'art de la guerre[33]. On y trouve ainsi les *Commentaires sur la retraite des Dix Mille de Xénophon*, de Jean-Louis Le Cointe, capitaine de Conti Cavalerie, ouvrage édité en 1766[34], comme les publications de Jean-Baptiste de Beaurain, fils du cartographe, sur *La Campagne du prince de Condé en 1674* en Flandre[35], ouvrage édité en 1774, et sur *Les Campagnes*

32. Voir Simon Surreaux, *Servir le Roi. Vie et mort des maréchaux de France au XVIIIe siècle*, Paris, Vendémiaire, 2017, p. 20.

33. *Catalogue des Livres imprimés et manuscrits de la Bibliothèque de Mgr. Le Prince de Soubise, maréchal de France…*, Paris, Leclerc, 1788, p. 269-274.

34. Jean-Louis Le Cointe, *Commentaires sur la Retraite des Dix Mille de Xénophon*, Paris, Nyon, Saillant et Desaint, 1766.

35. Jean-Baptiste Jacques de Beaurain, *Histoire de la Campagne de M. le prince de Condé en Flandre en 1674*, Paris, Jombert, 1774.

de Turenne de 1672 à 1674, ouvrage édité sous son nom en 1782, mais de la plume de Grimoard. Entre histoire et art de la guerre, le *Mémoire militaire sur les Anciens* publié en 1762 par Jean-Henri Maubert de Gouvest, officier d'artillerie et aventurier romanesque. Il y a aussi les *Commentaires sur les Mémoires de Montecuculli* édités en 1769, ou les *Commentaires sur Végèce* de Lancelot Turpin de Crissé, édition de 1779. Celui-ci, avait déjà publié en 1754 un *Essai sur l'art de la guerre,* mal reçu en France, qui manque dans la bibliothèque de Soubise[36]. Ancien commandant du régiment de hussards à son nom, Turpin de Crissé donne à la fin de sa vie, avec cette étude sur Végèce, un ouvrage signalant les abus du système de la vénalité des charges, du recrutement, de l'avancement, au cœur du chantier des réformes engagées depuis 1763. On trouve enfin dans la bibliothèque de Soubise des ouvrages sur la cavalerie, à commencer par les *Commentaires sur la cavalerie* de Louis de Boussanelle, publication de 1758, dont l'écriture est antérieure aux batailles de 1757[37], mais aussi l'*Essai sur la manœuvre de la Cavalerie* par Dulaurens de Beaujeu, édité en 1775, et le *Traité sur la cavalerie* édité en 1776 par Louis Drummond de Melfort, qui avait fait la campagne de 1757 dans l'armée d'Estrées puis de Richelieu.

Enfin et surtout, des ouvrages de réflexion théorique, sur la guerre comme *L'Esprit de Folard*, puis la *Défense du chevalier de Folard*, de Lo Looz, publiés en 1761 et 1770[38], qui polémique sur les mémoires sur les Grecs et les Romains écrits depuis plus de trente ans, au moment où sont remises en question des intuitions du maître de Maurice de Saxe ; ou avec d'autres angles d'approche, *L'École militaire de l'abbé Raynal*, édition de 1762, dont l'auteur, figure active des Lumières est d'ailleurs plus connu pour d'autres ouvrages, les *Mémoires* du comte de Saint-Germain édités en 1779, ou *La Vie militaire* ouvrage édité en 1780 « pour servir d'instruction et d'exemple à son fils », de Joseph Guérin de Frémicourt, dont on sait peu de chose sinon qu'il est connu par quelques écrits légers que lui-même qualifie de « bagatelles galantes dédiées aux yeux d'Iris »…

Tout en convenant qu'il n'y a pas toujours un lien réel entre l'acquisition d'un ouvrage et sa lecture, l'ensemble permet de confirmer l'intérêt porté par Soubise à l'art de la guerre. Mais aussi de constater que des ouvrages manquent dans cette exceptionnelle bibliothèque : Joly de Maizeroy, qui invente le mot « stratégie » en 1770 ; Henry Llyod, dont l'*Histoire de la Guerre d'Allemagne en 1756 et 1757* est traduite en français à Lausanne en 1784 ; Joseph Servan, l'inventeur du « soldat citoyen », titre qu'il donne à l'ouvrage à l'écriture duquel aurait largement contribué Guibert[39] ; Guibert lui-même, promoteur de la tactique prussienne, inspiré par Joly de Maizeroy, lorsqu'en 1779, dans la *Défense du système de guerre moderne*, il est question de « Stratégique, ou Tactique des Armées »[40], qu'on appelait plutôt

---

36. Voir Hervé Coutau-Bégarie, *Traité de Stratégie*, Paris, Economica, 1re éd. 1999, p. 174.

37. Louis de Boussanelle, *Commentaire sur la Cavalerie*, Paris, Guilyn, 1758.

38. Robert de Lo Looz, *Recherches d'Antiquités militaires, avec la Défense du chevalier de Folard*, Paris, Jombert, 1776.

39. Joseph Servan, *Le Soldat citoyen, ou vues patriotiques sur la manière la plus avantageuse de pourvoir à la défense du royaume*, s.e., Dans le pays de la Liberté (Neufchâtel), 1780.

40. H. Coutau-Bégarie, *op. cit.*, p. 60.

jusqu'à cette époque « grande tactique ». Enfin, manquent aussi beaucoup d'ouvrages de Frédéric II. Des écrits du roi de Prusse avant 1757, Soubise n'a que des textes de caractère juridique ou politique : *L'Anti-Machiavel* ; les *Raisons d'établir ou d'abroger les loix*, une édition de 1751, ainsi que le *Code Frédéric*, rédigé par Formey en 1751. Parmi ses œuvres militaires, on ne trouve que les *Instructions militaires du roi de Prusse à ses généraux*, édition de 1761, et un récit anonyme des *Campagnes du roi de Prusse*, édité à Amsterdam en 1763. Également les *Œuvres du Philosophe de Sans-Souci*, dans une édition de 1762, ce qui n'est pas explicite pour le contenu.

Guibert et Frédéric II : le regard du tacticien

Jacques Antoine Hippolyte Guibert, par son père, avait été plus que tous les autres au contact direct de l'institution militaire prussienne, et des réformes mises en œuvre dans le premier train de réformes de Choiseul. Il compte aussi par son expérience directe de la bataille de Rossbach, qui est l'ouverture de sa carrière militaire. Alors lieutenant dans le régiment d'Auvergne malgré son très jeune âge, 14 ans, il a été mené à l'armée par son père, ancien major du même régiment, « *qui avait dû pressentir que des talens rares, une imagination vive, un caractère prononcé, une âme indépendante pouvaient lui donner à la fois des succès et des ennemis, une réputation et des rivaux* »[41]. Charles-Benoit de Guibert, fait prisonnier dans cette bataille, a su profiter de ses dix-huit mois de captivité pour s'informer sur les réalités de l'armée prussienne. Il en avait rapporté les premières notions de grande tactique prussienne, l'ordre des divisions, les principes de l'organisation intérieure. Capitaine en 1758, le jeune Guibert passe à l'état-major comme aide de camp de son père, et assiste à la bataille de Minden en 1759, et à celle de Willingshausen en 1761. De retour à Montauban en 1763, il connaît les mémoires rédigés par son père sur les campagnes de 1757 et 1762[42]. Il participe avec lui à la rédaction des ordonnances sur le service en campagne et le service des places, avant de prendre part à l'expédition de Corse et d'obtenir le grade de colonel, avec le commandement d'une Légion Corse. Il a donc une vraie carrière militaire, lorsqu'il se lance dans l'écriture sur l'art de la guerre.

« *Deux ouvrages, qui suffiraient seuls pour immortaliser la mémoire d'un grand homme, sont le fruit des premières et des dernières années de Guibert : ils ouvrent et ferment sa vie. Ce sont l'*Essai général de Tactique*, composé à 24 ans, et le* Traité de la Force publique*, composé à 47 ans, époque de sa mort, en 1790* », écrit son éditeur en 1803[43]. On peut y joindre la *Défense du système de guerre moderne*, ouvrage publié pour répondre au système alors prôné par Mesnil-Durand dans le débat sur l'ordre mince et l'ordre profond, qui va plus loin qu'une simple polémique.

---

41. J. H. Guibert, *Œuvres militaires*, tome I, *Essai général de Tactique*, t. 1, Paris, Magimel, An XII-1803, Notice, p. ij.

42. Charles-Benoit de Guibert, *Mémoire sur la campagne de 1757* et *Mémoire sur la campagne de 1762*, Vincennes, SHD, MR 246 et 247, ms.

43. J. H. Guibert, *Essai général de Tactique*, *op. cit.*, p. iv.

Guibert, héritier du modèle prussien.* L'Essai général de Tactique *(1772), le* Voyage en Allemagne *(1773)

Lorsqu'il publie son *Essai général de Tactique*, de manière anonyme à Amsterdam dès 1770, sous son nom à Londres puis à Liège en 1772, il le dédie à sa « Patrie », mécène inconnu dans les Monarchies. Le traité est précédé d'un *Discours* où il se propose de « tracer le tableau politique et militaire en Europe », et particulièrement celui de sa « Nation », dont il considère les moyens opposés aux réalités de sa situation militaire. Guibert donne les pistes d'une réforme en profondeur, parlant à la fois de l'administration de la guerre, se proposant de dévoiler les « abus » – ce mot du XVIIIe siècle – et les moyens d'y remédier, plus généralement « d'élever l'édifice d'une constitution à la fois politique et militaire ». Il sait qu'il va heurter l'opinion.

L'*Essai général de Tactique*, même parfois critique, est le tribut de ce jeune officier à Frédéric II, en « théoricien du nouvel ordre imposé par le roi de Prusse » selon l'heureuse formule d'Hervé Coutau-Bégarie[44]. L'année suivante, en 1773, Guibert veut préciser sa pensée par un retour en Allemagne, en Prusse, en Bohême, en Autriche et Hongrie, jusqu'à la frontière militaire. Son passage à Vienne, au cours duquel il a été reçu par Louis de Rohan, lui vaut un portrait acide de la part de Géorgel : « *Il avait du jargon, un étalage de connaissances qui, toutes mal digérées qu'elles étaient, faisaient illusion […]. Son chef d'œuvre en prétention fut un Essai sur la Tactique ; sa préface, montée sur le ton de l'orgueil, cherche à renverser avec mépris les systèmes des plus grands maîtres, mais il retombe bientôt dans la classe des faiseurs qui n'ont que la vogue du moment pour être ensuite à jamais oubliés* »[45]… Guibert veut parcourir les champs de bataille de la guerre de Sept Ans, en parler avec ses acteurs, assister à des manœuvres de l'armée prussienne. Il est présenté à Frédéric II, le 17 juin 1773 à Sans-Souci. Il laisse de son séjour un *Journal d'un Voyage fait en Allemagne* en 1773[46], sorte de prolongation pratique de l'*Essai* qui en serait une préparation théorique. Après avoir exposé sa vision des ordonnances des troupes en bataille, et de l'ensemble des mouvements et des exercices qui y préparent par régiments, escadrons, bataillons, et pelotons, il se penche surtout sur les manœuvres militaires qu'il compare à celles des camps français. Les deux ouvrages, l'*Essai* et le *Journal d'un Voyage*, doivent être lus ensemble – mais le second est resté à l'état de notes que sa veuve publie plus de dix ans après sa mort, en 1803. Dans chacun d'eux, il manifeste une admiration immense pour le Roi, qu'il considère l'égal de César ou de Luxembourg lorsqu'il visite le champ de bataille de Lissa (Leuthen)[47].

L'*Essai* de Guibert relance la réflexion tactique des théoriciens après la guerre de Sept Ans, qui semblait s'essouffler après l'époque du débat entre Folard et Maurice de Saxe, que celui-ci avait pu croire à peu près conclu par

44. H. Coutau-Bégarie, « Un tacticien à la suite : le baron de Ménil-Durand », dans *Combattre, gouverner, écrire – Études réunies en l'honneur de Jean Chagniot*, Paris, Economica, 2003, p. 289-298.

45. Abbé Géorgel, *op. cit.*, t. I, p. 280-281.

46. Guibert, *Journal d'un voyage en Allemagne*, édité à Paris en 1803, 2 tomes.

47. *Ibid.*, t. II, p. 138.

Fontenoy. La pensée de Guibert est nourrie de la tactique prussienne, cet « ordre oblique » dont la victoire à Leuthen d'une armée de 30 000 hommes contre une armée de plus de 60 000 hommes, victorieuse depuis six mois, a démontré l'étonnante supériorité, après celle de Rossbach qui en propose une ébauche – que Guibert néglige : il ne visite pas son champ de bataille, alors qu'il est allé à Lützen où il évoque Gustave-Adolphe. Il saisit le principe de l'ordre oblique en observant les manœuvres du camp de Neisse, près de Breslau, du 17 août au 24 août, et surtout la manœuvre générale du 25 août, commandée par le roi Frédéric lui-même. Il décrit l'ensemble de son mouvement, et conclut : « *Le but de cette manœuvre, comme l'on voit, étoit de donner un exemple d'une armée qui, en paroissant menacer la gauche de l'ennemi, formoit rapidement une attaque sur son flanc droit, et il fut parfaitement rempli. [...] Il est impossible [...] de donner une représentation plus approchante et plus instructive d'une attaque oblique* ». Constat qu'il a précédé, la veille, 24 août, assistant à des manœuvres de cavalerie, d'une autre remarque : « *Les manœuvres de cavalerie durèrent environ trois heures, sans autre repos que l'intervalle des mouvements : elle manœuvre toujours le sabre à la main, ne l'appuie pas sur l'épaule comme la nôtre et le tient toujours perpendiculairement et à quelques pouces en avant d'elle* » ; c'est l'exact modèle de la charge de Seydlitz, « *le créateur de la cavalerie prussienne, sans contredit le plus grand homme dans sa partie qu'il y ait aujourd'hui en Europe* »[48].

Ces innovations de Frédéric font voler en éclat les deux modèles de la formation en ligne mince et en colonnes, « ordre mince » ou « ordre profond », entre lesquels n'a pas choisi Soubise dont l'armée, à Rossbach, est surprise en colonnes de marche avant d'avoir formé ses lignes minces de combat selon les principes de l'ordonnance du 6 mai 1755[49]. Entre colonne et ordre mince, l'ordre oblique de Frédéric II a déjà été caractérisé : c'est un ordre presque occasionnel, qui ne répond pas à une disposition préalable de l'armée sur le terrain, mais au principe appelé plus tard de « l'économie des forces », celle-ci envisagée à l'échelle tactique d'un combat et non pas élevée à l'échelle stratégique d'une campagne. Ce que Guibert énonce ainsi : « *C'est un jeu de calcul et de combinaison qui a succédé à un jeu de hasard et de ruines* », jeu dans lequel, à la prussienne, « *l'infanterie avancera et ne tirera que lorsqu'elle ne pourra plus marcher* » et la cavalerie ne doit plus « *charger à la française, en fourrageurs, mais à la prussienne, en carrière, et en accélérant progressivement* »[50].

L'ouvrage est immédiatement apprécié par les auteurs les plus illustres – Frédéric II lui-même, publie ses *Remarques sur l'Essai*, dans une lettre adressée aux éditeurs du *Journal littéraire* de Berlin, le 4 octobre 1772, avant de connaître le nom de l'auteur anonyme. « *L'auteur, rejetant les principes de la tactique en France, admet pour base ceux de l'armée prussienne.* » Mais il poursuit en se référant expressément à Rossbach, une bataille pour laquelle

48. *Ibid.*, p. 155 -176.

49. L'Ordonnance du 6 mai 1755, Paris, Imprimerie royale, 1755, est remarquablement présentée par Guillaume Leblond, *Éléments de Tactique*, Paris, Jombert, 1773.

50. Guibert, *ibid.*, p. 67.

il refuse le concept de « manœuvre » : « *À Rosbach, dix-huit mille Prussiens battirent les armées combinées de France et de l'Empire, fortes de cinquante mille hommes ; on ne manœuvra pas dans ce jour ; car c'est abuser des termes que de qualifier chaque mouvement du nom de manœuvre ; l'armée prussienne défila par sa gauche, se reforma vis-à-vis de l'ennemi, et la bravoure a décidé de la victoire* ». Il invoque deux autres qualités : ce sont des troupes citoyennes, par leur recrutement. Et ce sont des troupes disciplinées[51]. Mais Frédéric II est un praticien, non un théoricien, et un roi ne se commet pas en débats théoriques, même s'il félicite Guibert de se faire son porte-parole. C'est entre théoriciens français que se développe, après l'*Essai général de Tactique*, ce qui devient bientôt une nouvelle « querelle des ordres »[52].

La querelle des ordres en 1778, et la Défense du système de guerre moderne

La conjoncture en 1778 n'est plus celle de 1773. Dès la mort de Louis XV, un autre train de réformes est engagé par le nouveau ministre de la Guerre, le comte de Saint-Germain, qui, longtemps éloigné de France, ayant besoin de connaître le détail des transformations de l'Armée depuis la guerre de Sept Ans, appelle à ses côtés Guibert. Celui-ci est l'inspirateur du nouveau règlement sur l'exercice et la manœuvre de l'infanterie du 1er janvier 1776, et de l'ordonnance sur la cavalerie du 1er mai 1777, mais il intervient aussi sur d'autres questions purement administratives, par exemple le système des vivres, sur le règlement de laquelle le ministre lui rend hommage[53]. En 1777, Guibert est évincé du ministère avec la disgrâce du comte de Saint-Germain, auquel il a le mérite de rester fidèle, et reçoit le commandement du régiment de Neustrie.

Il est alors attentif à la tournure que prend le débat sur les ordres, lors des manœuvres de 1778 au camp de Vaussieux, en Normandie, proche de Bayeux, qui n'était pas l'écho direct de l'*Essai général de Tactique*, mais plutôt de la réponse que lui avait apportée Joly de Maizeroy[54]. Déjà connu par ses deux ouvrages précédant la publication de l'Essai, *Cours de Tactique* en 1766 et *Traité de Tactique* en 1767, qui pouvaient représenter un compromis entre les deux écoles, Joly de Maizeroy publie en 1773 *La Tactique discutée et réduite à ses véritables lois* en 1773, ouvrage dans lequel il se montre alors favorable à l'ordre profond[55]. Or, en 1778, François Jean de Mesnil-Durand, déjà l'auteur en 1755 d'un *Projet d'un ordre français en tactique*, et surtout en 1774 de *Fragments tactiques*, se fait à son tour, en héritier de Folard plutôt que porte-parole de Joly de Maizeroy, théoricien du choc avec une

51. « Frédéric, roi de Prusse. Remarques sur l'*Essai général de Tactique* », lettre aux éditeurs du *Journal littéraire de Berlin*, 4 octobre 1772, p. 23-26.

52. Sur ce débat, voir François Coleno, *La littérature militaire au XVIIIe siècle à travers la querelle de l'ordre mince et de l'ordre profond*, Mémoire de Master 2, Université de Nantes, 2006, ms.

53. *Mémoires de M. le comte de Saint-Germain*, Amsterdam, Marc-Michel Rey, 1779. L'ouvrage présente les réformes du ministre, et non pas un récit de sa vie militaire.

54. Alexandre David, *Joly de Maizeroy, l'inventeur de la Stratégie*, Paris, Édition de l'École de Guerre, 2018.

55. Voir Matti Lauerma, *Jacques-Antoine Hippolyte Guibert (1743-1790)*, Helsinki, Academia scientiarum fennica, 1989, p. 43 et s.

formation en une lourde colonne[56]. Mesnil-Durand n'est pas un théoricien négligeable – d'autant plus qu'il bénéficie de l'opinion du maréchal de Broglie en faveur de son système. Officier puis ingénieur du génie, il a repris du service au début de la guerre de Sept Ans, et prend part à la bataille d'Hastenbeck en juillet 1757. La disgrâce du maréchal d'Estrées le renvoie chez lui, en Normandie, mais toujours employé à l'armée, il s'occupe à développer ses vues sur l'ordre profond sous la forme d'un projet de « phalange », ou « plésion » (le mot est parfois au féminin, « la plésion »), nouvelle version de la colonne de Folard, revisitée par Joly de Maizeroy sous le nom de « cohorte ». Entre 1774 et 1777, Guibert, pris par sa fonction auprès du comte de Saint-Germain, n'intervient pas, laissant la parole à Charles Tronson du Coudray, chef de brigade d'artillerie – qui meurt en 1777 à Philadelphie, major général dans l'armée américaine. Le débat n'a pas été tranché par les manœuvres de Vaussieux, achevées par l'adoption d'une tactique mixte résumant les avantages de deux ordres[57]...

Que ces manœuvres ne soient pas négligeables est démontré par le fait que Guibert, libéré de sa fonction, relève presque immédiatement la critique des thèses de Mesnil-Durand. Une réponse approfondie, un livre entier : *Défense du Système de guerre Moderne ou réfutation du système de M. de M... D...*[58], qu'il ouvre par une évocation du système de Folard, que le disciple a poussé plus loin que son maître. « *Les premiers sectateurs exagèrent toujours les opinions des sectaires.* » Avec une justesse presque moins polémique, il ajoute : « *Folard avait plus étudié la guerre qu'il ne l'avait faite, il n'avait servi que dans des grades subalternes, et il n'avait par conséquent ni la pratique du commandement, ni celle des circonstances, ni celle des hommes* ». Cependant, son temps était celui de la lenteur, de la pesanteur, de l'impéritie à la manœuvre des armées. « *Le génie créateur, l'homme qui devait remédier à tous ces inconvénients, alléger les armées par la discipline et par l'art de les manier, éclairer l'Europe militaire par ses écrits, et l'étonner par ses victoires : le roi de Prusse enfin n'avait pas paru*[59]. » Il entre plus loin dans son analyse, renvoie à l'expérience du plésion au camp de Bayeux et de Saint-Malo, s'arrête sur le sixième mémoire des *Fragmens de Tactique* de 1774, « longue et vive critique de l'*Essai général de Tactique* »[60]. Il évoque « le suffrage » du maréchal de Broglie au système de Mesnil-Durand. Il en avait fait l'essai par les régiments de Limousin et de la Couronne au camp de Metz, il en a fait un nouvel essai aux camps de Bretagne et de Normandie. « *En pensant que j'ai été élevé à son école, que mon père est un des plus anciens et de ses plus fidèles serviteurs, la plume me tombe de mains ; [...] mais quand je réfléchis que le système que*

---

56. François Jean de Mesnil-Durand, *Projet d'un Ordre françois en tactique*, Paris, Baudot, 1755, et *Fragments de tactique ou six Mémoires...*, précédé d'un *Discours préliminaire sur la Tactique et sur les Systèmes*, Paris, Jombert, 1774, 2 volumes.

57. Voir François Coleno, *op. cit.*, et *Le baron de Mesnil-Durand ou la querelle des ordres*, Mémoire de maîtrise, Université de Nantes, 2005, ms.

58. Guibert, *Défense du Système de Guerre*, éd. utilisée, *Œuvres de Guibert*, *op. cit.*, vol. III et IV, t. 1 et 2.

59. *Ibid.*, t. 1, p. 14-15 et 28.

60. *Ibid.*, p. 71.

je défends est celui du roi de Prusse, c'est-à-dire du plus grand homme de guerre qui ait paru depuis César, et du général des généraux [...], j'ose me ranimer[61]. » Obsédé par le plésion, divisé en bataillons, puis en pelotons, puis en « tranches », et « tiroirs », Mesnil-Durand se perd dans le détail de ses mouvements, et ne sait que faire de l'artillerie et de la cavalerie. Guibert, avec l'aide d'un mémoire du comte de la Chapelle qui devait rendre compte des manœuvres de Metz, d'un manuscrit du chevalier de Chastellux rédigé à l'issue du camp de Bayeux, d'un mémoire du comte de Surgères qui fait ses observations sur les détails du système de Mesnil-Durand, des écrits de son propre père enfin, expose son système, qui vise, à « *consolider notre constitution et nous perfectionner dans la tactique actuelle* ».

Il conclut en s'élevant au-delà du seul raisonnement tactique, à une réflexion à la fois stratégique et historique[62]. « *Autrefois l'art de la guerre était presque tout entier dirigé vers l'offensive. [...] Avec les armes à feu, apparues à l'époque du prince de Parme, de Guillaume de Nassau, de Gustave-Adolphe, qui entraînent le développement de le fortification moderne, la guerre est devenue une guerre de places, celle par laquelle se sont immortalisés Turenne et Créqui, Catinat et Berwick. [...] Aujourd'hui enfin, le système de guerre est plus que jamais tourné vers la défensive* », dont « le plus grand genre » est la défensive « en même temps agissante et offensive » – à l'exemple de la campagne d'Alsace de Turenne en 1675. La guerre reste un fléau. Pour s'en protéger, il faut que la France soit assez puissamment armée pour ôter à ses voisins le désir de l'attaquer. Il faut que son armée réponde à la grandeur du royaume, à sa population, à son système politique. Et pour avoir une excellente armée, « *il faut avant tout qu'elle ait un esprit militaire* ». Il achève, sans surprise : « *L'armée doit avoir la soif de la guerre. [...] C'est là l'utile politique du roi de Prusse. Son armée brûle du désir de la guerre, d'abord parce qu'elle se sent, se voit, se juge en état de la faire* ».

Quelques années plus tard, en 1787, le portrait que Guibert laisse du roi de Prusse, mort le 17 août 1786, s'il ne consacre pas exactement sa position de porte-parole de la pensée militaire prussienne, le consacre en admirateur inconditionnel du vainqueur des Français à Rossbach, et vainqueur avec l'Angleterre de la guerre de Sept Ans, en une année, 1787, où son successeur, Frédéric-Guillaume II, envoie aux Provinces Unies une armée prussienne qui n'a même pas à combattre pour y rétablir l'ordre au profit de son beau-frère. Il a suffi qu'elle se montre...

Éloge du roi de Prusse, *1787.*
Le « Dieu de la guerre » devenu « Dieu de la paix »

L'Éloge du roi de Prusse est donc sans doute le dernier écho, maintenant lointain, de Rossbach dans les écrits de Guibert[63]. Doublé, comme l'*Essai*

61. *Ibid.*, p. 75.
62. *Ibid.*, t. 2, p. 271-277, référence pour tout le paragraphe.
63. Guibert, *Éloge du Roi de Prusse,* par l'auteur de l'*Essai général de Tactique*, Londres, s.e., 1787. La référence vaut pour tout le paragraphe et n'est pas rappelée, sauf référence pour Seydlitz.

général de Tactique en son temps, par un voyage « militaire » en Prusse[64]. Il mérite d'être lu en son entier… Plus qu'un simple discours mémoriel, c'est une véritable biographie politique et militaire de Frédéric II, qui commence avec le portrait de son père, Frédéric-Guillaume, « *Militaire, sans être guerrier, et Chef d'une armée, sans savoir en être le Général* ».

Son fils et héritier est presque un contre-portrait, qui se révèle lorsqu'il monte sur le trône, à vingt-neuf ans. Le jeune philosophe devient aussitôt homme d'État et homme de guerre, roi au sens fort. À l'ouverture de la succession de l'empereur Charles VI, « *il se montre à ses soldats, il parle à ses officiers en Roi qui veut être guerrier ; il prend l'uniforme de son armée* ». Trois objets principaux attirent surtout l'attention de Frédéric II : l'économie dans ses finances, l'augmentation de ses forces militaires et l'instruction de son armée. Avec un principe de base : « *Quand la guerre arrivera, son système sera celui de tous les grands Capitaines de l'Antiquité ; il en portera le théâtre hors de son pays ; il préviendra l'ennemi, il fondra sur lui comme la foudre ; il débutera par des batailles parce que les batailles gagnées rendent maître de grands espaces* » – ce jugement peut s'appliquer à Napoléon. Mais Guibert ne s'attarde pas sur le récit de cette guerre : « *Qu'est-ce que cette guerre, quand on la compare pour l'importance et pour la grandeur à celle que Frédéric a fait depuis 1756 jusqu'à 1763 ?* ».

Il n'a pas attendu 1756 pour s'y préparer. « *La plus efficace augmentation de force d'une armée consiste dans l'accroissement de sa discipline et de son instruction. Frédéric y travaille sans relâche. Il tient ses troupes en haleine par des revues annuelles et par des camps de manœuvres. Ces revues, il les fait en personne, ces camps, il les commande lui-même ; et comment apprécier ce que des troupes sans cesse visitées, sans cesse menées par un grand Général, qui est en même temps leur Roi, peuvent acquérir par-là de ressort, d'unanimité et d'émulation ?* » Guibert écrit longtemps après, et juge en même temps Louis XV, absent de cette guerre, alors que sa présence avait été si importante pour soutenir les succès français entre 1744 et 1748. Il poursuit : « *Sa cavalerie, qu'il a portée à trente mille chevaux, a besoin d'un grand travail pour égaler son infanterie. Le principe du Roi, bien opposé à ce qui se pratiquoit alors, puisque la cavalerie allemande ne savoit charger qu'au pas en faisant du feu, ou au trot, et la cavalerie française en fourrageurs, […], étoit que la cavalerie ne devoit jamais tirer, que la force étoit dans la vélocité de ses mouvements, et dans la plus grande impétuosité possible de sa charge combinée avec cet ensemble qui renverse l'ennemi, et laisse au vainqueur assez d'ordre pour profiter de son succès* ». C'est l'exacte description de Rossbach. Sans surprise, Guibert fait l'éloge de « *cet habile Seydlitz, qui […] mit la cavalerie de son maître à un point de perfection peut-être plus étonnant encore que celui de l'infanterie* »…

Mais cela ne donne pas encore une « armée manœuvrière ». « *Il falloit encore une grande Tactique, qui est la science de réunir de grands corps de troupes, et de les plier à toutes les dispositions et à tous les terreins. Il y avoit même encore à trouver de moyens de détail plus simples et plus rapides pour mettre les troupes en batailles. Cette révolution, dans la plus importante*

64. Guibert, *Journal d'un Voyage militaire fait en Prusse dans l'année 1787*, sl., se., 1790.

partie de la guerre, puisque c'est celle des marches et des batailles par laquelle s'opère tout ce qu'il y a de décisif, étoit réservée au génie de Frédéric », affirme alors Guibert : « *Condé et Turenne avoient été de grands hommes de guerre ; mais par génie, plutôt que par méditation [...] Luxembourg, qui le premier avoit gagné de grandes batailles avec de grandes armées, avoit dû ses succès à son coup d'œil et à son talent ; mais il n'avoit aussi rien découvert, ni rien transmis* ». Catinat, Vendôme, Villars, Berwick ne sont des généraux que de second ordre. Maurice de Saxe lui-même avoue franchement dans ses *Rêveries* que la science des grands mouvements est encore à créer, et il entrevoit seulement la révolution, en disant avec énergie « *Qu'un jour le secret des batailles se fera dans l'ordre et dans les jambes* ».

Il en vient à la « Guerre de 1756 ». Frédéric avait sur ses voisins l'avantage d'être prêt à agir ; il en profite. Avec succès en Saxe, plus malheureusement en Bohême. À l'automne 1757, il est malmené en Prusse orientale, menacé à Berlin, la Silésie est submergée par l'avancée des Autrichiens, « *les Français s'avancent sur la Lippe et la Weser, la seule armée qui ait fait cause commune avec le roi de Prusse capitule à Closter-Seven devant l'armée de Richelieu, une autre armée de quarante mille Français, réunie à l'armée des Cercles, s'avançoit pour délivrer la Saxe* ». Frédéric est perdu, et s'abandonne en privé, écrivant à sa sœur la margrave de Bayreuth comme à Voltaire qu'il est prêt à mourir. « *À la tête de vingt-cinq mille hommes seulement, il joint, près de Rosbach, l'armée de France et des Cercles, formée au moins du double, et le cinq Novembre, en moins de trois quarts d'heure, une manœuvre faite comme à l'exercice, la bat et la dissipe* ». Cinq mille prisonniers, beaucoup de drapeaux, d'étendards, de canons, une partie des équipages, sont les signes de la déroute ; « *il auroit pu détruire cette armée en la poursuivant, mais [...] jamais les succès ne donnèrent à Frédéric cette ivresse qui fait perdre de vue le but principal. Il s'agissait, après avoir sauvé la Saxe, de secourir la Silésie* ». Qui semble pourtant elle aussi perdue... Schweidnitz est prise, le prince de Bevern est fait prisonnier dans une reconnaissance, Breslau est prise à son tour.

« *En considérant toutes ces circonstances, l'imagination reste étonnée des dangers de la position de Frédéric, et de la grandeur de la résolution qu'il prit. C'est bien alors que se mesure toute l'étendue du génie et du caractère, et que le héros se montre avec des proportions qui tiennent plutôt de la Divinité que de la nature humaine.* » Hors le génie du roi, c'est la leçon tactique de la bataille de Leuthen qui est mise en modèle par Guibert, qui reprend presque mot pour mot l'observation faite au cours du *Voyage* de 1773, et la fameuse manœuvre de l'ordre « oblique » ici décrite. En conclusion du récit de la campagne, Guibert ajoute : « *Aucun Général ancien ni moderne ne peut s'honorer d'une campagne comparable ; elle dura neuf mois et delà, il y changea cent deux fois de camp ; il y donna en personne quatre grandes batailles, dont il en gagna trois, et la dernière offre le dénouement le plus brillant qui ait jamais couronné ces tragédies terribles* ». Puis ce modeste aveu : « *Je me suis laissé aller à traiter avec quelque suite cette campagne immortelle* » – la seule, avec celle de Rossbach explicitement évoquée, dont le récit soit fait dans le détail de l'*Éloge* : Rossbach et Leuthen, les clefs du réveil d'une pensée militaire en France marquée par le modèle prussien. Et, si Guibert ne manque pas de décerner des éloges à Keith tué à Hochkirchen, au prince Henri, au duc de Brunswick, à Seydlitz auquel il consacre toute une page[65], également à certains de ses adversaires, au maréchal Daun, dont la sagesse était tempérée par un excès de prudence, au comte de Lascy remarquable pour ses projets offensifs, au lieutenant-général Laudon remarquable par son sang-froid et son coup d'œil dans les combats, il n'accorde pas un mot à Soubise ni à Broglie, ni à aucun des autres généraux français.

Beaucoup plus vague sur les affaires de la Prusse entre 1763 et 1786, et oubliant le rôle de Frédéric dans le partage de la Pologne, Guibert se contente de louer la paix dans laquelle le roi s'est maintenu pendant le reste de sa vie : « *Il a été, pendant la moitié de son règne, le Dieu de la guerre, on va le voir, pendant l'autre moitié, le Dieu de la paix* ». Une paix favorable à la prospérité du royaume, à la description de laquelle il consacre toute la fin de l'*Éloge* : la création de six cents villages, la réduction des friches et l'assainissement des marais rendus à l'agriculture, le développement des manufactures, l'accroissement de la population. Vision rêvée d'une Prusse heureuse qui relève des illusions d'un observateur trop critique de la situation de la France, à peine modérées par une précaution surprenante chez un homme des Lumières : « *Il ne faut pas envisager la Prusse, accoutumée par les Prédécesseurs de Frédéric à un régime bien plus despotique, avec ces préjugés délicats sur la liberté et sur les droits de l'homme que pourroit avoir un Anglois ou un Américain. [...] Que deviendroit en effet bientôt un pays comme la Prusse, si on y favorisoit le luxe des marchandises étrangères ; si on y encourageoit le goût des voyages ; si on y permettoit aux citoyens riches de donner leurs filles à des étrangers, aux grands propriétaires des terres de vendre leurs fonds pour aller s'établir dans d'autre pays, ou sans les vendre d'y consommer leurs revenus* ».

En fin de compte, c'est l'éloge d'un homme de guerre, et d'une armée étroitement liée à son Roi, servie par de grands généraux, Schwerin, Keith et Winterfeld, et toujours, au-dessus des autres, Seydlitz, dont la cavalerie « rappelle l'idée des Centaures de la Fable ». Que l'on retienne cette extraordinaire description de la charge de ces « Centaures » : « *Au signal, la lice s'ouvre, tout s'ébranle, le mouvement s'accélère par degrés, la terre retentit au loin, bientôt on ne voit plus qu'un nuage de poussière, au milieu duquel on entend comme l'approche d'un torrent ; la ligne va toucher, elle baisse la main, s'élève sur ses étriers, et présente le fer avec de grands cris ; le but est atteint, elle s'arrête ; on n'entend plus que la voix des Commandants qui raccordent leurs escadrons [...]. Quel beau spectacle que de pareilles charges de cavalerie !* ».

Achevant sa vie, le souverain se limite à sa retraite dans la culture de la philosophie et des lettres à Potsdam, où tout respire la discipline et la guerre, mais où toujours une allée presque solitaire le conduit à Sans-Souci. Il y ajoute le goût des jardins et de la nature, se consacre à l'entretien de ses serres, récolte ses fruits et ses fleurs – un peu ce Cincinnatus que tout homme très actif rêve de devenir dans ses dernières années.

---

65. Guibert, *Éloge du Roi de Prusse*, *op. cit.*, p. 257 (Seydlitz).

On doit reconnaître la justesse du jugement d'Hervé Coutau-Bégarie sur Guibert, et en particulier sur l'*Essai général de Tactique* qui peut passer pour « *un livre d'Ancien Régime qui porte à la perfection un modèle de Guerre déclinant : l'art de la manœuvre subtile et savante, qui va bientôt céder la place aux guerres menées avec de gros effectifs* ». On peut le tempérer par des observations qui ressortent de l'éloge de Frédéric II, écrit quinze ans plus tard. La première est cette insistance à souligner la présence du chef de guerre parmi les hommes qu'il mène au combat : une leçon que n'oublie pas Napoléon, menant lui-même ses armées et se mêlant volontiers aux hommes. La deuxième, par obligation pour Frédéric dont les armées sont peu nombreuses, par règle de conduite de la guerre pour Napoléon, ce principe déjà évoqué d'économie des forces qui permet de mener des armées très mobiles avec une rapidité extrême exactement au point cherché. La troisième, moins visible chez Frédéric, est le passage de l'art de la tactique à la vision stratégique : Guibert l'a pressenti. Lorsqu'il est nommé membre et rapporteur du Conseil de la Guerre en 1787 ; avec enfin le grade de maréchal de camp en 1788, il a eu le temps, avant sa mort brutale en mai 1790, de contribuer de manière non négligeable au *Règlement concernant les manœuvres de l'Infanterie du 1er août 1791*, qui précise avec minutie les manœuvres pour donner aux bataillons des dispositions beaucoup plus variées que celles des anciens ordres, et dont l'adoption est laissée à la décision du commandant en chef de l'armée[66]. C'est l'annonce du réveil de la guerre de mouvement, développée avec l'apparition des divisions et des corps d'armée, une guerre où la réflexion tactique est enfin débordée par la combinaison stratégique : non pas s'attarder sur les frontières et s'immobiliser en des sièges interminables, mais marcher directement sur sa capitale et le contraindre à un règlement général des relations entre les adversaires, plutôt qu'à une capitulation localisée.

Napoléon et Frédéric II. Iéna, la « vengeance » de Rossbach

Né en 1769, douze ans après Rossbach, Napoléon Bonaparte n'est pas un acteur de la guerre de Sept Ans. Élève au collège de Brienne le jeune Bonaparte a étudié les auteurs anciens et modernes. Il fait l'éloge de l'*Essai général de Tactique*, sous une formule percutante : « *L'*Essai de Tactique *est un ouvrage à former de grands hommes* ». En 1806, l'Empereur fait octroyer une pension à la veuve de Guibert, « *en considération des ouvrages de M. de Guibert et des avantages que l'armée française en a retirés* »[67]. 1806 l'année d'Iéna : la date ne tient pas au hasard. Plus tard, avec le *Précis des guerres de Frédéric II*, il laisse à son tour un ouvrage consacré aux campagnes et à la pensée militaire du roi de Prusse, qu'il aborde pourtant d'une manière assez différente de celle de Guibert. Sans doute, il serait réducteur de limiter la pensée et les écrits militaires sur la guerre de Napoléon, à la suite des réflexions que lui ont inspirées les relations de la bataille de Rossbach, ses lectures de Guibert, ou la connaissance qu'il a de l'histoire de Frédéric II. Mais il faut ici privilégier la place prise par les leçons de Rossbach, qu'il

66. *Règlement concernant l'exercice et les manœuvres de l'Infanterie, du 1er août 1791*, Paris, Bureau du Journal militaire, 1792.

67. Voir H. Coutau-Bégarie, *Traité de Stratégie*, *op. cit.*, p. 30.

analyse à la fin de sa vie, à Sainte-Hélène, avec un regard assez différent de celui des officiers, gazetiers, historiens ou théoriciens prussiens ou français qui en ont donné des relations ou étudié le déroulement. Des leçons qu'il n'a jamais oubliées, puisqu'après la victoire de Iéna, le 14 octobre 1806, dont le champ de bataille est assez proche de celui de la bataille de Rossbach, il ordonne la destruction de la colonne mémorielle que Frédéric II avait fait élever sur le champ de bataille de Rossbach, qui s'ajoute aux trophées qu'il rapporte de Berlin à Paris – l'épée de Frédéric II n'est pas le moindre.

Le Précis des Guerres de Frédéric II *: une lecture tactique de Rossbach*

Le *Précis des Guerres de Frédéric II* porte mal son titre. C'est un précis de la guerre de Sept Ans seulement, achevé sur un chapitre général dont la dernière question est exactement au cœur des leçons tactiques de Rossbach, et fait le lien direct avec l'*Essai général de Tactique* de Guibert : « Frédéric a-t-il créé un nouvel ordre de bataille ? Qu'est-ce que l'ordre oblique ? ». Le *Précis* est publié dès 1822 dans les *Mémoires pour servir à l'histoire de France sous le règne de Napoléon Ier*, réédité en 1830, et reproduit d'après ces premières éditions dans la publication de la *Correspondance de l'Empereur Napoléon Ier* à laquelle se consacre Achille Fould sur l'ordre de Napoléon III, complétée par les quatre volumes des écrits de Sainte-Hélène en 1869 seulement[68]. Des écrits historiques de Sainte-Hélène, *Guerres de Jules César*, *Guerres du maréchal de Turenne*, c'est le seul qui puisse être rapporté directement à l'art de la guerre et à l'histoire de l'Empereur, puisque lui-même crée une relation entre Rossbach et Iéna…

« Le résultat de la bataille de Rossbach n'est point extraordinaire »

Le récit commence par une observation de portée stratégique ou politique, non tactique. Alors que ses ennemis hésitent et tergiversent, Frédéric II prend l'initiative : « *Dès l'été de 1756, voyant que ses ennemis […] n'étaient pas prêts à entrer en campagne, il commença les hostilités sans déclaration préalable, et envahit la Saxe en pleine paix* »[69]. Mais quand il en arrive à l'automne 1757, Napoléon n'aborde la bataille de Rossbach que du point de vue tactique – la manœuvre, la surprise – alors qu'il aurait pu rapporter, ou opposer, les mouvements de la campagne de Frédéric entre la fin octobre et le début novembre, pressé entre les troupes autrichiennes du prince Charles et les armée françaises de Richelieu et Soubise, aux mouvements de sa propre campagne à l'automne 1806, une campagne victorieuse d'un excellent stratège, et non une simple victoire d'un bon tacticien. Le récit de la campagne de 1757 est divisé en deux chapitres : le second, « La deuxième campagne de 1757 », s'étend d'Hastenbeck à Leuthen, le contexte de Rossbach. Napoléon observe d'entrée que les adversaires de Frédéric, « *180 000 hommes de nations différentes* », agissent « *sans concert et isolément* ». Parmi les ennemis de Frédéric, « *sous les ordres du prince de Soubise et du prince de*

68. Napoléon Ier, « Précis des Guerres de Frédéric II », édition utilisée, *Correspondance de Napoléon Ier*, tome XXXII, Paris, Imprimerie Impériale, 1869, p. 205-303.

69. *Ibid.*, p. 205.

Hildburghausen, […] 25 000 Français et 15 000 hommes de contingents de l'Empire, formant de mauvaises troupes ».

Après Hastenbeck, Richelieu signe la Convention de Closter-Seven, et occupe le Hanovre, sans désarmer ou faire prisonniers les vaincus. Une faute qui n'est pas de Soubise. Puis le coup de main de Hadik sur Berlin l'encourage à porter son quartier général à Weissenfels – évacuée le 29 octobre alors que Frédéric marche sur la ville, et passe les ponts le 2 novembre. Le lendemain, les alliés ayant pris leur position à Mücheln, le roi campe sa droite à Bedra, à sa gauche Rossbach. Les alliés se décident à attaquer, « *et conçurent le projet de tourner la gauche du roi, sa droite et son centre leur paraissant trop fortement postés* ». Alors commence le récit de la bataille, sobre, qui décrit très exactement le mouvement des troupes dans le cours de la bataille[70].

« *Le 5,* [les alliés] *exécutèrent ce mouvement sur trois colonnes et sans garde. Ils débordèrent la gauche de l'armée en passant à 1,2 ou 1,500 toises, coupant la route de Weissenfels et gagnant celle de Mersebourg. Le roi, qui les observait depuis deux heures, avait pris toutes ses dispositions pour tomber sur leur flanc et leur tête, profitant des collines qui masquaient son mouvement. Le général Seydlitz, avec toute la cavalerie et plusieurs batteries légères, se porta sur l'extrême gauche […]. Le prince Henri, avec une brigade de six bataillons, se mit en bataille sur sa droite : toute l'armée suivit ; la queue en était encore à Rossbach, qui devint alors l'extrême droite de l'armée prussienne. Celle-ci avait fait ainsi un changement de front en arrière, la droite en avant. L'armée alliée, n'ayant pas d'avant-garde, fut enfoncée par les charges de la cavalerie prussienne et par le feu d'une nombreuse artillerie. La cavalerie française et alliée se culbuta sur l'infanterie, le désordre se communiqua dans toute l'armée*[71]. » En peu d'heures, la victoire reste aux Prussiens. Une description tactique, sans fioritures. Sans doute parce que la bataille n'est qu'une petite affaire, qui n'achève ni la guerre, ni la campagne de Frédéric : « *Le résultat de la bataille de Rossbach n'est point extraordinaire : 22 000 à 26 000 Prussiens, troupes d'élite et bien commandées, devaient battre 45 à 50 000 hommes de troupes de l'Empire et de troupes françaises […], si misérablement commandées. […] Mais ce qui a été un sujet d'étonnement et de honte, c'est d'avoir été battu par six bataillons et trente escadrons : ce n'est pas une armée composée de pareilles troupes commandée par de pareils officiers, dont l'âme et l'esprit étaient si faibles, […] qui pouvait entreprendre une marche de flanc devant une armée si bien constituée* ». Napoléon condamne durement la médiocrité de Soubise : « *La manœuvre du roi de Prusse est naturelle et mérite moins d'éloges que l'ennemi ne mérite de blâme, car elle lui a été dictée par cette marche imprudente, faite sans être ni protégée par un corps d'observation en position, ni éclairée par des flanqueurs et une avant-garde, de manière à être à l'abri de toute surprise* ». Les éloges adressés au roi de Prusse attendent Leuthen, « *chef d'œuvre de mouvements, de manœuvres et de résolution ; cette bataille suffirait à "immortaliser Frédéric". Il attaque une armée plus forte que la sienne, en position et victorieuse, avec une armée composée en partie*

70. *Ibid.*, p. 226-227.
71. *Ibid.*, p. 227.

de troupes qui viennent d'être battues, et remporte une victoire complète sans l'acheter par une perte disproportionnée avec le résultat »[72].

L'analyse devient alors fine. Frédéric a manœuvré, sans violer les principes de la guerre : il n'a pas fait de marche de flanc devant l'ennemi, car les deux armées ne se sont pas vues en bataille ; c'est protégé par un mamelon et de brouillards, et masqué par son avant-garde que le roi continue sa marche et va attaquer l'extrême gauche de l'armée autrichienne. Il n'abandonne pas sa ligne d'opération mais il en change, « *ce qui est considéré comme la manœuvre la plus habile qu'enseigne l'art de la guerre* », puisque l'ennemi ne sait plus où sont les arrières par où menacer sa marche. Enfin, l'audace et la rapidité de l'exécution, l'intrépidité des généraux et des soldats ont répondu à l'habileté de la manœuvre. Ainsi, « *la cavalerie et les masses prussiennes arrivèrent constamment sur* [les troupes de Daun] *avant qu'elles eussent eu le temps de se former* ».

Poursuivant son précis par le récit de la campagne de 1758, Napoléon note la victoire du prince de Soubise à Lützelberg, où il s'empare de vingt-huit pièces de canon, et fait un millier de prisonniers, ne se trouvant contraint à se replier pour cantonner autour de Francfort et de Hanau que par le retrait de Contades. Il retrouve le prince dans la campagne de 1761, et le juge alors avec une grande sévérité. Lorsque, en juin, de Broglie réunit son armée à Cassel, et se dispose à attaquer Ferdinand de Brunswick le 16 juillet, les deux maréchaux manœuvrent « *sans ensemble, sans décision, et comme des hommes certains d'être battus* ». Ils sont effectivement battus, et Soubise, de fait, ne concourt plus aux opérations menées par Broglie. Il finit par se porter sur la rive gauche du Rhin, pendant que Broglie essaie de se maintenir sur la rive droite. Au jugement de Napoléon, « *la conduite du prince de Soubise [...] est ce qui attestera à jamais l'incapacité absolue de ce général, bien plus encore que le combat de Gotha et la bataille de Rossbach. La résolution qu'il prend, dans l'embarras où il se trouve, de séparer ses forces [...] est le maximum de l'ineptie et de l'incapacité* »[73]. Napoléon résume d'une seule formule son jugement sur Soubise au terme de la campagne de 1762 : « *manque de connaissances militaires et manque de caractère* »[74].

« Mais qu'est-ce donc que l'ordre oblique ? »[75]

Si Napoléon loue en permanence la résolution, l'esprit offensif, le coup d'œil et la capacité de décision de Frédéric II, comme la discipline efficace de son armée, qui lui permettent de transformer en éclatante victoire une bataille engagée avec des forces très inégales, est-ce à dire qu'il en retienne une leçon tactique utile ? On observe que, dans son récit des campagnes, Napoléon ne se réfère jamais à un « ordre », quel qu'il soit, mais uniquement à des manœuvres et des mouvements. C'est seulement dans le dernier chapitre du *Précis*, « Quelques considérations sur la guerre de Sept Ans », qu'il en vient à poser la question : « *On a attribué les succès que le roi avait*

---

72. *Ibid.*, p. 231-232.
73. *Ibid.*, p. 284.
74. *Ibid.*, p. 293.
75. *Ibid.*, p. 297.

obtenus pendant cette guerre à un nouvel ordre de tactique pour les batailles qu'il aurait inventé, et que l'on a appelé l'ordre oblique ».

Ses partisans, dit-il, considèrent « *que toutes les manœuvres que fait une armée, soit la veille, soit le jour d'une bataille, pour renforcer sa ligne sur sa droite, son centre ou sa gauche, soit même pour se porter derrière l'ennemi, appartiennent à l'ordre oblique* »[76]. Mais alors, cette définition conviendrait à nombre de batailles anciennes ou modernes, par exemple celle du maréchal de Luxembourg à Fleurus en 1693, celle de Marlborough à Hochstädt en 1704, et d'autres encore : tout général qui attaque renforce ses colonnes d'attaque. « *Si Frédéric avait imaginé cette manœuvre, il eût imaginé la guerre, qui [...] est aussi ancienne que le monde.* » Cette définition n'est pas à retenir.

« *D'autres disent que l'ordre oblique est cette manœuvre que le roi faisait exécuter aux parades de Potsdam par laquelle deux armées étaient d'abord en bataille parallèlement. Celle qui manœuvre se porte sur une des ailes de son adversaire, soit par un système de colonnes serrées, soit par un système de colonnes ouvertes, et se trouve tout d'un coup, sans que le général ennemi s'en soit aperçu, sur une de ses ailes, l'attaque de tous côtés sans que l'on ait le temps de la secourir.* » Exactement la description de Guibert lors de la manœuvre du camp de Neisse. Napoléon y voit une impossibilité pratique : quand deux lignes parallèles ont un front de 3 000 toises et sont éloignées de 900 toises, il est impossible que l'une d'elles s'incline de manière que l'une de ses ailes s'approche à 300 toises en dissimulant l'autre ; au demeurant, « *il est deux principes de guerre qu'on ne viole point impunément : le premier : Ne faites pas de marches de flanc devant une armée qui est en position ; le deuxième : Conservez avec soin et n'abandonnez jamais de gaité de cœur votre ligne d'opération* ». Au reste, si cette manœuvre doit être dérobée à l'ennemi, elle n'est pas un ordre tactique, mais un coup qui surprend, de la nature des embuscades – cette « petite guerre » pratiquée dans tous les temps aussi bien par des « troupes disciplinées » que « par des sauvages et des troupes indisciplinées ».

Napoléon poursuit : Frédéric II, qui a livré dix batailles dans le cours de la guerre, n'y a jamais fait exécuter les manœuvres des revues de Potsdam, ni mis en usage aucune nouvelle manœuvre : toutes celles qu'il a ordonnées étaient connues et pratiquées de tous les temps. L'Empereur renvoie à une analyse des batailles de Lobositz et de Kolin, au cours de laquelle Frédéric fait une marche de flanc, puis de la bataille de Rossbach, avec ce constat – inattendu : « *Le prince de Soubise imagina de vouloir singer l'ordre oblique. Il fit une marche de flanc devant la position du roi. Les résultats en sont assez connus : Frédéric à Kolin ne perdit que son armée ; Soubise, à Rossbach, perdit son armée et l'honneur* ». L'Empereur répond à l'objection que soulèverait son point de vue : « *Mais, dira-t-on, vous ne parlez pas de la bataille de Leuthen : c'est le chef d'œuvre de l'ordre oblique* », une victoire « *propre à immortaliser le caractère moral de Frédéric* », mais elle ne ressemble pas aux manœuvres de Potsdam. Elle est due à la surprise d'une marche dissimulée. Si le prince de Lorraine avait poussé en avant des patrouilles ce qu'il n'a

76. *Ibid.*, p. 297-299, pour toute l'analyse de l'ordre oblique par Napoléon.

pas fait, il aurait porté sa réserve sur son aile gauche, et avancé sa droite et son aile droite : l'armée prussienne, prise en flanc, aurait été défaite. « *C'est étrangement s'abuser que de confondre une surprise avec un ordre constant de manœuvres.* » Ou, selon l'expression en 1903, du général Henri Bonnal, professeur de stratégie et de tactique générale à l'École supérieure de guerre, encore une fois ce « principe encore inconscient » chez lui de « l'économie des forces »[77].

En conclusion, Bonnal va plus loin : « *Le vieux Frédéric riait sous cape, aux parades de Potsdam* », donnant aux officiers français, anglais, autrichiens qui venaient y assister – ainsi Guibert en 1773 – un spectacle qui n'était qu'illusion, destiné à les duper et les conforter dans leur erreur d'appréciation, se réservant manœuvres, mouvements et surprises. Avec cet effet secondaire que « *les généraux prussiens, eux-mêmes, furent dupes de la malice de leur vieux roi, et qu'ils crurent posséder l'art de vaincre, parce qu'ils étaient devenus habiles à disposer leurs troupes suivant des figures géométriques* »[78]. L'ordre oblique n'aurait-il été qu'un théâtre militaire qui a eu pour effet d'immobiliser la réflexion théorique sur l'art de la guerre dans cette interminable querelle des ordres que Napoléon juge stérile ? Sans prétendre clore la question, on peut s'en tenir à la formule du général de Gaulle qui donne raison à Napoléon sous une forme extrêmement nette : « *Le fameux ordre oblique est une habile adaptation des moyens aux circonstances, et non point la panacée qu'y virent les théoriciens du moment* »[79].

Sous une autre forme, ce long débat a pour effet un enlisement de la réflexion tactique française, mais aussi de la pensée militaire prussienne à la fin du XVIIIe siècle, que ne relève pas encore un penseur tel que Clausewitz. Là est la cause de la disparition du « modèle prussien », étroitement tactique, entre 1792 et 1806, au profit d'une réflexion stratégique nouvelle, clef des victoires napoléoniennes, en 1805 comme en 1806…

1806 : Saalfeld, Iéna et Auerstedt : la Prusse abattue

En 1806, la défaite totale de la Prusse joue le rôle d'un révélateur de la sclérose du modèle de l'armée frédéricienne, et entraîne après coup la rénovation de la pensée, mais surtout de l'organisation militaire prussienne, entreprise sous l'égide de Scharnhorst et de Gneisenau, qui trouve son accomplissement un demi-siècle plus tard dans le système de guerre de Moltke, le futur vainqueur de Sadowa et de Sedan.

Les trois principales batailles livrées et gagnées entre le 10 et le 14 octobre 1806, à Saalfeld, puis Iéna et Auerstaedt, forment un tout, et ensemble elles abattent le royaume de Prusse, puissance européenne depuis la guerre de Sept Ans, soumise cinquante ans plus tard au système napoléonien. En son temps, entre 1889 et 1903, Bonnal l'avait bien senti, puisque sous le *titre L'Esprit de la Guerre moderne*, il publie deux ouvrages, le premier intitulé *De Rossbach*

---

77. Général Henri Bonnal, *L'Esprit de la Guerre Moderne. De Rossbach à Ulm*, Paris, Librairie militaire Chapelot, 1903, p. 29.

78. *Idem.*

79. Général de Gaulle, *La France et son Armée*, Paris, Plon, 1938, éd. utilisée, Plon, 1999, p. 373.

à Ulm, le second *La Manœuvre d'Iéna, du 5 septembre au 14 octobre 1806*, étude écrite sur un cours donné à partir de 1889, précédé par le travail du capitaine Foucart sur les campagnes de Prusse en 1806[80]. Cet ouvrage est rapidement suivi d'une nouvelle étude du capitaine Bressonnet, intitulée *Études tactiques sur la campagne de 1806 (Saalfeld, Iéna, Auerstaedt)*[81]. Après bien d'autres encore, l'analyse de Jacques Garnier en 2015, brève mais remarquable, dans son ouvrage sur *L'art militaire de Napoléon*[82] et l'étude approfondie de Frédéric Naulet, en 2019, *Iéna et Auerstaedt*, peuvent servir désormais de références[83].

On peut souligner une sorte de similitude des campagnes de 1757 et de 1806 : campagnes d'automne, entreprises par la France contre la Prusse, dont le dénouement se joue à l'est de la Thuringe, aux confins de la Saxe. On peut aussi souligner que dans les deux batailles, Rossbach et Iéna, les vainqueurs, Frédéric II et Napoléon, sont tous deux présents. Il faut se garder de trop en dire : la campagne de Napoléon relève d'une vision politique, d'une conception stratégique et d'une exécution tactique qui ne peuvent être confondues avec celles de Frédéric II. Au reste, il n'y a aucun point de comparaison entre les armées de Louis XV et celles de l'Empereur, et l'esprit militaire du roi Frédéric II et celui de Frédéric-Guillaume III. Leur véritable relation est que la première avait consacré la naissance en Europe d'une nouvelle puissance militaire, et que la seconde annonce à l'Europe que cette puissance n'existe plus. Napoléon l'a lui-même souligné : ce sont les deux bornes de la première grande histoire prussienne.

On peut plutôt retenir que la bataille de Rossbach, malgré les propos sceptiques de Napoléon, révolutionne la tactique traditionnelle depuis le temps de Louis XIV, affrontement de deux lignes que Maurice de Saxe appelle une « tirerie » inutile, puisqu'elle ne donne pas la victoire – à l'exemple de la bataille de Malplaquet[84] – sauf en cas de changement de l'ordonnance de combat au cours de la bataille – à l'exemple de Fontenoy[85]. Débat révolu, depuis l'irruption de l'armée révolutionnaire sur les champs de bataille, résultant d'une levée en masse, devenue conscription sous le Directoire. La bataille d'Iéna, elle, consacre une révolution stratégique, déjà mise en œuvre dans la campagne de 1805 – sinon celle d'Italie en 1796-1797 –, adaptée à une nouvelle conception organisationnelle des armées qui repose désormais sur l'existence de divisions autonomes, dont l'Empereur coordonne les mouvements, eux-mêmes conçus en raison d'objectifs de caractère politique. Au XVIIIe siècle, les guerres se déroulent toujours sur les espaces frontaliers, et s'achèvent sur des gains de territoires. Avec Napoléon, ce sont les États qui sont visés, et attaqués au cœur. En 1805, Ulm puis Austerlitz ont donné le signal : l'objectif est l'entrée à Vienne. La paix imposée à l'empereur

80. Henri Bonnal, *op. cit.*, *La Manœuvre d'Iéna. Étude sur la stratégie de Napoléon et sa psychologie militaire, du 5 septembre au 14 octobre 1806*, *ibid.*, 1904.

81. Pascal Bressonnet, *Études tactiques sur la campagne de 1806 (Saalfeld, Iéna, Auerstaedt)*, Paris, Librairie militaire Chapelot, 1909.

82. Jacques Garnier, *L'Art militaire de Napoléon*, Paris, Perrin, 2015, p. 118-128.

83. Frédéric Naulet, *Iéna et Auerstaedt. La Prusse humiliée*, Paris, Economica, 2019.

84. Simon Macdowald, *Malplaquet. Marlborough's Bloodiest Battle*, Londres, Osprey, 2020.

85. Jean-Pierre Bois, *Fontenoy, 1745. Louis XV, arbitre de l'Europe*, Paris, Economica, 1996.

François II, qui devient François Ier, empereur d'une Autriche qui n'est plus le Saint-Empire romain germanique, réorganise la carte de l'Europe. L'objectif stratégique de la campagne de 1806 est l'entrée à Berlin, où Napoléon arrive peu après ses trois victoires des 11 et 14 octobre, et la paix imposée au roi de Prusse modifie son statut en Europe. Vienne, puis Berlin : deux villes où jamais aucun roi de France n'était entré – comme plus tard, mais dans des circonstances beaucoup plus difficiles, Madrid et Moscou[86]. L'Empereur, vainqueur, ne se contente pas de prendre un territoire frontalier : il réorganise la carte de l'Europe, ses souverainetés, ses systèmes d'alliance. Sa vision est immense : c'est aussi de Berlin qu'il date, le 21 novembre suivant, le décret par lequel il déclare les îles Britanniques en état de blocus. Cette hauteur de vues rend logique le symbole. Non pas le seul déroulement de la campagne de 1806, qui n'est pas à rapporter ici. On peut se limiter à rappeler que l'armée prussienne est commandée par le trop vieux duc de Brunswick, qui avait pris part aux batailles de Rossbach et Leuthen, et commandé l'armée prussienne en 1792 et 1793. À l'âge de soixante et onze ans, il a repris du commandement en 1806, pour mourir le 10 novembre des suites d'une blessure reçue à Auerstaedt. Avec lui, le prince de Hohenlohe – celui qui avait guidé Guibert dans sa visite du champ de bataille de Leuthen –, lui aussi ayant fait ses premières armes au cours des dernières années de la guerre de Sept Ans. Les deux hommes ne s'entendent pas. Au lieu de se poster sur la ligne de défense naturelle constituée par l'Elbe, ils portent leur armée jusqu'à la forêt de Thuringe. Tournée par sa gauche, l'avant-garde de Hohenlohe est débordée par la division Suchet, de l'armée de Lannes, à Saalfeld, le 10 octobre, le prince Louis de Prusse qui la commande est tué. Le 14 octobre, Napoléon lui-même porte un premier coup décisif à l'armée de Hohenlohe à Iéna, le même jour Davout écrase l'armée du duc de Brunswick à Auerstaedt.

Le 5e *Bulletin de la Grande Armée*, le 15 octobre, donne à la victoire une signification inattendue : « *La bataille de Jena a lavé l'affront de Rosbach* »[87]. Mais on le sait, avec Napoléon, la victoire n'est pas une fin en soi. Il exploite politiquement son succès militaire. Davout occupe Leipzig, force le passage de l'Elbe avec Lannes, qui atteint Potsdam le 24 octobre, lui-même atteint Berlin le 25. Extraordinaire déroute prussienne dans la rapidité de laquelle la cavalerie de Murat joue un rôle.

La colonne de Rossbach : « vengeance » et vaudevilles

La destruction de la colonne de Rossbach, 18 octobre 1806

La Prusse n'est plus invincible. Le 17 octobre 1806, Napoléon a rejoint Davout à Naumbourg, et quitte cette ville le 18 octobre au matin, en direction de Mersebourg et Halle. Sa route lui fait traverser le champ de bataille de Rossbach. Le général Savary qui l'accompagne laisse le récit de ce qui suit : « *L'Empereur avait tellement dans la tête les dispositions de l'armée*

---

86. Voir Émilie Robbe et François Lagrange (dir.), *Catalogue de l'exposition du Musée de l'Armée du 6 avril au 22 juillet 2018, Napoléon Stratège*, Paris, Musée de l'Armée et Lienart, 2018.

87. 5e *Bulletin de la Grande Armée*, Iéna, 15 octobre 1806, dans *Campagnes des Armées françaises en Prusse, en Saxe, et en Pologne en 1806 et 1807, et recueil complet des relations officielles*, Anvers, Allebé, 1807, p. 25.

de Frédéric, et celles de la nôtre, qu'arrivé dans Rossbach même, il me dit : "Galopez dans cette direction (il me l'indiquait) : vous devez trouver à une demi-lieue d'ici la colonne que les Prussiens ont élevée en mémoire de cet événement" ».

Il s'agissait effectivement d'une colonne commémorative qu'avaient fait élever dès septembre 1766 des officiers prussiens près du village de Rossbach. Une deuxième colonne avait d'ailleurs été élevée sur le champ de bataille en 1796 par des anciens de la guerre achevée en 1795 entre la France et la Prusse, son inauguration marquée par un festin. Les deux colonnes étaient devenues des lieux de rassemblement patriotiques[88]. Savary poursuit : « *Si la moisson n'eût pas été faite, je ne l'aurais pas trouvée, car cette colonne, placée au milieu d'une plaine immense, n'était pas beaucoup plus haute qu'une double borne, semblable à celle qu'on met le long des quais et des ports pour fixer les bateaux* ». Savary signale de son mouchoir qu'il en a trouvé l'emplacement. « *L'Empereur, qui s'était écarté de son chemin pour parcourir le champ de bataille, vint effectivement la voir. Toutes les inscriptions en étaient en partie effacées, on avait de la peine à les lire.* » Il donne alors ses ordres : « *L'Empereur, voyant dans le lointain passer la division du général Suchet, lui envoya dire de faire enlever cette colonne, parce qu'il voulait la faire transporter à Paris. Le général Suchet y employa sa compagnie de sapeurs, qui, en un instant, mit la colonne sur trois ou quatre voitures* »[89].

Ce trophée, revanche symbolique de la défaite de Rossbach, est accompagné d'autres de plus grande portée symbolique. L'Empereur passe au château de Sans-Souci, à Potsdam, le 25 octobre 1806. Il en parcourt les pièces, trouve sur la table du roi un pupitre sur lequel se trouve posé *L'Art de la Guerre*, de Puységur : « *Le livre était ouvert au chapitre du port de l'épée [...]. Je trouvai encore un col, son épée, son écharpe et le ruban de son ordre qu'il avait porté pendant la guerre de Sept Ans ; de tels trophées pèsent plus que cent drapeaux [...]. J'en ferai présent au gouverneur des Invalides, qui les gardera comme un témoignage mémorable des victoires de la Grande Armée et de la vengeance qu'elle a tiré des désastres de Rossbach* »[90]. La « vengeance », le mot est plus fort que serait le mot « revanche ». De Potsdam, le *Bulletin de la Grande Armée* annonce l'envoi de ces trophées, « *tout ce qui a appartenu à un des premiers capitaines dont l'Histoire gardera le souvenir* ». Le *Bulletin* du 26 octobre ajoute que ce jour « *l'Empereur a été voir le tombeau du Grand Frédéric. Les restes de ce grand homme sont renfermés dans un cercueil de bois recouvert de cuivre, placé dans un caveau sans ornement, sans trophées, sans aucune distinction qui rappellent les grandes actions qu'il a faites* »[91]. Rossbach n'était que la honte d'une défaite. L'épée,

88. Thomas Niklaus, « Rossbach, du lieu de violence au lieu de l'imagination », dans *Les Voyageurs européens sur les chemins de la guerre et de la paix du temps des Lumières au début du XIXe*, Françoise Knopper et Alain Ruiz (dir.), Presses Universitaires de Bordeaux, 2006, p. 197-203, cit. p. 203.

89. Savary, *Mémoires du duc de Rovigo pour servir à l'histoire de l'empereur Napoléon*, Paris, Bossange, 1828, tome II, p. 293-294.

90. Voir « L'Épée de Frédéric II », dans René Baillargeat (dir.), *Les Invalides. Trois siècles d'Histoire*, Paris, Musée de l'Armée, 1974, p. 281-284, et bibliographie, p. 528.

91. *Campagnes des Armées françaises en Prusse, en Saxe, et en Pologne*..., *op. cit.*, p. 62.

c'est le roi guerrier, c'est le passage de témoin entre le roi et l'Empereur, non pas la filiation, mais le remplacement de l'un par l'autre. C'est enfin, opération de propagande impériale, faire de la bataille perdue par Louis XV ce qu'elle n'avait pas encore été : une défaite de la France, que l'Empereur, vengeur, efface en écrasant la Prusse à Iéna, à une quarantaine de kilomètres de Rossbach.

La cérémonie de réception de ces trophées par le maréchal Sérurier, avec aussi les drapeaux et étendards pris dans les campagnes de 1806 et 1807, se déroule le 17 mai 1807, au cours d'une cérémonie grandiose dont l'ordonnance a été fixée par Cambacérès, rappelant le faste de celle du 15 juillet 1804 à l'occasion de la remise des premières décorations de la Légion d'honneur.

Des vaudevilles au Salon de 1810

L'annonce du transport de la colonne de Rossbach à Paris n'était pas passée inaperçue : le 15 novembre 1806, au théâtre du Vaudeville, succédant à son programme de légèretés très creuses, « Honorine et Omazette », « La Duègne et le Valet », « Arlequin Charlatan », Desfontaines-Lavallée, ancien secrétaire de Monsieur avant la Révolution, fondateur en 1796 des *Diners du Vaudeville*, réunion de joyeux amateurs de bonne chère, comédiens et musiciens, donne un divertissement en prose et avec des airs populaires, *Le Rêve, ou la colonne de Rosback,* annoncé la veille par le *Moniteur*[92]. « *Auguste monument / Que toute la Prusse révère* », occasion d'exalter le « héros », qui par ses succès réalisera la fable de « *cet abbé de Saint-Pierre [...], la paix universelle*[93] », a-t-il écrit. « *Jolie pièce de circonstance* » écrit le 15 novembre *le Magasin encyclopédique, ou Journal des sciences, des Lettres et des Arts*. Une pièce se mettant au service du pouvoir et faisant l'éloge de la Grande Armée et de son Chef, qu'un critique de *L'Esprit des Journaux français et étrangers*, dans son numéro de novembre, inscrit bien dans la suite d'un autre vaudeville de Desfontaines, *Le Rêve d'Épiménide*, dont le contenu était encore plus ouvertement une flatterie envers Napoléon[94]. Un siècle plus tard, un autre critique, Louis Henry Lecomte, n'a pas oublié ce vaudeville auquel il accorde une mention dans son histoire de Napoléon, racontée par le théâtre[95]. Le thème est banal : Thérèse, une Française vivant dans un village de Franconie, est promise par son oncle à un officier prussien, mais veut épouser Ernest, un bel officier français. Elle obtient son consentement quand ce dernier traverse son village, conduisant le convoi qui transporte la colonne de Rossbach. L'officier prussien, balourd et ridicule, doit s'effacer.

On ne sait trop ce que la colonne est devenue, sans doute transportée jusqu'à Brest. Il est sûr qu'on en reparle en 1807, le 17 mai à l'occasion de la

---

92. *Le Moniteur*, 31 octobre-14 novembre 1806. Exceptionnellement, *Le Rêve, ou la colonne de Rosback* est annoncé la veille de sa première représentation, le 14 novembre, p. 1376.

93. Desfontaines-Lavallée, *Le Rêve, ou la colonne de Rossback, divertissement de circonstance, en prose et en vaudeville...*, Théâtre du Vaudeville, 15 novembre 1806. Paris, Léopold Collin, 1806.

94. *Le Magasin encyclopédique, ou Journal des sciences, des lettres et des arts*, 11e année, 15 novembre 1806, tome VI, p. 441 ; *L'Esprit des journaux français et étrangers*, 1806, tome XI, p. 294-297.

95. Louis Henry Lecomte, *Napoléon et l'Empire racontés par le théâtre, 1797-1899*, Paris, 1900, p. 154-159.

translation aux Invalides des trophées de la bataille de 1806. Fontanes, dans son discours, évoque nos « invincibles légions », qui « *après avoir repris dans les arsenaux de l'Autriche l'armure de François Ier, captif à Pavie, ramènent à Paris cette colonne injurieuse qui s'élevait dans les champs de Rossbach, et font ainsi du monument de nos revers un nouveau monument de nos triomphes* ». Au même moment, un projet aurait visé à remplacer la fontaine du lion de Saint-Marc, élevée devant les Invalides, par la colonne de Rossbach, entourée de quatre fontaines elles-mêmes en obélisques sur lesquelles seraient inscrits les noms de braves tombés lors de la campagne de Prusse, un projet qui n'a pas abouti. C'est aussi l'année au cours de laquelle le graveur Louis-Jean Allais donne une représentation de l'enlèvement de la colonne, ainsi légendée : « L'empereur a traversé (le 18 octobre 1806) le champ de bataille de Rossback. Il a ordonné que la colonne qui y avait été dressée soit transportée à Paris. » Abattue, déjà au sol, elle occupe le premier plan de la scène, ainsi que le petit globe portant le nom de la bataille, surmonté de la couronne royale[96]. Un peu plus tard, le 30 mai 1810, Vivant Denon, directeur des musées de Napoléon, adresse une lettre au préfet du Finistère : on « *l'assure que la colonne dite de Rosback a été transportée à Brest après la bataille d'Yéna* », il souhaite en recevoir un dessin. Sans doute son attention est-elle attirée par l'annonce des tableaux qui doivent être exposés au Salon de Paris ouvert le 5 novembre suivant – date anniversaire de Rossbach, est-ce un hasard ? Une nouvelle fois, au théâtre du Vaudeville, on joue *La colonne de Rosback*, alors sous la signature de Jean-Baptiste Augustin Hapdé, qui précise sur l'avis qu'il en donne : « *Pièce à ne pas confondre avec le* Rêve ou la colonne de Rosback *de Barré, Radet et Desfontaines-Lavallée* ». À ce moment pourtant, le souvenir de Iéna, vengeance de Rossbach, n'est plus que l'une des pierres de l'édifice élevé à la gloire de l'Empereur. Augustin Hapdé est lui-même une sorte de chantre officiel, qui donne en cette même année six autres vaudevilles ou tableaux historiques et allégoriques sur le thème des victoires de l'Empereur, au Théâtre des Jeux gymniques dont il est l'administrateur, « composés en l'honneur des fêtes de Leurs Majestés impériales et royales »[97].

On connaît plus, exposé à ce Salon de 1810, le tableau de Pierre-Antoine Augustin Vafflard, intitulé *L'armée française renverse la colonne commémorative de Rossbach, le 18 octobre 1806*, l'une de ses rares compositions à avoir atteint une petite réputation[98]. Le tableau est noyé parmi les 1 300 œuvres exposées. Le jeune François Guizot aussi, qui a laissé en cette occasion un ouvrage, son premier livre signé, *De l'État des Beaux-Arts en France et du Salon de 1810*, ne retient pas ce tableau dans ses observations[99]. Ce salon, l'un des plus réussis de l'époque impériale, se trouve présenté dans le *Courrier de l'Europe et des Spectacles* : son principal caractère est « *d'avoir*

96. Louis-Jean Allais, Estampe, Musée Carnavalet.

97. Augustin Hapdé, *La colonne de Rossback*..., Theâtre du Vaudeville, le 12 octobre 1810.

98. Voir Yves Martin, « La Colonne de Rossbach, de Pierre-Antoine Augustin Vafflard », *Soldats Napoléoniens*, n° 9, mars 2006, p. 78-80. Le tableau est toujours dans les collections du musée de l'Histoire de France de Versailles.

99. François Guizot, *De l'État des Beaux-Arts en France, et du Salon de 1810*, Paris, Maradan, 1810. Voir Laurent Theis, « Guizot et le Salon de 1810 », *Napoleonica,* n° 13, 2023, p. 126-135.

puisé ses sujets historiques dans les fastes de la Nation et de la gloire de ses armées ». Charles Paul Mandon qui laisse lui aussi, un peu plus tard, une présentation de plusieurs pièces choisies du salon, n'évoque pas plus que Guizot l'enlèvement de la colonne de Rossbach. Il est vrai qu'Austerlitz, Madrid, Wagram, et les tableaux de Gros, Girodet, Gérard, ou dans un autre genre Pierre Narcisse Guérin, frappent beaucoup plus les visiteurs et les amateurs…

Vafflard lui-même n'est pas allé sur les lieux. Le tableau est composé selon les règles des grandes peintures d'histoire entre 1807 et 1810. Le paysage qu'il représente ne fait guère penser à la Saxe, et l'on recherche en vain les hauteurs qui entouraient Rossbach. La mise en scène est parfaite : au centre, face à la colonne qui s'effondre, ici plutôt un obélisque assez lourd monté sur un socle massif, l'Empereur et son état-major. On reconnaît à la droite de l'Empereur le maréchal Berthier, Bessières, et tout à l'arrière Roustan. Des aides-de-camp assez nombreux occupent le deuxième plan. L'Empereur est salué par un officier de l'artillerie à cheval de la Garde. Vafflard représente également le train d'artillerie de la Garde qui traverse la scène derrière la colonne. Celle-ci est environnée par les sapeurs occupés à l'abattre. En arrière-plan des officiers d'infanterie montés, et plus loin les colonnes d'un régiment d'infanterie légère – le 17e sans doute, puisque c'est le seul de la division Suchet. Mais tout cela n'est que composition : Yves Martin, qui a longuement présenté ce tableau, reconnait des uniformes qui datent plus des années 1808-1809 que ceux de l'année 1806.

Le souvenir de Rossbach à l'occasion de Iéna est aussi évoqué par certains des vaincus. Ainsi, une lettre adressée à son épouse le 18 octobre 1806, de Helmstadt, dans le duché de Brunswick, par un officier dont le nom n'apparait pas, qui lui aussi parle de « vengeance ». Elle est publiée dans le 18e *Bulletin de la Grande Armée*, en date du 25 octobre suivant. Cet officier évoque « *des nouvelles d'une défaite totale qu'annoncent ici les fuyards prussiens* », et son incertitude sur le sort de ses deux fils dont il est sans nouvelles. Parlant de son aîné : « *Plût au ciel qu'il fût mort pour sa patrie les armes à la main, pourvu qu'il ait pu continuer à combattre l'ennemi. […] Ce serait pour moi un pas de plus vers la tombe, de le savoir une des victimes d'une journée où les Français se sont vengés au centuple de leur défaite de Rossbach, et qui donnera le coup de grâce à la réputation militaire de la Prusse* ». Et comparant alors les armées françaises et prussiennes de 1806 et de 1757, il ajoute : « *Les Français sont et resteront invincibles tant que les autres puissances de l'Europe s'obstineront et s'entêteront, malgré les leçons de l'expérience, à conserver leur ancienne routine militaire. […] À Rossbach, cela était différent. Alors, étaient à la tête de l'armée française des gens de qualité, qui ne devaient leur rang qu'à leur naissance et à la protection d'une Pompadour, et qui commandaient à des soi-disant soldats, sur la trace desquels, après leur fuite, on ne trouva que des bourses à cheveux et des sacs à poudre. Combien tout cela a changé de face* »[100].

---

100. 18e *Bulletin de la Grande Armée*, 26 octobre 1806, *Campagnes des Armées françaises en Prusse…*, *op. cit.*, p. 65-67.

TROISIÈME PARTIE

Penser la défaite 1743-1940

De « l'histoire-bataille » à l'histoire de la bataille : mise en perspective

Quel sens donner, ou plutôt d'abord ne pas donner, à la question posée : « Penser la défaite ? » [1]. Il ne s'agit pas, dans une réflexion sur la bataille de Rossbach, mise en perspective, de rechercher une définition de ce qu'on peut appeler une grande bataille, ou une bataille décisive. Cela a déjà été fait : Rossbach ne figure pas dans les ouvrages produits. La question est d'ailleurs un peu différente, non « bataille », mais une « défaite » – débandade, déroute, désastre : tous ces mots font bien référence à une pensée française, parce que, vue du côté allemand, la bataille de Rossbach est une victoire.

La bataille comme thème de littérature militaire, en marge des travaux spécifiques des officiers, est apparue au milieu du XIXe siècle en Angleterre, avec Edward Shepper Creasy qui en distingue quinze entre Marathon et Waterloo, une des meilleures ventes de l'époque victorienne avec trente-huit rééditions entre 1851 et 1914 ; un peu plus tard en France avec le colonel Édouard Hardy de Perini en 1894, puis le général Colin, et son ouvrage sur les grandes batailles de l'histoire publié en 1919, deux ans après sa mort, enfin après la Première Guerre mondiale, avec les grands ouvrages de Sir Basil Liddell Hart en 1929 ou John Frederick Charles Fuller au lendemain de la Seconde Guerre mondiale [2]. Creasy donne une raison à l'écriture de son livre, qui élargit le récit de la bataille à la pensée sur la bataille, victoire ou défaite : « *Si nous devons étudier les batailles, c'est parce que, indépendamment de la valeur morale des combattants, certaines batailles nous ont fait ce que nous sommes [...], parce que les intérêts des États dépendent parfois de l'affrontement de certains groupes [...], et que ces affrontements comportent des conséquences non seulement à l'époque considérée, mais sur le destin général de l'homme* ». Il ne s'agit donc plus d'une histoire simplement descriptive et factuelle, mais d'une mise en perspective beaucoup plus large et déjà conceptuelle.

Héritier de cette lignée prestigieuse, qu'il faudrait élargir à nombre de livres consacrés à une bataille déterminée, avec comme point d'orgue l'étude très forte de l'Anglais John Keegan *Anatomie de la bataille (*Azincourt 1415, Waterloo 1815, la Somme 1916) [3], deux victoires anglaises et la plus effrayante des batailles des tranchées, et les grands ouvrages d'Olivier Chaline sur *La Montagne blanche* [4] ou de Stéphane Perréon et Yann Lagadec sur *La bataille de Saint-Cast* [5] – qui, elle, nous rapproche vraiment de

---

1. « Penser la défaite » : le choix de l'expression renvoie à Raymond Aron, *Penser la Guerre, Clausewitz*, Paris, Gallimard, 1976.

2. Une présentation générale de ces travaux, dans John Keegan, *Anatomie de la bataille. Azincourt, 1415. Waterloo, 1815. La Somme, 1916*, Londres, 1973, Paris, Robert Laffont, 1993, pour la tr. française. Voir Edward Creasy, *The Fifteen Decisive Battles of the World,* Londres, 1851, cit. p. 34 ; Édouard Hardy de Périni, *Batailles françaises*, Paris, A. Majesté et L. Bouchardeau, 1894-1906, en huit fascicules ; Jean Colin, *Les Grandes batailles de l'histoire*, Paris, Flammarion, 1919 ; Basil Liddell Hart, *Les guerres décisives de l'Histoire*, Londres, 1929 ; John Frédérick Charles Fuller, *The Decisive Battles of the Western World, and Their Influence*, New York, Funk et Wagnalls, 3 volumes, 1954-1956, tr. française, Paris, Berger-Levrault, 1981-1982.

3. John Keegan, *op. cit.*

4. Olivier Chaline, *La bataille de la Montagne blanche (8 novembre 1620). Un mystique chez les guerriers*, Paris, Noésis, 2006.

5. Stéphane Perréon et Yann Lagadec, *La bataille de Saint-Cast (Bretagne, 14 septembre 1758), entre histoire et mémoire*, Rennes, Presses Universitaires de Rennes, 2009.

Rossbach – Hervé Drévillon, dans un essai récent tout simplement titré *Batailles*, avec le sous-titre *Scènes de guerre de la Table Ronde aux tranchées* [6], relève la grandeur d'une histoire menacée par la dérive trop facile de « l'histoire bataille », qui, selon son heureuse expression, se contente pour évoquer la défaite Rossbach, de « l'humiliation d'une armée poudrée et perruquée ». Il rend un juste hommage au *Dimanche de Bouvines* de Georges Duby [7], qui montre comment l'événement de la bataille peut contribuer à « la compréhension des structures mentales, sociales, ou économiques d'une époque ». Hervé Drévillon, qui avoue en même temps sa « prédilection pour les grandes batailles oubliées », sinon « disparues de la mémoire collective », est aussi le premier à donner, dans un choix de batailles dignes d'une analyse approfondie, une place à Rossbach, défaite évoquée entre la bataille de Malplaquet, plutôt une non-victoire anglaise – d'abord connue sous le nom de bataille de Tesnières – qu'une défaite française, et celle des Saintes, une immense défaite maritime, dont le vaincu, l'amiral de Grasse, vainqueur six mois plus tôt de la bataille de la Chesapeake, est accueilli en héros – mais à Londres, non à Paris [8].

Un peu pour ajouter à cet essai novateur, il ne s'agit d'abord ici, sous la simple expression « penser la défaite », que de se demander, après avoir évoqué quelques-unes des réflexions immédiates qu'elle suscite chez certains de ses contemporains, en quoi cette défaite finalement assez peu meurtrière de l'Armée combinée commandée par le duc d'Hildburghausen et le prince de Soubise subie à Rossbach en 1757 peut justifier qu'on la retienne comme un événement majeur par l'effet qu'elle a eu d'abord comme révélateur des réalités profondes du XVIIIe siècle, ensuite comme catalyseur de la formation autour de la Prusse d'une nation allemande dont le premier moteur est la guerre, en ce sens comme référence symbolique des trois grandes défaites militaires subies par la France contre l'Allemagne dans ses trois dernières grandes guerres…

---

6. Hervé Drévillon, *Batailles. Scènes de guerre de la Table Ronde aux Tranchées*, Paris, Seuil, 2007.

7. Georges Duby, *Le Dimanche de Bouvines*, Paris, Gallimard, 1973.

8. Hervé Drévillon, *op. cit.*, Introduction p. 13, 11 et 19 ; Rossbach, p. 195-220, Malplaquet, p. 171-214, Les Saintes, p. 221-244.

Chapitre 7

Rossbach en son temps

Serait-il envisageable d'inscrire Rossbach plutôt que dans la série des grandes batailles de l'histoire, au moins dans la lignée des grandes défaites qui, avant celles de la guerre de Sept Ans, ont marqué l'histoire de la France, et d'ébaucher une large histoire comparée de ces grandes défaites ? Il n'est pas sûr que cela ait du sens. Nos défaites sont souvent dites « glorieuses », sorte de tradition française, ou d'exception française, sinon même une fascination française. Au point que beaucoup d'entre elles sont devenues pour les historiens, comme pour les écoliers du XXe siècle jusqu'aux années 1980 – plus pour ceux d'aujourd'hui – des repères chronologiques presque fondateurs dans une longue liste où elles côtoient autant de victoires, de Bouvines à la fameuse trilogie Crécy-Poitiers-Azincourt, de Pavie à Denain, ou de Valmy à la débâcle de 1940. On pourrait presque, comme le fait Hervé Drévillon, remonter à la défaite fondatrice, celle qui ouvre les quatre à cinq siècles de la Gaule romaine, Alésia en 52 avant Jésus-Christ[1], acte de naissance de notre histoire nationale telle que la Troisième République l'enseigne aux enfants, la page qui ouvre l'*Histoire de France* d'Ernest Lavisse à partir de 1882, ou en 1933 le *Premier Livre d'Histoire de France* du Cours Gauthier-Deschamps. Ou telle que la présente, en 1901, Camille Jullian dans son *Vercingétorix*[2], qui en devient presque une figure de la revanche pour la génération d'après 1871.

Mais Vercingétorix le Gaulois n'est pas Français. Charlemagne, successeur des Mérovingiens et premier des Carolingiens, roi des Francs, empereur d'Occident, l'est à peine plus, et l'on ne remontera pas non plus à la défaite de Roncevaux, le 15 août 778, dont le souvenir est transformé en épopée dans la fameuse *Chanson de Roland*, « la geste que Turoldus declinet », une geste héroïque, presque une Iliade du Moyen Âge – mais l'*Iliade* d'Homère est au

1. Hervé Drévillon, *ibid.*, p. 9 – avec un clin d'œil à Astérix…
2. Camille Jullian, *Vercingétorix*, Paris, Hachette, 1901. Rééd. Paris, Tallandier, 1999.

service de la destinée tragique d'une victoire qui doit autant à l'intervention des dieux qu'aux combats des rois et des héros de la Grèce – dont les noms, Agamemnon, Achille et Hector, Ulysse et les deux Ajax ont traversé les siècles, comme celui de Roland. Les petites guerres féodales des chevaliers, devenues d'abord la guerre de Philippe Auguste contre Jean sans Terre, puis l'immense guerre de Cent Ans et de quatre rois, d'Edouard III et Philippe VI en 1340, à Henri VI et Charles VII un siècle plus tard, le temps de la naissance des deux nations de France et d'Angleterre, mais avec un roi toujours chevalier armé à Marignan en 1515 et vaincu à Pavie en 1525, ne relèvent que des ambitions des princes qui les conduisent. Dans les deux siècles qui suivent, les guerres de Religion, puis les guerres de rois qui enchevêtrent et opposent leurs propres intérêts dynastiques, restent des règlements personnels entre familles régnantes, jusqu'à la grande série des guerres de Succession, et des alliances qui prennent le nom de Pactes de Famille entre France et Espagne, dans une large première moitié du XVIIIe siècle – Successions d'Espagne, de Pologne, d'Autriche –, qui ne sont pas des guerres nationales, malgré l'élan de Malplaquet en 1709. Et, il faut bien l'avouer, la défaite de Rossbach tranche sur celles qui l'ont précédée en ce qu'elle n'a jamais été qualifiée de « glorieuse », mais de « honteuse » : elle ne résulte pas d'un combat, mais d'une fuite.

Limites chronologiques d'une réflexion sur la défaite de Rossbach : 1743-1940

Le préalable : Dettingen, 27 juin 1743

Ne pourrait-on au moins donner la valeur d'un préalable, ou d'un avertissement, à la bataille de Dettingen, perdue par le maréchal de Noailles le 27 juin 1743 devant le roi George II ? Elle aussi s'achève par une fuite. Cette première déroute, que Jean Chagniot appelle « la panique »[3], ne peut-elle être regardée comme une sorte de prélude à la seconde déroute de Rossbach, moins de quinze ans plus tard ? Son contexte y invite, bien que Frédéric II, roi de Prusse n'y apparaisse pas. Bien plus, c'est encore au temps de l'alliance franco-prussienne, l'un des épisodes de l'interminable guerre entre Maison de France et Maison d'Autriche, commencée entre Charles Quint et François Ier à Pavie – sinon avec l'élection impériale de 1519. Comme la victoire prussienne en 1757, la victoire de l'armée anglo-hanovrienne en 1743 était inattendue. Alors que le maréchal de Noailles a placé dans le village de Dettingen, qui ferme un défilé formé entre les collines du Spessart et le Main, le régiment des Gardes françaises commandé par son neveu le duc de Gramont, celui-ci, dans son impatience fait avancer son régiment dans le défilé – on pense à l'impatience du duc de Hildburghausen, qui pousse l'Armée combinée dans le passage entre les hauteurs du Janusberg et la Saale. Les Gardes françaises, dont l'assaut est rompu par le feu anglais sans qu'ils puissent être soutenus par l'artillerie de Vallière – le fils du grand

3. C'est le mot de Jean Chagniot, « Une panique : les Gardes françaises à Dettingen (27 juin 1743) », *Revue d'Histoire Moderne et Contemporaine*, janvier-mars 1977, p. 78-95. La référence vaut pour tout le paragraphe et n'est pas rappelée – sauf ci-dessous.

réformateur de l'artillerie – doivent faire retraite dans un chemin maintenant obstrué par les régiments qui les ont suivis, leur mouvement devient panique puis déroute… Mais si Jean Chagniot considère qu'il est possible de voir dans la débandade française à Dettingen la préfiguration de celle de Rossbach, ce n'est pas par le simple déroulement des faits. Au reste, Noailles n'a pas été chansonné comme l'a été Soubise, même si le duc de Gramont, qui avait, selon Barbier, l'ambition de gagner dans cette bataille, qu'il ne pouvait pas perdre, son bâton de maréchal, « n'y a gagné que le surnom de M. de Gramont du *bâton rompu* »[4]. En fait, conclut Jean Chagniot, cette panique est la « manifestation d'une crise militaire »[5], beaucoup plus large que la défaillance d'un régiment, mais une crise qui n'a pas eu le temps de se manifester dans toute sa profondeur, et donc de donner à la défaite de Dettingen le même écho qu'à celle de Rossbach, parce que les campagnes des Pays-Bas de 1745 à 1748 ont fait oublier la panique par une suite de grandes victoires – Fontenoy en 1745, Raucoux en 1746, Lawfeld en 1747. C'est que l'armée française avait alors avec Maurice de Saxe, un véritable chef. C'est aussi qu'au combat, elle avait la présence d'un roi. Louis XV, à Fontenoy, accompagné du Dauphin, efface la honte de Dettingen – et même, si l'on en croit son propos la veille, la honte de la très ancienne défaite de Poitiers puisqu'il s'y fait le vengeur de celui qui, avant lui, était accompagné de son fils sur le champ de bataille ! Il endosse le costume de « roi de guerre » de son arrière-grand-père Louis XIV, jouit d'une très grande popularité dans l'armée et le royaume. Avec une autorité pas encore entachée par le rôle des favorites, auquel prétendait peut-être la duchesse de Châteauroux chassée lors de la maladie de Metz, et pas encore la marquise de Pompadour qui en ces années de la guerre dans les Pays-Bas joue encore son rôle dans les alcôves plus que dans les Conseils. Avec une majesté réelle, qui exclut cette sorte de familiarité des soldats prussiens avec leur roi Frédéric, qu'ils interpellent en l'appelant « Vater » (*père*). Mais Maurice de Saxe n'a pas eu de successeur, et le Bien-Aimé de 1745-1747 est un Mal-Aimé en 1757…

Seul le comte d'Hérouville de Claye, capitaine en 1730, major général de l'infanterie de l'Armée des Flandres en 1744, met en garde, sans y mettre la moindre précaution de style, dans son *Traité des Légions*, publié en 1753 sous le nom du maréchal de Saxe[6], mort en 1750, et sous son propre nom dans la seconde édition de 1757. Avec une étonnante acuité, même s'il manque dans son analyse un élément majeur, en incriminant non pas le manque de valeur du soldat français, mais son manque d'entraînement à l'exercice, et son manque de discipline : « *Quiconque n'a point vu ou servi avec les Prussiens ignore jusqu'à quel point va leur exactitude et leur discipline, et n'en peut connaître tous les avantages* »[7]. Mais il ne prédit pas l'avenir : en 1753, les Prussiens sont encore des alliés de la France.

---

4. *Journal de Barbier, op. cit.*, tome III, p. 456-459, citation p. 459.

5. Pour la citation de Henri Carré, voir Jean Chagniot, *op. cit.*, p. 78.

6. Comte d'Hérouville de Claye, *Mémoires sur l'infanterie, ou Traité des Légions, composé (suivant l'exemple des Anciens Romains) par Monsieur le Maréchal de Saxe, ouvrage posthume*, La Haye, Antoine Gibert, 1753 (Paris, Prault, pour l'édition de 1757). Émile Guillaume Léonard, *op. cit.*, p. 131-132, attribue le *Traité* au comte de Saxe.

7. *Id.*, *op. cit.*, p. 33-35.

Sous une autre forme, il n'est pas illégitime de s'arrêter à la date de la bataille de Dettingen, 1743, pour fixer la réflexion sur la défaite de 1757, au moins élargir le regard aux années qui la précèdent. Pour simplifier, on dira après la fin des guerres de Louis XIV. C'est exactement ce à quoi nous invite un historien de la France moderne, Émile Guillaume Léonard. Né dans le Gard en 1891, reçu à l'École nationale des Chartes en 1911, ses études ont été interrompues par la Première Guerre. Grièvement blessé lors de la bataille de Verdun, lié à Guillaume Apollinaire qui lui a dédié son poème *À Nîmes*[8], il soutient sa thèse sur les chancelleries et la diplomatie des comtes de Toulouse et se trouve reçu archiviste paléographe, entrant dans une carrière qui fait de lui un médiéviste réputé, puis un spécialiste du protestantisme, ce qui le fait passer du Moyen Âge à l'époque moderne, en particulier au XVIIIe siècle. Un livre tient une place très particulière dans son œuvre entre l'*Histoire de Jeanne Ire, reine de Naples, comtesse de Provence (1343-1382)*, publiée en 1932, *Mon village sous Louis XV*, publié en 1941, et son *Histoire générale du Protestantisme* dont le dernier volume est publié en 1964 à titre posthume : c'est un petit livre, que son titre, mais aussi les circonstances de son écriture placent en marge de ses autres travaux, *L'Armée et ses problèmes au XVIIIe siècle*, publié en 1958[9].

De 1743 à 1940. La rencontre d'Émile Léonard et de Marc Bloch

En novembre 1942, le Professeur Léonard est chargé d'un cours à Faculté des Lettres d'Aix-en Provence, où, du fait de l'occupation de la Provence par l'ennemi, venait d'être dissoute l'École militaire de Saint-Cyr qui s'y était repliée en 1940. La direction de l'École « camoufle » ses élèves et instructeurs, en étudiants, donc en civils, qui lui sont confiés. Émile Guillaume Léonard estime qu'un thème touchant au passé de l'armée permettrait à ces jeunes gens de s'entretenir dans leurs études, tout en étant utile aux autres étudiants : « *On ne pouvait guère en trouver de mieux approprié à la situation présente, et aux espoirs communs, que l'histoire de la remontée de l'esprit militaire dans l'armée et dans la nation, des dernières années de Louis XIV à la Révolution* »[10]. Le cours, commencé en cette année 1942, est interrompu par la fermeture de l'Université d'Aix en mars 1944, mais il est partiellement publié par la rédaction des *Annale*s en 1948. Il intéresse, pense Léonard, parce que « *rares sont les livres considérant l'armée comme un corps social, intéressé à ses rapports avec l'opinion publique et soucieux des variations de l'esprit militaire dans les troupes et la nation* », annoncés par les grands ouvrages de Charles de Gaulle, pas encore général, *Le Fil de l'Épée* en 1932, *Vers l'Armée de métier* en 1934, *La France et son armée* en 1938[11]. Ainsi, le Professeur s'interroge sur la défaite de Rossbach – sur les défaites de la guerre de Sept Ans –, en examinant toutes les données d'une évolution de la société, des institutions, et de la culture d'un royaume que Louis XIV

8. Guillaume Apollinaire, « À Nîmes », dans la série des *Calligrammes* intitulée « Étendards », dans *Œuvres poétiques d'Apollinaire*, Paris, Gallimard, coll. La Pléiade, p. 211-212.

9. Émile G. Léonard, *L'Armée et ses problèmes au XVIIIe siècle*, Paris, Plon, 1958.

10. *Ibid.*, Préface, p. i.

11. Voir, cité par E. G. Léonard le diplôme d'études supérieures de G. Lallemant, « L'opinion des philosophes du XVIIIe siècle sur la guerre et sur l'armée », que nous n'avons pu consulter.

avait portée à l'apogée de son éclat, au lieu de se contenter du constat de la médiocrité des généraux de 1757.

C'était en 1942 : la date est à retenir, et peut légitimement fixer le terme d'une large mise en perspective. Car c'est aussi la date à laquelle un autre historien, Marc Bloch, qui a si douloureusement vécu la débâcle de 1940, livre son « Témoignage », ou tout simplement « un procès-verbal de l'an 1940 », dans l'ouvrage devenu avec son édition posthume, en 1946, « L'étrange défaite »[12]. March Bloch, normalien, Professeur à l'Université de Strasbourg, surpris par la guerre dans le cours d'une brillante carrière, avait demandé, malgré son âge, alors cinquante-trois ans, et malgré sa nombreuse famille – il a six enfants –, à reprendre du service, au grade de capitaine qui était le sien depuis 1918. Il est alors affecté au Service des essences, avant en 1943 d'entrer dans la vie clandestine dans le mouvement « Franc-Tireur ». Arrêté le 8 mars 1944, il est fusillé le 16 juin suivant. Faut-il rappeler, Marc Bloch n'hésite pas à le faire, que son arrière-grand-père avait été soldat en 1793, que son père avait servi dans Strasbourg assiégée en 1870, que lui-même avait commencé la Première Guerre mondiale comme sergent d'infanterie ? Est-ce une suite de l'existence de cette lignée militaire et patriotique, ou la capacité particulière de l'historien à vivre plus intensément le temps long que les témoins ou les chroniqueurs d'un événement ? Toujours est-il que Marc Bloch invite très directement à rapporter son analyse de la défaite de 1940 à celle de 1757, à Rossbach, lorsqu'il écrit, le 28 avril de cette même année 1942 une poésie en onze quatrains, intitulée : *Le Général qui a perdu son armée*. Il y met en scène un général (qu'il ne nomme pas, mais qui pourrait ne pas le reconnaître ?), formé dans sa jeunesse sur les bancs de l'École de Guerre, auquel on enseignait l'histoire d'un autre général « très chansonné », qui

> « ... Jadis dans la nuit cherchait son armée :
> Lanterne à la main, ce héros valeureux
> Disait : "C'est drôle, elle s'est envolée ;
> Je ne puis en croire mes yeux".
> « Hélas, mon frère, infortuné Soubise,
> J'aurais bien besoin de ton lumignon ;
> Car moi aussi, je ne sais quelle bise
> M'a soufflé jusqu'au dernier bataillon »[13] [...]

Celui auquel Marc Bloch donne ici parole est évidemment le général Gamelin, et c'est bien à Rossbach, que l'historien pense en 1940. Cette réponse, où la lanterne du prince devenant le lumignon du général, invite à soumettre les deux défaites à une même analyse, malgré la différence formidable de leurs échelles respectives. Au reste, comme l'ouvrage de Léonard sur la défaite de 1757 n'est pas une simple condamnation de Soubise, celui de Marc Bloch sur la défaite de 1940 ne se limite pas à la condamnation trop simple du commandement incapable d'un général sorti, en 1893, 1er de sa

---

12. Marc Bloch, *L'étrange défaite*, édition utilisée, Paris, Gallimard, 2019, p. 55 pour l'expression « l'incroyable défaite ».

13. *Ibid*., p. 303-304.

promotion de Saint-Cyr. Il l'inscrit dans la continuité des changements de l'histoire et des mutations de toute une société. La défaite militaire est la première forme de la débâcle nationale, mais elle est indissociable d'une faillite plus générale, administrative, intellectuelle, morale de la société et de la communauté françaises.

Nous n'irons pas au-delà. Henry Contamine, un troisième universitaire, lorsqu'il publie en 1957 son petit ouvrage intitulé *La Revanche, 1871-1914*, indique que le livre allait paraître lorsque survint la Seconde Guerre mondiale qui avait suspendu son travail repris dix-sept ans plus tard, dans un contexte qui n'était plus du tout le même [14]. Ce qui ne veut pas dire que la perspective d'une réflexion historique étalée sur deux siècles soit oubliée. À retenir, en 1968, l'*Histoire de la Première Guerre mondiale* du général Fernand Gambiez et du colonel Maurice Suire, dont le premier volume, *Crépuscule sur l'Europe* [15], s'ouvre par un chapitre intitulé « De Waterloo à Sarajevo », donc un cadre 1815-1914, sans remonter plus haut dans l'histoire des guerres entre la Prusse et la France, mais rappelle qu'en 1814 la Prusse est la seule à réclamer le démembrement total de la France et qu'en 1817, sur le haut lieu de la Wartburg, le jour anniversaire de la bataille de Leipzig, les étudiants de la *Burschenschaft* d'Iéna exaltent le mythe ancien du Ier *Reich* médiéval, de l'Adige aux Belts, de la Meuse à la Vistule, fête également décrite par Christopher Clark dans son ouvrage *Ascension et chute de la Prusse, 1600-1947* [16], qui propose donc, pour sa part, un cadre un peu différent, et infiniment plus large que celui retenu par Émile Guillaume Léonard et Marc Bloch. À retenir encore, en 1991, le mot de synthèse d'Emmanuel Le Roy Ladurie lorsqu'il voit dans le retournement d'alliances des années 1748-1756, la vision par Louis XV de l'avènement de la puissance prussienne dont il pressent la menace pour la France, à laquelle le grand historien donne sa dimension réelle, « depuis Rossbach (1757) jusqu'à Sedan (1870) et bien au-delà » [17].

La chronologie de la réflexion sur la défaite de Rossbach peut donc être fixée entre 1757 et 1940, deux siècles dont l'histoire militaire est marquée pour la France par la présence d'un troisième « ennemi héréditaire », la Prusse, successeur dans cette position de l'Angleterre et de l'Autriche. Vaincue à Iéna, renaissante dès Leipzig, la Prusse ne s'est pas effacée de l'histoire, et l'histoire des trois guerres successives franco-prussiennes devenues franco-allemandes a été marquée par la répétition de retentissantes défaites françaises – en 1870-1871, en août-septembre 1914, enfin en mai-juin 1940. Autant de défaites dont la mise en perspective appartient directement à l'analyse de la défaite initiale de Rossbach.

---

14. Henry Contamine, *La Revanche, 1871-1914*, Paris, Berger-Levrault, 1957.

15. Général Gambiez et Colonel Suire, *Histoire de la Première Guerre mondiale*, t. 1, *Crépuscule sur l'Europe*, Paris, Fayard, 1968, p. 32-33.

16. Christopher Clark, *Iron Kingdom. The Rise and Fall of Prussia, 1600-1947*, Londres, Allen Lane, Penguin Group, 2006, traduit en allemand sous le seul titre moins explicite *Preußen*, Munich, Pantheon, 2008.

17. Emmanuel Le Roy Ladurie, *L'Ancien Régime*, t. II, *L'absolutisme bien tempéré (1715-1770)*, *op. cit.*, p. 147.

La défaite de Rossbach dans le milieu du XVIIIe siècle. Le début de la fin de l'Ancien Régime

De Voltaire à Émile Guillaume Léonard

Penser la bataille n'a pas été exactement le souci de ses acteurs ou témoins : nous les avons vus. Les premiers s'excusent, les seconds accusent. Avec une plus grande hauteur de vue, Voltaire se réfugie dans une dénonciation intemporelle de portée philosophique plus que politique, Justi dans l'utopie d'une paix illusoire, Gleim dans une exaltation patriotique triomphante. Ils ne se donnent pas pour but d'expliquer, ni de rechercher les causes de la défaite, ni même d'en évaluer la portée dans la double histoire à venir du vaincu et du vainqueur.

Ce n'est pas non plus exactement le souci de ses premiers historiens, français ou allemands, encore trop proches de l'événement : tous utiles à lire, ils se contentent de raconter. Ainsi dès 1758, François-Antoine Chevrier, presque le premier, qui recueille toutes « les circonstances qui ont précédé, accompagné, et suivi la bataille de Rossbach », c'est le titre complet de ses *Mémoires pour servir à l'histoire* de la bataille, qui ne sont ni un travail de mémorialiste, ni un travail historique – plutôt un simple travail de plumitif, trop rapidement écrit[18]... Nous avons déjà cité l'ouvrage de Johann Friedrich Seyfart écrit en 1758, publié en 1759, avec une seconde édition complétée en 1765, toute à la louange de Frédéric II. En 1786, Seyfart lui consacre sans doute la première de ses biographies écrites après sa mort[19]. Quelques années plus tard, le général Georg-Friedrich von Tempelhof, qui a travaillé avec Henry Lloyd pour donner en 1783 pour son premier volume d'une *Histoire de la Guerre de Sept Ans entre le Roi de Prusse et l'Impératrice-Reine avec ses alliés*, dont le titre renvoie le roi de France au statut secondaire de l'un de ces alliés, est le premier à élever le débat sous une formulation très concentrée, presque visionnaire : « *Dans toute l'histoire, on ne trouve aucun exemple de bataille qui ait fait une aussi vive impression* »[20]. Au reste, Tempelhof, militaire autant que mathématicien, d'ailleurs membre de l'Académie des Sciences de Berlin, est considéré par Archenholz comme trop porté à la précision sur les aspects tactiques. Mais Clausewitz, plus tard, lui donne raison, en ajoutant un qualificatif à la bataille, un autre à ses conséquences : « *Il n'y a jamais eu de bataille aussi insignifiante aux conséquences aussi considérables* »[21]. Johann-Wilhelm von Archenholz

18. François-Antoine Chevrier, *Mémoires pour servir à l'histoire de notre tems par rapport à la battaille de Rosbach*, Francfort, s.e., 1758.

19. Johann-Friedrich Seyfart, *op. cit.*, titre complet : *Geschichte des im 1756. und 1757 sten Jahren in Teutschmand und dessen angränzenden Ländern gefürten Krieges, in welcher nicht allein merkwürdige Kriegs Begebenheiten, mit unpartheilischen Feder beschrieben, sondernn auch von den vornehmsten Generälen und andern in diesem Kriege bekant gewordenen Personen die Lebens- und andere merkwürdige Umstände angefürt werden...* Voir également, J.-F. Seyfart, *Friedrich II (1712-1786), Preußens König*, Leipzig, 1786.

20. Georg-Friedrich von Tempelhof, *Geschichte des Siebenjährigenkriegs in Deutschland zwischen dem Könige von Preußen und der Kaiserin-Königin mit ihren Allierten*, Berlin, J.-F. Jünger, 1783-180, en 6 volumes.

21. Jugements de Tempelhof et Clausewitz, voir Thomas Nicklas, « Rossbach – Du lieu de la violence au lieu de l'imagination », dans *Les Voyageurs européens sur les chemins de la guerre et de la paix du temps des Lumières au début du XIXe siècle*, Françoise Knopper et Alain Ruiz (dir.), Presses Universitaires de Bordeaux, 2006, p. 197-203.

lui-même en 1788, dont l'*Histoire de la Guerre de Sept Ans* est immédiatement traduite en français par le chevalier d'Arnex, du canton de Vaud, est trop porté à faire l'éloge de Frédéric même s'il s'en défend : « *Je ne parois point ici pour faire l'éloge de ce grand Monarque, puisque l'exposé fidelle de ses exploits rend toutes les louanges superflues* »[22]. Le terme par lequel il qualifie la bataille de Rossbach, déjà relevé, « singulière », n'est d'ailleurs pas un élément d'analyse. Mais qu'il l'ait tournée en dérision en est un. Car il ajoute : « *la bataille de Rossbach fut considérée par les deux camps comme une farce plaisante* » – (*eine lustige Farce*).

Quant à Frédéric II, pour lequel la véritable victoire est celle du 5 décembre, à Leuthen, il fait, dans son *Histoire de la Guerre de Sept Ans*, le récit d'une guerre contre l'Impératrice-Reine, non contre la France[23]. Mais il s'exprime en roi, ce qui n'est pas une position d'historien, même si ses écrits sont toujours au premier rang des documents d'archives. On peut considérer que Mirabeau lui répond en 1788, avec son ouvrage *De la Monarchie prussienne*[24], dont la rédaction est esquissée dès son premier voyage en Allemagne, avec la collaboration active du major Mauvillon, mais sans privilégier l'étude de la guerre, plutôt avec des préoccupations philosophiques, politiques et sociales – qui lui permettent de conclure que si « *de nombreux États ont une armée, l'armée prussienne a un État* ». C'est une formule percutante, mais qui ne semble faite que pour l'orateur. L'Anglais Henry Lloyd, qui a écrit son *Histoire de la Guerre de 1756* (et 1757) dès la fin de la guerre, traduite en français en 1784, est sans doute celui qui donne le récit le plus précis et le plus accessible de la campagne de 1757, soutenu par des cartes, mais sans vouloir en faire le support d'une pensée sur ses causes, son contexte et ses conséquences à court ou long terme. Quant à Christophe-Guillaume Koch, en 1796, il est sans doute le plus concis de ses historiens, quand il présente ainsi la campagne du prince de Soubise en 1757 : « *L'armée de l'Empire, réunie à un corps de Français, commandés par le prince de Soubise, entra en Saxe pour faire une diversion en faveur de l'Impératrice-Reine. Elle fut battue le 5 novembre près de Rossbach, et mise dans une déroute complète par le roi de Prusse* ». Quelques lignes pour une petite opération de diversion, rien de plus[25]. Il est vrai qu'il est toujours difficile de penser l'actualité : qu'ils excusent ou qu'ils accusent, qu'ils décrivent ou qu'ils polémiquent, les acteurs et témoins de l'événement ne sont jamais ses meilleurs analystes.

Beaucoup d'historiens français du XIXe siècle déshonorent Soubise, et accablent Louis XV. Cela descend jusqu'au portrait tracé en 1857 par Étienne-Léon de Lamothe-Langon, qui l'attribue à Madame du Barry, à laquelle Soubise était presque le premier à avoir fait bon accueil. Après lui avoir reconnu quelques qualités, « *les agréments de son esprit, la douceur de son caractère et la confiance intime dont le roi l'honorait* », elle ajoute : « *Mauvais militaire, il s'était fait battre honteusement ; courtisan débauché,*

22. Johann-Wilhelm Archenholz, *Histoire de la Guerre de Sept ans en Allemagne de 1756 à 1763, par Mr. J. W. d'Archenholz*, Berne, Haller, 1789, préface, p. vi.

23. Frédéric II, *Histoire de la Guerre de Sept Ans*, dans *Œuvres posthumes*, Berlin Voss, 1788.

24. Mirabeau, *De la monarchie prussienne sous Fréderic le Grand*, Londres, s.e., 1788.

25. Christophe-Guillaume Koch, Bâle, J. Decker, Tome 2, p. 94,

il passait les dernières années de sa vie chez la Guimard où il faisait les honneurs avec le même orgueil que s'il eût été dans le superbe hôtel de ses pères. En vérité, la famille des Rohan a joué de malheur dans notre siècle... »[26]. Jugement sommaire, que Lamothe-Langon, raconteur de ragots qu'il n'hésite pas à inventer, fait prononcer par la comtesse : il s'attache à détruire l'image de la monarchie au temps de Louis XV, de Madame du Barry, et ici de Soubise, parce que c'est ce que ses lecteurs attendent. C'est aussi trop souvent ce que les historiens ont lu, retenu et transmis à propos du maréchal quand ils en parlent. Ernest Lavisse, d'une autre grandeur que Lamothe-Langon, achève le siècle en proposant aux élèves du cours élémentaire dans son *Histoire de France* destinée à leur apporter des notions générales sur la marche générale de l'histoire de France. Il conclut le chapitre consacré aux « Injustices qu'il y avait en France », dont l'exemple donné est que, dans l'armée, « *des hommes arrivaient aux belles places sans les avoir méritées* », par un résumé qui souligne les mots importants : « *Louis Quinze* fut un *mauvais roi* »[27]. À la fin du XIXe siècle, dans le tome VII de sa grande *Histoire générale* qu'il donne avec Alfred Rambaud, la présentation de l'armée française et de la bataille de Rossbach n'est pas recevable. La première n'est perçue qu'à travers les travaux de Louis Mention[28], qui n'y voit qu'un « *ramassis de malfaiteurs ou de vagabonds recrutés par ruse, maintenus dans une condition misérable sans la moindre discipline dont les officiers ne sont que des enfants bénéficiant de la faveur, eux même sous le commandement d'officiers de salon, fort aimables courtisans mais d'une ignorance absolue* », et au premier rang « l'aimable Soubise » ; l'armée franco-allemande elle-même en novembre 1757 « *ressemblait plus à la cohue de Xerxès qu'aux troupes de Turenne* »[29]. Quant à la bataille de Rossbach, elle n'était qu'une surprise, qui aurait pu n'être qu'une défaite allemande, puisqu'après la fuite des contingents des Cercles, l'armée alliée (franco-autrichienne) était encore trois fois plus forte que celle de Frédéric, « *Soubise pouvait tenir la campagne : il ordonna la retraite, qui se changea en déroute* »[30].

Heureusement, le XIXe siècle voit aussi la publication de quantité de *Mémoires* des acteurs de l'histoire du règne de Louis XV qui compensent ces jugements, mais dans la ligne des auteurs de la deuxième moitié du XVIIIe siècle, à laquelle ils appartiennent, ils racontent, témoignent, déplorent, comprennent parfois avec sensibilité, ainsi le duc de Croÿ, mais n'expliquent pas. Il faut attendre les historiens du XXe siècle pour changer le regard sur la bataille et sans doute la ligne tracée par Émile Guillaume Léonard, pour que ses successeurs étudient la bataille et la guerre en rapport avec ce qu'est

---

26. Jean-Joseph Damas-Hinard et Étienne de Lamothe-Mangon, « Mémoires de Mme du Barry sur la ville, la cour et les salons de Paris sous Louis XV », Paris, *Chroniques populaires illustrées*, 1857, p. 12.

27. Ernest Lavisse, *Histoire de France, Cours élémentaire*, Paris, A. Colin 1913, p. 120-126.

28. En particulier, Louis Mention, *Le comte de Saint-Germain*, Paris 1884, le seul « dont les brigades aient fait bonne figure ».

29. Ernest Lavisse et Alfred Rambaud, *Histoire générale du IVe siècle à nos jours*, vol. VII, le XVIIIe siècle, Paris, Armand Colin, 1896, Chapitre V : « La Guerre de Sept ans en Europe (1756-1763) », p. 208-259, cit., p. 231.

30. *Ibid.*, p. 262-263.

l'armée française au XVIIIe siècle. Ce sont leurs analyses qui permettent de prendre une vraie mesure des causes profondes de la défaite de Rossbach, en revisitant les méthodes de l'histoire militaire. C'est d'abord l'œuvre d'André Corvisier. Éveillé à l'histoire par Robert Dauvergne, un élève de Marc Bloch et ancien premier prix de philosophie au Concours général, André Corvisier, sur les pas d'Émile Guillaume Léonard, est celui qui réhabilite l'histoire militaire dans les universités françaises, en l'arrachant au carcan idéologique de l'École des Annales et en l'ouvrant aux nouvelles méthodes de l'histoire sociale, avec *L'Armée française de la fin du XVIIe siècle au ministère de Choiseul, le soldat*, sa thèse publiée en 1964 en partant comme source principale des contrôles de troupes, devenus une source d'histoire sociale[31]. Après lui, en 1985 Jean Chagniot, déjà l'historien de Dettingen, couronne l'œuvre de son maître avec une thèse brillante, *Paris et l'Armée au XVIIIe siècle*, dont le sous-titre, *Étude politique et sociale*, désigne les minutiers des notaires parisiens qui ont fourni le gros des sources[32]. Depuis cette époque, on ne compte plus les grandes thèses consacrées aux armées de Louis XIV et de Louis XV, en particulier au sein des séminaires de recherche dirigés par Lucien Bély à l'Université Paris IV, par Hervé Drévillon à l'Université de Paris I – ou par nous-même à l'Université de Nantes – et avec une entrée stratégique, par Hervé Coutau-Bégarie, à l'École Pratique des Hautes Études.

Ensemble, ces travaux donnent des clefs d'analyse d'une défaite qui permettent de remettre entièrement en perspective la fameuse « incapacité » de Soubise, consacrée par deux siècles d'historiographie, en l'inscrivant dans le cadre plus général de l'affaiblissement d'un État dont l'apogée était le siècle de Louis XIV, mais dont tous les cadres, trop figés, devenaient inadaptés et incapables de s'ouvrir aux forces profondes d'un renouvellement que les philosophes des Lumières transforment en aspiration à une régénération, devenue révolution. On peut conclure en reprenant le jugement de Thomas Nicklas, de l'Université d'Erlangen, qui propose une synthèse de deux siècles et demi d'histoire, vue de la France : « *Rossbach, ce fut non seulement la défaite d'un régime où les intrigants occupaient le devant de la société, ce fut aussi celle des institutions de l'État et de l'armée. On ne l'interpréta pas tellement comme une défaite de la France* »[33]. La bataille doit effectivement être interprétée comme ce qu'elle est, une victoire du nouvel État royal prussien, dont les suites s'inscrivent dans l'histoire de l'Allemagne aux XIXe et XXe siècles.

« L'armée et ses problèmes »

Il faut en revenir au titre du premier de ces grands ouvrages, celui d'Émile Guillaume Léonard, *L'Armée et ses problèmes au XVIIIe siècle*, et se pencher, au-delà de la bataille, sur une armée que Jaurès dans *L'Armée nouvelle* qualifie en ces termes : « *L'armée au XVIIIe siècle, sous la Régence et sous Louis XV, a participé à la dissolution de toutes les institutions sociales. Elle*

31. André Corvisier, *L'Armée française de la fin du XVIIe siècle au ministère de Choiseul, le soldat*, Paris, PUF, 1964, 2 vol.

32. Jean Chagniot, *Paris et l'Armée au XVIIIe siècle. Étude politique et sociale*, Paris, Economica, 1985.

33. T. Nicklas, « Rossbach – Du lieu de la violence au lieu de l'imagination », *op. cit.*, p. 202.

a été envahie par la frivolité et les vices de la monarchie décomposée. Mais elle a participé à toutes les inquiétudes et à toutes les aspirations de l'esprit nouveau. Un corps d'officiers où sont passés Vauvenargues, de Guibert, Gribeauval, n'était pas de pensée vulgaire »[34]. Une formule nuancée, qui vise autant l'armée de la guerre de Succession d'Autriche que celle de la guerre de Sept Ans. Plus tard, le général de Gaulle lui-même, dans *La France et son Armée*, porte le même jugement, auquel il donne plus de hauteur : « *Le mouvement général des esprits favorisait, au dix-septième siècle, notre puissance militaire. […] Mais le siècle suivant vit naître et grandir le flot d'idées qui devait emporter les institutions de l'Ancien Régime, après en avoir miné les fondements. Le scepticisme et la corruption, effets naturels de ce déséquilibre, dissolvent le loyalisme et paralysent l'autorité* »[35].

C'est bien ce thème d'une dégénérescence ayant progressivement gagné l'armée dans la première moitié du XVIIIe siècle qui structure l'approche générale d'Émile Guillaume Léonard, révélée par la déroute de Rossbach qu'il n'évoque d'ailleurs pas directement, et entraînant en contre-coup la série de réformes militaires majeures mises en œuvre dans les trente années qui suivent la guerre de Sept Ans, elles-mêmes faussées par le poids de la « bureaucratisation », puis de la réaction nobiliaire[36] : la guerre de Sept Ans, temps d'une confrontation entre une nation française ayant perdu tout esprit militaire, et une nation prussienne dont l'âme est guerrière – entre Louis XV qui se veut roi de paix, dont l'ennemi est d'abord l'Angleterre et Frédéric II le roi guerrier, dont l'ennemi est d'abord l'Empire. L'approche retenue par l'historiographie française de la guerre privilégie, sans surprise, une lecture de la défaite de Louis XV contre la puissance maritime, consécutive à une déliquescence de la société et de l'État, sanctionnée par la perte du Canada et d'autres positions coloniales majeures. On peut lui substituer une lecture de la victoire continentale de Frédéric II et de son armée, qui bouleverse tous les équilibres de la *Mitteleuropa*. Et voir Rossbach comme l'acte de naissance d'une nation allemande, ce patriotisme incarné par Gleim, dont le moteur est la Prusse militaire, appelée à se dresser contre la France qui, faute d'ambitions sur mer, est naturellement destinée à se retourner contre le cœur de l'Europe…

Il n'en reste pas moins que la défaite de Rossbach le 5 novembre 1757 est la première grande défaite de la France immense et peuplée contre ce petit royaume de Prusse pauvre en hommes, et c'est elle qu'il faut d'abord comprendre…

Sans reprendre l'enquête approfondie sur les rapports entre armée et société que propose Émile Guillaume Léonard, il est au moins possible de préciser que deux questions se posent presque avec évidence, et que l'on tire de l'observation directe de la bataille : quelle est la qualité réelle du commandement des armées ? Et quelle est la qualité réelle des soldats ? N'est-il pas réducteur de s'en tenir à une condamnation générale des uns, incapables, et

34. Jean Jaurès, *L'Armée nouvelle*, Paris, Jules Rouff, 1911, dans Léonard, *op. cit.*, en exergue.

35. Général de Gaulle, *La France et son Armée*, Paris, Berger-Levrault, 1938. Éd. utilisée, Paris, Plon, 1999, p. 370.

36. Ce sont les mots de Claudia Opitz-Bélakhal, *Militärreformen zwischen Bürokratisierung und Adelsreaktion. Das französische Kriegministerium une seine Reformen im Offizierskorps von 1760-1790*, Sigmaringen, Jan Thorbecke Verlag, 1994.

des autres, simples couards ? Au fond, c'est ce que fait Dumouriez à l'égard de tous les officiers généraux, réduits dans son jugement très sévère aux défaites de la guerre de Sept Ans, dont les causes mélangent des erreurs commises sur le terrain, dans le cours de la bataille, et les jalousies, méfiances ou ambitions qui les animent.

Le commandement des armées

Il serait plus juste de mettre en regard de la bataille ou de la guerre visée l'ensemble de la carrière de ces officiers avant 1757, qui, même si elle a été justifiée et favorisée par leur naissance et leur position en cour, repose aussi sur la connaissance qu'ils ont acquise des guerres auxquelles ils ont pris part sur le terrain, et sur une culture militaire acquise par leurs lectures – qu'on pense à la bibliothèque de Soubise – et pour certains d'entre eux manifestée par les traités sur l'art de la guerre qu'ils ont eux-mêmes écrits ? Le milieu du XVIIIe siècle est une époque particulièrement féconde de la réflexion militaire française[37]. Elle ne se limite pas au débat entre le chevalier de Folard et le maréchal de Saxe avant Rossbach, ni pendant la guerre aux écrits de Turpin de Crissé, qui avait lancé un raid jusqu'aux portes de Leipzig, et dont l'*Essai sur l'art de la Guerre* est publié en 1754, et traduit en allemand en 1757, ni après la guerre aux débats entre Joly de Maizeroy et Guibert. Elle s'enrichit de sommes, ainsi l'inévitable *Art de la Guerre par principes et par règles* de Puységur pour la tactique, que tout le monde a lu, ou les *Éléments de fortification, de l'attaque et de la défense des places*, de Didier Grégoire Trincano, ouvrage que personne n'a lu parce que l'on s'en reporte toujours à Vauban, mais qui fait le point de tous les apports de ses successeurs[38]. Elle s'enrichit aussi de traités techniques ou spécialisés, d'ingénieurs de l'artillerie comme Jean-Florent Vallière, ou de scientifiques purs comme les traités de mathématique et de géométrie de Charles-Louis Étienne Camus ou l'abbé Bossut qui, eux, n'ont jamais été officiers de l'armée royale. On ajoutera enfin à cette culture militaire la connaissance des anciens, historiens ou tacticiens, Thucydide, Xénophon et Polybe, ou César, Végèce et Frontin. Tous les officiers de l'Armée de Louis XV ont lu ces auteurs, et les ont médités, pour reprendre l'expression de Maurice de Saxe.

Leur carrière parle aussi pour eux. La grande majorité des maréchaux, lieutenants-généraux et maréchaux de camp, et même des colonels présents à Rossbach, sont des anciens de la guerre de Succession d'Autriche, où ils n'ont récolté que les lauriers mérités. Leurs noms sont déclinés dans le fameux poème de Voltaire, qui affirme en sa préface que tout ce qu'il écrit est vrai : « *La moindre flatterie eût déshonoré la grandeur du Roi et de la Nation* ». Auraient-ils tant changé en douze ans ? Soubise, le premier, a droit à un vers qui lui est dédié, nous l'avons déjà cité, comme Richelieu juste après, « *qu'en tous lieux emporte son courage, / Ardent, mais éclairé, vif à la fois et sage, / favori de l'Amour, de Minerve et de Mars* »[39]. Le comte de

37. Bruno Colson, *L'Art de la Guerre, de Machiavel à Clausewitz*, Namur, Presses Universitaires de Namur, 1999, donne une remarquable présentation de synthèse.

38. Didier-Grégoire Trincano, *Éléments de fortification et de l'attaque et la défense des places*, Paris, J.B.G. Musier, 1768.

39. Voltaire, *Le Poëme de Fontenoy*, Paris, Prault, 1745, v. 178 et v. 185-187.

Maillebois, fils du maréchal, descendant de Colbert, a fait l'expérience de la guerre sous le commandement de son père en Italie en 1745, et s'est distingué aux côtés de Richelieu dans la prise de Port-Mahon, avant, il est vrai, d'être de ceux qui ont empêché d'Estrées de profiter de la victoire d'Hastenbeck, et de jouer un rôle obscur dans la signature de la Convention de Closter-Seven. Le comte de Clermont, effectivement bien médiocre dans sa campagne achevée par la défaite de Krefeld en 1758, est lui aussi un ancien de Fontenoy, de Raucoux, de Lawfeld, il a montré une grande habileté aux sièges d'Anvers et de Namur. Le maréchal de Broglie a glorieusement participé à la campagne d'Italie en 1734, comme à la prise de Prague en 1741, et à la retraite de Prague en 1742, il avait fait lui aussi les campagnes de Flandre avec Maurice de Saxe, présent à Raucoux et à Lawfeld – au reste, même s'il est directement en cause dans la défaite de Willingshausen, il n'a pas démérité pendant la guerre de Sept Ans, et a contribué en 1758 à la victoire de Lutzelberg. Le marquis de Contades, engagé aux Gardes françaises dès 1719, à l'âge de quinze ans, a servi dans la guerre de Succession de Pologne, puis dans les campagnes des Pays-Bas dans la guerre de Succession d'Autriche ; lui aussi a conduit de belles opérations en Hesse et en Hanovre avant d'être le vaincu de Minden, il a servi en Flandre pendant la Succession d'Autriche. Le marquis d'Armentières, mousquetaire en 1726 à quinze ans, colonel du régiment d'Anjou en 1727, a fait la guerre de Succession de Pologne ; devenu brigadier à l'âge de vingt-trois ans en 1734, il a fait la guerre de Succession d'Autriche, et a été celui qui a apporté au roi la nouvelle de la victoire de Raucoux ; en 1757, il est l'un de ceux qui accompagnent Soubise jusqu'à la bataille de Rossbach. Cette énumération n'est pas exhaustive...

Les soldats de Rossbach

Ces officiers, qui sont, tous ensemble, les vaincus de la guerre de Sept Ans, ont-ils alors été servis par de mauvais soldats ? Portés à la fuite plus qu'au combat ?

À Rossbach, c'est certainement le cas des soldats de l'Armée des Cercles, qu'il est difficile de juger bons ou mauvais : ils ont été d'abord des Allemands, beaucoup plus déconcertés que les Français par la nouvelle alliance avec leur ennemi historique, qu'ils combattaient encore dans la guerre précédente. Ils proviennent des Cercles, en petits contingents que rien ne vient vraiment souder, et servent plus volontiers leur ville ou leur souverain que le roi de France. Peu enclins à se sacrifier dans cette bataille, ils sont naturellement portés à la fuite, ils entraînent le reste de leur colonne dans leur mouvement. Claude Le Beau, dans la *Gazette de Brunswic*, indique par exemple que « *du Contingent de Trêves, qui est de 1 200 hommes, il ne s'en est retrouvé que 275 après la bataille* »[40]. Si Trêves est un archevêché, catholique, et son titulaire l'un des princes-électeurs de l'Empire, il est proche du Palatinat protestant, où les Français sont détestés depuis la dévastation de 1689. La majorité des Allemands tirés des Cercles sont luthériens, et sans faire de la guerre de Sept Ans une prolongation des guerres de religion, ils ne sont pas portés à abattre un roi luthérien au profit de deux souverains catholiques.

---

40. *Gazette de Brunswic*, jeudi 1er décembre 1757, n° XCVI, p. 384.

François-Étienne Chevrier écrit que « *l'on vit la plus grande part des soldats de l'Empire marcher, à regret, à une guerre qu'ils croyaient faire contre leur pape* »[41]. Peut-on oublier qu'ils sont tous de langue allemande, comme les soldats de l'armée de Frédéric, et qu'ils n'ont rien qui les rapproche de soldats de langue française ? Sans oublier que, c'est un constat, ce sont bien les régiments autrichiens, et eux sont catholiques, qui ont plié et fait demi-tour en première ligne, suivis par les soldats des Cercles, qui eux-mêmes donnent ainsi le signal d'une débandade générale qui entraîne toute l'armée de Rossbach – sauf les Suisses, sauf Soubise.

Quant aux soldats de l'armée royale, ils composent une armée qui n'a pas de caractère national, mais qui sert son roi, ce qui est différent. On y compte d'ailleurs, à côté de ses régiments suisses, ses régiments étrangers, et dans tous ses régiments français beaucoup d'Allemands, des soldats venus des Pays-Bas, de Liège, d'Italie ou d'Espagne, parfois de plus loin. Pour les Français même, l'engagement volontaire est un contrat personnel entre le roi et le soldat, les recruteurs parcourent les provinces de France, les capitaines ont avec leur brevet une autorisation de recrutement extrêmement encadrée – modalités du recrutement, lieux de recrutement, dates de présentation des recrues au régiment – avec des gestes qui concrétisent le contrat : on boit à la santé du roi, le soldat prête serment de fidélité à l'arrivée au corps, on contrôle l'âge et la taille. Il ne faut pas se laisser tromper par une littérature caricaturant les opérations des recruteurs, ni par l'illusion d'un recrutement toujours régulier. Il est vrai que lorsque de grosses recrues doivent être faites au moment où l'on forme une armée pour une guerre déclarée, alors se produisent inévitablement des excès : les recruteurs cherchent à duper les naïfs, profitent de la misère de ceux qui y voient l'occasion au moins d'une subsistance régulière, n'hésitent pas à enrôler des vagabonds et des déserteurs, ou quelque Candide en perdition, amoureux désemparé ou philosophe de circonstance. Contrairement à ce qu'ont trop prétendu les hommes de la Révolution, « surtout ceux de la Constituante » précise Annie Crépin, les troupes de l'armée royale ne sont pas composées que de misérables ou de déracinés[42]. Le volontariat répond aussi au goût du service dans l'armée, et si effectivement on trouve parmi les soldats nombre de gagne-deniers ou artisans sans travail ou des cadets de famille désargentés et aventureux, ce sont aussi beaucoup d'hommes solides, qui ont une vocation réelle. Ce qui explique une très forte proportion de soldats issus des provinces traditionnellement militaires du Nord et de l'Est. Ce qui explique aussi que l'image même du soldat dans la société n'est plus, il s'en faut de beaucoup, celle que donne Voltaire dans *Candide*. « *La Tulipe en veut à ma fille, dira un paysan : j'en suis bien aise, il est de bonne race ; il sera mon gendre.* » Collot, le commissaire des Guerres, auteur de l'article « Invalides » de l'Encyclopédie, répond ainsi au philosophe, et consacre la réhabilitation de l'image du soldat devant l'opinion[43].

41. François-Antoine Chevrier, *Mémoires...*, *op. cit.*, t. 1, p. 27.

42. Annie Crépin, *op. cit.*, p. 21.

43. Voir Jean-Pierre Bois, *Les Anciens Soldats dans la Société française au XVIIIe siècle*, Paris, Economica, 1990. L'article « Invalides » de Collot est dans le tome VIII de l'*Encyclopédie*, publié en 1762.

Au racolage s'ajoutait depuis 1726 la milice, déjà mise en œuvre entre 1688 et 1697, puis entre 1702 et 1714, qui, sans être la conscription de 1798, était une forme de service imposé, mais avec beaucoup de précautions et d'exemptions, le plus souvent dans les garnisons frontalières et très rarement incorporée en guerre dans les régiments. La milice n'est qu'une vague ébauche d'armée nationale, et n'est pas en cause dans la bataille de Rossbach[44].

La cohésion de l'armée royale repose sur deux piliers. Le premier est le lien particulier, très fort, qui pouvait se créer entre son échelon le plus modeste, la compagnie, et son capitaine, le véritable artisan de la solidité des armées royales. Ce lien, nourri de solidarités régionales, parfois très locales, est beaucoup plus fort que celui qui unit le régiment à son colonel, avec lequel le soldat n'a jamais la même proximité – surtout quand un très jeune colonel en vient à commander des bas-officiers parfois très âgés. On pense évidemment à Jacques le Fataliste et son capitaine, réunis par Diderot dans un dialogue philosophique publié en feuilleton dans la *Correspondance* de Grimm à partir de 1778, mais dont l'écriture a été commencée en 1765, et puise son inspiration dans *Vie et opinions de Tristram Shandy, gentilhomme*, de Laurence Sterne, paru en neuf volumes dans les années 1759 à 1763. Sterne a lui-même fait un long séjour en France en 1762. Le récit de ses campagnes laissé par Jacques Mercoyrol de Beaulieu, lui-même capitaine du régiment de Picardie de 1743 à 1763, en donne une autre illustration, qui n'a pas de portée philosophique, mais qui est un témoignage vécu.

Comme leurs officiers, les soldats français de la bataille de Rossbach, ceux de la guerre de Sept Ans, sont les mêmes que ceux de la guerre de Succession d'Autriche, que les vainqueurs de Fontenoy. Il faut se délivrer de l'image trop souvent acquise encore dans la première moitié du XXe siècle, transmise même par le général de Gaulle dans *La France et son Armée* – avec des chiffres inexacts : « *Les soldats, manquant de tout, se débandent pour piller. Les officiers font de même. Le jour de Rossbach, l'armée commandée par Soubise, forte de 18 000 hommes, compte 6 000 déserteurs hors des rangs, qui font autant de prisonniers* »[45]. La déroute, course désordonnée et vaine à la recherche d'un salut individuel, ne peut être imputée à la couardise de la troupe, ni à celle des capitaines, si l'on en croit le nombre d'entre eux tués au cours de la bataille.

Causes profondes d'une déroute

En fait, si l'on convient que la formation des officiers n'est pas plus en cause que leur courage personnel, et que les soldats de Rossbach ne sont pas devenus plus mauvais que ne l'étaient ceux de la guerre de Succession d'Autriche, il faut chercher ailleurs les causes d'une absence de solidité, que tout oppose à la solidité de l'armée prussienne, mise en évidence dans l'ensemble des relations de la bataille, au point qu'Arnaud Guinier qui en fait la synthèse peut écrire que le jeu combiné de ses trois qualités majeures

44. Voir André Corvisier, *Armées et Société en Europe de 1494 à 1789*, Paris, PUF, 1976, et *Dictionnaire d'Art et d'Histoire militaires*, Paris, PUF, 1988, article « Recrutement », p. 714-723.

45. Général de Gaulle, *La France et son Armée*, *op. cit.*, p. 371.

– la vitesse, l'ordre et la régularité du feu – donne à son action l'allure d'une « machinerie d'opéra »[46]. La muraille de la cavalerie jamais désunie dans son galop, la progression mécanique de l'infanterie qui fait feu à cinquante pas de l'infanterie française qui charge la baïonnette au canon semblent avoir été les images les plus marquantes laissées par le combat sur ses acteurs. Mais la guerre de Succession d'Autriche avait déjà révélé les qualités prussiennes, au point que le modèle prussien avait été expérimenté en plusieurs occasions en France, et avait en partie inspiré les projets de réforme du comte d'Argenson.

La trace prussienne et la question des réformes du comte d'Argenson

Or, l'œuvre réformatrice du comte d'Argenson, si importante entre 1748 et 1756, semble avoir échoué d'abord en raison de la résistance des officiers généraux qui accablent les services de la Guerre de mémoires et contre-mémoires dès la fin de l'année 1748, lorsque le ministre veut doubler la réforme de l'armée démobilisée d'une série de réformes structurelles touchant à l'infanterie – supprimer ou augmenter les grenadiers de France, ce à quoi s'oppose Belle-Isle –, aux dragons, aux troupes légères – le maréchal de Saxe refuse sèchement qu'on réforme ses régiments de uhlans[47]. Des réformes qui se sont développées en deux directions, celle du commandement, et donc de la formation des officiers et de leur accession aux grades, et celle de l'exercice commandé aux soldats, avec une certaine volonté de suivre le modèle prussien, déjà réputé. Menées ensemble, et non les unes après les autres, ces réformes sont contenues dans une véritable avalanche d'ordonnances et règlements, un ensemble de textes à la fois trop nombreux et touchant trop de domaines, qui provoquent une opposition très forte, et une mise en œuvre toujours ralentie et souvent inachevée[48].

Le comte d'Argenson s'est attaqué à la survivance des offices militaires, contre l'opposition d'ailleurs de ce que l'on pourrait appeler le clan Soubise – avec le prince de Croÿ, le prince de Tingry, le duc de Gesvres, Madame de Pompadour elle-même. Derrière cette offensive, il y a la volonté de s'attaquer à la vénalité des offices de colonel, et le transformer en simple commission, comme le sont les grades de maréchal de camp ou lieutenant-général, afin d'ouvrir le commandement des régiments à des officiers qui aient une réelle expérience de la guerre. De même que la création de l'École royale militaire par l'édit de janvier 1750, ou deux ans plus tôt, en 1748, de la bientôt prestigieuse École royale du Génie de Mézières pour la formation des ingénieurs militaires, la multiplication des exercices, des revues et des camps, la série des ordonnances sur l'exercice de la cavalerie et de l'infanterie des années

46. Arnaud Guinier, « La malheureuse affaire du cinq... », dans Ariane Boltanski, Yann Lagadec et Franck Mercier, *La Bataille*, *op cit.*, p. 237. Remarquable grille de lecture de la bataille de Rossbach.

47. Voir Yves Combeau, *Le comte d'Argenson (1696-1764)*, *op. cit.*, p. 315-377. Source, Fonds d'Argenson, Bibliothèque Universitaire de Poitiers, P 37, Projet de réforme et ses annexes dans un Mémoire du ministère de la Guerre, vers 1750, une série de douze mémoires du ministre, et en réponse une série de onze mémoires de Belle-Isle...

48. Voir sur l'ensemble des édits, ordonnances et règlements militaires des années 1749 à 1756, l'*Inventaire chronologique des ordonnances royales militaires, de janvier 1676 à juillet 1786*, dressé par le commandant P. de Labareyre, Angers, École du Génie, s.d., La référence n'est pas rappelée.

1753-1755, sont trop récentes pour avoir fourni un corps d'officiers expérimentés, et les officiers généraux qui viennent relever la génération de la guerre de Succession d'Autriche n'ont généralement jamais commandé une armée en guerre, au mieux ont-ils commandé des camps militaires, c'est le cas de Soubise.

Présentant l'ensemble des réformes du comte d'Argenson, et en particulier une lecture fine des ordonnances concernant les exercices de la cavalerie et de l'infanterie, Arnaud Guinier y voit deux lectures données par les contemporains qui, de manière rétrospective, s'accordent sur le constat qu'elles n'ont été que des demi-mesures, mais reposent sur deux interprétations contraires, qui s'entremêlent : d'une part, le caractère trop partiel des réformes du comte d'Argenson valorisant le modèle prussien, d'autre part l'incompatibilité du caractère national français et du modèle prussien. Ainsi, dès le 20 novembre 1757 dans une lettre adressée à la marquise de Pompadour, Drummond de Melfort, dont la longue carrière et sa participation aux guerres de Succession de Pologne et d'Autriche donnent de la valeur à ses propos, présent à Hastenbeck mais qui n'a pas pris part à la bataille de Rossbach, condamne une reproduction parcellaire du modèle prussien, n'en produisant qu'une pâle imitation, limitée aux détails. Les modifications apportées dans l'exercice n'ont en rien modifié les mouvements d'ensemble, en particulier le passage de l'ordre de marche à la formation en ligne de bataille, qui repose toujours sur les mouvements « processionnels »[49] de la colonne pour les Français, alors que Frédéric a favorisé des déploiements fragmentés beaucoup plus rapides[50]. À quoi s'ajoute une observation plus fine sur la position des officiers au combat, dans le modèle français toujours en tête, détachés de la troupe, afin qu'ils ne soient pas réduits à une fonction de surveillants, incompatible avec leur honneur, mais dont la seule autorité réside dans leur courage à marcher, alors qu'ils sont les premières victimes du feu, tandis que les officiers prussiens font corps avec leurs hommes, et peuvent à la fois surveiller les hommes, et les guider précisément. L'honneur et la gloire, à la française, contre l'efficacité du résultat, à la prussienne… D'Argenson avait proposé très tôt de faire rentrer les officiers dans les rangs, mais n'avait pu, par le projet d'instruction du 14 mai 1754, parvenir dans l'infanterie qu'à une solution mixte – un mal français ? – et avait dû, par le projet d'ordonnance sur la cavalerie du 22 juin 1755, y conserver les officiers hors des rangs pour la cavalerie. Et dans les deux cas, ces ordonnances arrivent à des dates trop tardives pour avoir pu être suffisamment mises à l'exercice des régiments. On a évoqué, au sujet de l'artillerie, la mission de Gribeauval à Berlin, qui n'a finalement apporté aucune décision pratique. Le fameux « modèle prussien » n'est pas encore à l'ordre du jour en France.

La question de la présence du Roi, ou l'absent de Rossbach

Sur ce constat se greffe une autre approche des causes profondes de la défaite de l'armée de Soubise. Imputable sans doute à la faillite du véritable

49. « Déploiements processionnels », le mot d'Arnaud Guinier, *op. cit.*, p. 239.

50. Christopher Duffy, *The Army of Frederick the Great*, Newton Abbot, Londres et Vancouver, David and Charles, 1974, p. 87-88, décrit des déplacements « obliques », ou « en tiroirs ».

pilier de la cohésion de l'armée, l'absence de celui qui, entre tous, pouvait seul soutenir le sentiment de participer à un grand destin commun, et par sa seule présence obliger les soldats à tenir : le roi.

La défaite de l'armée française manifeste, sinon une faute générale de la discipline sensible les jours précédents dans les à-côtés de la bataille, au moins au moment de la bataille un manque de confiance en eux ou en leurs officiers de la part des soldats, voire de confiance des officiers en leurs généraux, tout simplement le fait qu'ils ne se sentent pas animés par leur devoir au moment d'affronter le combat. Alors qu'ils ont devant eux une armée qui offre une disposition contraire. Une armée à laquelle son recrutement, le *Kantonsystem*, donne une véritable assise nationale, mais surtout une armée commandée directement par le roi, Frédéric II, tandis que l'armée française ne l'est pas. Peut-on encore servir le roi quand il n'est pas sur le champ de bataille, alors que faire la guerre est la fonction royale par excellence ?

C'est beaucoup plus qu'une simple tradition : c'est l'essence de la fonction royale. Aussi haut que l'on remonte, tous les rois de France, vainqueurs ou vaincus, ont été des combattants. Philippe-Auguste combattait à Bouvines, Saint-Louis à Damiette et à la Mansourah où il avait été fait prisonnier, Philippe VI de Valois à Crécy, Jean le Bon à Poitiers, François Ier à Pavie, Henri IV à Arques et Ivry, Louis XIII même à La Rochelle, puis à Perpignan. Louis XIV s'était transformé de « roi combattant » en « roi de guerre », présent mais ne faisant plus le coup d'épée, spectateur des sièges qu'il conclut en entrant lui-même en vainqueur dans les villes prises, présent au passage du Rhin en 1672, puis ne paraissant plus sur les champs de bataille mais continuant à diriger la guerre depuis son cabinet, son affaire personnelle, avec une grande autorité bien relayée par Louvois au secrétariat de la Guerre, et lui-même avec le concours du maréchal de Luxembourg, plus discrètement de Chamlay. La « stratégie de cabinet », qui a remplacé la présence du roi combattant, ne s'essouffle que dans les dernières années de la guerre de la Ligue d'Augsbourg, puis dans le courant de la guerre de Succession d'Espagne[51]. Émile Guillaume Léonard rappelle la conversation rapportée par le chevalier de Quincy, qui s'explique, durant une trêve, dans le cours de l'année 1697, avec un officier anglais, qu'il nomme Lord « Wesparton » : « *Nous parlâmes de nos princes. Il élevait beaucoup le sien* [Guillaume III], *"parce que, disait-il, non seulement c'est un grand politique, mais il est toujours à la tête de son armée". Je compris qu'il voulait nous faire entendre que le nôtre ne s'y trouvait point* ». Quincy doit invoquer l'âge de Louis XIV, son état de santé, son travail de cabinet, prétendant même que, « *ayant la guerre contre presque tous les potentats d'Europe, il devait rester, comme il le faisait, au centre de son royaume* »[52].

Enfin, Louis XV lui-même était personnellement parti en guerre, une première fois en 1744, mais il avait été alors empêché par sa maladie de Metz, plongeant toute la France dans l'inquiétude et la consternation, une seconde

51. Voir Jean-Philippe Cénat, *Le roi stratège. Louis XIV et la direction de la guerre*, Rennes, Presses Universitaires de Rennes, 2010.

52. Joseph Sévin de Quincy, *Mémoires du chevalier de Quincy*, éd. par L. Lecestre, Paris, 1898, H. Laurens, vol. 1, p. 54-55. « Wesparton » : peut-être s'agit-il de Lord Westpalstown.

fois en 1745, assistant à Fontenoy et reprenant à son compte le costume du roi de guerre, qui est le sien jusqu'à la paix de 1748. Son absence à Rossbach n'est même pas compensée par une direction personnelle de la guerre. C'est du moins l'impression de tout le royaume, qui voit en lui un roi désormais éloigné de ses fonctions royales au profit de la conduite de ses passions, négligeant les affaires du royaume qu'il abandonne à une favorite, elle-même directement victime de toutes les attaques qu'entraîne l'impopularité de son royal amant, et qui entraîne en même temps le déchaînement de l'opinion contre l'ami du roi et le favori de la favorite... En janvier 1757, l'attentat de Damiens pouvait être un avertissement. Pouvait-on en novembre de la même année convaincre des soldats de mourir pour le service du Roi ? On hésite à remplacer cette question par une autre ; pouvait-on en 1757 « mourir pour la Patrie » ? Les Prussiens peuvent être soudés par un « patriotisme prussien ». Mais en France ? Le sacrifice du chevalier d'Assas, du régiment d'Auvergne, à Clostercamp en 1760, reste exemplaire par son caractère inhabituel, même si le mot « Patrie » fait désormais partie du vocabulaire des Lumières – et même si le fameux appel, « À moi Auvergne, voici l'ennemi », est sans doute lancé par le valeureux sergent Dubois. La Patrie ne devient vraiment une référence pour la nation que dans les dernières années du règne de Louis XVI...

L'interrogation peut sembler plus convaincante que la dénonciation des généraux ou l'accusation des soldats. La marquise de Pompadour, entrée dans la vie du roi en 1745, n'était pas la première à occuper à ses côtés une place privilégiée, et n'a pas eu à affronter d'attaques sur son rôle dans le gouvernement du royaume avant le tournant des années 1748-1750. Et Louis XIV, qui lui aussi avait entretenu Louise de La Vallière et la marquise de Montespan, puis épousé la marquise de Maintenon qui a eu sur lui une influence toujours difficile à estimer, n'a pas eu à affronter un tel déni populaire. Enfin, les intrigues de la Cour résultant du jeu des ambitions personnelles n'avaient pas attendu Soubise ni Rossbach pour s'exprimer, d'abord contre d'Estrées – mais lui était vainqueur à Hastenbeck. La réalité est ailleurs.

La rupture de Louis XV avec l'opinion du royaume se situe exactement dans le règlement de la paix d'Aix-la-Chapelle, après les campagnes victorieuses de Maurice de Saxe dans les Pays-Bas. Alors que l'on attendait la mainmise du roi sur cette grande province entièrement conquise, arrachée à l'Autriche vaincue, dans la droite ligne de la conquête des Pays-Bas en 1674 par Condé, puis acquise au royaume de France, voici que l'on apprend avec stupeur que Louis XV, après des négociations très secrètement conduites par le marquis de Saint-Séverin, renonce à toute conquête pour le royaume de France, tout en veillant aux profits de ses alliés. Son cousin don Carlos devient roi des Deux-Siciles, son gendre Philippe est établi dans Parme, Plaisance et Guastalla, le duc de Modène retrouve ses États, la République de Gênes rentre dans tous ses droits. La France ne conserve rien des Pays-Bas, pas même Tournai, si proche de Fontenoy, que Louis XIV avait une première fois rattachée au royaume... L'opinion avait explosé, avait déjà chansonné. Voltaire semble presque le seul à avoir compris que le roi avait choisi la paix, plutôt que la victoire, en écrivant à Madame de Pompadour : « *Il faut avouer que l'Europe peut dater sa félicité du jour de cette paix* » qui achève une guerre de deux cents ans. On n'oubliera pas que Voltaire, historiographe de

Louis XV, peut difficilement écrire autre chose. Quoi qu'il en soit, la décision du roi, selon l'expression d'Hervé Drévillon, qui analyse parfaitement la situation, et la rapporte aux origines profondes de la défaite de Rossbach, vient éroder « *un fondement essentiel de la Monarchie [...], l'union mystique entre le roi et son royaume* ». La guerre de Succession d'Autriche devait sceller l'union du roi et de la nation, que Louis XV vient brutalement rompre avec la paix qu'il impose.

Sans doute parce que Louis XV, ce roi secret, ne s'explique pas. Alors que la paix était encore renvoyée aux marchandages des équilibres de puissance, ou à l'utopie de l'abbé de Saint-Pierre, plus ou moins récupérée par le marquis d'Argenson dans sa propre vision de l'Europe quand il était aux Affaires étrangères, Louis XV a compris que la paix ne pouvait résulter de la guerre. Il est le premier dans l'histoire du royaume – dans l'histoire de l'Europe – à ne pas fonder le droit sur la force, à ne pas faire de la guerre la justification de la conquête, à considérer que les Pays-Bas, qui ont été successivement bourguignons, espagnols, allemands, n'ont jamais désiré être français. Il ne l'a pas dit, le royaume ne l'a pas compris. Louis XV n'est plus le Bien-Aimé de Fontenoy.

Pratiquant encore une diplomatie secrète en 1755 et 1756, il place son action hors des cadres institutionnels, et semble abandonner un pouvoir exorbitant à la marquise de Pompadour. Celle-ci n'exerce-t-elle pas un autre pouvoir en ajoutant à son influence sur le Conseil, ses liens avec les ministres, presque la direction de ses plaisirs ? En éloignant au moins le roi de son premier devoir, accompagner son armée en guerre... Si ce roi de paix a voulu renverser une réalité acquise depuis deux siècles, l'idée que l'ennemi héréditaire est à Vienne, n'a-t-il pas le devoir de conduire son armée contre le nouvel ennemi prussien ? Accabler le prince de Soubise, et perdre l'honneur d'un homme, était en même temps une posture facile pour au moins sauver l'honneur de la nation[53].

L'État et ses problèmes : 1748-1757

La première fracture de la monarchie

Il faut aller plus loin, et, au-delà du problème de l'armée, replacer, ici avec Émile Guillaume Léonard, la défaite de Rossbach dans le cadre d'un État, ébranlé de tous côtés entre 1748 et 1758... Il y a alors une étonnante conjonction de tous les ferments d'une fragilisation d'une monarchie, attaquée d'autant plus facilement que le roi semble éloigné de sa fonction. On peut voir dans cet ébranlement, qui ne cesse désormais ni avec la reprise en main des années 1764-1766, encore moins avec celle des années 1770-1774, l'annonce du choc de la pré-révolution en 1787, et à un peu plus long terme, celle de l'émeute des Tuileries en août 1792. La défaite de Rossbach ne provoque pas, elle concrétise, accompagne et symbolise le premier acte de la lente chute de la monarchie, désormais sapée sur ses bases...

À la tête de la monarchie, un souverain réservé, souvent silencieux mais toujours ombrageux, dont les interventions directes dans les affaires de État

53. Hervé Drévillon, *op. cit.*, p. 203-206, sous le titre : « Le roi contre la nation ».

sont très intermittentes mais toujours brutales, doublé de sa favorite, laissant agir ses ministres, quitte à les briser subitement – comme les généraux d'Estrées ou Broglie en ont fait l'expérience. Des échecs politiques, comme celui de la réforme fiscale de Machault d'Arnouville, ouvrent cette époque qui suit la paix de 1748. En fait, la monarchie s'enfonce dans une crise politique, marquée par la lutte entre le Clergé et le Parlement, qui tiennent le pouvoir entre deux feux, tandis que le parti philosophique mène son combat personnel, souvent contre les deux autres. Les ministres se divisent entre les trois camps, dont on ne saurait dire lequel est le plus puissant. Le Clergé mène une offensive nettement anti-janséniste, avec les rebonds interminables de la question des billets de confession qui, en 1752, demande aux curés de les exiger, alors que le Parlement condamne les curés de Saint-Étienne du Mont et de Saint-Médard pour refus de sacrements, entraînant une intervention du Conseil d'État qui casse l'arrêt. En avril 1753, le Parlement est exilé à Pontoise, mais rentre triomphalement en octobre, c'est alors l'archevêque de Paris qui se trouve exilé avec l'évêque de Troyes et l'archevêque d'Aix, en 1756 le pape Benoît XIV intervient… Le succès militaire de Richelieu à Port-Mahon n'est pas un événement qui mobilise l'opinion assez longtemps pour faire taire les oppositions, et ne fait surtout pas taire le mécontentement consécutif à la création d'un second vingtième par Machault en juillet 1756. L'attentat de Damiens en janvier 1757 est grave en ce qu'il traduit par un acte majeur, même si la blessure du roi est superficielle, une crise très profonde, que la barbarie de son exécution ne peut pas museler. Il est suivi par une nouvelle crise gouvernementale, marquée par le départ du comte d'Argenson. Sans doute, pour faire baisser les tensions, eût-il fallu une campagne militaire rapide et victorieuse…

Qu'on donne aussi sa place, exactement en cette période d'une quinzaine d'années, qui sépare la paix d'Aix-la-Chapelle de la défaite de Rossbach, et des traités de Paris, à la grande aventure de *L'Encyclopédie*, une volonté de combattre l'ignorance, les préjugés, l'intolérance par la diffusion du savoir, qui alimente une critique générale qui n'a plus rien de la tradition pluriséculaire des anciennes révoltes populaires, qu'elles soient fiscales, sociales ou religieuses – a-t-on assez souligné qu'elles n'émaillent pas le règne de Louis XV comme l'avait été celui de Louis XIV ? –, ni le costume archaïque du Parlement ou du Clergé. *L'Encyclopédie*, qui devient un brûlot politique, a une tout autre portée. Elle vient ébranler les fondements conceptuels, institutionnels et politiques da la monarchie. Il y avait déjà eu des préalables, les *Lettres anglaises* de Voltaire en 1734, à l'origine d'une certaine admiration du régime politique anglais, ou *L'Esprit des Lois* de Montesquieu en 1748, qui alimentent le premier cercle de la pensée, les Salons. Avec le projet éditorial de Diderot, sous le titre *L'Encyclopédie*, initialement la traduction de la *Cyclopoedia* de l'Anglais John Chambers, puis un *Dictionnaire universel des sciences et des techniques des arts et métiers,* tout a pris une autre dimension. Ses auteurs, parés du nom de « philosophes » par Diderot lui-même dans l'article « Encyclopédie »[54], se présentent non comme des agitateurs,

54. Diderot, article « Encyclopédie » de *L'Encyclopédie* : « Nous avons vu que l'Encyclopédie ne pouvait être que la tentative d'un siècle philosophe ; que ce siècle était arrivé ».

mais comme des penseurs, qui ne s'interdisent aucun domaine de réflexion, donnent désormais une portée nouvelle à des mots anciens – liberté, citoyen, patrie –, et introduisent dans le champ de la pensée sociale des mots nouveaux – bonheur, progrès –, comme dans la pensée politique – représentation, constitution –, avant de déboucher sur une action – agitation, insurrection, révolution. Ses premières cibles ont été la Sorbonne, le Clergé, le Parlement.

Après la publication en 1751 du premier volume, qui provoque aussitôt la colère des Jésuites de Trévoux craignant de la concurrence pour leur *Dictionnaire*, la bataille commence avec la condamnation par les Jésuites de l'article « Certitude », suivie de l'arrêt du Conseil du roi qui condamne les deux premiers volumes édités – tout en n'appliquant pas sa propre décision et en laissant discrètement paraître les volumes suivants. Les attaques rebondissent dès 1757, par une offensive antiphilosophique après l'attentat de Damiens, puis avec la parution du tome VII, dont l'article « Genève » rédigé par d'Alembert suscite les cris du parti dévot qui dénonce une profession de foi déiste. En janvier 1758 d'Alembert renonce à la direction de l'ouvrage, en 1759 le Conseil du roi révoque le Privilège de 1748. Si Malesherbes sauve une seconde fois l'ouvrage, et en particulier la publication des Planches, la parution des dix derniers tomes ne reprend qu'en 1766. La tempête de *L'Encyclopédie*, sans poser le problème de l'alliance autrichienne ou de la conduite de la guerre en Allemagne, a donné son décor intérieur, politique et moral, à la guerre de Sept Ans dont les événements se déroulent dans le décor extérieur de l'Allemagne, et largement contribué à nourrir les attaques contre la monarchie. En même temps, la bataille entre Jésuites et Jansénistes, qui ne porte pas sur des sujets militaires ou de politique internationale, mais qui sème le trouble, provoque l'intervention de Monseigneur de Beaumont archevêque de Paris, et agite aussi les Parlements. Ces querelles, dans lesquelles l'opinion intervient désormais publiquement, prennent un tour politique alors que le roi semble surtout ne montrer qu'une autorité hésitante. *L'Encyclopédie* défend la liberté de pensée, la séparation des pouvoirs, attaque la monarchie de droit divin. Qu'on y ajoute l'écriture par Jean-Jacques Rousseau d'autres grands ouvrages propres à réveiller une pensée sociale – en 1755, le *Discours sur l'origine de l'Inégalité*, en 1762 *Du contrat social* : la monarchie ne semble pas armée contre la diffusion des idées, qui ne sont encore que le domaine d'une pensée que l'on peut appeler « politique et morale », le titre que l'abbé de Saint-Pierre avait donné à l'ensemble de ses œuvres à la fin de sa vie ; le passage à l'action politique est, vingt-cinq à trente ans plus tard, le fait de la seconde génération des Lumières, cette génération née dans les années de la guerre de Sept Ans – La Fayette, né en septembre 1757, ou Jacques Hébert né le 15 novembre de la même année ; Robespierre né en 1758, Danton né en 1759, Camille Desmoulins né en 1760…

La naissance du troisième « ennemi héréditaire »

Mais le plus grave était-il vraiment dans cette fracture intérieure ? Ou, autre manière de poser la question, cette fracture intérieure ne devient-elle réellement grave que parce qu'elle se double d'une autre menace extérieure, conséquence directe, elle, de la victoire de Rossbach, vue du côté prussien ?

Il faut en revenir à l'avertissement de Gottlob von Justi, celui qui voit se construire pour les années à suivre une nouvelle Europe, mais en allant plus loin que lui : non seulement la Prusse est appelée à s'imposer comme nouvelle puissance européenne d'équilibre, mais Rossbach est l'acte de naissance du troisième ennemi héréditaire[55]. Cette expression n'est pas retenue au hasard. Elle vient d'être consacrée par la très récente étude d'Hélène Miard-Delacroix, qui enseigne à la Sorbonne l'histoire des relations franco-allemandes, et l'historien allemand Andreas Wirsching, mais qui se limitent au point de départ chronologique de la guerre de 1870-1871[56] – elle-même un des points d'arrivée de la naissance de la Prusse comme puissance européenne.

Nul ne le perçoit vraiment, pas plus en 1763 qu'en 1757, dans une France toujours prussophile, anglophobe par héritage lointain, et d'une austrophobie moins ancienne mais quand même deux fois séculaire, exacerbée par la décision royale inattendue qui voudrait y mettre fin, sans y parvenir. Charles Duclos, historiographe du roi, successeur dans cette fonction de Voltaire lorsqu'en 1750 il part pour la Prusse, n'écrit-il pas dans ses *Mémoires secrets* que « *le traité* [de Versailles, mai 1756] *jusqu'à la bataille de Rosbac soutint sa faveur* »[57] – c'est-à-dire dix-huit mois. Une expression de sentiments nationaux habillant un patriotisme naissant, sans doute, mais qu'il faudrait nuancer avec beaucoup de précautions. Une France anglophobe mais qui, délivrée de Pitt et avec la paix de 1763, connaît un moment d'anglomanie avec des modes « à l'anglaise » – courses de chevaux aux Sablons, voitures anglaises, jardins anglais – sinon d'anglophilie, par exemple chez la marquise de Boufflers qui voyage en Angleterre en cette année 1763[58]. Une austrophobie qui semble presque sceller le destin de Marie-Antoinette dès son mariage avec le dauphin, alors duc de Berry, en 1770. Une France prussophile au point d'encenser son vainqueur et de conserver une véritable fascination pour le « modèle prussien », prioritairement décliné du point de vue militaire. Une France prête à se convaincre qu'elle reste la première puissance mondiale quand, vingt ans plus tard, en 1781, elle a enfin puni l'Anglais, sur mer à la Chesapeake, sur terre à Yorktown ; mais qui laisse l'armée prussienne régler la question des Pays-Bas en 1787, lorsqu'elle rétablit sur son trône le stathouder renversé en 1785. Il serait intéressant d'analyser en profondeur cette prussophilie, pas uniquement celle de Voltaire qui reste surtout intellectuelle, jusqu'à son départ de Prusse en 1753, mais aussi celle d'une génération des Lumières qui voit en Frédéric II un despote « éclairé », ce curieux oxymore enregistré par l'Histoire, comme si les deux mots pouvaient être naturellement associés. Le même mirage se renouvelle avec Catherine II,

55. Voir, outre Heinz Schilling, *op. cit.*, Christopher Clark, Iron Kingdom, *The Rise and Fall of Prussia, 1600-1947*, Londres, Allen Lane, 2006, traduit en allemand sous le titre *Preussen, Aufstieg und Niedergang*, Munich, Deutsche Verlag-Anstalt, 2008.

56. Hélène Miard-Delacroix et Andreas Wirsching, *Ennemis Héréditaires ?*, Paris, Fayard, 2020.

57. Charles Duclos, *Œuvres complètes de Duclos, historiographe de France*, Paris, Colnet et Fain, tome VI, *Mémoires secrets sur le règne de Louis XIV, la Régence, le règne de Louis XV*, p. 309.

58. Voir Francine Amandy, *L'anglophobie et l'anglomanie en 1763*, Diplôme d'études supérieures, Université de Paris, 1956, ms.

qui s'impose au pouvoir par un coup d'État sanglant et qui ne fait illusion que brièvement, avant de dépecer la Pologne, avec Frédéric II et Marie-Thérèse, sans que la France ait pu soutenir l'impuissante République royale. La mission de Dumouriez en 1770, auprès des Confédérés de Bar, a été un échec notoire. Mais Voltaire, on le sait, a fini par s'éloigner de Frédéric II, et Diderot a renoncé à devenir le philosophe de Saint-Pétersbourg.

Ainsi le vainqueur de Rossbach prend, dès 1757, le profil d'une puissance militaire, d'un militarisme nourri par un patriotisme qui n'existe pas encore en France sous cette forme. Un patriotisme qui n'est pas que le produit du *Kantonsystem*, mais bien aussi celui des victoires de la guerre de Sept Ans, et de la première d'entre elles, Rossbach qui devient la première pierre d'un patriotisme prussien dont l'acte de naissance est entériné par le recueil de ces *Chants de guerre et de victoire de la campagne de 1756 et 1757, par un grenadier prussien*, de Johann Wilhelm Gleim, qui donnent à ce patriotisme une allure militariste[59]. Les historiens de la Prusse le soulignent avec force : ce recueil n'a pas été qu'un répertoire de chants de marche pour l'armée prussienne, mais le premier ouvrage d'une littérature sur les batailles, qui pour la première fois n'est plus simplement historique ou tactique, mais devient populaire[60]. Gleim avait été activement soutenu par son cercle d'amis, qui eux-mêmes commençaient à nourrir cette nouvelle littérature patriotique. Quelques mois plus tôt, Ewald Christian von Kleist, également poète lyrique déjà réputé avant la guerre de Sept Ans, et officier dans l'armée prussienne, avait donné une épitaphe pour la tombe du major von Blumenthal, tué le 1er janvier 1757 à Ostritz, dans les combats contre l'armée impériale : « *La mort pour la patrie est toujours remplie d'honneur / Comme je mourrais volontiers de cette noble mort / Quand mon destin m'appellera* » – Kleist meurt des suite de la blessure qu'il reçoit à Kunersdorfen en 1759. En 1761, Thomas Abbt, jeune philosophe, mathématicien et écrivain, donne un petit ouvrage qui n'a rien à voir avec la philosophie qu'il enseigne à Francfort sur l'Oder appelé à exercer un effet extraordinaire sur ses lecteurs, « vom Tode zur Vaterland »[61], *La mort pour la Patrie*, qu'un jeune volontaire se présentant, avec plusieurs amis, au bureau de recrutement porte sous le bras comme une sorte de manuel du patriotisme – il s'agit de Johann Georg Scheffner, de Königsberg, qui dans ses écrits plus tardifs, par exemple les *Poésies amicales d'un jeune Soldat* dès 1764, exalte à son tour cette force nouvelle qui peut dépasser les frontières de l'État[62]…

Dans une France qui ne semble plus gouvernée, une Europe où la dynastie des Bourbons n'inspire plus ni respect ni crainte, la Prusse s'affirme comme une redoutable puissance. Elle n'est alors que cela, mais elle le montre déjà sans la moindre réserve. Frédéric II est l'un des artisans et des bénéficiaires

---

59. Johann Wilhelm Gleim, « Siegeslied nach der Schlacht bei Rossbach », encore cité par Franz Brüggemann (dir.), *Der Siebenjährige Krieg im Spiegel der Zeitgenossischen Literatur*, Leipzig, 1935, p. 92 et repris dans la nouvelle édition des *Sämmtliche Werke*, Hildesheim et New York, G. Olms, 1971, Tome IV, *Kriegslieder.*

60. Voir Christopher Clark, *Preussen…*, *op. cit.*, p. 265.

61. Cité par Franz Brüggemann, *Der Siebenjährige Krieg…*, *op. cit.*, p. 92.

62. Johann Georg Scheffner, *Freundschaftlische Poesien eines jungen Soldaten*, Berlin, Birnstiel, 1764.

du premier partage de la Pologne, il est celui qui intervient au moment du règlement maladroit par Joseph II de la Succession de Bavière en 1778-1779, son successeur est celui qui rétablit l'ordre monarchique aux Pays-Bas en 1787. À l'égard de la France, le changement de sa position se fait au cours de la Révolution, ce qu'avait parfaitement compris le général puis Consul Bonaparte avant de devenir l'Empereur Napoléon. Avant 1792, la force du « modèle prussien » n'est pas encore effacée. La Prusse n'est pas l'ennemie de la France. Louis XVI déclare la guerre, le 20 avril, au « Roi de Hongrie et de Bohême », successeur de Léopold II, et pas encore élu empereur sous le nom de François II. Ce sont les Prussiens alors qui s'allient à l'Empire... De 1792 à 1795, les Prussiens sont enfin devenus des « ennemis ». En 1796, l'érection de la deuxième colonne de Rossbach rappelle sa puissance militaire, abattue en 1806 comme le lui rappelle la destruction de la colonne, la « vengeance » de Napoléon. Après un troisième monument élevé dès 1813 après la bataille de Leipzig, une « revanche » immédiate contre la vengeance, la Prusse devient un « ennemi héréditaire ». Ce nouvel ennemi s'inscrit dans la longue durée après le Congrès de Vienne de 1815, au cours duquel s'imposent désormais comme puissances dominantes, avec l'Angleterre et l'Autriche – qui n'est plus le Saint-Empire –, la Prusse et la Russie : la France n'est plus que sur le strapontin que Talleyrand a réussi à occuper.

CHAPITRE 8

Rossbach en son temps long « L'ennemi héréditaire », 1870-1940

Avant 1870 : « Jamais l'admiration de l'ennemi n'alla si loin… »

On peut s'en reporter au propos de Jacques Bainville après la Grande Guerre, dans son *Histoire de France*, publiée en 1924. Étant dans le camp des vainqueurs, issu d'une famille très attachée à la République, mais lui-même monarchiste, il est marqué par son inquiétude devant un régime malthusien et toujours en proie à des querelles intestines, gagné après la guerre à l'Action française, successeur de Raymond Poincaré à l'Académie française. Il est l'un de ceux qui dénoncent avec le plus de véhémence l'aveuglement français devant la montée en force de la Prusse au XIXe siècle, et la passivité de la France devant l'unification allemande. Évoquant brièvement la bataille de Rossbach, il décrit le paradoxe de ses lendemains : « *Nous avons dans notre histoire des défaites plus graves. Il n'en est pas qui aient été ressenties avec plus d'humiliation que celle de Rosbach. À cette sorte de honte, un sentiment mauvais et nouveau se mêla chez les Français : le plaisir d'accuser nos généraux d'incapacité, d'opposer le luxe de nos officiers aux simples vertus du vainqueur. Jamais l'admiration de l'ennemi n'alla si loin : elle a duré, elle a profité à la Prusse jusqu'à la veille de 1870* »[1].

C'est vrai. La fascination exercée par la Prusse sur la France, « une France amoureuse d'une certaine Allemagne » écrit le général Gambiez, à peine mise à mal entre Iéna et Waterloo, est revenue après 1815, une France qui n'a jamais renoncé à sa haine pour l'Autriche[2]. Ni « l'après-Rossbach », ou les souvenirs de la guerre de Sept Ans, ni les guerres de la Révolution et de l'Empire n'ont affaibli ce sentiment. Une vision plus philosophique que politique, entretenue par Michelet, fait des Hohenzollern les champions d'un libéralisme rêvé à la mode des Encyclopédistes, parce que Frédéric II a été

1. Jacques Bainville, *Histoire de France*, Paris, Fayard, 1924, p. 284.

2. Fernand Gambiez et Maurice Suire, *Histoire de la Première Guerre mondiale*, Paris, Fayard, 1968, t. I, p. 31.

déclaré « despote éclairé », parce que les Allemands du Nord sont protestants, et donc ennemis d'une réaction toujours incarnée par la catholique Autriche ; s'y superpose une vision romantique, portée par Madame de Staël puis la *Nouvelle Revue Germanique,* suite en 1829 de la *Bibliothèque allemande,* qui révèle aux Français une Allemagne faite de *lieder* et de musique, de folklore et d'amours désespérées, « *bonne, vertueuse et savante [...], porteuse de la religion de l'avenir* » écrit en 1822 le publiciste danois Eckstein, correspondant entre autres de Hugo et de Michelet[3]. Au moins, jusqu'en 1869, la Prusse n'est pas vraiment présentée en France comme une ennemie potentielle. Dans sa remarquable étude sur Clausewitz en France, Benoît Durieux rappelle une anecdote mettant en scène en cette année 1869 un conférencier évoquant publiquement une guerre entre la France et l'Allemagne, citée comme exemple d'un conflit fratricide, et suscitant la réaction indignée d'un auditeur : « La supposition est impie »[4] !

Pourtant, impliquée dans le grand cycle des guerres impériales, la Prusse avait rapidement relevé la tête, et s'était faite le cœur et le moteur d'une unité allemande dont l'un des piliers revendiqués est l'héritage de Frédéric II dans sa figure du roi guerrier. Dès 1808, à Tübingen, sont rééditées ses *Réflexions sur les projets de campagne*, ouvrage publié en 1775, avec une diffusion très limitée. « *On y connaîtra l'immensité du génie de ce grand homme* », écrit son éditeur Johann Georg Gotta, qui a déjà travaillé avec Voss, l'éditeur à Berlin des *Œuvres posthumes* de Frédéric II, qui ajoute : « *Ses maximes ont été négligées après sa mort, et la monarchie prussienne n'en a que trop ressenti les suites funestes* »[5]. Le choix du texte ne doit rien au hasard : Frédéric II y décrit de manière précise, comme un objet de réflexion stratégique, un projet de campagne en France d'une actualité troublante quelques années plus tard, en 1815 : « *Supposons que la Prusse, l'Autriche, l'Empire, l'Angleterre et la Hollande eussent formé une alliance offensive contre la France [...]. L'armée s'assemblera près de Bruxelles* »[6] ; en 1811, une édition des œuvres complètes de Johann-Wilhelm Gleim, mort en 1803, est donnée à Halberstadt, avec toute la série de ses *Krigeslieder*, ceux de 1756-1757, mais aussi 1778, 1790, 1793... Dans les mêmes années, Scharnhorst, avec l'aide de Gneisenau, réforme son armée dont il augmente considérablement l'effectif en créant une armée de réserve. Deux ans après, en 1813, la Prusse prend part à la bataille de Leipzig dans laquelle Blücher joue déjà un rôle important. Quelques jours à peine après la défaite de l'empereur, les Prussiens érigent un nouveau monument à Rossbach, pour remplacer la colonne – les deux colonnes, en réalité – que Napoléon avait fait abattre. Et lorsqu'en 1832 paraît l'ouvrage de Clausewitz, *De la Guerre – Vom Kriege* –, peut-on oublier que son père a servi dans la guerre de Sept Ans, que lui-même,

3. Voir Louis Le Guillou, *Le « Baron » d'Ekstein et ses contemporains*, Paris, Honoré Champion, 2003.

4. Benoît Durieux, *Clausewitz en France, deux siècles de réflexion sur la guerre, 1807-2007*, Paris, Economica, 2008, p. 84. Renvoi à l'ouvrage de Claude Digeon, *La crise allemande de la pensée française, 1870-1914*, Paris, PUF, 1959, qui rapporte l'anecdote, p. 40.

5. Frédéric II, *Réflexions sur les projets de campagne par Frédéric Roi de Prusse*, Tübingen, J.-G. Gotta, 1808, Avis au lecteur, p. 5.

6. *Ibid.*, p. 11 et 14.

l'un des combattants d'Auerstaedt, au sein d'un carré d'infanterie, est allé quelques jours auparavant visiter le champ assez proche de Rossbach, autant pour la colonne qui s'y dresse encore, que pour étudier le terrain et en tirer les leçons, au moins celle que les fondements de toute victoire sont « *une audace réfléchie, l'esprit d'innovation, la rapidité de décision* »[7] ?

Presque au même moment, la Prusse semble déjà se dresser à nouveau contre la France, au moins menacer ses intérêts en progressant dans sa marche à l'unité. Une alerte se produit au temps du ministère Polignac, quand Charles X, qui n'a jamais oublié que sa mère était une princesse saxonne, parvient à empêcher la Prusse d'intervenir en faveur des Hollandais au temps du soulèvement belge ; puis lorsque Louis Philippe réussit un coup de maître en mariant sa fille à Léopold Ier, couvrant du même coup la frontière du nord de la France d'un royaume ami, ou tampon. Comment interpréter, en juillet 1844, l'érection d'une plaque mémoriale au château de Burgwerben, tout petit hameau, au nord de Weissenfels, sur le chemin de Rossbach, par son propriétaire Franz Leopold von Funcke, rappelant que le prince de Saxe-Hildburghausen y avait installé son quartier général à la fin d'octobre 1757, et que le soir du 5 novembre, alors que les chambres du château sont occupées par des officiers blessés, « Frédéric II le Grand » y arrive et loge son lit de campagne dans une alcôve pour ne déranger aucun d'entre eux ? Burgwerben, en 1757 comme en 1844, est en Saxe, non en Prusse. Un geste mémoriel n'est pas nécessairement une menace[8]. Celle-ci devient plus sensible après 1848.

La réflexion élaborée par Clausewitz, mise au service d'une armée qui devient l'outil de Bismarck et von Moltke pour achever, au profit de la Prusse, l'unité de l'Allemagne dans la guerre contre la France en 1870-1871, est très nettement devenue pour le roi Guillaume Ier l'outil d'une revanche contre l'humiliation durement ressentie en 1806 et 1807, avec son frère et prédécesseur sur le trône Frédéric-Guillaume IV, lorsque leur père, le roi Frédéric-Guillaume III, avait dû fuir jusqu'en Prusse Orientale, puis s'exiler avec les débris de son armée chez le tsar Alexandre Ier[9]. En 1857, peu avant l'avènement en 1861 de Guillaume Ier à l'occasion d'une grande cérémonie, un quatrième monument est édifié à Rossbach, non loin de celui de 1813, dédié « à la mission de la Prusse » et « à la défaite des Armes françaises ». Des références qui conviennent à cette époque pré-bismarckienne, puisque Napoléon III faisait mine de vouloir récupérer l'héritage intégral de son oncle[10]. La même année, Heinrich Pröhle, formé aux écoles de Halberstadt et Magdebourg, puis aux Universités de Halle et de Berlin, membre de la

7. « Eine überlegte Kühnheit, Neuheit, Rapidität ». Voir *Les Voyageurs européens sur les chemins de la guerre et de la paix du temps des Lumières au début du XIXe*, Françoise Knopper et Alain Ruiz (dir.), *op. cit.*, « Rossbach, du lieu de violence au lieu de l'imagination », *op. cit.*, p. 203.

8. Mémorial de Burgewerben, pierre érigée dans la cour du château.

9. Voir Joachim Rees, « Une fuite aux allures de voyage. La mobilité des princesses et des princes lors de guerres napoléoniennes », dans *Les voyageurs européens sur les chemins de la guerre et de la paix du temps des Lumières…*, *op. cit.*, p. 368-379 – qui décrit ce désastreux voyage du futur Frédéric-Guillaume IV en compagnie de ses quatre frères et sœurs.

10. Élevé entre 1857 et 1860, endommagé par une mine américaine en 1945, ce monument a disparu en 1962, détruit par les autorités de la R.D.A. En 2000, une copie en réduction a à nouveau été élevée, cinquième monument commémoratif de la victoire.

Burschenschaft Alemannia Halle, publie à Leipzig un recueil intitulé *Poèmes de guerre de la Guerre de Sept Ans et de la Guerre de la Liberté*, compilation qui connaît une seconde édition à Altona en 1863, réveillant l'intérêt porté aux *Kriegslieder* de Gleim que Pröhle ne connaît que par les *Œuvres complètes* de 1811 [11].

On a peu porté attention en France à ces signes annonciateurs. L'œuvre majeure de Clausewitz n'a été traduite en français qu'en 1849, par Jean-Baptiste Neuens, officier d'artillerie belge, d'origine luxembourgeoise, et a connu deux résumés qui la rendent sans doute plus accessible, celui de Louis de Bystrzonowski, officier polonais, en 1846, et celui du capitaine Édouard de la Barre du Parcq, avec des commentaires en 1853 [12]. C'est après la guerre de 1870-1871 que Clausewitz entre vraiment en France. De même, on a peu remarqué l'importance des publications sur Frédéric II, l'histoire de la guerre de Sept Ans, et celle de ses acteurs. Ainsi, l'énorme collection des *Œuvres Historiques de Frédéric II roi de Prusse*, éditée entre 1848 et 1864 par David Erdmann Preuss, en trente volumes, précédée d'une biographie en quatre volumes publiée en 1832-1834 [13], ou la grande série des « *Biographische Denkmale* » de Karl August Varnhagen von Ense, mort en 1858, avec les biographies du prince d'Anhalt-Dessau, de Seydlitz, de Schwerin, de Winterfeldt [14] –, rééditées en 1872. À quoi l'on peut joindre l'ouvrage de Leopold von Ranke, historien de renommée internationale, qui a déjà travaillé sur la France et l'Angleterre, publié en 1871 sur *Les origines de la Guerre de Sept Ans* [15].

Il ne restait plus que cette guerre provoquée en 1870 pour achever autour de la Prusse l'unité allemande qui était le fil de son histoire depuis quarante ans, et dont les dernières étapes avaient été militaires, contre le Danemark pour lui arracher le Holstein, contre l'Autriche écrasée à Sadowa en 1866 pour la maintenir en dehors de la nouvelle Allemagne [16]. La dernière étape était de donner à la Prusse le rang de grande puissance. Jacques Bainville, encore lui, né en 1879, dans son *Histoire de trois générations*, la sienne étant celle qui « *par ses grands-pères touche presque à la période qui a suivi Waterloo* », s'en prend avec violence à celui qui n'est alors que le prince-président Louis Napoléon Bonaparte, l'homme qui, en 1850 à l'occasion du conflit austro-prussien, « *au nom de la gloire et des nationalités, au nom de l'émancipation*

11. Heinrich Pröhle, Kriegs*dichter des Siebenjährigen Krieges und der Freiheitskriege*, Leipzig, Jubelausgabe zur Körnerfeier, 1857, et Altona, 1863.

12. Ouvrages référencés par B. Durieux, *op. cit.*, p. 30-68, dans le chapitre intitulé « Avant 1870, la confuse perception d'une œuvre majeure ».

13. Johann David Erdmann Preuss, *Œuvres historiques de Frédéric II, roi de Prusse*, Berlin, Imprimerie royale, 30 volumes, 1848 à 1864, et *Friedrich der Grosse, eine Lebensgeschichte*, Berlin, Nauck, 1832-1834, tome IV, *Friedrich des Grosse in dem siebenjährigen Krieg*.

14. Karl-August Varnhagen von Ense, « Biographische Denkmale », réunion en 5 volumes des biographies publiées sous le titre « Biographisches Denkmal », Berlin, G. Reiner, 1845-1846. À compléter par *Fürst Leopold von Anhalt-Dessau*, Leipzig, P. Reclam, s.d., *Leben des generals Hans Karl v. Winterfeldt*, Leipzig, Duncker und Humblot, 1836, *Leben des Feldmarschalls Grafen von Schwerin*, Leipzig, Duncker und Humblot, 1841

15. Leopold von Ranke, *Der Ursprung des siebenjährigen Kriegs*, Leipzig, Duncker et Humblot, 1871.

16. Voir Jean-Jacques Langendorf, *La Pensée militaire prussienne. Études de Frédéric II à Schlieffen*, Paris, Economica, 2012, sur Wilhelm Rüstow, p. 475-496.

des races et des principes de la Révolution, [...] mettait sur pied de guerre une armée pour sauver la Prusse et permettre aux héritiers de Frédéric II de jeter un jour sur la France des millions d'Allemands unis sous le même drapeau »[17]. C'est aller trop loin, et prêter à Napoléon III des intentions qu'il n'a pas eues. Il est également trop facile de dénoncer en 1870 celui qui a régné pendant près de vingt ans sur une France en remarquable essor et prospérité en ne considérant que les derniers mois de son Empire, comme le fait Raymond Recouly, journaliste et polygraphe fécond : « *Jamais au cours de son histoire la France ne fut aussi mal commandée, aussi mal gouvernée* » Il ajoute, c'est plus exact : « *Jamais guerre ne fut, militairement et diplomatiquement, préparée, engagée avec une pareille légèreté* »[18]. C'est oublier peut-être la sincère illusion de la paix d'un empereur vieilli, évidemment en faiblesse devant une Prusse offensive et très militarisée. Mais Recouly écrit en 1935, et c'est déjà engager le parallèle entre la France des années qui précèdent la guerre de 1870 et celle des années qui préparent la guerre de 1939.

1870-1871. L'humiliante défaite de la France devant la Prusse

« L'humiliante défaite » de 1870-1871, et une revanche à prendre pour l'avenir...

La guerre de 1870-1871[19] : « Humiliante Défaite », peut titrer Thierry Nélias dans un ouvrage récent, dans l'immense production provoquée par le cent cinquantième anniversaire de l'événement[20]. Dans une courte présentation, il met l'accent sur les deux points à retenir, si l'on veut penser la défaite de 1870-1871, après celle de Rossbach, en l'inscrivant dans une grille unique de lecture. D'une part, « *en 1870, rien ne s'est passé comme prévu. La guerre devait voir le triomphe de la France contre son ennemi prussien* ». Elle a perdu. D'autre part, voyant en cela explicitement une préfiguration de « l'étrange défaite » de 1940, Thierry Nélias souligne que la guerre franco-prussienne de 1870 a marqué toute une génération, au point de la faire basculer dans une soif de revanche sans fin, la revanche d'une « humiliation » nationale contre ce nouvel « ennemi héréditaire ». Ce qui renvoie les contemporains de cette guerre au souvenir encore proche de Iéna. D'autant plus qu'en juillet 1870, c'est un autre Napoléon qui règne en France. Mais l'humiliation des vaincus de 1870-1871 ne relève pas de la même analyse que celle des vaincus de Rossbach. Elle est plus complexe, et pour ceux qui l'ont vécue, une fois passé le choc, en gros après 1880, plus tournée vers l'avenir. À quoi s'ajoute que la défaite de 1870-1871 se double presque par nécessité au moins d'une mention de la Commune, sa suite immédiate à Paris, et

17. J. Bainville, *Histoire de trois générations*, Paris, Nouvelle Librairie nationale, 1918, p. 7 et 121.

18. Raymond Recouly, *Le Quatre Septembre*, Paris, Hachette, 1935.

19. Après l'ouvrage du commandant Rousset, *Histoire de la guerre franco-allemande, 1870-1871*, Paris, J. Tallandier, 1912, 6 volumes, l'historiographie de la guerre de 1870-1871 a été largement renouvelée, voir en particulier François Roth, *La Guerre de 1870*, Paris, Fayard, 1990, qui reste la référence.

20. Thierry Nélias, *L'Humiliante Défaite. 1870, la France à l'épreuve de la guerre*, Paris, La Librairie Vuibert, 2020.

ajoute à la défaite de la guerre étrangère la question toujours douloureuse de la guerre civile.

Forces françaises et forces allemandes

Bien sûr, c'est d'abord le choc d'une défaite militaire totalement inattendue. Sans doute parce que la France s'était elle-même forgé la réputation d'être la plus grande puissance militaire de l'Europe. Ses succès en Afrique sans avoir mesuré les différences qu'il y a entre guerre continentale contre des armées européennes et guerre coloniale contre des tribus de l'Algérie ; ses succès dans la guerre de Crimée, achevée en février-mars 1856 à Paris par un Congrès qui donne à Napoléon III la stature d'un maître de l'Europe ; ses succès en Italie en 1859, et l'acquisition de Nice et de la Savoie en 1860 : tout fait mirage. Nul n'a pris en compte les difficultés de la guerre au Mexique, qui atteint gravement l'empereur dans son prestige, et que ne compense pas la victoire de Mentana où « les chassepots ont fait merveille », en novembre 1867. Qu'importe. Si le maréchal Niel est mort avant d'avoir achevé la grande réforme de l'armée en vue de sa modernisation, on lui doit quand même, avec l'introduction de cet excellent Chassepot en 1866, la création de la Garde nationale mobile en 1868 – les fameux « moblots ». Les Français en juillet 1870 sont convaincus d'avoir la meilleure armée d'Europe, et elle est « prête et archi-prête » – la rodomontade du maréchal Le Bœuf, présentant à l'Assemblée le texte de la déclaration de guerre : « *La guerre dût-elle durer deux ans, il ne manquerait pas un bouton de guêtre à nos soldats* ». Plutôt que des boutons de guêtre, il aurait été préférable d'avoir un réseau ferroviaire mieux préparé au transport des troupes…

En réalité, deux nations, que tout oppose. Leur esprit d'abord : la France a une stratégie défensive, qui conduit ses armées à chercher la protection de places imprenables. L'Allemagne a une armée très offensive, animée par un patriotisme qui a désormais en ligne d'horizon un Empire allemand, suite logique de la création de la Confédération de l'Allemagne du Nord en 1867, après la victoire de Sadowa. C'est un État fédéral dans lequel la Prusse de Guillaume Ier et de son chancelier Bismarck a étendu sa domination directe au Hanovre, à la Hesse-Cassel, au duché de Nassau, à la ville de Francfort, mais en conservant leur souveraineté au grand-duché de Hesse, et aux États allemands du Sud, qui n'appartiennent pas à la Confédération, le grand-duché de Bade, les royaumes de Wurtemberg et de Bavière. Tous ces États sont militairement unis, et tous sont portés par la dynamique victorieuse de la Prusse depuis sa victoire contre le Danemark en 1864.

Les Français alignent 240 000 hommes, dans une désorganisation initiale aggravée par le désordre ferroviaire, 43 000 chevaux, neuf cents canons – de bronze, chargés par la gueule ; les Prussiens ont 400 000 hommes immédiatement mis en ligne dans un ordre impeccable, 70 000 chevaux, et 1 500 canons Krupp, en acier, chargés par la culasse, d'une portée double de celle des canons français. La rapidité de la mobilisation prussienne a stupéfait les Français, la concentration de leurs forces en des points d'attaque a été presque immédiate, avec l'exploitation d'un réseau ferroviaire très dense. Les troupes prussiennes arrivent sur le champ de bataille prêtes à combattre, pendant que les unités françaises ont encore à parcourir plusieurs dizaines de kilomètres à pied avant d'y parvenir, et se dispersent dans une grande confusion. À quoi s'ajoute que la Prusse est servie par le caractère très fort du chancelier Bismarck, comme par celui de son chef d'État-major général, Helmuth von Moltke. Alors que la France est desservie par l'usure physique et morale de l'empereur, incapable de conduire son armée : âgé de 62 ans, il est déjà vieilli, et souffre durement de la pierre – en face de lui, Guillaume Ier roi de Prusse, âgé de 73 ans, même s'il s'aide d'une canne pour marcher, a encore belle allure.

Un historien allemand, Ludwig Reiners, qui a lui-même servi dans la Première Guerre mondiale, s'est interrogé sur la défaite des Empires centraux et a laissé, après la Seconde Guerre mondiale, une biographie de Frédéric II[21], suivie, juste avant sa mort en 1957, d'une autre, beaucoup plus importante de Bismarck[22]. Il trace une comparaison directe sur la situation du premier en 1756 et celle du second en 1870, soulignant des analogies. L'un et l'autre conduisent un État qui se hisse, grâce à des succès inattendus, à une position de puissance déconcertante. Leur différence majeure est que Frédéric II était seul devant une coalition de tous ses voisins, tandis que Bismarck avait toujours pris soin à ce que l'Allemagne soit liée par un traité d'alliance ou un pacte d'amitié avec deux d'entre eux, l'Autriche-Hongrie et la Russie, ce qui augmente sa liberté d'action envers la France qui, elle, se trouve alors sans alliance…

La défaite de 1870-1871. L'Année terrible de Hugo, et le spectre de Rossbach

La défaite de la France, immédiate, est d'autant plus mal acceptée qu'en réalité, s'il n'y a qu'une guerre, il y a deux défaites successives.

La première, celle de l'armée impériale, très rapide, n'est que militaire. Dès le premier combat, à Reichshoffen-Woerth, le 6 août, malgré les charges héroïques des cuirassiers, la retraite est immédiate. En moins d'un mois l'armée commandée par Napoléon III lui-même, et le maréchal de Mac-Mahon, est arrêtée puis enfermée dans Sedan le 31 août. Le sacrifice des troupes de marine à Bazeilles le 1er septembre, qui « sauvent l'honneur de tout un pays qui va se soumettre » écrit le colonel Sallat[23], est inutile, l'empereur capitule le 2 septembre – 120 000 hommes, 560 canons sont pris, presque sans avoir combattu. « *La capitulation de Sedan constitue un désastre national sans précédent, dont le souvenir demeura dans la conscience collective française jusqu'en 1940* », écrit Nicole Piétri[24]. C'est le premier des trois grands sièges. Napoléon III prisonnier, assigné à résidence à Wilhelmshöhe, renversé à Paris et remplacé par une République. Dans son recueil de poèmes intitulé *L'Année terrible*, Hugo est le premier à avoir réagi, dès la fin d'août, avec

21. Ludwig Reiners, *Friedrich*, Munich, C.H. Beck'sche Verlagsbuchhandlung, 1952. Traduction en français, *Frédéric II*, Paris, Amiot et Dumont, 1956, voir p. 174-176.

22. Ludwig Reiners, *Bismarck gründet das Reich, 1864-1871*, Munich, C.H. Beck, 1957.

23. Guy Sallat, *Bazeilles. La Gloire, le Sang et le Feu*, Épinay-sur-Seine, Observatoire des dynamiques contemporaines, 2016.

24. Nicole Piétri, « Sedan, la Défaite de 1870 et son retentissement », dans Michel Arrous (dir.), *Napoléon, Sthendal et les Romantiques. L'armée, la guerre, la gloire*, Paris, Eurédit, 2002, p. 305-319.

« Sedan », poème écrit avant la capitulation. Il y énumère la suite des grandes défaites de l'histoire de France, aucune n'égale celle que tout annonce :

« Azincourt est riante. Désormais Ramillies,
Trafalgar, plaisent presque à nos mélancolies.
Poitiers n'est plus le deuil, Blenheim n'est plus l'affront,
Crécy n'est plus le champ où l'on baisse le front,
Le noir Rosbach nous fait l'effet d'une victoire.
France, voici le lieu hideux de ton histoire,
Sedan. Ce nom funèbre, où tout vient s'éclipser
Crache-le, pour ne plus jamais le prononcer »[25]...

Et peu après la capitulation, dans un autre poème, « À prince, prince et demi », Rossbach encore hante son désespoir de n'avoir même pas vu l'empereur combattre :

« Nous rêvions des combats énormes et de la nuit
Nous rêvions Apollon contre Léviathan [...],
Nous heurtions, dans l'horreur d'une querelle immense [...]
Rosbach contre Iéna, Rome contre Alaric,
Le grand Napoléon et le grand Frédéric [...] »[26]

Ne se reconnaissant pas dans le nouveau régime, le maréchal Bazaine, à Metz, capitule à son tour le 28 octobre, peu désireux de servir la République proclamée dès le 4 septembre, après de nombreux engagements autour de la place, mais encerclé, bloqué par quinze jours de pluies torrentielles qui ont fait disparaître les derniers vivres d'une armée décimée par les maladies, n'ayant reçu aucun secours des armées que Gambetta tente d'organiser dans l'urgence.

La seconde défaite est celle de l'Armée de la Défense nationale. Au lendemain des deux capitulations, la nouvelle République ne peut compter que sur les 145 000 hommes de l'armée active aux dépôts, parmi lesquels entrent les 90 000 conscrits de la classe 1869, appelés depuis quelques mois seulement : la classe 1870 est appelée en octobre et fournit 160 000 recrues, à former. La Garde mobile, convoquée pour la première fois au début d'août, compte 365 000 jeunes gens. Avec environ 30 000 volontaires et quelques formations auxiliaires, elle a pris le relais. Mais commence déjà le troisième siège, celui de Paris, que von Moltke a pu encercler dès le 17 septembre et qui ne s'achève qu'avec la reddition du 28 janvier, et la capitulation de la France. L'honneur a été sauvé par les combats de l'automne et de l'hiver livrés par Faidherbe dans le Nord, d'Aurelles de Paladines puis Chanzy sur la Loire, Bourbaki dans l'Est – et Denfert-Rochereau à Belfort. Plus encore que la défaite, c'est la paix qui est très mal reçue par l'ensemble du pays – une humiliation nationale.

Les Allemands l'ont provoquée : Guillaume Ier, roi de Prusse, devient « empereur allemand »[27], le 18 janvier 1871, dans la Galerie des Glaces

---

25. Victor Hugo, *L'Année terrible*, Paris, Michel Levy, 1872, « Sedan », p. 26.
26. *Ibid.*, « À prince, prince et demi », p. 36.
27. « Empereur allemand » et non « Empereur d'Allemagne » ce que Guillaume Ier aurait préféré.

du château de Versailles, sous le regard de Louis XIV lors du passage du Rhin en 1672, le tableau de Le Brun. Symbole immense, par le lieu, mais aussi parce que le 18 janvier est l'anniversaire du couronnement du premier roi de Prusse, Frédéric Ier, dont l'Électorat devient Royaume. Guillaume Ier empereur a recadré ensuite sa victoire sur son seul règne, en faisant élever à Berlin en 1873, sur la place du Reichstag, la *Siegessaüle*, la colonne des victoires, surmontée d'une allégorie ailée, qui ne rappelle que ses victoires contre le Danemark en 1864, contre l'Autriche en 1866, et contre la France en 1870-1871[28]. Mais lorsque l'armistice est signé dix jours plus tard, le petit royaume de Frédéric Ier, puissance européenne avec Frédéric II, prend définitivement rang parmi les grandes puissances.

Les clauses de la paix, signée le 10 mai 1871 à Francfort, sont effectivement humiliantes. Le territoire est démembré. L'Allemagne s'empare de « l'Alsace-Lorraine », en réalité « Alsace-Moselle », c'est-à-dire, sauf Belfort, les territoires du Bas-Rhin et du Haut-Rhin, une grande partie de la Moselle – les arrondissements de Sarreguemines, Metz, Thionville, une partie de l'arrondissement de Briey –, et dans la Meurthe les arrondissements de Sarrebourg et Château-Salins, avec deux cantons du département des Vosges, Saales et Schirmek. Bismarck a refusé toute consultation des populations, prétendant qu'il s'agit de territoires de l'ancien Saint-Empire romain germanique, dont l'annexion est justifiée par le droit historique ; Mommsen y ajoute les deux impératifs de la langue et de la culture. Fustel de Coulages lui répond que « la patrie, c'est ce qu'on aime »[29]. Au total, 14 500 kilomètres carrés, un million six cent mille habitants, et une part importante du potentiel minier et sidérurgique, chimique et textile français, les banques alsaciennes. Un tel démembrement n'avait jamais été subi par la France. À quoi s'ajoute une indemnité de guerre de cinq milliards de francs-or, à payer en cinq ans assortie en gage de l'occupation d'une partie du territoire comprenant six départements du nord et le nouveau « Territoire » de Belfort – ils sont restés sur la Loire jusqu'au 10 mars 1871 et n'y ont d'ailleurs pas toujours laissé mauvais souvenir[30]. Le gouvernement de Thiers a pu achever le versement de la somme avant le temps imparti, ce qui prouve que, malgré tout, la puissance économique de la France n'a pas été entièrement abattue. Le 16 septembre 1873 le dernier soldat allemand quitte Verdun.

Juste au moment où commence en août le procès du maréchal Bazaine, le vaincu de Metz[31]... Sa capitulation lui avait en effet valu d'être accusé de trahison par quelques officiers, et surtout par Gambetta, nouveau ministre de la Guerre du gouvernement provisoire. Celui-ci, qui venait de quitter Paris pour Tours, lui reprochait de n'avoir pas tenté « un suprême effort » avec son armée de cent vingt mille combattants ; Bazaine lui avait répondu

---

28. Emplacement actuel (depuis 1939), au croisement de quatre avenues au centre du Tiergarten, Strasse des 17. Juni, ancienne Charlottenburger Chaussee.

29. Fustel de Coulanges, « L'Alsace est-elle allemande ou française ? Réponse à M. Mommsen », cité par Raoul Girardet, *Le Nationalisme français, 1871-1914*, Paris, A. Colin, 1966, p. 63-65.

30. Voir Ingo Fellrath et Francine Fellrath-Bacart, *La Guerre de 1870-1871 en Touraine. Un nouvel éclairage*, Paris, L'Harmattan, 2011.

31. François Semur, *L'Affaire Bazaine. Un maréchal devant ses juges*, Turquant, Cheminements, 2006.

le 2 novembre, dans une lettre publiée à Bruxelles par le journal *Le Nord*, décrivant la situation réelle, qu'ignore totalement Gambetta : soixante-trois mille hommes seulement, vingt mille blessés, une artillerie sans attelages, une cavalerie démontée, dont les chevaux ont été mangés par manque total de vivres, des intempéries qui empêchent tout mouvement... Thiers ne souhaitait pas la tenue d'un procès, dans lequel Bazaine est le bouc-émissaire de l'opinion publique – en quelque sorte, une version revisitée des *soubisades* de 1757 et 1758 ? Le 7 décembre 1873, Charles Lachaud, le défenseur du maréchal Bazaine, répond aux réquisitions du procureur général : « *Le maréchal Bazaine a-t-il forfait au devoir et à l'honneur ? L'accusation vous demande de le déclarer et d'ajouter cette honte à toutes nos infortunes. [...] Les nations viriles n'ont pas d'injustes soupçons pour les hommes qui, chargés de les défendre, ont succombé sous le nombre, et elles n'accusent pas de trahison leurs généraux malheureux* » – trahison : ce mot n'a jamais été prononcé contre Soubise, accusé d'incapacité. Le défenseur rappelle aussi que depuis Sadowa « *l'opposition insultait tous les jours le pouvoir, en disant qu'il y avait faiblesse à ne pas attaquer la Prusse* ! ». Il rappelle les combats des mois d'août, septembre, octobre, les conditions du siège et les négociations du maréchal avant sa capitulation, fournit documents et témoignages. Le 10 décembre, il achève sa plaidoirie en qualifiant le procès comme ce qu'il est, mais avec une mise en garde prophétique qui s'est révélée fausse : « *Les procès politiques ont cela de fatal que le criminel d'aujourd'hui peut devenir le héros de demain* »[32]. Condamné à mort le même jour par le Conseil de guerre présidé par le duc d'Aumale, le maréchal est gracié le lendemain par Mac-Mahon, et enfermé à l'île Sainte-Marguerite dont il s'évade en mai 1874, pour achever sa vie en exil en Espagne, où il meurt dans la misère en 1888.

Pensée nationale et souvenir de la défaite

La question de la « revanche »

Incontestablement, la défaite, caractérisée par la surprise, la soudaineté, une ampleur inhabituelle, a provoqué une profonde réflexion, Nicole Piétri emploie le mot « méditation », d'abord sur l'idée de Nation, à l'origine d'un renouveau de l'histoire nationale. Les cinquante années qui séparent Waterloo de Sedan avaient vu le développement en France d'un puissant mouvement de pensée presque missionnaire qui ferait d'elle la meneuse de la libération des peuples opprimés en Europe. Avant 1823, un peu en solitaire, le vieux général Dumouriez depuis son exil en Angleterre s'enflamme en faveur de la révolution espagnole, contre laquelle Louis XVIII met son armée au service de l'ordre du Congrès de Vienne ; Dumouriez soutient aussi le mouvement national dans les Deux-Siciles, il soutient le soulèvement de la Grèce[33]. Contre cette conception, Renan, admirateur de l'Allemagne pour

32. Charles Lachaud, *Affaire Bazaine. Plaidoirie complète de Me Lachaud*, Paris, E. Lachaud et Burdin, 1873 (160 pages).

33. *Mémoires et correspondance inédits du général Dumouriez*, Paris, Eugène Renduel, 1834, 2 vol., en particulier *Coup d'œil politique sur l'Europe au mois de décembre 1819, Réflexions sur la Révolution espagnole* (avril 1820), *Mémoire sur le Royaume des Deux-Siciles* (novembre 1820), *Mémoire sur l'organisation civile de la Grèce* (1822).

des raisons culturelles, mais très affecté par le désastre de 1870, considère que la France a été perdue par son évolution démocratique, qu'elle a cessé d'être une nation, qu'elle doit reconquérir son patrimoine. Il regrette que l'Allemagne n'ait pas fait la paix « *sans exiger de cessions de territoires contraires au vœux des populations* », puis il prophétise : « *La France est trop affaiblie pour songer à des revanches prochaines* », mais à plus long terme, elle « *ne va plus avoir qu'un objectif : reconquérir les provinces perdues* », écrit-il dès le 15 février 1871[34].

La pensée nationale, insensible dans les suites de Rossbach qui se déclinent plutôt dans les critiques contre la monarchie, se cristallise après Sedan autour de ces provinces perdues. Il n'y avait pas eu de question territoriale en 1757, c'est alors l'honneur qui avait été perdu. Il n'avait pas appelé à la revanche, il ne pouvait appeler qu'à la vengeance – le mot de Napoléon. Quant à Bismarck, il n'avait pas compris le principe que Louis XV sous-entendait avec la paix d'Aix-la-Chapelle, cette révocation du droit de conquête qui du reste n'a pas encore été théorisée, au point qu'aucun État européen n'a protesté contre l'annexion de l'Alsace-Moselle. Mais là se crée dans les premières années de la Troisième République un véritable mythe de l'Alsace-Lorraine, soutenu par le départ des presque cent soixante mille Alsaciens et Lorrains qui ont opté, avant la date imposée du 1er octobre 1872, pour la nationalité française, exode rendu pour beaucoup définitif par sa durée, avant le retour de l'Alsace-Lorraine à la France, devenu, entre 1878 et 1882, le premier moteur de la « Revanche », le mot de Renan en février 1871, répété par Hugo la même année : « *Oh, une heure sonnera – nous la sentons venir – cette revanche prodigieuse* »[35]. « Revanche », mais jamais le mot de la « vengeance » n'a été repris. L'Instruction publique, fille de Jules Ferry, se charge d'en convaincre les enfants de l'école, ces générations des années 1880-1895 – bientôt appelées à devenir le peuple des tranchées –, même si l'idée de revanche semble avec le temps laisser la place plutôt à un pacifisme qui n'exclut pas le patriotisme[36]... Renan lui-même, dix-sept ans plus tard, est revenu sur son propos, et prône même la réconciliation : « *L'action commune des deux nations les plus éclairées du monde me parait nécessaire à l'œuvre générale de l'humanité* », écrit-il trois ans après la mort de Hugo, le 28 mars 1888, à Moritz Carrière, esthéticien allemand, évoquant « *la grande culture dont l'Allemagne rationnelle a levé le drapeau depuis 125 ans* »[37] – 1763, donc, la fin de la guerre de Sept Ans.

Il n'en reste pas moins que l'amputation d'un territoire national a créé un antagonisme irréductible entre Allemagne et France. Les Français n'ont jamais accepté la frontière de 1871, et les cartes scolaires de la République,

---

34. Georges Minois, « Ernest Renan entre la patrie, l'Europe et l'humanité », *Centième anniversaire de la mort de Renan*, Saint-Brieuc, Lycée Ernest Renan, 1992. *Œuvres complètes d'Ernest Renan*, tome X, Paris, Calmann-Lévy, 1961, p. 546-547, lettre à la princesse Victoria.

35. Voir Bertrand Joly, « La France et la Revanche (1871-1914) », *Revue d'Histoire Moderne et Contemporaine*, n° 46-2, avril-juin 1999, p. 325.

36. *Ibid.*, renvoie à Jean-Marie Mayeur, *La vie politique sous la Troisième République, 1870-1940*, Paris, 1984, cit. p. 26, et à Jean-Jacques Becker et Stéphane Audoin-Rouzeau, *La France, la nation, la guerre (1850-1920)*, Paris, 1995, p. 142-157.

37. *Œuvres complètes d'Ernest Renan*..., *op. cit.*, p. 978-979.

dans ces classes où l'on accrochait encore la France au mur, lui donnaient par obligation sa nouvelle frontière, et en pointillé son ancienne frontière. Ce qui ne veut pas nécessairement dire que là se trouve la cause d'un nouveau conflit armé, ce que Bismarck a pu craindre en gros jusqu'au Congrès de Berlin en 1878, qui touche aux territoires des Balkans, et auquel le premier des trois délégués français est William Henry Waddington, fils d'un filateur écossais –, et surtout frère de Richard Waddington, le futur historien de la guerre de Sept Ans.

Sans revenir ici sur l'histoire générale des événements qui conduisent d'une guerre à l'autre, nous nous limiterons à l'évocation de deux manifestations de l'éveil de la pensée de la défaite comme nationale, à la fois intériorisée dans un souvenir intime, entretenu jusqu'au cœur des villages par ce qu'on appellerait aujourd'hui « la mémoire » des morts, et extériorisée comme un avertissement public, avec l'éclat que lui donnent écrivains et artistes devenus porteurs de la parole patriotique, comme l'ont fait les Prussiens entre 1806 et 1870. À partir des années 1890, l'essor en Europe d'un pacifisme puissant n'épargne pas la France, et l'on ne peut plus dire que la reconquête de l'Alsace-Lorraine soit l'unique but de guerre français en 1914. La revanche ne constitue pas un projet politique en soi, et les plans de guerre français sont essentiellement défensifs. Ce qui n'empêche pas le souvenir des morts et des combats de la guerre d'avoir toujours été très vif, et surtout, pour la première fois de l'histoire, profondément entretenu autant par des monuments de pierre que par des écrits de plumes ou des pinceaux d'artistes.

La pierre. Les enfants de la Patrie et le Souvenir Français

Le choc moral de la défaite devenue une sorte de bien commun d'une nation ralliée à sa République, une fois passées les illusions royalistes des uns, bonapartistes des autres, et quelles que soient des divisions entre républicains, prend après 1871, d'abord dans le cadre de communes ou de cantons, la forme de l'érection de monuments aux morts, prise en charge à l'échelle nationale à partir de 1887 par le Souvenir Français.

Jamais encore, dans l'histoire de France, après une guerre, ne s'étaient élevés de monuments commémoratifs portant le nom des soldats morts. Non pas celui d'un général illustre ou d'un officier d'ascendance nobiliaire, de tout temps honorés par une marque particulière, mais celui des anonymes de la guerre, qui fournissent le gros des morts d'une bataille, au mieux à peu près comptés. Tel avait été le cas pour Rossbach, dont les officiers tués, blessés, prisonniers, ou disparus sont dès le 6 novembre nommés, signalés, et suivis si possible jusqu'à leur guérison ou leur libération tandis que les soldats sont réduits à un effectif. Leur nom n'apparaît que sous la forme administrative de l'appel fait des présents et donc des manquants, par les capitaines, et signalés dans les contrôles des régiments. Sans en faire plus.

Malgré la levée de trois cent mille hommes, puis la levée en masse, enfin en 1798 la conscription, ni la Convention, ni le Directoire, ni le Consulat, ni l'Empire n'a conservé la mémoire des soldats tués ou blessés au combat. En 1800, Lucien Bonaparte avait formé le projet d'inscrire sur des colonnes départementales « les noms de tous les militaires domiciliés dans les départements qui, après s'être distingués par des actions d'éclat, seraient morts sur le champ de bataille ». Une sorte de récompense posthume, qui n'a jamais été mise en œuvre. Peut-être parce la guerre patriotique en 1792 et 1793 est devenue une guerre de conquête, et que ses soldats, même conscrits après 1798, ne sont plus des « défenseurs » de la patrie. Mais les soldats de 1870, qu'ils soient les mauvais numéros enrôlés pour sept ans, ou les bons numéros qui en 1868 fournissent les Gardes mobiles devenus la principale force de la jeune République en guerre, eux sont vraiment des « enfants de la Patrie », et sont « morts pour la France »…

C'est d'abord, spontanément, la population des territoires annexés, et plus largement celle des départements où se sont déroulés les combats, qui a la volonté d'honorer ses morts, une volonté qui prend place dans les fondements de la nouvelle République. L'article 16 du Traité de Francfort stipulait que les deux États signataires s'engageaient à entretenir, sur leurs territoires respectifs, les tombes des soldats morts pendant le conflit – ce n'est pas la même chose qu'élever un monument. Il est suivi par la loi du 4 avril 1873 sur la conservation des tombes des soldats morts à la guerre, qui lance un mouvement largement soutenu par les associations régimentaires ou d'anciens combattants. De 1873 à 1878, l'État français finance la construction de vingt-cinq ossuaires surmontés d'un monument « en mémoire des soldats français morts pour la Patrie », mais encore anonymes. En 1887, un nouvel élan est donné au mouvement, avec le Souvenir Français, association créée par François-Xavier Niessen, un professeur alsacien qui vient de s'installer à Neuilly-sur-Seine, animé par la volonté de montrer l'attachement des Alsaciens-Lorrains à la France et maintenir en France le souvenir des provinces perdues, en même temps que manifester leur adhésion à la République. Il prend en charge l'érection des monuments, sur lesquels seront inscrits les noms des morts originaires du canton. Ils deviennent le lieu privilégié de commémorations annuelles, qui associent sous différentes formes, l'État qui légifère, le préfet qui surveille, le maire qui finance, et les associations de combattants qui animent, chevilles ouvrières de toutes les célébrations d'avant 1914. Les sociétés de vétérans obtiennent en 1911 la création d'une médaille de 1870-1871, avec diplôme. Elles entretiennent ainsi, avec le souvenir des morts, celui de la défaite, sous la forme d'une réponse de la France vaincue au vainqueur. En 1906, le Souvenir Français est reconnu d'utilité publique, en 1909 il parvient à faire élever un Mémorial des Alsaciens et des Lorrains morts à la guerre, à Geissberg près de Wissembourg, occasion de chanter une immense *Marseillaise* devant les Allemands… C'est presque un message, à la fois le souvenir et l'avenir.

Rémi Damisson, historien de la symbolique et notamment des politiques mémorielles, a donné toutes leurs dimensions, civiques et patriotiques, aux célébrations qui entourent les quelque neuf cents monuments érigés dans la quasi-totalité des départements français[38]. On voit ainsi s'élever dans bien

38. Rémi Dalisson, *Les guerres et la mémoire. L'enjeu identitaire des fêtes de guerre depuis 1870*, Paris, CNRS, 2013 ; Rémi Dalisson, « Les racines d'une commémoration : les fêtes de la revanche et les inaugurations de monuments aux morts de 1870 en France (1871-1914) », *Revue Historique des Armées*, n° 274, 2014, p. 23-37.

des cantons cette première génération de monuments aux morts où sont inscrits les noms de leurs « enfants », « morts pour la France ». Les mobiles ne sont-ils pas les premiers « Enfants de la patrie » ? Sans doute, il y a eu avant eux les « Soldats de l'An II », et des « Marie-Louise » en 1814, mais leurs noms ont été oubliés. Les Mobiles de 1870 et 1871, conscrits, réservistes ou volontaires, défenseurs d'une patrie envahie, qui portent le nom de leur département, et leurs bataillons ceux de leurs villes, sont les premiers dont les noms ont été retenus avec leurs histoires individuelles, leurs faits d'armes, leurs blessures, leur mort. Dont les noms ont été rappelés au rythme des cérémonies répétées d'année en année, et transmis par la génération qui a vécu la guerre de 1870 à la génération suivante, avec une intensité qui n'a évidemment jamais atteint le niveau du souvenir qu'elle laissera à ceux qui la suivront quand elle-même aura disparu sur les champs de bataille entre 1914 et 1918.

La plume et le pinceau au service du souvenir

Comment évoquer tant de grands écrits sur cette guerre, qui contribuent à lui donner une portée si durable qu'elle en devient un aliment de l'entretien d'une rancœur vengeresse contre l'Allemagne, victorieuse et écrasante ? *L'Année terrible* de Hugo, ce recueil de presque cent poèmes qui s'égrènent de mois en mois entre août 1870 et juillet 1871, est le plus grand, et deux fois nous y avons lu le nom de Rossbach. Lisons encore ces deux vers qui achèvent le poème « Capitulation » écrit le 27 janvier 1871 dans lequel Hugo évoque la France passée, et songe douloureusement à la signature du lendemain : « *Ô peuple, et ce sera le frisson de l'histoire / de voir à tant de honte aboutir tant de gloire* »[39]... Un constat s'impose : à l'exception des écrits de mémorialistes ou historiens, et des chansons de gazetiers moqueurs, Rossbach n'a pas déclenché de production littéraire en son époque – au moins chez les Français. Les guerres révolutionnaires et surtout impériales ont beaucoup plus inspiré, mais au service de la gloire de la nation française et, plus encore, de la gloire impériale. Mais après 1870, pour la première fois, la défaite, la guerre perdue, comme désastre national, devient le support de nombreuses expressions publiques.

Passons sur les témoignages laissés par certains des généraux – Faidherbe est presque le premier quand il publie sa *Campagne de l'Armée du Nord en 1870-1871*, dès 1871[40], mais bien d'autres ont suivi. Retenons plutôt quelques ouvrages tout à fait différents, presque inclassables. Ainsi, les inattendus récits de guerre du librettiste d'Offenbach, Ludovic Halévy, dans un ouvrage simplement titré *L'invasion*, écrit dès 1872, qu'il présente lui-même : « *Ces récits, je les ai demandés à des témoins honnêtes, mais sincères, détachés de toute pensée politique. Ils ont raconté ce qu'ils ont vu, ce qu'ils ont fait. Pas autre chose* ». Et un peu plus loin il dit avoir écrit le livre pour rendre « *hommage au courage malheureux des superbes régiments de l'armée impériale et à la misère des soldats improvisés, Mobiles et Volontaires des Armées de la Défense nationale* ». L'ensemble est réédité en 1892,

39. Hugo, *L'Année terrible*, *op. cit.*, « Capitulation », p. 132.
40. Général Faidherbe, *Campagne de l'Armée du Nord en 1870-1871*, Paris, E. Dantu, 1871.

vingt ans plus tard, dans une grande édition magnifiquement illustrée par Alfred Paris et Ludovic Marchetti[41]. Le thème est toujours porteur. Peu après, entre 1898 et 1904 – en pleine affaire Dreyfus – les deux frères Paul et Victor Margueritte donnent sous le titre *Une époque*, une histoire de la guerre contre l'Allemagne et de la guerre civile en 1870-1871, en quatre volumes ; dans le premier, *Le désastre*, qui porte sur le début de la guerre vu à travers un officier d'état-major, Pierre Dubreuil, Bazaine est décrit comme un lâche[42]. On peut évoquer encore *Le Brigadier Frédéric, histoire d'un Français chassé par les Allemands*, d'Erckmann-Chatrian, publié en 1874 en feuilleton dans le *Rappel*, un quotidien de Paris, aussitôt édité par Hetzel, ouvrage à succès avec treize éditions successives avant 1914, qui s'achève sur une page prophétique : « *Et quant aux Allemands, ils récolteront ce qu'ils ont semé !* », grisés par leur victoire, qui ne se réveilleront que quand l'Europe se lèvera pour les remettre à la raison ; « *Si la Force prime quelquefois le Droit, la Justice est éternelle* »[43].

Les peintres s'expriment autrement. Entre une multitude, retenons deux grands peintres de batailles, qui ne sont pas les héritiers des peintres de Napoléon Ier exposés au Salon de 1810, car eux sont, ici, les peintres d'une défaite – et eux-mêmes combattants : Alphonse de Neuville, garde national à Belleville et au Bourget, qui a laissé douze grandes toiles entre 1873 et 1885, dont *Les dernières cartouches*, à Bazeilles, et en collaboration avec Édouard Detaille, les panoramas des deux batailles de Champigny et de Rezonville ; Édouard Detaille lui-même, le peintre de batailles, qui délaisse son atelier de peinture pour être volontaire au 8e bataillon d'infanterie mobile de Paris, puis détaché à l'état-major du général Ducrot, l'un des défenseurs de la capitale pendant le siège, qui a perdu à la guerre son demi-frère Georges, et son frère Julien, âgé de 19 ans… Il faudrait ici énumérer toutes ses œuvres sur le thème de la guerre de 1870-1871, dont les premières qui dénoncent les abus de l'ennemi ont été refusées au Salon de 1872 par mesure diplomatique envers l'Allemagne. Retenons au moins, en 1877, *Le Salut aux blessés*, des officiers allemands saluant une colonne de prisonniers français blessés, tableau qui avait lui-même dû subir quelques modifications, toujours à cause des susceptibilités diplomatiques. D'autres, dont la carrière de peintres est déjà longue avant 1870, donnent des œuvres de circonstances appelées à un grand succès. Ainsi Adolphe Yvon, gendre d'Horace Vernet, avec *La charge de Reichshoffen* dès 1871. Ainsi encore Ernest Meissonnier, qui donne en 1884 *Le Siège de Paris* un tableau allégorique commencé dès 1871, que lui-même appelle « une sorte de symphonie héroïque de la France », véritable mémorial civil et militaire, gardes nationaux, mobiles, soldats, marins, anonymes symbolisant ensemble la souffrance du peuple tout entier.

Les Allemands répondent, eux aussi ont des peintres d'histoire. Que l'on songe aux tableaux de Wilhelm Camphausen, auteur de nombreux tableaux

---

41. Ludovic Halévy, *L'Invasion. Souvenirs et Récits*, 1872, rééd., Paris, Boussot et Valadan, 1892.

42. Paul et Victor Margueritte, *Une époque, Metz, 1870*, Paris G. Chamerot, t. I : *Le Désastre*, 1898.

43. Erckmann-Chatrian, *Le brigadier Frédéric, histoire d'un Français chassé par les Allemands*, Paris, J. Hetzel, 1874, p. 265.

consacrés à Frédéric II, qui donne en 1870 *Frédéric le Grand à cheval*, ou en 1877 une grande composition représentant *Bismarck accompagnant Napoléon III* qui vient de se rendre à Sedan, ou en 1878 *Napoléon III et Bismarck devant la maison du tisserand à Donchéry après la bataille de Sedan* – l'empereur résigné, anéanti, son vainqueur un colosse. Que l'on pense aussi à la grande composition d'Anton von Werner, qui a participé à la guerre franco-allemande, âgé de 27 ans, et qui a assisté à la scène qu'il représente en 1885, *La proclamation de l'Empire allemand dans la Galerie des Glaces de Versailles*. La présence des militaires prussiens dans leur plus bel uniforme écrase la plus belle salle du château du Roi Soleil, une profanation. Bismarck, encore lui, occupe le centre du tableau. L'empire allemand est lui-même l'humiliation française[44]...

Pensée stratégique. L'École de Guerre. « Clausewitz en France »[45] et le Plan XVII

Aux dispositions morales, au développement d'un esprit national et républicain, à des décisions politiques ou diplomatiques, il faut ajouter aux suites de la défaite de la guerre de 1870-1871 la conviction partagée par la nation, l'État et l'Armée, de la persistance d'un péril maintenant « allemand », et de la nécessité d'une préparation militaire pour s'y opposer – un peu le moteur des réformes successives de l'armée royale avec Choiseul, Saint-Germain et Ségur après la guerre de Sept Ans.

Pour répondre à une défaite nationale, il faut une armée nationale. La République, avant même qu'elle ne soit réellement établie, revient sur le fond de la loi Gouvion Saint-Cyr qui formait une armée sur une conscription dont les trois piliers étaient la longue durée du service, le tirage au sort, et le remplacement, en créant, dès 1872 un service obligatoire, sans dispense, ni exemption. Avec de nombreux débats, sur les cas d'exemption et d'exceptions, sur la durée même du service, qui ralentissent le passage à une universalisation réelle du service, jusqu'à la loi Bertaux, en 1905, qui établit une universalité réelle pour un service de deux ans, porté à trois ans en 1913 par la loi Barthou[46].

On a réformé le recrutement, on doit aussi reconstruire une frontière. L'ancienne ceinture des places et citadelles élevées par Vauban sur la frontière de l'Est fait place maintenant à une ouverture béante, propice à une invasion. L'esprit défensif domine dans la reconstruction de la frontière confiée à Edmond Séré de Rivière, le Vauban des années 1880-1890, qui a su prendre en compte les mutations techniques de l'artillerie, l'accroissement des effectifs, les priorités imposées par le terrain. Son œuvre considérable, menée avec une rapidité exemplaire, répond à trois conditions : la maîtrise des voies ferrées et des points stratégiques, la constitution de bases d'appui

44. Sur les tableaux *Napoléon II et Bismarck à Donchéry* et la *Proclamation de l'Empire allemand*, voir Hélène Miard-Delacroix et Andreas Wirsching, *Ennemis Héréditaires ?*, *op. cit.*, p. 46 et 23.

45. Voir Benoit Durieux, *op. cit.* Voir également Bruno Colson, *Clausewitz*, Paris, Perrin, 2016.

46. Voir Annie Crépin, « Citoyenneté, Devoir de Défense et Service militaire en France au XIXe siècle », dans Jean-Charles Jauffret (dir.), *Le Devoir de Défense en Europe aux XIXe et XXe siècles*, Paris, Economica, 2002, p. 13-26.

solides destinées à arrêter l'ennemi ou à lancer l'offensive, l'établissement de lieux de concentration et de manœuvres à l'arrière de la zone d'invasion. Deux lignes défensives sont élevées, de Verdun à Toul en s'appuyant sur les hauts de Meuse, d'Épinal à Belfort en s'appuyant sur les hauts de Moselle. Une œuvre dominée par un esprit défensif.

Mais la réflexion a aussi porté sur la doctrine. À cet égard, la défaite de 1870 a montré une véritable faillite de la pensée stratégique, tactique, logistique même : une guerre sans esprit offensif s'est achevée par deux sièges perdus sans combats, et seul le sursaut patriotique défensif de la République en a prolongé le cours. Moins évidente aux yeux de la Nation que l'apprentissage scolaire de la Patrie, que la réorganisation de principes du recrutement, ou que l'édification de lourdes fortifications, une immense réforme de la formation du commandement est mise en œuvre, avec une refonte totale de la scolarité de l'enseignement supérieur de l'armée de Terre, et en particulier la création de l'École supérieure de Guerre en 1876, sous la direction du général Lewal en 1877[47]. Né en 1823, prisonnier interné à Hambourg en novembre 1870, général en 1874, il plaide en faveur de l'instruction dans l'armée, qu'il favorise avec l'entrée en force, dans le prestigieux cours de tactique générale, de la lecture de Clausewitz dont le traité *Vom Kriege* est présenté et analysé sous le titre *Théorie de la Guerre* par le lieutenant-colonel de Vatry en 1887, immédiatement réédité en 1889[48]. Si l'on ne parle plus du « modèle prussien », on intègre enfin la pensée prussienne. Ce cours est d'abord donné par le colonel Derrécagaix, également interné à Hambourg où il a fait connaissance de Lewal, commandant en second de l'École de Guerre entre 1885 et 1888. Son ouvrage, *La Guerre moderne* publié en 1885, insiste sur le caractère total et impitoyable des guerres qui surviendront, et annonce l'avènement d'armées dépassant le million de combattants, et de la « guerre absolue »[49]. Après lui, le cours est professé par les commandants Maillard et Bonnal, qui se passionnent pour le concret, puis le futur maréchal Foch[50]. Ils donnent tous une grande importance à l'écriture historique, avec une écrasante domination de l'étude de la guerre napoléonienne, dont le général Camon est l'historien privilégié[51]. Certains font directement le rapport entre Iéna et Sedan, ainsi le général Alexandre Fay, lui-même en 1870 l'un des officiers pris à la capitulation de Metz, avec en 1899 un ouvrage sobrement intitulé *Études de marches. Iéna-Sedan*, qui compare, avec nombre de cartes, les marches de la Grande Armée en septembre-octobre 1806, et celles de l'armée allemande entre le 31 juillet et le 1er septembre 1871 – mais sans faire le renvoi de Iéna à Rossbach[52]. Seul, le général Bonnal remonte dans son enseignement jusqu'à l'époque de Frédéric II et de la guerre de Sept Ans,

---

47. Voir Michel Goya, *La Chair et l'Acier. L'invention de la guerre moderne (1914-1918)*, Paris, Tallandier, 2004, p. 20-68, et Benoît Durieux, *op. cit.*, p. 101-119.

48. Lieutenant-colonel de Vatry, *Clausewitz, Théorie de la grande guerre*, Paris, Baudoin, 1887.

49. Victor Bernard Derrécagaix, *La Guerre moderne*, Paris, Baudouin, 1885.

50. *Ibid.*, p. 174-210 pour tout ce qui précède.

51. Voir Bruno Colson, « Camon ou l'Exégète de Napoléon », introduction de la réédition de l'ouvrage du général Camon, *La Guerre napoléonienne, les systèmes d'exploitation*, Paris, Economica, 1996 (première édition, Paris, Chapelot, 1910).

52. Général Alexandre Fay, *Études de marches. Iéna-Sedan*, Paris, Berger-Levrault, 1899.

avec comme point de départ la bataille de Rossbach, qui introduit chez lui la description de la campagne de 1806.

Les plans militaires en cas de guerre, connus par leur numéro, ont d'abord reçu une suite de versions défensives, du Plan I daté de 1875, jusqu'au Plan VII, daté de 1884. 1884, l'initiative étant laissée aux Allemands. Les plans VIII, en 1887, à XIII, en 1895, reposent sur une offensive prudente en Lorraine, les plans XIV à XVI, de 1898 à 1909 étaient revenus à la défensive, par méfiance envers les unités de réservistes. Mais avec la première crise marocaine et le discours de Guillaume II à Tanger en 1905, puis la seconde crise marocaine en 1911, avec le rebondissement des crises balkaniques en 1908-1909, puis en 1912-1913, la guerre n'est plus une hypothèse. Avec le plan XVII, qui a connu deux versions successives en 1911 et avril 1913, qui tient compte de l'alliance russe, la Triple Entente laissant même espérer un soutien britannique, la doctrine en vient à « l'offensive à outrance », annoncée par Foch, directeur de l'École de Guerre de 1907 à 1911, qui avait déjà écrit dans *Des principes de la Guerre*, ouvrage qui rassemble des conférences faites lorsqu'il était lieutenant-colonel d'artillerie : « *Pas de victoire sans bataille : la victoire est le prix du sang* ». En février 1911, le lieutenant-colonel Loyzeau de Grandmaison – colonel commandant le 153e Régiment d'infanterie en août 1914, général de division à la fin de l'année, tué devant Soissons le 18 février 1915 – prononce deux conférences qui inspirent le règlement sur la conduite des grandes unités du 28 octobre 1913, qui prône l'offensive à tout prix : « *L'offensive seule conduit à des résultats positifs* »[53]. Théorisée du point de vue stratégique, elle veut dire attaquer partout où on le peut ; et du point de vue tactique, foncer sur l'adversaire la baïonnette au canon, en recherchant le corps à corps à l'arme blanche. Dans n'importe quelle condition, pourvu que le mouvement soit rapide. Joffre avait été gagné aux principes de Grandmaison.

Le plan XVII est donc un plan de mobilisation et de concentration des forces françaises, destiné à une guerre que l'on veut courte, avec une augmentation massive des effectifs incluant l'emploi des réservistes. Enfin, ajoute Guy Pedroncini, les états-majors « ont le souvenir des guerres napoléoniennes »[54]. Sous sa dernière forme l'autorisation de passer par la Belgique n'ayant pas été obtenue par Joffre, le plan XVII fait porter tout l'effort sur la frontière allemande de la Lorraine. Il s'agit de rompre en force le front de l'adversaire pour déboucher sur ses arrières.

Rien ne s'est passé comme prévu.

Août-septembre 1914. L'invasion allemande arrêtée sur la Marne

Avant la guerre, l'avertissement de la pensée prussienne : Colmar von der Goltz, de Rossbach et Sedan à 1914

Les théoriciens et stratèges français avaient-ils assez porté attention à la préparation de leur adversaire à la guerre ? En particulier, à la présence très

53. Louis de Grandmaison, *Deux conférences faites aux Officiers de l'État-major de l'armée, février 1911 : la notion de sûreté et l'engagement des grandes unités*, Paris, Berger-Levrault, 1911.

54. Guy Pedroncini, *Histoire militaire de la France*, André Corvisier (dir.), vol. 3 : *De 1871 à 1940*, Paris, PUF, 1992, voir p. 163-166.

forte dans l'historiographie et dans la pensée militaire allemande avant 1914, de Frédéric II et de la guerre de Sept Ans en particulier de la part d'officiers prussiens ? Si les officiers français ont la culture des guerres napoléoniennes, et un patriotisme national éveillé depuis 1870-1871, les Allemands inscrivent bien la guerre en 1914 dans une suite lointaine de 1757, et dans la ligne d'une grande histoire prussienne.

L'époque de l'Empire allemand, entre 1871 et 1914, est en effet marquée par une production féconde autour de la figure et du règne du grand Hohenzollern, prédécesseur lointain de l'empereur Guillaume. La réédition des principaux ouvrages de Karl August Varnhagen von Ense, mort en 1858, avait donné le signal dès 1872. En 1878, Leopold von Ranke ajoute à son œuvre, déjà fort importante, l'article « Frédéric le Grand » dans l'immense *Allgemeine deutsche Biographie*, véritable monument national allemand de 56 volumes que commence à publier à Leipzig, en 1875, Rochus von Liliencron[55]... Les principaux ouvrages arrivent dix ans plus tard. Les premiers sont ceux de Emil Buxhaury, lui-même officier de cavalerie, sur Seydlitz dont la figure devient emblématique[56], et de l'historien Theodor von Bernhardi sur Frédéric le Grand, chef de guerre[57] – en 1912, son fils Friedrich von Bernhardi publie deux ouvrages de circonstance, *Vom heutigen Kriege* (La guerre d'aujourd'hui), dont il emprunte le titre à Clausewitz, et *Deutschland und der nächste Krieg* (l'Allemagne et la prochaine guerre). Le relais de Theodor von Bernhardi est assuré par le baron Colmar von der Goltz, descendant d'un officier général de l'entourage de Frédéric II. Prototype du hobereau prussien, qui avait participé au siège de Metz et à la campagne contre l'Armée de la Loire, devenu après la guerre professeur à l'École de guerre de Potsdam, puis officier chargé de la section historique du Grand État-Major, von der Goltz est devenu l'un des auteurs les plus lus comme stratège et historien. On retiendra ici l'ouvrage paru en 1883, publié en français en 1890, sous le titre *Rosbach et Iéna, recherches sur l'état physique et intellectuel de l'armée prussienne pendant la période de transition du XVIIIe au XIXe siècle*[58], repris en 1906 sous un titre modifié, *De Rossbach à Iéna et Auerstaedt. Une contribution à l'histoire de l'armée prussienne*[59].

Il pose dans cet ouvrage la question qui dérange : quelles sont les raisons de la décadence d'une armée victorieuse, considérée pour un temps comme la première du monde ? C'est le cas de l'armée royale de Louis XV encore en 1756, et de l'armée impériale de Napoléon III en 1869-1870. C'est aussi

55. Rochus von Lilencron (dir.), *Allgemeine deutsche Biographie*, Lepizig, Duncker et Humblot, 1875-1912, 56 volumes. L'article « Frédéric II », de Léopold von Ranke, vol. 7, est publié à part : *Friedrich des Grosse, Friedrich-Wilhelm IV. Zwei Biographien*, Lepizig, Duncker et Humblot, 1878.

56. Emil Buxhaury, *Friedrich Wilhelm von Seydlitz, königlicher preussischer General des Cavallerie, von einem deutschen Reiteroffizier*, 1re éd., Rathenau, M. Babenzie, 1880.

57. Theodor von Bernhardi, *Friedrich der Grosse als Feldherr*, Berlin, E.S. Mittler, 1881.

58. Colmar von der Goltz, *Roßbach und Jena. Studien über die Zustände und das geistige Leben in der preussischen Armee während der Übergangszeit von XVIII. Zum XIX. Jahrhundert*, Berlin, Mittler, 1883 ; *Rossbach et Iéna. Recherches sur l'état physique et la vie intellectuelle de l'armée prussienne durant l'époque de transition du XVIIIe au XIe siècle*, Paris, Hinrischen, 1890.

59. Colmar von der Goltz, *Von Roßbach zu Jena und Auerstaedt, ein Beitrag zur Geschichte des preussischen Heeres*, Berlin, S. Mittler und Sohn, 1906.

le cas de l'armée prussienne au début de 1806. Au début de la guerre de Sept Ans, Frédéric II est menacé par les Russes, malmené par les Autrichiens, attaqué par deux armées françaises en Allemagne, celle de Soubise et Saxe-Hildburghausen forte de plus de quarante mille hommes. Avec vingt et un mille hommes, il l'écrase. Cinquante ans plus tard, à Iéna, c'est l'inverse : Napoléon et Davout infligent une défaite retentissante au roi de Prusse. Comment a-t-on pu en arriver là ? Colmar von der Goltz met en cause « *l'influence que l'esprit de l'époque, endurci dans une civilisation frivole, dans une fausse honnêteté, dans le goût des plaisirs et dans l'égoïsme, exerça sur l'armée [...] ; l'effacement volontaire du roi qui, bien que plus clairvoyant que ses conseillers, se soumettait par timidité à leur jugement* »[60] – il parle bien de Frédéric-Guillaume III, et non de Louis XV... Après quoi, il pose une seconde question, que l'on pourrait précéder du constat que le triomphe de la France dans la guerre de Succession d'Autriche l'a conduite à la déroute de Rossbach : « *Le triomphe de Rossbach a conduit* [la Prusse] *à l'humiliation de Iéna, où le triomphe de Sedan conduira-t-il l'Allemagne ?* »

Il répond par un autre ouvrage, *Das Volk in Waffen*, publié la même année 1883, traduit en français dès 1884 sous le titre *La Nation armée*[61]. La situation a changé. Les effectifs des armées ont considérablement augmenté, les armes ont atteint une puissance insoupçonnée jusque-là. Il en résulte que la guerre de l'avenir sera une guerre de masse, dominée par le feu, et que le temps des manœuvres rapides d'une petite armée mobile est révolu. Il avertit : « *Les guerres sont devenues entièrement l'affaire des nations [...].* [La guerre] *vise à la défaite totale de l'adversaire. C'est pourquoi il est juste et logique de préparer pendant la paix les forces disponibles, afin qu'en cas de besoin toutes puissent servir à la guerre*[62] ». Sur le plan tactique, la mobilité disparaîtra de la guerre ce qui a des implications stratégiques. « *Des armées gigantesques affronteront d'autres armées gigantesques, prenant appui sur des réseaux fortifiés, réclamant le déploiement de toutes les forces de la nation, la mobilisation armée de tout le peuple. Dans cette guerre illimitée, totale, c'est véritablement le destin du pays, de tout son peuple, qui se jouera* », écrit Jean-Jacques Langendorf dans une brève étude sur Colmar von der Goltz[63], dont il rapporte la prophétie : « *L'ultime combat [...] se présentera inévitablement avec toute sa violence et avec toute la gravité qu'implique le combat final décisif entre les peuples, pour la reconnaissance sans réserve d'une nouvelle relation entre les États* »[64]. Son « message de Cassandre », écrit encore Jean-Jacques Langendorf : il n'a pas été entendu.

Une énumération des ouvrages sur le règne et les guerres de Frédéric II écrits entre 1880 et 1914 suffirait à balayer quelques écrits antimilitaristes,

60. Colmar von der Goltz, *Rossbach et Iéna*, éd. 1890, p. 409-410.

61. Colmar von der Goltz, *Das Volk in Wafffen. Ein Buch über Heerwesen und Kriegsführung unserer Zeit*, Berlin, Decker, 1883, *La Nation armée*..., Paris, Hinrischen, 1884.

62. *Ibid.*, édition de 1884, p. 3-4. Plus loin, il souligne « l'improvisation dans l'armée française » (p. 145).

63. Jean-Jacques Langendorf, « Colmar von der Goltz. Le message de Cassandre », dans *La pensée militaire prussienne. Études de Frédéric le Grand à Schlieffen*, Paris, Economica, 2012, p. 522.

64. Von der Goltz, *La Nation armée*..., *op. cit.*, p. 426.

traduits par Joseph Schroeder et Paul Bruck-Gilbert, ainsi le petit roman intitulé *Iéna ou Sedan ?* – le titre est éloquent – de Franz-Adam Beyerlein, un juriste saxon, ou *Gens de la haute*, du baron von Schlicht, pseudonyme de Wolf von Baudissin, ancien officier du Schleswig-Holstein[65] – ouvrage interdit et poursuivi en Allemagne, mais lu en France. Eux stigmatisent l'armée wilhelminienne, et ses officiers issus de la noblesse prussienne. À l'opposé de tels écrits, il suffit de se rappeler que ces officiers se retrouvent dans le culte de la guerre frédéricienne, et en particulier le comte Alfred von Schlieffen, l'auteur du fameux plan d'attaque de la France établi dès 1905, et continuellement adapté de 1906 à 1913 par von Moltke, neveu du vainqueur de 1870-1871. Il s'agit d'une gigantesque manœuvre stratégique, le déploiement d'une ampleur inégalée de toute une armée elle-même d'un effectif inégalé, opérant de la frontière suisse à la frontière hollandaise, visant à envahir la France en venant du nord et envelopper Paris depuis la côte normande. Ce mouvement doit être servi par la surprise que sera la violation des neutralités belge, luxembourgeoise et hollandaise, mise au service d'un objectif stratégique[66]. Le plan Schlieffen, mis en œuvre par Moltke, présentait au moins un point faible : les opérations semblaient s'y dérouler dans un espace vide d'ennemis capables de réagir, il néglige le rôle de la logistique, il n'a pas vu venir la surprenante résistance belge, ni l'intervention anglaise presque immédiate.

Août-septembre 1914. La puissance du feu allemand, les morts de l'infanterie française

« *La bataille des frontières en août 1914 a été une des plus grandes défaites des temps modernes* », écrit en 1932 le général Jean Joseph Rouquerol, dans l'ouvrage qu'il consacre à la bataille de Charleroi, les 21 et 22 août, l'un de ses événements les plus meurtriers[67]. Mais « *ce ne fut pas un désastre, car les armées battues conservaient dans leur retraite un moral élevé et un ardent désir de combattre* », langage codé d'un chef de division qui tente d'en faire l'un des événements préparatoires de la victoire de la Marne en septembre. Cette bataille des frontières s'est effectivement déroulée en deux temps. Le premier est celui de la mise en œuvre des plans français et allemand, achevé avec trois effrayantes batailles concentrées sur les 21-23 août, en trois lieux : Morhange en Lorraine, Rossignol dans les Ardennes[68], Charleroi en Belgique. Le second, après le 23 août : les deux plans sont enrayés, mais si les Français commencent leur repli, les Allemands foncent vers Paris, par la vallée de l'Oise, ils sont arrêtés par la seconde grande bataille, celle de la Marne. Après le 10 septembre, toute la stratégie d'ensemble est remise

---

65. Franz-Adam Beyerlein, *Iéna ou Sedan ?*, tr. de l'allemand par Joseph Schroeder et Paul Bruck-Gilbert, Paris, Tallandier, 1903 ; Baron von Schlicht, *Gens de la haute*, tr. de l'allemand par Joseph Schroeder et Paul Bruck-Gilbert, Paris, Tallandier, 1904.

66. J.-J. Langendorf, « La manœuvre allemande : l'archiduc Charles, Clausewitz, Moltke, Schlieffen », dans *La pensée militaire prussienne…*, *op. cit.*, p. 531-547.

67. Général J. Rouquerol, *Charleroi. Août 1914,* Paris, Payot, 1932, avant-propos, p. 7.

68. Voir Olivier Lahaie, « Le combat de Rossignol et le facteur surprise (22 août 1914) », dans *Choc, feu, manœuvre et incertitude dans la guerre*, Pully, Centre d'histoire et de prospective militaires, 2012, p. 129-176.

en cause avec la « course à la mer », puis l'enlisement dans les tranchées. « Penser cette défaite » peut revenir à décliner les fautes de l'État-major français, en revenant sur ses principaux moments, en même temps que souligner l'énergie de Joffre – et de Gallieni – qui sauve Paris en stabilisant la guerre sur un front improvisé en quelques semaines, la Marne.

L'échec du plan XVII et de « l'offensive à tout prix »

Le général Joffre s'était rallié à la doctrine de l'offensive à tout prix, développée dans les bureaux de l'État-major depuis 1905, et élevée à la hauteur d'un dogme infaillible – doctrine contre laquelle Lanrezac, nommé au commandement de la 5e armée le 2 août 1914 proclamait la nécessité de combiner selon les circonstances la défensive et l'offensive, croyant avant tout à la vertu des manœuvres. L'offensive se trouve déclinée autant comme concept stratégique que comme doctrine tactique de combat dans les principes des règlements sur le service en campagne du 2 décembre 1913 : « *Le succès dépend plus encore de la vigueur et de la ténacité dans l'exécution que de l'habileté dans des combinaisons. Toutes les unités s'emploient donc, avec une extrême énergie, droit sur l'objectif indiqué [...] avec la résolution d'aborder l'ennemi à l'arme blanche. [...] Dans l'engagement du combat, aller vite prime sur toute autre considération* »[69].

Ce qui a conduit Joffre à sacrifier l'artillerie, première erreur majeure : la sous-estimation du rôle du feu, ce « feu qui tue », qui a arrêté net toutes les tentatives offensives menées par les Français. Sans doute, le fusil français, le fameux Lebel, modèle 1886, adopté en 1887 comme fusil de l'infanterie, modifié en 1893, avec un calibre de 8 mm, une vitesse initiale de 700 m/s., et une portée extrême de près de 4 kilomètres est une arme de qualité, capable de tirer quatorze coups à la minute sans fumée noire, mais le Mauser 1898, fusil standard de l'armée allemande, un peu plus court, un peu plus léger, et capable de tirer vingt-deux coups à la minute, le vaut largement. L'infanterie allemande a surtout une énorme supériorité avec son équipement en mitrailleuses, les Maxim, du nom de leur inventeur britannique d'origine américaine, une arme dont la puissance de feu a un effet dévastateur – cinq cents coups à la minute. L'infanterie française est soutenue par des mitrailleuses Saint-Étienne, modèle 1907, dont le mécanisme compliqué et peu fiable n'a pas inspiré confiance, et sont de ce fait en nombre largement inférieur. Mais la vraie faiblesse est celle de l'équipement et de l'emploi de l'artillerie. L'artillerie de campagne est composée presque uniquement d'un canon, le 75, modèle 1897, dont l'armée possède 3 900 unités, mais l'artillerie lourde, dont les cinq premiers régiments viennent seulement d'être créés en avril 1914, quatre seulement sont prêts en août, est équipée de canons de calibre 120, du vieux modèle Bange ; 26 batteries seulement sont équipées du l'obusier de 155 Rimailho pourtant adopté depuis 1905, qui peut tirer cinq à six coups à la minute, mais avec une portée de tir très inférieure au canon allemand : au total, 280 pièces lourdes françaises, contre 848 du côté allemand. C'est que, seconde erreur, le haut commandement français s'est refusé à tenir compte du plan Schlieffen dont les grandes lignes étaient connues depuis 1905...

69. *Ibid.*, p. 156-157.

Tout au plus, on admet que les Allemands pourraient passer par le Luxembourg. Joffre a toujours cru que les Allemands ne pourraient pas en même temps mener une grande offensive en Belgique et repousser les assauts du plan XVII. Lanrezac qui, lui, expose dès le 14 août sa crainte d'une grosse offensive allemande sur l'Ouest n'a jamais été entendu.

C'est ainsi que dès le début d'août 14, l'ensemble de l'armée française est transportée, sur la frontière de l'Est, sur un espace qui s'étend de la frontière suisse et du sud des Vosges jusqu'à la frontière belge, au nord des Ardennes. Cinq armées remontent ainsi la Meuse, la Première autour d'Épinal, la 2e autour de Vittel, la 3e, toujours derrière la frontière, entre Metz et Verdun, la 4e un peu en arrière, entre Bar-le-Duc et Chalons-sur-Marne, la 5e, entre Mézières et Rethel. L'offensive en Alsace peut commencer le 7 août, avec la prise de Mulhouse par le général Bonneau, qui permet à Paris de claironner, d'autant plus que le 9 août le général allemand Koschenbart est tué en tentant une contre-offensive. Mais dès le lendemain, Bonneau, pour éviter un encerclement, se replie sur Belfort. Les autres armées se préparent à l'offensive en Moselle, et sont établies sur leurs positions de concentration entre le 12 et le 15 août.

Les armées allemandes étaient dès les premiers jours d'août sur les leurs, occupant un large espace : quatre armées entre le Rhin et la Moselle, du sud de l'Alsace jusqu'au Luxembourg, et trois autres entre la Moselle et Aix-la-Chapelle. Le 3 août, von Bülow à la tête de la IIe armée, entre en Belgique et commence le siège de Liège, sur la Meuse. Dès le 7 août, Lanrezac expose sa crainte que les Allemands n'exécutent en force un mouvement de débordement à l'ouest de la Meuse, hypothèse rejetée par Joffre. Il n'envoie qu'un corps d'armée en Belgique, dans l'Ardenne en direction de Neufchâteau où il s'épuise pendant que les Allemands prennent Liège. Le 15 août seulement, il y ajoute deux corps d'armée tirés de la 5e Armée, vers le nord, et donne toujours la priorité aux troupes qui avancent maintenant en Lorraine.

Après beaucoup d'accrochages qui ne sont que des préparations et des recherches de positions, les combats commencent le 19 et 20 août, et prennent entre le 21 et le 23 août une dimension totalement inattendue, lors de la première confrontation directe, la bataille de Morhange – *die Schlacht bei Mörchingen.* Les combats livrés autour de Mulhouse auraient pu dissuader Joffre de passer à la phase principale de son plan d'attaque. Le général Hermann von Mertz, qui commande la réserve de l'armée bavaroise, sous le commandement du dernier prince héritier de Bavière, le prince Rupprecht, avait déjà mis en garde : « *Je ne peux pas imaginer que les Français renouvelleront sur une plus grande échelle en Lorraine la sottise qu'ils viennent de faire en Haute-Alsace. Mais s'ils viennent réellement en défilant à l'est de Metz avec de grosses masses, il ne faudrait pas grand art de notre part pour les mener à leur perte* »[70]. C'est ce qui s'est produit. La première grande bataille est livrée par Castelnau sur un front d'une trentaine de kilomètres, autour de Morhange et de Dieuze. Sanglante défaite : dans la journée, on évalue les pertes à plus de huit mille hommes tués, et quinze mille blessés,

70. Général von Mertz, traduction du colonel Koeltz, *La volonté du chef expliquée à la lumière des événements qui se sont passés à l'État-major..., août-septembre 1914*, Paris, Payot, 1934, p. 61.

et deux fois plus le lendemain. Les Allemands, en position de « défensive offensive » attendent l'attaque en formation linéaire ; au moment du combat lorsque ces vagues de fantassins, si facilement repérables avec le fameux pantalon rouge, qui chargent au pas de course et à la baïonnette, sont fauchés en masse par le tir des Maxim, soutenues par les canons de 155, les deux armes majeures de la victoire allemande dans ce début de la guerre, alors que les Français manquent du soutien de leur propre artillerie. *« Le même jour* [22 août], *sur des terrains différents, à des heures différentes, toutes les divisions françaises commirent les mêmes erreurs : absence de renseignement, dédain de la sûreté éloignée ; médiocrité de la sûreté rapprochée ; pas de liaisons latérales ; mauvaises liaisons de commandement entre les chefs et les unités ; attaques absurdement imprudentes, non appuyées par le feu* », juge le général belge Émile Wanty combattant des deux guerres mondiales, dans son étude postérieure sur l'Art de la guerre[71]...

La même tactique est employée par les Allemands, qui ont dépassé Liège, suivi la Meuse et investi Namur, et descendent au nord de la Sambre vers Charleroi. Le 20 août, les corps de la 5e Armée de Lanrezac sont échelonnés au sud de la Sambre. En face l'armée de von Bülow, la véritable armée d'opération en Belgique, avec quatre corps d'armée avance, précédée de ses avant-gardes : en portant leur effort principal sur Charleroi, les Allemands déjouent les projets français qui préparaient une offensive dans la direction de Namur. Là se joue, entre les avant-gardes de von Bülow et deux divisions de la 5e Armée, les 21 et 22 août, la bataille restée sous le nom de bataille de Charleroi. Le récit qu'en laisse le général Rouquerol en 1932 est dramatiquement éclairant[72] : « *Sur les douze bataillons de la 19e Division qui le 21 ont reculé, huit sont inutilisables le lendemain en raison des pertes de la veille […]* ». Les quatre autres doivent attaquer le 22, pour s'emparer du village d'Arsimont. « *Vingt et une batteries de 75 étaient disponibles pour cette opération […]. Elles devaient rester à peu près sans emploi. Un bataillon ayant été désigné comme soutien d'artillerie, il en restait trois pour l'attaque. Ils devaient attaquer ensemble. Celui de gauche se disloqua sans profit, les deux autres furent fauchés par les mitrailleuses allemandes sur le glacis nu qu'ils essayaient de traverser.* » Relevés par le 2e Zouaves, régiment de la 37e division, celui-ci est immédiatement engagé sur un ordre de vive voix par un officier de liaison. « *Le village d'Auvelais* [qu'ils doivent emporter] *était indiqué comme faiblement occupé. C'était l'objectif de l'attaque. Le colonel du 2e Zouaves, tué au cours de l'attaque, n'avait pas de cartes* », n'ayant pas eu le temps de s'en procurer, « *et aucune distribution régulière de cartes belges n'avait été faite aux troupes […]. Le concours de l'artillerie avait été jugé inutile* ». Le régiment disparait sous les balles et les obus…

Morhange et Charleroi : les régiments de la 2e Armée de Castelnau et de la 5e Armée de Lanrezac ont connu le 23 août 1914 le jour tristement célèbre pour avoir été le plus meurtrier de la guerre, 27 000 morts… Lorsque le 23 août les Allemands sont à Mons, Lanrezac ordonne de son propre chef

71. Émile Wanty, *L'Art de la Guerre*, Verviers, Éditions Gérard, 1967, t. II, p. 110. Voir Michel Goya, *op. cit.*, p. 178.

72. Général Rouquerol, *op. cit.*

la retraite de son armée vers Maubeuge, pour éviter un nouveau Sedan, qui serait l'enveloppement complet de son armée. « *La retraite s'impose : je prends la responsabilité de l'ordonner, quoique convaincu que Joffre ne m'approuvera pas* », déclare-t-il.

L'échec du plan Schlieffen

Le général de Gaulle, dans *La France et son Armée*, résume parfaitement la situation dans les derniers jours d'août 1914 : « *Joffre a vu s'écrouler son plan, démentir ses renseignements, infirmer ses ordres [...]. Tour à tour, il apprend l'échec d'Alsace, l'extension au nord de la Meuse du mouvement tournant de l'ennemi, la présence en première ligne des corps de réserve allemands, l'issue malheureuse de notre offensive dans les Ardennes, le repli de Lanrezac et de French, débordés de Charleroi* ».

C'est alors que Joffre devient grand. De Gaulle poursuit : « *Ce fut la fortune de la France que Joffre, ayant mal engagé l'épée, ne perdit point l'équilibre* ». Renonçant à toute doctrine, « *discernant que le recours n'était qu'en lui-même, il s'affranchit des théories et dresse contre l'événement sa puissante personnalité* »[73]. Il improvise une véritable riposte stratégique à la grande marche en avant des troupes allemandes dont la force insoupçonnée triomphe de l'infanterie française. Au lieu de s'accrocher sur ses positions initiales, au lieu de reculer pas à pas, il prend la décision de rétablir une ligne de défense assez loin en arrière, soutenue par les troupes de Paris en attendant l'arrivée des armées en recul – n'oublions pas que ces soldats vont à pied, par une chaleur alors écrasante, harcelés par les Allemands, qui eux aussi marchent sous la même chaleur. Joffre a eu la chance que Lanrezac, qui a commencé son repli dès le 23 août, ait infligé à von Bülow, le 29 août à Guise, la première défaite allemande. Lanrezac a reçu l'ordre de dégager Saint-Quentin, que le gros de l'armée anglaise commandée par Douglas Haig est hors d'état de pouvoir attaquer. Le 29 août, von Bülow, qui mène lui-même une offensive vigoureuse, se trouve arrêté par le 10e Corps d'armée, grâce au soutien de l'armée de Franchet d'Espérey, en particulier de son artillerie qui fait reculer l'ennemi. Belle victoire pour l'armée française, mais victoire locale qui oblige Bülow à rappeler au nord de l'Oise les corps qu'il avait avancés au sud de la rivière[74].

Ce succès de la 5e Armée n'empêche pas Joffre de limoger Lanrezac le 30 août[75]. Et ne l'aide qu'à stabiliser le front des armées françaises en recul sur l'espace qui devient le lieu de la bataille de la Marne. À la date du 6 septembre, une mesure de la faillite du commandement est donnée par la liste des généraux relevés de leur poste entre la mobilisation et le 6 septembre. L'un des premiers a été le général Bureau, qui avait perdu une seconde fois Mulhouse le 25 août. Au total, ce sont la moitié des commandants de divisions d'infanterie et des divisions de cavalerie qui ont été limogés. L'énergie

---

73. Général de Gaulle, *La France et son Armée*, *op. cit.*, p. 483.

74. Lieutenant-colonel Alphonse Grasset, *La grande guerre vécue, racontée, illustrée par les Combattants*, Paris, Aristide Quillet, 1922.

75. Voir Jules Isaac, *Joffre et Lanrezac. Contribution à l'histoire de Charleroi*, Paris, Étienne Clairon, 1922. Isaac justifie la position de Joffre, et déconsidère Lanrezac.

que montre alors Joffre, aidé par celle de Gallieni à Paris, a su insuffler aux troupes en recul depuis la fin août la force de tenir sur la Marne entre le 6 et le 9 septembre. Sur une ligne de presque trois cents kilomètres, de la Moselle à l'Oise, se trouvent des forces gigantesques. Pour les Français, la 2e Armée de Castelnau entre Metz et Verdun, la 3e Armée de Sarrail entre Verdun et Bar-le-Duc, la 4e Armée de Lange de Cary de Bar-le-Duc au sud de Châlons, la 9e Armée de Foch jusqu'au Petit-Morin, la 5e Armée, maintenant confiée à Franchet d'Espérey sur le Grand-Morin, les Anglais de French au sud de Meaux, Maunoury entre Senlis et Paris. En face, les Allemands : la VIe Armée du Kronprinz de Bavière autour de Metz, la Ve Armée du Kronprinz autour de Verdun, la IVe Armée du duc de Wurtemberg entre l'Aisne et la Marne, la IIIe Armée de Von Hauser et la IIe Armée de von Bülow entre la Marne et le Petit-Morin, la Ire Armée de von Kluck sur le Grand-Morin, jusqu'à Meaux.

La bataille de la Marne, une stabilisation, est une défaite pour les Allemands : le plan Schlieffen a échoué, comme le plan XVII. Même si l'échec du plan ne se trouve réellement définitif qu'à la fin du mois d'octobre, après le second temps de la guerre, la course à la mer, c'est une victoire à laquelle de Gaulle donne sa véritable dimension : « *Pour la première fois depuis plus de cent ans, la France avait vaincu l'Allemagne dans une bataille générale. Bien qu'accueillie sans fanfares, la victoire rassemblait dans la fierté commune un peuple longtemps dispersé par l'humiliation* »[76]...

Peser plutôt que penser la défaite ? Le 135e R.I., du 5 août au 15 septembre 1914

Penser cette défaite ? La réflexion est faussée par l'absence de victoire allemande, et par les quatre années terribles qui suivent. À défaut de penser cette défaite initiale, qui voit le sanglant échec des attaques rapides à la baïonnette contre la cadence de tir des mitrailleuses, on peut la peser. Non par une mesure globale, trop difficile à préciser. Mais par une mesure ponctuelle, ici en suivant un régiment d'infanterie choisi entre plusieurs centaines, de son point de départ jusqu'à son arrivée en Lorraine, puis de la Lorraine à la Marne. Nous avons retenu le 135e R.I., commandé par le colonel Georges de Bazelaire, un condisciple de Charles de Foucauld et du futur maréchal Pétain à Saint-Cyr en 1877-1878, qui appartient à la 2e Armée, commandée par Castelnau. C'est le régiment en garnison à la caserne Desjardins, à Angers, compris avec le 77e R.I. de Cholet dans la 36e brigade d'Infanterie, sous le commandement par intérim du colonel Eon, vu ici d'après le récit, au jour le jour, rédigé dans son *Journal des Marches et Opérations* (J.M.O.) à compter du 5 août, date du départ de la gare Saint-Laud, jusqu'au 16 septembre, quand il s'enterre déjà dans les tranchées, sur la Marne[77]. Son effectif au 5 août est exactement de 3 123 hommes – trois bataillons de chacun quatre compagnies, et une compagnie de tirailleurs. Ce document remplace tous les commentaires. Selon l'expression d'Andreï Makine, employée

---

76. Général de Gaulle, *op. cit.*, p. 484-485.

77. Source unique pour tout le paragraphe, 135e Régiment d'Infanterie. *Journal des Marches et Opérations pendant la campagne entreprise en 1914 du 5 août au 31 septembre 1914*, Vincennes, Service Historique de la Défense, 26 N 689/5. La référence n'est pas rappelée ci-dessous.

pour un J.M.O. de 1939, il laisse « *une impression troublante : tout est bien consigné, daté, localisé, et pourtant, la froideur distante de la narration donne à ces mouvements de troupe une apparence immatérielle, vaguement déshumanisée* »[78]. Effectivement, dans les instructions qui ouvrent le J.M.O., l'une stipule que « *dans la rédaction de l'historique on devra s'abstenir de commentaires ou d'appréciations sur l'origine et les causes de la campagne entreprise* ». Une autre instruction stipule que l'on « *s'attachera à indiquer très exactement les pertes éprouvées par le corps dans chaque affaire, en tués, blessés, prisonniers et disparus. Les officiers, sous-officiers y seront tous désignés nominativement* ». À quoi s'ajoute que le J.M.O. ne parle que du régiment, mais ne décrit rien de la guerre dans son ensemble.

Jusqu'au 22 août, son rédacteur n'enregistre que des marches, la construction de retranchements défensifs, pas encore de combat. Pour ce régiment, qui a dépassé Nancy, qui s'est approché de Metz, la guerre commence le 23 août, au matin, à Bièvres, en Lorraine, comme un épisode de la bataille de Morhange dont l'ensemble des combats n'est pas évoqué. Et tout de suite « *un véritable ouragan de fer et de mitraille commence à pleuvoir sur nos lignes, en particulier sur le point où se trouvait le 1er bataillon – et l'État-major du régiment. [...] Le commandant de Lavalette, en remettant de l'ordre dans une fraction désunie, est atteint à la jambe* ». Peu après, le colonel de Bazelaire est blessé à son tour, par un éclat d'obus. « *Les artilleurs allemands ont parfaitement réglé leur tir et, après avoir arrosé une zone de terrain, passent à la suivante* » ; le combat dure toute la matinée. Le soir, en ce premier jour où le régiment s'est trouvé au feu, et engagé dans un combat, l'instruction de la désignation précise des pertes et de la désignation nominative des officiers tombés n'est pas respectée, parce qu'elle n'est pas respectable : il y en a trop... Le lieutenant-colonel Graux, rédacteur, écrit seulement : « *Les débris du régiment, qui pendant 4 heures avait été sous le feu de l'artillerie, se rallièrent à Petit Fays ; ses pertes étaient cruelles : 17 officiers, près de 1 500 tués, blessés, ou disparus* ». C'est presque la moitié du régiment.

Le 24 août, le régiment, réduit à environ 1 800 hommes, est dirigé vers Mézières, puis commence, par une chaleur accablante, une retraite lente et difficile, la route étant dite dès le 25 août « encombrée de troupes » – c'est une indication plusieurs fois répétée jusqu'au 6 septembre. Le 26 août, il reçoit cinq cents réservistes en renfort. Le 30 août il se trouve engagé dans de violents combats de retardement au petit hameau de Faux, sur la route de Rethel. À nouveau, il se trouve pris sous un feu extrêmement violent ; « *l'infanterie adverse ne se montre point, l'artillerie ennemie fait pleuvoir une grêle d'obus de tous calibres, la chaleur est accablante et les hommes sont exténués. Il faut se replier* ». Il perd, ce jour, encore onze officiers et 1 100 hommes. Ils ne sont plus, grâce au renfort du 25, qu'un peu plus du millier d'hommes au régiment, pris dans la division qui poursuit sa retraite. Il est alors reconstitué avec deux mille hommes, toujours tirés des réservistes tirés du dépôt. Le 4 septembre, le régiment franchit la Marne : « *on craint d'être attaqué lors du passage de la Marne, et l'on marche cinq heures sans faire de halte horaire, par*

78. Andreï Makine, *Le pays du lieutenant Schreiber*, Paris, Grasset et Fasquelle, 2014, p. 53. À propos du J.M.O. du 4e Cuirassiers pour la campagne du 2 septembre 1939 au 25 juin 1940.

une grosse chaleur ». Le régiment est épuisé et cantonne à Vert-la Gravelle. Le 6 septembre, il est sous les armes à trois heures du matin, le combat s'engage vers cinq heures. Il « *devient bientôt extrêmement violent* », ses trois bataillons partent en retraite, « *dans un ordre parfait* ». Mais en arrivant à Barnes, « *le régiment est à peine rassemblé derrière le 77e, qu'une pluie d'obus de tous calibres s'abat sur la brigade* ». Désorganisé en quelques instants, il « *se rallie péniblement* », et « *se reforme à trois kilomètres au sud* ». Les pertes dans cette journée sont « *de 12 officiers et 654 hommes* ».

À partir du 7 et 8 septembre se succèdent ordres et contre-ordres, puis les positions se stabilisent, jusqu'au 15 septembre au soir : le régiment occupe le petit village de Prosnes, d'où les Allemands ne peuvent les déloger, les bataillons se relevant alternativement pendant la nuit sur les trois emplacements arrêtés dans leur plan de défense, « *savoir les lignes de tranchées garnissant les lisières Nord, Est et Ouest du village* [Prosnes] ». Le 20 septembre, un détachement de renfort d'un millier de réservistes, provenant du dépôt, arrive sur le front.

Depuis le début de sa campagne, en cinq semaines, le 135e R.I. a perdu près de 3 200 hommes – son effectif total au moment de son départ… Avec « les tranchées », « le front » : une autre guerre vient de commencer ce jour. Son J.M.O. donne, de ses six premières semaines de guerre la vision très ponctuelle d'un échec offensif, avec des pertes insoutenables. Mais sa retraite ne s'est jamais transformée en panique ou déroute. Est-ce courage et patriotisme, discipline et sacrifice ? Ils ont tenu. Et pour le régiment, la guerre continue.

Mai-juin 1940. « L'étrange défaite »

Tout est très différent en 1940. Une « débâcle » : c'est le mot retenu par l'histoire. 1940, « La plus grande défaite de l'Histoire de France », titre d'un périodique qui en rappelle l'histoire à l'occasion de son quatre-vingtième anniversaire[79]. Une défaite qui, comme le suggère Marc Bloch deux ans plus tard, peut sans doute être mesurée comme celle de Rossbach à l'aune d'une fuite généralisée devant le déferlement du vainqueur, mais à une échelle si disproportionnée qu'elle exclut toute autre similitude. Défaite, fuite, panique, déroute, débandade : ces termes appartiennent tous au langage militaire. Le mot « débâcle » est plus fort, il évoque non la seule débandade d'une troupe, mais une rupture de la nation, une dislocation du tout. Ici, les soldats et les civils, les officiers et les autorités de l'État, la population et les individus, forment ensemble un cortège, dans le mouvement : « l'exode ». Ce n'est pas l'armée qui est vaincue en mai-juin 1940, c'est la France.

Cette défaite, qui semble prendre, dans l'esprit de Marc Bloch en 1942, la suite des autres défaites qu'il évoque implicitement en renvoyant à celle qu'il désigne comme défaite-mère, celle de Rossbach, peut-elle vraiment être comprise avec les mêmes clefs d'analyse ? Le spectacle d'une armée royale, disparue à la frontière de la Thuringe et de la Saxe n'est pas le même que celui d'une nation dans le désordre de la peur et de la stupeur. Son récit, simple

79. *Figaro Histoire*, avril-mai 2020, n° 49.

« procès-verbal » selon sa propre expression, n'est que le constat terrifiant des faits[80]. La première partie, la plus longue de son petit ouvrage, « La déposition d'un vaincu », est « l'exact bilan » de ce qu'il lui a « été donné de faire, et par conséquence de voir » dans sa fonction d'officier de réserve, au bureau de l'essence de la 1re Armée. Marc Bloch l'écrit : c'est l'armée qui a perdu la guerre : une condamnation sans appel. Mais il ne s'en tient pas là, et fait de la débâcle une autopsie qui en explore les faiblesses morales, sociales et politiques – au fond, elles aussi accablantes. Une approche comparable à l'anatomie de la France du XVIIIe siècle que propose le Professeur Léonard pour aider à comprendre la déroute de Rossbach.

Les faits sont connus. Un bref rappel suffit à en dresser le décor, sans plus. En septembre 1938, la France, sous la pression de l'Angleterre, recule devant la guerre et signe les accords de Munich. En septembre 39, elle entre en guerre, tout nouveau recul paraissant impossible. Après la mobilisation commence une « drôle de guerre » selon l'expression de Roland Dorgelès dans *Gringoire* en octobre 1939[81] – comme si une guerre pouvait être drôle, un oxymore qui donne à réfléchir, et renvoie en quelque sorte à l'autre oxymore, « la guerre en dentelle »... Le coup de tonnerre du 10 mai 1940, la violence et la rapidité de l'offensive de l'armée allemande, là où on ne l'attendait pas, Sedan et les Ardennes d'une part, la Belgique et la Meuse d'autre part, puis c'est la ruée sur Paris, la Loire et la France, hors de combat en moins de six semaines. Le désastre militaire et le spectacle de l'exode plongent les contemporains dans l'incompréhension. « Une incroyable défaite », écrit Marc Bloch, qui demande dès la fin de juillet, à qui la faute ? « *Au régime parlementaire, à la troupe, aux Anglais, à la cinquième colonne, répondent nos généraux. À tout le monde, en somme, sauf à eux.* » Il leur renvoie la balle. « *Au retour de la campagne, il n'était guère dans mon entourage d'officier qui en doutât ; quoi que l'on pense des causes profondes du désastre, la cause directe, qui demandera elle-même à être expliquée, fut l'incapacité du commandement.* »

La défaite : une stratégie défensive, « guerre de vieillards ou de forts en thème »...

L'option française : la défensive

« *Une guerre de vieillards ou de forts en thème...* », écrit encore Bloch, qui désigne sous le mot « commandement », qui ne dénonce pas ici tel ou tel des membres de l'État-major, mais toute la chaîne du commandement de l'armée, dans ses rouages, ses procédures, sa formation, et son absence totale de vision de la guerre, du général vieilli au capitaine mal formé par l'enseignement qu'il a reçu. On a sans doute, plus exactement, de septembre 1939 à mai 1940, l'impression d'une contre-campagne de celle d'août 1914, comme si à « l'offensive à outrance » avait été substituée une « défensive sans outrance ».

Le commandement est confié à des généraux marqués par leur propre expérience de la guerre qu'ils ont faite en 1914, puis entre 1915 et 1918,

80. Marc Bloch, *L'Étrange défaite*, éd. en 1945 par Francs-Tireurs, éd. utilisée, Paris, Folio Histoire, 1990. La référence vaut pour tout le développement et n'est pas rappelée.

81. Voir Claude-Catherine Ragache, *Roland Dorgelès. Combattant, journaliste, écrivain*, Paris, Economica, 2015.

secondés par d'autres qui ont fait cette guerre comme chefs de bataillon ou colonels. Fatigués par l'usure de l'âge, psychologiquement bloqués par l'effroi de leurs souvenirs ? Il est vrai que, après les premiers échecs, lorsqu'on renvoie enfin Gamelin, qui atteint les 68 ans en 1940, c'est pour le remplacer par Weygand, âgé de 73 ans, ancien chef d'état-major de Foch, et l'on fait venir au Conseil le maréchal Pétain, âgé de 84 ans, déjà ministre de la Guerre quand il avait 78 ans. Et lorsqu'en septembre 1939, Paul Reynaud avait voulu nommer de Lattre au poste de gouverneur militaire de Paris, Weygand s'y oppose : âgé de 49 ans, il est trop jeune. Gamelin nomme alors le général Héring, 65 ans, mais théoricien d'une guerre de mouvement, qu'il avait mise en pratique aux manœuvres de 1934 et 1937 – Gamelin qui, en 1935, préfaçant un des livres que le général Mangin a consacrés à ses souvenirs de la Première Guerre, *Les Chasseurs de la bataille de France*, écrivait alors [en juillet 1918] : « *aux longues heures de veille dans les tranchées, à la déprimante guerre de position où tant d'héroïsme s'est dépensé depuis trois ans, succède enfin l'offensive en terrain libre* », voyant ce livre comme « *l'un de ceux qui peuvent le mieux inculquer aux jeunes officiers le sens de la manœuvre hardie* »[82]... On peut s'interroger.

En 1940, tous atteignent la soixantaine d'années – pour ceux que Bloch a côtoyés dans son poste au service de l'essence de la 1re Armée, les seuls qu'il nomme, Prioux âgé de 61 ans, Billotte de 65 ans, Blanchard de 63 ans. Les capitaines, chefs de bataillon ou colonels de l'armée de 1940 ont été formés par une École de Guerre ankylosée, qui remplace la réflexion stratégique par des recettes ou des règlements, et l'art de la guerre par leur application. Clausewitz a été évacué, comme un auteur du passé dont il faut se démarquer. Un traité de Benedetto Croce le classe, en 1935, parmi les philosophes[83]. Le général Lemoine, professeur à l'École de Guerre de 1919 à 1923, puis au Centre des Hautes Études Militaires, est à peu près le seul à en retenir encore les ouvrages. Lui quitte le service actif en 1934 sans être jamais arrivé aux postes de responsabilité.

De là, une stratégie exclusivement défensive, empreinte indélébile commune à tous ceux qui ont fait les tranchées : l'offensive selon Loyzeau de Grandmaison est révoquée... La pensée technique de l'État-major et la réaction instinctive de la sensibilité populaire vont suivre des voies parallèles, dont l'aboutissement est représenté par exemple par le livre de Jean de Pierrefeu, admirateur inconditionnel de Pétain, *Plutarque a menti* qui paraît en 1923[84]. L'idée en est que la défensive est supérieure à l'offensive, et qu'elle est moins coûteuse en hommes. C'est le sens de la loi du 13 juillet 1927 sur l'organisation générale de l'armée : « *L'organisation militaire du pays a pour objet essentiel la sauvegarde de l'intégrité du territoire national* ». La durée du service militaire a été abaissée le 31 mars 1928 à un an, ce qui entraîne une diminution des effectifs en temps de paix et interdit aux régiments, qui incorporent tous les six mois, de parvenir au stade

82. Général Mangin, *Les Chasseurs de la bataille de France (47e Division, juillet-novembre 1918)*, Paris, Payot, 1935, préface du général Gamelin.

83. Benedetto Croce, « Action, succès et jugement dans le *Vom Kriege* de Clausewitz », *Revue de métaphysique et de morale*, avril 1935, p. 247-258.

84. Jean de Pierrefeu, *Plutarque a menti*, Paris, Bernard Grasset, 1923, chapitre iv, p. 172-212.

opérationnel. Le 14 janvier 1930 le Parlement vote les crédits de la construction de la ligne Maginot, sorte d'enregistrement passif de l'évacuation définitive de la Rhénanie le 30 janvier suivant. En 1934, Pétain, nouveau ministre de la Guerre, décide de ne pas étendre l'énorme chantier au nord de Sedan et des Ardennes dont les défenses naturelles suffisent. La ligne Maginot, système de défense d'une nouvelle génération, sanctuarise le territoire. Ce que confirme en 1938, l'année de Munich, sous la signature du général Louis Chauvineau, du cadre de réserve depuis 1936, un petit ouvrage intitulé *Une invasion est-elle encore possible ?* Dans une préface de dix-sept pages, le maréchal Pétain, qui en a influencé le contenu, rappelle le principe que la puissance du feu liée à la fortification permet d'édifier des défenses infranchissables le long d'un front continu, et renvoie comme inutiles les chars et les avions : « *Quant aux chars qui devaient nous ramener aux guerres courtes, leur faillite est éclatante* » écrit-il, les réduisant à être des armes de riposte, qui « *n'oseront plus s'user dans des opérations offensives résultant de leur propre initiative* »[85]. Sûr de l'avenir, il voit le ciel vide d'avions de combat, car les forces aériennes n'ont aucune valeur offensive : au mieux, comme les chars, elles sont une arme de riposte… L'armée s'enterre dans la ligne Maginot. Les Plans E et F, de 1938 et 1939, confirment l'orientation vers une défense statique et attentiste.

De là, ces huit premiers mois de guerre attentiste, qu'on pourrait qualifier, plutôt que de « drôle de guerre », l'oxymore de Dorgelès, ou de « l'étrange défaite », avec Bloch, d'une « étrange entrée en guerre », selon la formule de Nicolas Beaupré dans sa récente histoire des deux *Grandes guerres*[86]…

L'option allemande : le plan de von Manstein

Ce n'est pas un déséquilibre des forces en faveur de l'Allemagne qui justifie la défaite française en mai 1940. S'il y a déséquilibre, il est en faveur de la France : en mai 1940, 104 divisions françaises, 151 avec les alliés (Belgique, Grande-Bretagne), contre 118 divisions de la Wehrmacht ; 10 700 pièces d'artillerie, 14 000 avec les alliés, contre un peu moins de 7 500 pour les Allemands ; plus de 3 200 chars, 4 200 avec les alliés, contre à peine 2 500 pour les Allemands ; un peu plus de 3 000 bombardiers et chasseurs français, 4 200 avec les alliés – mais à peine 1 500 opérationnels –, contre 3 500 pour les Allemands mais 2 500 opérationnels[87]. Ni les chars, ni les avions ne manquent à la France en 1939 et 1940, mais il a manqué une doctrine d'emploi. Raymond Aron en fait le constat rapide : « *Entre les deux guerres, les conceptions stratégiques* [que Pétain] *va défendre et imposer à l'Armée française sont encore strictement conformes à son expérience du début de l'autre conflit : il ne croit pas au rôle offensif des tanks ni aux divisions blindées* »[88].

85. Louis Chauvineau, *Une invasion est-elle encore possible ?*, Paris, Berger-Levrault, 1938. Voir le commentaire qu'en fait Marc Bloch, « À propos d'un livre trop peu connu », *Les Cahiers politiques*, n° 8, avril 1944, p. 22 *sq.*, dans *Une Étrange défaite*, *op. cit.*, p. 246-253.

86. Nicolas Beaupré, *Les Grandes guerres, 1914-1945*, Belin, 2012, p. 780.

87. *Ibid.*, tableau de la page 783, aussi simple qu'éclairant.

88. Raymond Aron, « Pétain : sa carrière, son procès », dans *Grands dossiers de l'histoire contemporaine*, Paris, Perrin, 1962-1964, p. 36.

C'est le choix stratégique allemand qui doit se révéler décisif. Nicolas Beaupré l'analyse en s'interrogeant non sur l'immobilité française, mais sur le temps d'attente des Allemands avant de lancer l'attaque de mai 1940. Ils sont inquiets, car ils ne disposent pas ici de la surprise soutenue de la supériorité numérique et matérielle qui leur a permis de triompher en trois semaines sur le front polonais. Alors que, dès septembre 1939, les Français ont organisé l'évacuation rapide de 375 000 Alsaciens et 220 000 Mosellans dans les régions qui bordent la ligne Maginot, les Allemands eux-mêmes ont évacué 100 000 habitants de la rive allemande du Rhin. Ils restent en attente, comme les Français, et ne se décident à attaquer que parce que l'attente, dans la longue durée, joue contre eux, surtout du point de vue des capacités de production industrielle. Et la brutalité de leur attaque est le seul moyen d'éviter une nouvelle guerre de tranchées.

C'est aussi parce que, enfin, ils ont un plan d'attaque. Trois plans successifs ont été élaborés entre septembre 1939 et janvier 1940, tous trois des reprises des grandes lignes du plan Schlieffen, qui prévoient le contournement de la ligne Maginot, les plans ne différant que par la route suivie – toujours par la Belgique. Tous rejetés, parce que les Allemands craignent des répétitions de l'été 1914. C'est en définitive un quatrième plan qui est retenu, avec le soutien du chancelier Hitler, le plan élaboré par Erich von Manstein, qui prévoit une offensive massive et rapide à travers les impénétrables Ardennes : là, il peut y avoir effet de surprise. Sa réussite peut alors être suivie par une ruée vers le Nord-Ouest, menée par des unités motorisées, ce qui permettrait à la fois d'encercler les troupes alliées massées au nord de la France et en Belgique, et de couper l'ensemble des forces alliées en plusieurs groupes séparés les uns des autres sans communications possibles. Adopté par le chef d'état-major général Franz von Halder, ce plan, très offensif, a un double atout majeur : sa rapidité de mise en œuvre et d'exécution, et sa doctrine d'emploi des forces blindées et des forces aériennes…

Marc Bloch le souligne en permanence dans son récit, en s'appuyant sur l'exemple qu'il a vécu, le recul de la 1re Armée devant les Allemands, de Liège à la mer, lui-même étant au début de mai en poste à Bohain, près de la frontière belge. Amené à subir de plein fouet le choc de l'offensive sur Liège dès son déclenchement le 10 mai, son PC recule à petits pas : Valenciennes, Douai, Lens, Estaires, Attiches, Steenwerk. Des sauts de puce, de vingt à trente-cinq kilomètres. En distance horaire, une demi-heure en véhicule motorisé. Prenant en compte la rapidité des Allemands, la seule chance de salut était dans l'organisation d'une ligne de défense assez loin en arrière, ce que la Marne avait été pour Joffre après les combats de Morhange et Charleroi. Au lieu de quoi, établir en arrière de Liège une ligne de défense entre la Dyle et la Meuse, à travers la Hesbaye entièrement dépourvue d'obstacles, tel est le choix de Gamelin. Imprudence fatale : les chefs militaires français pensaient encore que les fronts se stabiliseraient comme en 1914. La rapidité de mouvement des divisions allemandes aboutit à la désorganisation immédiate d'une armée française conçue uniquement pour la guerre de positions, mais qui a su combattre avec courage et parfois avec succès, par exemple au moment de la percée de la Wehrmacht dans l'offensive qui lui assure la victoire dans la région de Sedan, avec les blindés de Guderian. Elle est révélatrice de l'énorme erreur stratégique française, mais témoigne aussi de la ténacité du défenseur de Sedan, en dépit en ce lieu d'un déséquilibre écrasant en effectif de combattants comme en moyens matériels[89].

Lecture politique et sociale de la débâcle

Mais à la défaite militaire s'est superposée ce qu'il faut bien appeler une défaite nationale, cet exode qui donne à la défaite la dimension d'une débâcle. Nul n'y était préparé. L'évacuation des populations frontalières de l'Est en septembre 1939, même suivie d'un premier exode vers des départements d'accueil dans le Sud-Ouest, s'était correctement déroulée. La nouvelle SNCF avait pu les transporter dans l'ordre. Tout a changé après le 10 mai 1940. C'est d'abord une vague de Belges, de Luxembourgeois, de Néerlandais, effrayés par la guerre, mais aussi par les souvenirs des récits d'atrocités réelles ou fantasmées, qu'on conserve des territoires que les Allemands occupaient entre 1914 et 1918, et des ouvrages patriotiques qui donnaient de leur armée pendant le cours de la Première Guerre une image de brutalité très souvent caricaturale, ainsi les « Petits livres Roses » édités chez Larousse. Cette première vague entraîne sur son passage des dizaines de milliers de Français, qui se dirigent d'abord vers Paris, s'encombrent de bagages, parfois de bétail, forment des colonnes de voitures, vélos, piétons, parfois des landaus, et contribuent à rendre difficiles les déplacements militaires… Suit en juin une seconde vague beaucoup plus importante, qui se dirige maintenant vers la Loire. Deux millions de Parisiens, et maintenant les administrations, les musées, même les prisons. Des attaques soudaines de la Luftwaffe, qui tire sur ces colonnes errantes le long des routes, augmente le désordre, transforme la peur en affolement ; c'est sans doute la première attaque aérienne contre une population civile de l'histoire, la plupart des fuyards n'ont jamais vu d'avions, plus encore que leurs tirs, le vrombissement des appareils, leur sifflement énorme et très aigu, cause une vraie terreur et provoque la panique dans les colonnes de populations errantes… C'est une fuite incontrôlée, qui submerge enfin le sud. On peut décrire sans fin le détail tragique de cette décomposition de la France où tout s'effondre en quelques jours[90]. Le dénombrement des morts, des enfants perdus, des familles dispersées, les violences : c'est le décor d'un drame qui engloutit en un moment à la fois la République, née en 1870 d'un autre drame dont la violence n'a jamais pris cette forme, et « *l'une des sociétés démocratiques les mieux organisées du monde* », selon l'expression d'Éric Alary, qui souligne avec justesse combien il est erroné de culpabiliser des fugitifs qui seraient victimes de la déliquescence de la République – le message de la dictature pétainiste qui laisse entendre que l'exode a causé la défaite militaire. Il n'a fait que s'y ajouter. Elle était « *déjà bien avancée quand le gros de l'exode est passé sur les routes du nord et de l'est de la France* »[91].

---

89. Voir Général Yves Lafontaine, *La Bataille de Sedan, 10-14 mai 1940*, Paris, Éditions de Fallois, 2020.

90. Voir le récit romancé de Pierre Lemaître, *Miroir de nos peines*, Paris, Albin Michel, 2020.

91. Éric Alary, *L'Exode, un drame oublié*, Paris, Perrin, 2010. Voir également, Éric Alary, *Comme en 40, catalogue de l'exposition du Musée de l'Armée*, Paris, Gallimard / Musée de l'Armée, « L'Exode de mai-juin 1940 », p. 74-81, citation, p. 60.

Marc Bloch s'interroge dans un chapitre intitulé « Examen de conscience d'un Français », engagé par l'observation que « *les états-majors ont travaillé avec les instruments que le pays leur avait fournis. Ils ont vécu dans une ambiance psychologique qu'ils n'avaient pas entièrement créée* ». Une psychologie de la défaite illustrée, par exemple, par l'empressement des autorités civiles à déclarer ouvertes les villes à l'approche de l'adversaire, au lieu de prendre les armes pour leur défense. C'est ce qui s'est passé à Paris, le 14 juin, au soulagement des habitants qui voyaient poindre la menace d'un siège rappelant celui de 1870, encore proche dans les mémoires. Était-il vraiment envisageable d'ajouter à l'exode en cours les combats d'une seconde ligne de défense sur la Loire ? Les autorités civiles elles-mêmes s'y refusent. À Saumur, on voit le maire, Robert Amy, supplier le colonel Michon, qui commande alors l'École de Cavalerie, d'ouvrir la ville aux Allemands au lieu de combattre, au nom de son honneur, alors qu'Angers, qui a subi le 17 juin un bombardement sévère, puis Nantes, laissent les ponts libres au passage des troupes allemandes. Marqués par les souvenirs des destructions et des hécatombes de la Première Guerre, beaucoup d'administrateurs civils ont choisi cette fausse conception de l'intérêt public, entre défaitisme et lâcheté. Une faiblesse collective qui se double de faiblesses individuelles. Des fonctionnaires ont fui, sans ordre, courant se mettre à l'abri, en sûreté, essayant de protéger leurs biens. Mobilisés, ils auraient accompli leur devoir, « *la nation armée ne connaît que des postes de combat* », écrit Marc Bloch.

Mais il y avait en amont une démobilisation des esprits, sorte de vacance du patriotisme de la part de dirigeants, chefs d'entreprises, parlementaires, syndicalistes, bourgeois et ouvriers, qui ne sont plus portés par le sens des intérêts nationaux. Une démobilisation à la fois morale et politique, relativement étouffée dans l'ambiance de la victoire en 1919, ou de l'occupation de la Ruhr en 1923, mais qui devient plus sensible après 1929. Le 6 février 1934, une manifestation dégénérant fortuitement en émeute, semble rouvrir le cycle de la violence dans la vie politique française. De là un sursaut d'antifascisme et l'alliance entre les trois partis qui se réclament de la gauche, et se sont naguère tant combattus : radicaux, socialistes, communistes. À gauche comme à droite, les extrémistes l'emportent, ce qui induit des divisions. La gauche pacifiste s'oppose à ceux qui prônent avant tout la nécessité de résister au péril fasciste. À droite, division entre ceux qui gardent leur méfiance traditionnelle à l'égard de l'Allemagne et ceux qui redoutent de voir la France s'éloigner d'une politique défensive, seule planche possible de salut. Une sorte de démobilisation anticipée, aussi. Les grèves, les congés payés sont autant de travail en moins dans les usines d'armement : la CGT s'en tient à la théorie des crises de surproduction ; dans l'espoir de répartir plus équitablement la « quantité de travail » qui subsiste, elle obtient la semaine de 40 heures, au lieu de 48. Mais le chômage ne diminue pas, et les hausses de salaire sont annulées par les hausses des prix. Dans l'immédiat, tout cela crée du désarroi, et le désarroi est démobilisateur. Les Français de 1939 ne sont pas prêts à « mourir pour Danzig ». Bloch, envoyé à Rennes après l'évacuation de Dunkerque, rapporte avoir vu dans l'Ouest des gares fermer leurs consignes « *de peur d'infliger aux employés quelques heures de travail supplémentaire* », pendant que tant de fuyards sont sur les routes traînant à bout de bras d'improbables fardeaux… Une France désemparée, imprégnée du discours de renoncement, prête à entendre les sirènes du pétainisme naissant que dénonce déjà Marc Bloch en s'interrogeant sur l'état de la démocratie…

La République, son modèle démocratique, ses valeurs qui associent la liberté et la patrie, semblent avoir été abandonnés, ce qui entraîne la défaite. Est-ce à dire que l'autre option, celle d'une nation unie à son armée dans une position offensive aurait suffi à l'empêcher ? Rien n'est moins sûr. Au reste, accuser des coupables, l'armée ou les civils, les responsables politiques ou la population, est aussi facile que peu convaincant. Il faut peut-être recentrer le regard sur la cause profonde de ce refus général du combat et donc de cette fuite massive et éperdue finissant par mêler civils et militaires devant un adversaire étonné, en faisant appel à des éléments décisifs qui manquent à l'analyse de Bloch, le premier au moins est à peine suggéré.

Lecture morale et physique. Le choc sur la conscience européenne, et la loi du nombre

C'est d'abord une autre lecture du choc de la Première Guerre mondiale, qui n'est pas seulement le traumatisme des tranchées sur ceux qui les ont connues, généraux ou simples troupiers, qui ne se réduit pas aux souvenirs obsédants des offensives d'Artois, à Verdun, à la Somme ou la Champagne. C'est, plus largement, le choc sur les consciences laissé par la guerre qui n'est plus exactement l'examen de conscience de Marc Bloch, en citoyen et patriote, mais un choc sur la conscience universelle marquée de manière irréversible par quatre années d'une guerre intériorisée comme un recul d'humanité… Un choc qui laisse la France, l'Allemagne, l'Italie, l'Europe centrale en état de stupeur. L'attentisme militaire, le défaitisme civil, ces expressions dénonciatrices ne conviennent pas pour qualifier, après une guerre épouvantable, l'intime et puissante conviction que la paix vaut mieux que la guerre…

L'appel à la paix, leçon universelle des grandes guerres

C'est à ce point de vue sans doute que l'on peut revenir à l'analyse d'Émile Guillaume Léonard, et retourner au point de départ qui justifie l'inscription de Rossbach dans un temps long. Au milieu du XVIIIe siècle, l'Europe est encore dans l'état de choc où l'a laissée la guerre de Trente Ans, parce que d'un tel choc on ne se relève pas. Les Traités de Westphalie de 1648, réaccordés à Utrecht en fonction de la situation de l'Europe en 1713, sinon encore en 1720 les Traités de Nystad qui achèvent le cycle des guerres de XVIIe siècle, ont pour intention commune de remplacer la guerre par la paix dans l'horizon des relations internationales. C'est le moment où le projet de paix universel de l'abbé de Saint-Pierre lance un débat repris par Rousseau d'abord, par Kant ensuite, dans le fil duquel s'inscrit parfaitement l'option pacifiste de Louis XV renonçant à ses conquêtes en 1748, et mettant fin à un conflit de plus de deux siècles en procédant au renversement des alliances. Hélas, le premier effet à court terme de cette politique a été l'éveil de la Prusse et son entrée brutale dans les nouveaux équilibres des puissances, dont Rossbach reste le point de départ.

Le choc de la Grande Guerre sur la conscience européenne relève de la même analyse, avec sans doute encore plus de force, parce que cette guerre a été mondiale, et que l'Europe du XIXe siècle a déjà connu le développement de mouvements pacifistes, à l'initiative de Noah Worcester héritier de William Penn, et auxquels restent attachés les noms du comte de Saint-Simon, Hugo ou Frédéric Passy[92]. Les signataires des traités créent une Société des Nations qui mérite qu'on lui reconnaisse beaucoup plus de grandeur que le scepticisme qui en accompagne trop généralement l'évocation. Ce n'est pas un hasard si ses bureaux à Genève sont décorés des portraits de Sully et William Penn, dont les projets au XVIIe siècle annonçaient le siècle suivant, et de l'abbé de Saint-Pierre et Kant, promoteurs de la paix perpétuelle au XVIIIe siècle. La Société des Nations est la première tentative mondiale pour faire sortir de l'utopie le débat sur la paix, ce que n'a réussi ni Gottlob von Justi lorsqu'il en propose une autre version après Rossbach, ni Voltaire qui dénonce avec éclat la guerre en général – ce qui n'est pas construire la paix.

Le pacifisme en France s'est développé après 1919 en prenant comme point de départ non pas l'esprit souvent « pacifique » des années d'avant 1914, qui reste très patriotique, mais celui d'un « pacifisme » né dans les années d'immédiate après-guerre, lorsqu'on fait enfin le bilan de la guerre, ces millions de morts, ces survivants traumatisés, ces familles détruites, ces classes d'âge fauchées, ce pays dont les forces vives ont disparu. Immédiatement encadré par la Société des Nations, le pacifisme n'émerge vraiment que lorsque la France évacue enfin la Ruhr, triomphe en 1926 avec le prix Nobel de la paix que se partagent le Français Aristide Briand et l'Allemand Gustav Stresemann, et à nouveau un couple franco-allemand en 1927, Ferdinand Buisson et Ludwig Quidde, pour leur contribution à la réconciliation franco-allemande. Mais en 1928, il n'est pas décerné, et la crise de 1929 le transforme en profondeur, l'Allemagne et la France suivant alors des voies résolument divergentes. Le pacifisme français désarme les esprits et les âmes, pendant qu'en Allemagne, disloqué par l'effet économique et social de la crise de 1929, et par la disparition de ses grandes figures – Gustav Stresemann est mort en 1929, Aristide Briand en 1932 – qui abat la République de Weimar et porte Hitler au pouvoir en 1933, il se trouve submergé par une idéologie nouvelle de revanche contre une paix construite par les vainqueurs non sur la réconciliation, mais sur la culpabilisation du vaincu. À la France du refus de la guerre s'oppose au tournant des années 1930 l'Allemagne du refus de la paix. Moins de dix ans plus tard, la France n'est plus capable de faire la guerre, et l'Allemagne n'est plus capable de faire la paix. Après avoir balayé la Pologne, puis imposé à la France un armistice écrasant, elle étend la guerre à toute l'Europe, et au monde entier[93].

Le pacifisme n'était-il qu'une spéculation morale aventureuse ? Avec la crise mondiale qui éclate en 1929, la prospérité allemande se trouve ébranlée, le chômage augmente, le spectre surgit d'une inflation qui rappelle celle des années de la Ruhr : tout explique le succès électoral de Hitler dont les méthodes de propagande et d'intimidation sont soutenues par une idéologie

92. J.-P. Bois, *Histoire de la Paix, 1435-1878*, Paris, Perrin, 2012, fait le point sur le pacifisme ; *Id.*, *L'abbé de Saint-Pierre, entre classicisme et Lumières*, Paris, Champvallon, 2027.

93. La réflexion sur l'armistice n'est pas close. Voir Jacques Poyer et Philippe Ricalens (dir.), *L'Armistice de juin 1940. Faute ou nécessité ?*, Paris, Economica, 2011.

qui pousse à l'extrême nombre de thèmes déjà répandus en Allemagne, indépendamment d'une adhésion à l'idéologie nazie qui est loin d'être évidente. Qui a lu *Mein Kampf* ? Mais les nationalistes ont déclenché dès 1929 des campagnes d'agitation. Le régime leur donne satisfaction lorsque, tournant les clauses militaires du Traité de Versailles, il accorde à la Direction de l'Armée (*Heeresleitung*), sous le commandement de von Seeckt, un budget considérable qui lui permet de préparer clandestinement le réarmement, avec le concours de la grande industrie. Une évolution des esprits dont le bilan s'impose en 1939, et qu'il faut bien replacer sur la scène internationale. La France républicaine, enfermée dans une position militaire défensive qui la porte politiquement à la passivité, est alors la dernière des grandes démocraties, et elle est seule, entourée de ces dictatures qui se sont élevées sur les premières ruines de l'Europe détruite une première fois par la guerre, une seconde fois par la crise de 1929. À l'est, l'Allemagne de Hitler, depuis 1933, remilitarisée et déjà expansionniste. Au sud-est, l'Italie de Mussolini, dont le régime bénéficie d'une réputation d'efficacité singulièrement surfaite, et qui se rangeait encore parmi ses alliés jusqu'en 1934, mais tournée vers l'alliance allemande depuis 1936. Au sud des Pyrénées, l'Espagne, désormais dans les mains de Franco après la guerre civile de 1936-1939. L'Europe des dictatures est elle-même encerclée plus à l'est par une série d'États autoritaires – Pologne, Roumanie, Hongrie, Yougoslavie, Bulgarie… Au-delà, seule aurait pu conclure alliance avec la France la Russie de 1914, devenue URSS après sa révolution de 1917, et sa guerre civile jusqu'en 1922. Elle est aux mains de Staline, qui compte bien des soutiens dans la gauche française. Une alliance franco-soviétique a été ébauchée en 1935, qui se heurte à bien des arrière-pensées. On doute de la valeur militaire de l'Armée rouge, et l'on se méfie avec raison des intentions véritables de Staline. Le Pacte germano-soviétique signé par von Ribbentrop et Molotov le 23 août 1939, une semaine avant le début de la guerre, laisse les mains libres aux deux dictateurs pour étendre leur territoire et leur puissance – pendant que Thorez déserte et se réfugie à Moscou pour la durée de la guerre. La France républicaine et démocratique n'a plus d'alliés sur le continent. Et à l'ouest, elle a la Manche et l'Atlantique, et l'Angleterre, qui reste une île.

Après l'utopie, le retour aux faits réels : la loi du nombre

Au-delà d'un pacifisme stérilisant, sorte de spéculation morale aventureuse, au-delà d'équilibres internationaux incertains et fragiles, il y a une autre raison à la défaite de la France, que passe sous silence Marc Bloch, et qui pourtant efface ou implique toutes les autres : l'implacable loi du nombre, la seule vraie loi de l'histoire. La démographie allemande et la démographie française, entre les deux guerres, présentent un bilan si contrasté que, à la veille de la guerre, l'Allemagne compte quasiment deux fois plus d'habitants que la France[94]. Ce qui induit un potentiel industriel infiniment plus puissant, ne serait-ce que par le nombre des ouvriers, dont la semaine est à 53 heures, et surtout une population beaucoup plus jeune, alors que la France est vieillie…

94. Voir, suggestif, Michel Hubert, *L'Allemagne en mutation. Histoire de la population allemande depuis 1815*, Paris, Presses de Sciences Po, 1995.

La guerre se joue contre l'Allemagne, dont le cycle de transition démographique entre natalité haute et natalité basse s'est, en gros, étendu entre 1900 et 1934, avec une natalité qui commence seulement à se ralentir malgré les encouragements du IIIe Reich, dont la propagande diffuse le mythe d'une relance réussie de la natalité allemande. Mais qu'importe : le résultat est que l'Allemagne de 1939 a une population de près de 80 millions d'habitants, dont près de 70 pour le territoire du Reich, qui vient de s'augmenter de 6,5 millions d'Autrichiens et 3,5 millions de Sudètes. À la même date, la France qui n'a augmenté sa population depuis 1918 que par son vieillissement, avec des usines qui ne travaillent pas assez, et ne peuvent en tout état de cause fabriquer que ce que commandait l'État-major, qui ne correspondait pas toujours aux besoins d'une guerre de mouvement, se trouve toujours à quarante millions d'habitants juste dépassés. Et les Allemands sont jeunes. Ceux qui sont nés entre 1910 et 1920 appartiennent à des classes nombreuses. Le résultat brutal, concret, exactement physique de l'évolution contrastée des taux démographiques dans les deux pays doit être énoncé sous une forme qui désigne d'avance le vaincu : sous la prudence timide d'un commandement vieilli, la France combat à un contre deux, et se trouve submergée par une armée d'une jeunesse bouillonnante… À tous égards, souligne Michel Nassiet, « *le rapport de forces était bien pire qu'en 1914* »[95]. Qu'on y ajoute l'aveuglement de Pétain, qui lui a fait négliger la défense des Ardennes : c'est là le point faible que von Manstein a désigné comme cible privilégiée de l'attaque allemande. La défaite est inscrite dans les faits, et engloutit la dernière grande démocratie européenne continentale. C'est là, en 1940, le trouble réel de Marc Bloch, le grand universitaire juif, ancien combattant de 1914-1918, qui en 1942 voit cette démocratie transformée dans cet État pétainiste. En 1943, il prend les armes dans la Résistance, en 1944, il est fusillé…

Des circonstances qui donnent une tout autre dimension à la défaite de 1940 que celle que pouvait prendre la défaite de Rossbach. Le rapprochement que suggère Marc Bloch dans son petit texte de 1942, qui fustige la déroute d'une armée et l'incapacité de son général, ne donne pas de grille de lecture qui permette de voir en l'une et l'autre des deux défaites un autre rapprochement que d'avoir été l'une la première et l'autre la dernière victoire de l'ennemi héréditaire prussien puis allemand contre la France. Peut-on ajouter que, comme ce fut le cas après Waterloo en ce qui concerne les relations entre France et Angleterre, la victoire finale remportée par les Alliés sur l'Allemagne en 1945 a aussi été une victoire décisive au moins en ce qu'elle achève le cycle des guerres de la France avec son troisième ennemi héréditaire, devenu avec elle l'un des piliers de l'Europe de la paix ?

95. Michel Nassiet, « 1940 : Les causes fondamentales de la défaite », publié par *L'Histoire* sur son site Internet, 2020.

Conclusion

Toutes les nations vivent avec des mythes, et souvent le mythe national naît de la guerre et, dans la guerre, d'une bataille perçue comme un moment décisif, où se joue, plus que le déroulement de la guerre en cours, l'avenir d'une nation, même s'il ne s'agit pas toujours d'une victoire[1]. Encore que la défaite de l'un soit toujours une victoire de l'autre, et que les deux nations, celle du vaincu comme celle du vainqueur, se mélangent dans les lectures de la bataille, qui, perdue ou gagnée, les concerne directement l'une et l'autre. À cet égard, deux raisons au moins justifient que l'on donne à la bataille de Rossbach, 5 novembre 1757, une place majeure dans l'histoire de la guerre, et dans l'histoire de l'Europe, même si, réduite à une fuite ou à une charge de cavalerie, selon que l'on soit Français ou Prussien, à environ huit cents morts d'un côté, un peu moins de trois cents de l'autre, et n'impliquant aucune perte ou conquête de territoire, elle peut sembler digne de rester simplement « l'affaire du cinq ».

Le feu, le choc, la manœuvre

La première raison est qu'elle marque exactement le moment d'une rupture majeure dans l'art de la guerre, entre la guerre moderne des armées de Louis XIV et la guerre post-révolutionnaire des armées impériales[2]. La première moitié du XVIIIe siècle a été celle d'une profonde réflexion des théoriciens, qui avaient compris le blocage tactique qui découlait du passage, opéré dans les deux siècles précédents, celui de la « révolution militaire » du passage de la guerre de la chevalerie médiévale assistée d'une piétaille, à la guerre moderne caractérisée par la priorité donnée au feu et à l'infanterie. La cavalerie avait été en règle générale reportée aux ailes des ordonnances

1. C'est exactement le sens du remarquable ouvrage collectif, Isabelle Davion et Béatrice Heuser (dir.), *Batailles. Une histoire des grands mythes nationaux*, Paris, Belin, 2020. Malheureusement, la bataille de Rossbach, qui aurait sa place dans les grands mythes de l'histoire allemande, n'a pas été retenue par les auteurs.

2. Une synthèse : *Choc, feu, manœuvre et incertitude dans la guerre*, Actes du Symposium de Pully, 2010, Pully, Centre d'Histoire et de Prospective militaires, 2012 : voir J.-P. Bois, « Malplaquet, Fontenoy, Rossbach : les batailles mères du choc et de la manœuvre au XVIIIe siècle », p. 61-76.

de combat, l'infanterie avait vu ses gros carrés réduits en profondeur, allongés en largeur, jusqu'à devenir des lignes minces, sinon très minces, trois hommes seulement dans la célèbre gravure de Gravelot. À Malplaquet, le 11 septembre 1709, le front de la ligne s'étend sur près de deux lieues. Ce qui la condamne à l'immobilisme, car il n'est même plus possible au chef d'armée de transmettre des commandements ou d'avoir une vue complète du champ de bataille. Et à devenir, selon le mot de l'époque, une « tirerie » inutile et meurtrière, qui ne désigne ni vainqueur ni vaincu. Le feu doit être remis en question.

Ce constat et la recherche d'une résolution de ce blocage font l'objet essentiel du débat des théoriciens de la guerre, dont on retiendra ici le dialogue entre le chevalier de Folard, qui prône le retour au choc, par la colonne, et Maurice de Saxe, qui réfléchit sur une autre disposition des bataillons et des escadrons afin qu'ils puissent se soutenir les uns les autres en bataille. La bataille de Fontenoy, le 11 mai 1745, a consacré l'échec du modèle prôné par Folard – ici aux dépens de la formation prise par les troupes de Cumberland – au profit d'un dispositif en profondeur qui a permis à Maurice de Saxe d'écraser la colonne anglaise, par l'utilisation de l'artillerie, et la charge de flanc de sa cavalerie emmenée par Richelieu. Richelieu et Cumberland : aucun des deux n'a oublié leur rencontre de Fontenoy, lorsqu'ils se retrouvent face à face à Closter-Seven. Maurice de Saxe mort en 1750 n'a pas eu le temps de tirer exactement les conséquences de la réflexion qu'il conduit, tout simplement qualifiée de « Rêveries » puisque c'est le titre qu'il a conservé au seul écrit qu'il laisse, non publié de son vivant.

Il était réservé à Frédéric II de franchir le pas, à Rossbach. Sans théorisation préalable, mais sans la moindre improvisation pourtant si l'on en croit la conception et la répétition des exercices qui ont pu donner à son infanterie et à sa cavalerie l'unité de mouvement et la cohésion des escadrons de Seydlitz et des bataillons du prince Henri, il substitue la manœuvre au feu de la ligne ou au choc de la colonne. C'est l'invention d'un nouvel art de la bataille, dont la clé est dans le coup d'œil, qui permet de voir presque en géographe toutes les possibilités du terrain, et dans la rapidité d'exécution qui tient à l'impeccable discipline des troupes très entraînées. La manœuvre, reprise de manière plus pensée, et surtout à une autre échelle, à Leuthen devient cet ordre oblique qui fait débat dans toute la seconde moitié du siècle.

Et dont le développement a des implications sur l'organisation des armées. C'est pour faciliter la manœuvre que les armées du XVIIIe siècle, sommes de régiments répartis en brigades, mais placées sous l'autorité d'un seul chef, en France le plus souvent un maréchal, à Rossbach pour l'armée française mise au service des intérêts de Marie-Thérèse un lieutenant-général, Soubise, lui-même subordonné au prince de Saxe-Hildburghausen, qu'apparaissent des divisions, plus mobiles, plus autonomes, et combinant infanterie et cavalerie, avec une artillerie plus légère en soutien. Après Maurice de Saxe, le maréchal de Belle-Isle a commencé à introduire dans l'armée française une ébauche du principe divisionnaire après Rossabch. Au fil des réformes des trente années suivantes, les divisions sont devenues la base de l'articulation des armées de la Révolution. Plusieurs batailles révèlent son insuffisance : indépendantes les unes des autres, elles n'accordent pas nécessairement leurs mouvements en bataille. À Neerwinden, le 18 mars 1793, Dumouriez a bien remporté la bataille de la division qu'il conduit, mais Miranda, divisionnaire dans l'armée de Dumouriez, a mené sa propre bataille et l'a perdue, ce qui entraîne en fin de compte la défaite de l'ensemble de l'armée de Dumouriez. Il manquait un échelon entre la division et le général en chef : c'est le corps d'armée, créé en 1803 par le consul Bonaparte, bientôt la clef tactique des grandes campagnes victorieuses, en autorisant les grandes combinaisons stratégiques dès 1805, plus encore en 1806, le triomphe de la manœuvre. Avec quatre divisions principales et deux divisions de soutien chargées du lien entre les quatre autres formant un corps d'armée, les Armées ont autant d'espace stratégique que chacun de leurs corps a d'options tactiques : c'est le schéma de la bataille de Iéna, pour l'Empereur la vengeance de la France – la nation française – sur la Prusse – la nation prussienne –, mais surtout la revanche militaire de ses Armées sur la défaite subie presque cinquante ans auparavant. Et pour l'historien, la transcendance des leçons de Rossbach.

La naissance de l'Allemagne, l'ennemie devenue héréditaire

Le temps des guerres franco-allemandes

L'autre raison qui inscrit Rossbach dans la liste des grandes batailles de l'histoire n'est pas son effet en France. Si Soubise y a perdu la réputation qu'une victoire lui aurait apportée, ce n'est pas ce jour que la guerre de Sept Ans a été perdue, mais beaucoup plus dans les batailles qui se succèdent de 1759 à 1761 – et sur mer ou au Canada : ne jamais oublier l'Anglais. En revanche, cette bataille – avec son écho un mois plus tard à Leuthen – est celle qui fait de Frédéric II, vainqueur-surprise autant que vainqueur par surprise, celui que la Prusse appelle désormais le Grand – *der Große*. Alexandre, au IVe siècle avant J.-C., est le premier de la lignée des « Grands » de l'histoire, illustrée encore au XVIIe siècle par le soleil du Grand Roi – ou les victoires du Grand Condé. Mais si Frédéric devient *Grand* après Rossbach, ce n'est pas que par les armes. C'est aussi par le nouveau rang que la Prusse prend en Allemagne qui, jusqu'à ce moment précis, reste une vaste région sans unité d'un Saint-Empire morcelé à l'excès, dominé par la puissance et l'influence de l'Autriche, divisé entre réformés et catholiques, entre Bavarois, Hessois, Saxons, Prussiens... Voici qu'après Rossbach, ils découvrent qu'ils sont allemands, et deviennent les Allemands.

Il faut plus d'un siècle pour que cette mutation soit consacrée. Il n'est pas évident pour une Bavière très catholique, de culture baroque, de prétention impériale après Charles VI, d'accepter une unification allemande sous la domination d'une Prusse luthérienne, de culture beaucoup moins raffinée, plus brutale, plus technique et pratique. Plus que le désastre prussien de la campagne de 1806, il a fallu la bataille de trop livrée par l'empereur, à Leipzig, presque le même lieu que Rossbach, presque le même lieu que Lützen, qui emporte dans son mouvement victorieux la majorité des petites principautés anciennes ou des monarchies nouvelles créées en Allemagne d'abord unies dans leur rejet de la domination française et celle des dynasties de Napoléonides... Mais il faut aussi la nouvelle puissance économique de l'Union douanière puis l'affirmation de la puissance militaire de la Prusse dont le discours national, même lorsqu'il remonte jusqu'aux traditions médiévales, s'enracine vraiment dans les victoires de la guerre de Sept Ans et le règne de Frédéric II. Bismarck, qui construit l'État allemand par la guerre contre le Danemark puis contre l'Autriche, a fort bien compris que la guerre contre la France en serait l'achèvement. Parce que la France, alliée de l'Autriche après 1756, envahisseuse et dominatrice de toute l'Allemagne entre 1792 et 1815, fait figure par excellence de l'ennemie qui empêche l'Allemagne d'être reconnue au rang des grandes puissances. L'Allemagne et la France, dans une concurrence et une fascination réciproque belliqueuse, deviennent ces ennemies héréditaires que trois affrontements successifs dressent l'une contre l'autre : une guerre franco-allemande en 1870-1871, une guerre que les systèmes d'alliance transforment en guerre aux dimensions de l'Europe en 1914, à une époque où l'Europe s'étend déjà aux dimensions du monde, une guerre vraiment mondiale en 1940 puisqu'entre 1940 et 1945, il n'est quasiment plus un pays qui échappe à la présence ou à l'effort de guerre. Toutes commencent par des combats entre France et Allemagne, qui sont une répétition, à une autre échelle, de la défaite de Rossbach. Deux armées prisonnières à Sedan et Metz en 1870, presque sans combat. Des pertes terrifiantes dans le premier mois de guerre en août-septembre 1914, achevé sur un champ de bataille si vaste qu'il devient une sorte de nouvelle ligne mince, celle des tranchées, assez vite étendue de Belfort à Ypres, dernier lieu de combat d'armées en stupeur, mais incapables de décision. La « tirerie » de Malpaquet est devenue en 1916 l'artillerie de Verdun. Une panique nationale dans la France de juin 1940, et la France entièrement occupée par les armées allemandes après 1942, un événement sans précédent – et sans achever une guerre, que l'Allemagne a perdue en 1945, réduite à l'état d'un champ de décombres, avant d'être dévastée par le choc moral en retour de l'inhumanité de cette guerre…

Le temps de la paix, et l'amitié franco-allemande

Mondiale aussi à l'échelle du XVIIIe siècle, la guerre de Sept Ans avait été suivie d'une sorte de nouveau partage de l'Europe. Sur le plan mondial, la mer était restée à l'Angleterre, la France et l'Espagne dans la position secondaire de puissances d'appoint. Sur terre, dans l'espace européen, l'Angleterre, la France et l'Autriche doivent maintenant partager avec la Prusse et plus loin la Russie. La guerre reste l'un des visages des relations internationales. Après 1815, l'Angleterre, l'Autriche, la Russie, et la Prusse règlent le statut de l'Europe, l'Espagne renvoyée à ses problèmes américains, la France maintenue sur un strapontin grâce à la ténacité de Talleyrand, et capable de reconquérir une place que lui vaut son choix d'expansion coloniale. Malgré le discours sur la paix qui commence à se faire entendre, la menace de la guerre reste toujours présente, et sinon la continuation de la diplomatie selon la formule à laquelle on réduit trop facilement Clausewitz, elle est au moins le moyen des grandes puissances de se maintenir à leur rang. Ainsi que de régler leurs propres concurrences. Après 1918, les puissances, avec maintenant les États-Unis comme acteur dominant du maintien des nouveaux équilibres mondiaux, cherchent pour la première fois à mettre en place des organisations permanentes dont le champ d'action doit être le maintien de la paix dans le monde. La SDN, dont le siège se trouve en Suisse, le seul pays d'Europe qui depuis le début de l'époque moderne ait su rester en paix – à l'exception d'un épisode de guerre napoléonienne –, échoue dans sa mission, trop nouvelle, trop inhabituelle, trop difficile à penser de manière globale. Après 1945, avec le double trouble de la conscience mondiale devant les dimensions prises par les génocides imputables aux vaincus, et la mise au point par les vainqueurs de l'arme nucléaire, « épouvantable » selon le mot du général de Gaulle, l'ONU se donne une seconde fois la charge ambitieuse de la paix dans le monde.

À l'échelle de l'Europe, la paix en Europe est l'une des missions assignées à l'Union européenne. En dehors de tout débat partisan, en acceptant de limiter l'horizon à celui de l'ancienne Europe des rois, celle du XVIIIe siècle, après trois quarts de siècle, ne peut-on pas considérer que la mission est réussie ? Et si l'on se recentre sur les rapports entre la France et l'Allemagne, ne faut-il pas saluer la naissance de ce qu'on appelle volontiers « le couple franco-allemand » ? S'il est toujours possible de trouver des motifs de désaccords, des points de concurrences, des intérêts antagonistes, n'est-il pas possible de saluer la paix franco-allemande comme l'une des très grandes réussites de cette Europe ? La France et l'Allemagne ne sont plus des ennemies, et célèbrent volontiers maintenant « l'amitié franco-allemande ».

Rossbach en Allemagne et en France au XXIe siècle

Que faire de la mémoire de Rossbach quand tous les horizons sont à la paix ?

Entre Saxe et Thuringe, le lieu lui-même a aujourd'hui disparu du paysage. La zone occupée par le petit village avait commencé à être exploitée pour le lignite à partir de 1865, activité qui a duré près de cent trente ans, s'est accompagnée d'un énorme afflux de population ouvrière mobilisée pour les opérations minières. Le village de Rossbach a été détruit à partir de 1963, pour étendre les mines. Les mines de lignite ont été fermées en 1990, un an après la réunification de l'Allemagne. Aujourd'hui, le champ de bataille est devenu un espace de terres agricoles et touristiques. Sur le lieu même de la bataille, un lac artificiel a été créé par l'inondation de l'ancienne mine (Geiseltal See), ses rives transformées en promenade dans un parc naturel réservé aux promeneurs et sportifs du dimanche. Un peu plus loin, des vignes et des céréales. Restent évocateurs et toujours actuels, outre la plaque mémorielle du château de Burgwerben, les monuments commémoratifs de Reichertswerben et de Braunsbedra. En 2000 a été élevée une reproduction réduite du monument détruit en 1962 par les autorités de l'ancienne RDA intéressées par la lignite plus que par l'histoire. En 2014, sur la place de Braunsbedra, est élevé un nouveau Mémorial de la bataille (*Rossbachschlachtgedenkstein*). C'est un gros bloc erratique de granit en boule *(Findling*), sur lequel est apposée une plaque commémorative : « En souvenir de la bataille victorieuse des troupes prussiennes sous Frédéric II sur l'Armée combinée franco-impériale le 5 novembre 1757 à Rossbach » ; et au-dessous : « En souvenir des Soldats tombés et des victimes de la population » – « *Zum Gedenken der gefallenen Soldaten und den Opfern aus der Bevölkerung* ». En 2017 encore, un bivouac de trois jours s'est tenu du 3 au 5 novembre à Reichertswerben à l'occasion du 260e anniversaire de la bataille de Rossbach…

Il n'en est pas de même en France, où l'on comprend sans difficulté que nul ne puisse songer à donner une place mémorielle à la bataille de Rossbach. Ce qui ne veut pas dire qu'il faille l'effacer, ce qui est le sort que lui réserve l'enseignement de notre histoire dont on expulse soigneusement depuis vingt à trente ans tous les grands hommes, toutes les grandes dates, toutes les batailles qui servaient de repères à l'école de la Troisième République. Le silence est l'arme la plus efficacement employée pour la disparition de notre histoire nationale. Avant le temps de la désinformation.

Elle y était encore au début du siècle dernier, et même avant. En 1840, L.N.P. Baudouin, de Brissac, fondateur et directeur de l'école communale de Brissac, près d'Angers en Maine-et-Loire, écrit une *Histoire des Français*, de présentation modeste ; il consacre presque une page à la bataille de Rossbach, assez précise, ainsi conclue : « *ce ne fut point une bataille, ce fut une armée entière qui se présenta au combat, et qui s'en alla. L'histoire n'a guère d'exemple d'une pareille journée : il ne resta que deux régiments suisses sur le champ de bataille. Le prince de Soubise alla à eux au milieu du feu, et les fit retirer au petit pas* »[3]. Dans la première moitié du XXe siècle, avec l'immortelle collection d'Albert Malet, tué en Artois en 1915, poursuivie après la guerre par Jules Isaac, dans le volume destiné à la classe de Première, *XVIIIe – Révolution – Empire*, édition 1926, elle occupe deux pages et demie, avec un croquis aussi simple qu'exact, montrant le camp « franco-allemand » du 4 novembre (Mücheln), le mouvement des Alliés le 5 novembre, ainsi que derrière le Janus Berg, la position de l'armée prussienne le 4 novembre entre Rossbach et Braunsdorf, et ses mouvements le 5 novembre, celui de la cavalerie particulièrement souligné. Le récit est exact, le jugement aussi : « *la bataille de Rossbach, une surprise, avait duré une heure et demie. Frédéric II avait dû la victoire à sa manœuvre* », qu'il n'inventa pas, mais qu'il « *employa dans toutes ses grandes journées* ». Elle fut célèbre au dix-huitième siècle sous le nom de « manœuvre en *ordre oblique* »[4]. Après la Seconde Guerre, sur les programmes du 27 juin 1945, Rossbach ne tient plus qu'une demi-page dans le cours d'Histoire Malet-Isaac, classe de Seconde, *XVIIe-XVIIIe siècles*[5]. En 1959, succédant aux Malet-Isaac, effectivement vieillis, le volume portant sur le programme *XVIe, XVIIe, XVIIIe siècles*, qui ouvre une nouvelle collection dirigée par Louis Girard, n'accorde plus qu'une mention à la bataille : « *le 5 novembre 1757, les Prussiens écrasaient en Saxe, à Rossbach, une armée franco-allemande peu cohérente et indisciplinée* »[6]. Depuis les années 1980, les guerres du XVIIIe siècle ont disparu. En 1987, la collection des manuels scolaires dirigée par Robert Franck reproduit encore le portrait de Louis XV « le Bien-Aimé », en chef de guerre[7], mais la collection dirigée par Claude Quétel se contente d'observer que Louis XV « *laisse*

3. L.N.P. Baudouin, *Histoire des Français*, Angers, Launay-Gagnot, 1840, p. 378.

4. Cours complet d'histoire Albert-Malet, classe de Première, *XVIIIe siècle – Révolution – Empire*, Paris, Hachette, 1926 (9e édition), p. 170-172.

5. Cours d'histoire Malet-Isaac, classe de Seconde, *XVIIe-XVIIIe siècles*, sous la plume de Jules Isaac et André Bonifacio, 1952, p. 488.

6. Collection Louis Girard, classe de Troisième, *XVIe, XVIIe, XVIIIe siècle*, Paris, Bordas, 1959, p. 436.

7. Robert Franck (dir.), *Histoire, 2e*, Paris, Belin, 1987, p. 11.

jouer les influences de ses favorites et des coteries de la cour », et que le rôle de la marquise de Pompadour « *dans la politique extérieure est contestable* ». On n'en saura pas plus sur les guerres du XVIIIe siècle[8].

Qu'il me soit permis d'achever par une anecdote personnelle. Invité en 2012 à prononcer une conférence sur la bataille de Rossbach, je l'avais intitulée : « La lanterne de Soubise ». Préparant ma venue, j'avais pris contact avec la personne chargée de l'installation de la salle retenue, et je lui en indiquai le titre. « Ah ? me répondit-elle… C'est de l'électricité ? On m'avait dit que c'était de l'histoire… »

---

8. Claude Quétel (dir.), *Histoire, Seconde*, Paris, Bordas, 1987, p. 46.

ANNEXE I

Ordres de Bataille
Rossbach, 5 novembre 1757

Armée Française et Impériale
[Simon Millar, *Rossbach and Leuthen. Prussia's Eagle resurgent*, Oxford, Osprey, 2008, p. 19-20. Daniel Peyrot, André Jouineau et Norberto Tibaldi, *Rossbach, 1757*, Club français de la figurine historique, Paris, s.d., p. 11-12 et 25-26]

Commandants en chef conjoints
Feld Maréchal Prince Joseph Frédéric de Saxe-Hildburghausen
Lieutenant général Charles de Rohan Prince de Soubise

Première colonne

Cavalerie autrichienne et impériale
Major Général Ludwig, baron von Brettlach (Autrichien)
Régiment de Brettlach Cuirassiers, Auguste Marchese Voghera – 7 escadrons

Major Général prince von Hohenzollern (Empire)
Régiment de Kurpfalz Cuirassiers, von Hatzfeld – 3 escadrons
Régiment de Hohenzollern Cuirassiers – 4 escadrons
Régiment de Württemberg Dragons Régiment – 2 escadrons

Infanterie française
Lieutenant général, chevalier de Nicolaÿ
Maréchal de camp marquis de Crillon
Brigade Piémont :
Piémont Infanterie – 4 bataillons. Colonel, comte d'Esparbès de Lusan

Maréchal de camp marquis de Custine

Brigade Saint-Chamond (Français) :
Saint-Chamond Infanterie – 2 bataillons. Colonel, Charles Louis Auguste de la Vieuville, marquis de Saint-Chamond
Cossé-Brissac Infanterie – 2 bataillons. Colonel, duc de Cossé-Brissac

Lieutenant général, comte de Montboissier
Maréchal de camp de Planta (2 brigades)
Brigade Royal-Roussillon (Français) :
Royal Deux-Ponts – 2 bataillons. Colonel, Karl Christian Wilhelm, baron von Closen
Royal Roussillon – 1 bataillon présent à Rossbach. Colonel, comte d'Haussonville
Brigade Reding (Suisse) :
Reding Infanterie – 2 bataillons. Colonel, baron Antoine Sébastien de Reding
Planta Infanterie – 2 bataillons. Colonel, Louis Auguste de Planta-Wildenberg

Cavalerie française
Lieutenant général, comte Mailly
Maréchal de camp de Raugrave (2 brigades)
Brigade La Reine (Français) :
La Reine Cavalerie – 2 escadrons. Mestre de camp, de Galiffet
Bourbon-Busset Cavalerie – 2 escadrons
Fitz-James Cavalerie – 2 escadrons

Brigade Bourbon (Français) :
Beauvilliers Cavalerie – 2 escadrons
Volontaires liégeois, anciennement Hussards de Raugrave – 2 escadrons
Bourbon Cavalerie – 2 escadrons

Deuxième colonne

Cavalerie autrichienne et impériale
Major Général Ludwig, baron von Brettlach (Autrichien)
Régiment Trauttmansdorf Cuirassiers – 7 escadrons

Major Général prince von Hohenzollern (Empire)
Régiment de Brandenburg Bayreuth Cuirassiers – 4 escadrons
Régiment de Brandenburg Ansbach Cuirassiers – 4 escadrons

Infanterie française
Lieutenant général, comte de Lorges
Maréchal de camp comte de Rougé (2 brigades)
Brigade Mailly (Français) :
Mailly Infanterie – 4 bataillons. Colonel, Louis, marquis de Mailly
Brigade La Marck (Français) :
La Marck Infanterie – 2 bataillons. Colonel, comte de La Marck
Royal-Pologne – 1 bataillon. Colonel, comte Pierre Grégoire d'Ormick de la Ziska

Saint-Germain Infanterie – 1 bataillon. Colonel, lieutenant-général Clause Louis, comte de Saint-Germain

Maréchal de camp comte de Vaux

Brigade Castellas (Suisse) :

Castellas Infanterie – 2 bataillons. Colonel, baron Rodolphe de Castella

Salis Infanterie – 2 bataillons. Colonel, Charles-Ulysse, baron de Salis-Maienfeld

Brigade Wittmer (Suisse) :

Wittmer Infanterie – 2 bataillons. Colonel, André Wittmer

Diesbach Infanterie – 2 bataillons. Colonel, François-Philippe comte de Diesbach-Steinbrugg

Colonne de réserve

Cavalerie
Lieutenant général Marquis de Poulpry

Maréchal de camp chevalier d'Ailly

Brigade Penthièvre :

Penthièvre Cavalerie – 2 escadrons
Saluces Cavalerie – 2 escadrons
Bussy-Lameth Cavalerie – 2 escadrons

Lieutenant général, Jacques-Joachim, marquis Trotti de la Chétardie (1705-1759)

Maréchal de camp, marquis de Castries

Brigade Lusignan :

Lusignan Cavalerie – 2 escadrons
Escars Cavalerie – 2 escadrons

Infanterie
Lieutenant général duc de Broglie

Maréchal de camp Pierre-Grégoire, comte d'Orlick de la Ziska

Brigade Poitou :

Poitou Infanterie – 2 bataillons. Colonel, François de Broglie, comte de Revel

Provence Infanterie – 2 bataillons. Colonel, comte de Saarsfield

Maréchal de camp Prince Camille de Rohan-Rochefort

Brigade Rohan-Montbazon :

Rohan-Montbazon Infanterie – 2 bataillons. Colonel, Jules Hercule Mériadec prince de Rohan, duc de Montbazon

Beauvaisis Infanterie – 2 bataillons. Colonel, marquis de Lugeac

Réserve d'artillerie française
Maréchal de camp chevalier de Pelletier

Royal-Artillerie, bataillon d'Aumale, 33 Canons
Ouvriers de la compagnie de Dugué
Mineurs de la compagnie de Boisgnerelle

Corps du lieutenant général, comte de Saint-Germain

Brigade Condé :

Condé Cavalerie – 2 escadrons. Colonel, marquis de Langeron
Bezons Cavalerie – 2 escadrons
Saint-Jal Cavalerie – 2 escadrons

Brigade Touraine :

Condé Infanterie – 2 bataillons
Touraine Infanterie – 2 bataillons. Colonel, duc de Montmorency

Brigade La Marine :

La Marine Infanterie – 4 bataillons. Colonel, François Vachon de Briançon, marquis de Belmont

Brigade Poly :

Poly Saint-Thiébault Cavalerie – 2 escadrons
Grammont Cavalerie – 2 escadrons
Montcalm Cavalerie – 2 escadrons

Colonne impériale (Reïchsarmee)

Lieutenant général, Georges-Guillaume, prince de Hesse-Darmstadt

Lieutenant général, baron Drachsdorff

Major Général, comte von Hohenstein

Blau-Würzburg Infanterie – 2 bataillons

Major Général, baron Rosenfeld

Hesse-Darmstadt Infanterie – 1 bataillon

Major Général von Varel

Varel Infanterie – 2 bataillons
Kur-Trier Infanterie – 2 bataillons

Major Général von Ferentheil

Kronegk Infanterie – 2 bataillons
Ferentheil Infanterie – 2 bataillons

Corps du Major Général von Laudon
Major Général von Laudon

Hussards :

Hussards Autrichiens – 2 escadrons
Hádik Husaren – 1 escadron

Grenzer :

Grenzer Karlstadter (Karlstadt) Otocaner
Grenzer Warasdiner (Varasdin) Kreuzer
Grenzer de Slavonie

Croates :

Infanterie de ligne Croate – 2 bataillons

Troupes non engagées
Major Général von Széchenyi

Hussards de Széchenyi (Autrichien) – 6 escadrons
Volontaires de Nassau-Saarbrück Hussards (Français) – 2 escadrons
Apchon Dragons – 4 escadrons. Mestre de Camp, le comte Antoine-Maurice d'Apchon

Artillerie impériale
12 Canons

ARMÉE PRUSSIENNE

[Daniel Peyrot, Rossbach 1757,
Club Français de la Figurine historique, p. 11-12]

Commandant en chef
Frédéric II, roi de Prusse
Commandant en second
Feld-maréchal James Keith

Infanterie de première ligne
Général d'infanterie Moritz, prince d'Anhalt-Dessau

Aile droite
Lieutenant général Ferdinand, prince von Braunschweig
Major Général von Itzenplitz
Kremzow Grenadiers – 1 bataillon
Heyden [Ramin] Grenadiers – 1 bataillon
Régiment d'Infanterie N° 19 Markgraf Karl – 2 bataillons
Wedell Grenadiers – 1 bataillon
Major Général von Retzow
Régiment N° 26 Meyerinck – 2 bataillons
Régiment N° 15 Garde – 2 bataillons

Aile gauche
Lieutenant général Prince Henri de Prusse
Major Général von Geist
Régiment N° 6 Garde Grenadier von Retzow – 1 bataillon
Régiment N° 13, von Itzenplitz – 2 bataillons
Régiment N° 23 Forcade – 2 bataillons
Major Général von Oldenburg
Régiment N° 9 Jung-Kleist – 2 bataillons
Régiment N° 5 Alt-Braunschweig – 2 bataillons
Jung-Billerbeck Grenadiers – 2 bataillons

Infanterie de seconde ligne
Lieutenant général von Forcade

Major Général von Asseburg
Régiment N° 1 von Winterfeldt – 2 bataillons
Régiment N° 24 Goltz – 2 bataillons
Major Général von Grambow
Lubath Grenadiers – 1 bataillon
Régiment N° 21 von Hülsen – 1 bataillon
Börnstädt [Finck] Grenadiers – 1 bataillon
Artillerie, Colonel Karl Friedrich von Moller

18 Canons, artillerie lourde
72 compagnies d'artillerie

Cavalerie
Major Général Friedrich Wilhelm von Seydlitz
Brigade Major Général Friedrich Wilhelm von Seydlitz
Régiment de Cuirassiers n° 7, Driesen – 5 escadrons
Régiment de Cuirassiers n° 3, Leib – 5 escadrons
Brigade Major Général von Czettritz
Régiment de Dragons n° 4, von Czettritz – 5 escadrons
Brigade Major Général von Meinicke
Régiment de Dragons n° 4, von Meinicke – 5 escadrons
Brigade Major Général baron von Schönaich
Régiment de Cuirassiers n° 13, Gardes du Corps – 3 escadrons
Régiment de Cuirassiers n° 10, Gens d'Armes – 5 escadrons
Régiment de Cuirassiers n° 8, von Seydlitz – 5 escadrons

Réserve
Régiment de Hussards n° 1, von Székely – 10 escadrons
Régiment de Hussards n° 8, Hussards Seydlitz – 2 escadrons
Bataillon franc de von Mayr – 1 bataillon
Détachements du Régiment de Hussards n° 7, Malachowski

Annexe 2

Chant de la victoire après la bataille de Rossbach (le 5 novembre 1757)
« O, welch ein Schlachtfeld, welche Flucht ! »

Johann Wilhelm Ludwig Gleim, « Siegeslied nach der Schlacht bey Roßbach (den 5ten November 1757) ». Source : *Ein Schlachtengesang und zwey Siegeslieder von einem Preussischen Grenadier*, s.l., 1758, p. 13 *sqq.*

Johann Wilhelm Ludwig Gleim, déjà présenté dans le cours de l'ouvrage, né à Ermleben (Ostharz) le 2 avril 1719, mort à Halberstadt le 18 février 1803, se signale dès le début de la guerre en 1756, par des chants patriotiques, dont les populaires Preussische Kriegslieder eines Grenadiers *(Chants de guerre d'un grenadier prussien), dont la première édition en 1758 comprend déjà ce* Chant de victoire après la bataille de Rossbach, *écrit en moins d'un mois en novembre 1757 et imprimé moins de dix jours après. Il est devenu le plus populaire des chants de guerre de Gleim, ce qui tient sans doute à la représentation burlesque de ses différents compatriotes des contingents des Cercles qui fuient le champ de bataille. C'est Gotthold Ephraïm Lessing lui-même qui avait conseillé à Gleim de traiter son sujet de manière humoristique. Dès le 8 novembre 1757, Kleist écrit à Gleim : « M. Lessing se recommande à vous ; il dit que le Grenadier pourrait bien maintenant chanter quelque petite pièce joyeuse ».*

Chant de la victoire après la bataille de Rossbach
[Traduit de l'allemand par Christophe Bois et Valérie Bled]

Retentis, monte aux cieux, ô chant de la victoire,
Retentis tout au loin ! Que partout dans sa fuite
L'ennemi derrière lui t'entende résonner.

Chant vaillant, sois vainqueur, comme le fut Frédéric,
De celui qui forgea en son cœur malveillant
L'idée de notre ruine !

De la même façon qu'un jeune lion à l'affût,
Attendant l'ennemi, fier et sûr en pensée
D'une victoire facile ;

Ainsi, courageux frères, étions-nous à l'affût,
Une petite troupe, en bas dans la vallée.
Le soir venu, enfin, après une longue marche,
Nous cédâmes au sommeil !

Bercés par le tonnerre de la poudre, fatigués
Par le poids de nos armes, nous dormîmes de bon cœur
Et prîmes un bon repos.

Seul Frédéric, qui toujours veille, notre héros
Lui seul, pour préparer l'imminente bataille
Parcourut à cheval, pas à pas, le terrain.

Et du ciel étoilé, Schwerin et Winterfeld
Voyaient, en l'admirant, la naissance du plan,
Et songeurs contemplaient le héros.

Dieu cependant pesait, dans les cieux cristallins,
L'issue de cette guerre pour chacune des armées,
Et le côté prussien s'avéra le plus lourd,
Le plateau autrichien, plus léger, s'éleva.

L'envie, tout près des trônes à Vienne la déloyale,
Grince des dents, et de ses yeux fiévreux jaillit
L'éclair de la vengeance ;

C'est elle qui contre toi, ta puissance, ta sagesse,
Dressa, ô Frédéric ! les princes de ce monde,
Mais Dieu resta pour toi.

Maintenant dans la guerre, souhaitons que leurs visages
Trahissent cette prière : que le ciel reste juste
Pour donner la victoire.

Le matin du grand jour se leva. Nous perçûmes
Plus d'un coup de tonnerre en guise de bonjour.

Mais nous, nous y prêtâmes à peine de l'attention,
Ne songeant à nulle mort.
Nous nous levâmes dispos,
Et nous mîmes à cuire la soupe du matin.

Les ennemis arrivent, dit-on, mais nous restâmes
Tranquilles, nous les vîmes venir, ils s'approchèrent
Tout près, mais nous restâmes tranquilles !

Frédéric en effet n'était pas encore là,
Jusqu'à ce que de Maurice nous vienne l'ordre : en marche !
De nous tous maintenant il était bien visible,
Et tous nous dîmes : en marche !

De nos yeux jaillissait une joie sans partage.
Tous nous fûmes emplis de l'idée de victoire,
Nous riant de leur nombre.

Nous courûmes coude à coude, chacun de nous héros !
Comme si nous voulions, de montée en descente,
Traverser en courant la terre tout entière.

Et que pensa alors le stupide ennemi ?
Il se dit : c'est une fuite ; cette idée dans ses rangs
Se répand ; et le voilà gonflé du désir de victoire ;

En une grande demi-lune il encercle notre fuite ;
Et crie : mort à ces chiens ! Stupide qu'il était,
Stupide !

Notre suivions en courant la voie de la victoire
Qu'à cheval, dans la nuit,
Frédéric explora,
Et le plan qu'à lui seul il avait établi.

On eût dit que ce fut à qui courrait plus vite ;
Mais vite nous entendîmes : halte ! debout ! position !
Garde à vous ! Tout à coup nous fûmes cois.

L'ennemi d'un regard pouvait nous embrasser.
Se moquant il nous vit, réunis en un tas,
Petite troupe debout.

C'est alors qu'un Français plein d'esprit raisonna :
Cette bataille est sans gloire, son Louis est bien trop grand,
Trop petite la puissance de notre Frédéric.

Mais lorsque devant nous, l'Anglais Keith cria : feu !
Et qu'on ouvrit le feu ; ah, il fut le premier
À se mettre à courir.

À quoi pensa-t-il donc dans sa course ? Pétrifié
Et muet il pensa
Que c'était de l'enfer la gueule qui s'ouvrait,
Et il s'enfuit au loin, sans même se retourner.

Quelle victoire, Frédéric ! Dieu et toi sans tarder
Vous nous avez donnée ! Huit régiments tout juste
Se battirent pour toi, les autres regardèrent.

Ils se battirent durement, encouragés par toi
Et le vaillant Henri, nous vîmes couler son sang,
Et nous vengeâmes ce sang.

Ha ! Quel tonnerre ! quelle bataille !
Nous crachâmes feu et mort ;
Nous allions, enveloppés des volutes de vapeurs,
Aussi noirs que le dieu des enfers.

Tonitruant Français, on ne t'entendit plus !
Serait-ce qu'un plus fort se vengea de ton art ?
Serait-ce que Möller fut supérieur à toi ?

Coup sur coup son tonnerre n'a-t-il donc pas roussi
Un seul de tes cheveux ? L'agressive colonne
Se retrouva, d'un coup, allongée dans le sable.

Avec sa petite troupe de cavalerie, Seydlitz
Porta des coups mortels ; quelle mêlée, que de cris ;
Sauve qui peut !

Français, tu ne manques pas ni d'hommes ni de chevaux,
Mais d'un cœur bien vaillant.
Que te servent désormais
Ton imposante épée et tes immenses bottes ?
À rien !

Le hussard surgissant au hasard te fusille
D'un seul regard farouche. La menace lui suffit
À ramener chez nous un lot de prisonniers.

Il suffit que le comte, ou bien le chevalier,
Dociles comme des moutons, lui remettent en main
Les insignes de Louis, pour signer sa victoire :

Il renonce dès lors à faire couler le sang,
Lui laissant volontiers la vie sauve, et il parle
Avec lui du courage de son maître, le roi.

Il épargne celui qui supplie pour sa vie,
Frappant très durement celui qui s'y refuse ;
Heureux quand pour l'honneur, il n'est pas obligé
De faire couler le sang.

Ô, ce champ de bataille, et quelle débandade !
Où est-elle donc restée, cette lune très grande ?
Où sont-ils pour crier, avides de victoire :
Mettez à mort ces chiens !

Qu'elle fut la bienvenue, l'obscurité nocturne,
Au cavalier, de même qu'à sa monture qui
Dans cette bataille entra avec lenteur,
Pour finir en fureur ;

Ainsi qu'à tout ce peuple,
Que l'envie contraignit,
De toutes les régions, à se mobiliser,
Ce jour dix de janvier.

Elle fut la bienvenue au soldat palatin,
Qui tant il avait mal refusa de courir,
Coupé dans son élan et se tenant la main,
Et qui criait ciel ! ciel ! on m'a brûlé le doigt !

Et au soldat de Trèves, qui courageusement
Prit ses jambes à son cou, qui tomba en courant
Et qui, saignant du nez, crut qu'il était blessé.

Au soldat franconien, criant à faire pitié,
Rasa sa grosse moustache, et qui dans le vignoble
S'empara d'un bâton pour s'enfuir, sautillant,
Comme le font les grenouilles.

Au Suisse qui dans sa fuite cria : vive Frédéric !
Dégonflé qu'il était de tout désir de vaincre,
Voyant avec plaisir tous les autres courir,
Il se mit à courir ;

Et dit : « Frère ! Frédéric, c'est un vrai héros suisse,
Un vrai Guillaume Tell, Dieu est à ses côtés
Contre toute la malice et les puissances terrestres ! »

Au Souabe, les cheveux haut dressés dessus la tête,
Qui d'un bond se trouva, de Rossbach à Amelung
Rentré à la maison.

À l'homme de Paderborn, qui tout en louant Dieu
Et son saint éperon n'en arriva pas moins,
Mort d'une frousse blanche, chez lui à Paderborn.

À l'homme de Nuremberg, dont l'esprit malicieux
Fit une volte-face, de la même façon
Que sa quincaillerie, touchée dès que les armes
Firent entendre leur bruit, se figea immobile.

Au soldat de Munster, se faufilant, rampant,
Dans l'obscurité noire, qui, saisi par la peur
Et la faim entama, chevaleresque, à belles dents
Son pain noir.

Au soldat de Cologne, qui prit pour du vin blanc
Le sang rouge et dit : ah, ce qu'il ferait donc bon
Tout auprès de ma blonde sur les rives du Rhin !

À l'homme de Wurtemberg, qui, quittant le peloton,
Vola plus qu'il ne cavala et envoya
Au diable pistolet et épée.

Et aussi au soldat de Mayence,
Mercenaire dépourvu de cœur et de prudence,
Qui à l'abri d'une ronce pleurait sur sa douleur.

Cours, crièrent mille voix, mon frère, cours ! Ils arrivent ! Ils sont là !
Allongés sur le ventre
Ils prièrent pour leurs vies. Ha !
Nous leur en fîmes cadeau.

L'ami du genre humain,
Notre grand Frédéric, commence par soumettre
Son très fier ennemi, puis le prend en pitié.

Vainqueur ! – Sublime chant, nous avons tant à faire,
Arrête-toi un instant, tu as de l'avenir,
Nous-mêmes nous reposons du travail accompli.

Et lorsque Frédéric, ou Dieu à travers lui,
Aura mené à bien la grande œuvre entreprise,
Soumis Vienne la fière et libéré l'Allemagne.

Quand bercé par la paix, couronné de lauriers,
Refusant d'être oisif, chaque jour il fera
Un miracle nouveau, mais sans croire aux miracles.

Lors de nuits sans sommeil méditant au bonheur
Des peuples qui sont siens, à leur prospérité,
Ses grands yeux clairvoyants plein de grâce et clémence.

Relisant à Potsdam les écrits des grands sages,
Et mesurant les actes à l'aune de la sagesse,
Et plus sage lui-même que tous ces grands auteurs.

Alors chante pour nous ces actes qu'avec lui
Nous aurons accomplis, que notre descendant,
Tende l'oreille et admire, qu'il en reste sans voix.

Pour l'heure, nous le suivons, l'ami du genre humain,
Les yeux tournés vers Vienne et vers d'autres victoires,
Et nous laissons courir l'ennemi d'aujourd'hui.

Sources et bibliographie

Choix de sources manuscrites. Service Historique de la Défense

L'essentiel des sources manuscrites touchant à la guerre de Sept Ans se trouve inventorié et utilisé dans tous les grands ouvrages, dont les principaux sont ici en bibliographie, depuis ceux du XIXe siècle (Richard Waddington, Général comte Pajol) jusqu'aux plus récents (Laurent Vaissière, Edmond Diezmbowski). Elles sont accessibles principalement au Service Historique de la Défense, à Vincennes, dans les deux inépuisables séries A1 Correspondance, cartons 3410 et suivants, et Mémoires et Reconnaissances. Elles sont actuellement relues par une jeune génération de chercheurs (Frédéric Chauviré, Fadi El Hage, Arnaud Guinier, Simon Surreaux). Les conditions très difficiles de la recherche dans le cours de l'année 2020, si perturbée par les circonstances sanitaires, ont obligé à se tourner vers des sources imprimées restées plus facilement accessibles, en particulier grâce à l'inépuisable catalogue Gallica de la BNF.

Nous nous limitons ci-dessous à l'indication de quelques-unes d'entre elles, et à celles des principaux travaux effectivement utiles pour cette étude.

Sources imprimées. Acteurs, témoins et historiens du XVIIIe siècle

Archenholz, Johann Wilhelm, *Histoire de la Guerre de Sept Ans, commencée en 1756 et terminée en 1763*, Metz-Paris, Devilly, Belin et Buisson, 1789, 2 vol. ; dernière réédition, *Geschichte des Siebenjährigen Krieges in Deutschland, Braunschweig*, Archive-Verlag, 1997.

Argenson, René Louis de Voyer de Paulmy, marquis d', *Journal et Mémoires du marquis d'Argenson*, Paris, Renouard, 1857-1862, 9 vol.

Barbier, Edmond Jean-François, *Chronique de la Régence et du règne de Louis XV, ou Journal de Barbier*, Paris, Charpentier, 1857-1866, 8 vol.

Bernis, François-Joachim, cardinal de, *Mémoires du cardinal de Bernis*, Paris, Mercure de France, 1980.

Bourcet, *Mémoires historiques sur la guerre de Sept Ans 1758-1762*, Paris, Maradan, 3 vol., 1792.

Broglie, Victor-François, duc de, *Correspondance inédite de Victor-François duc de Broglie, Maréchal de France, avec le prince Xavier de Saxe, comte de Lusace, pour servir à l'Histoire de la Guerre de Sept Ans*, Paris, Albin Michel, 1903-1905.

Chevrier, Antoine-François, *Suite des Mémoires pour servir à l'Histoire de Notre Tems, par rapport à la Campagne de MDCCLVII... depuis la Convention de Closter-Seven jusqu'au 1er janvier 1758*, Francfort, s.e., 1758.

Choiseul, François Étienne de Stainville, duc de, *Mémoires du duc de Choiseul*, Paris, Mercure de France, 1982.

Dorson, Williams, *The Prussian Campaign, a Poem: Celebrating the Achievements of Frederick the Great in the Years 1756-1757*, Londres, R. Manby, sd.

Dumouriez, Charles-François, *Galerie des Aristocrates militaires*, Londres, s.e., 1790.

Frédéric II, *Œuvres Posthumes de Frédéric II, roi de Prusse*. Tome III et IV, *Histoire de la Guerre de Sept Ans, et des événemens depuis 1746 jusqu'à la Paix de Hubertusburg en 1763*, Potsdam, Aux dépens des Associés, 1805, deux volumes.

Gleim, Johann Wilhelm Ludwig, *Preussische Kriegslieder in den Feldzügen 1756 und 1757, von einem Grenadier, und Melodien*, Berlin, Christian Friedrich Voß, 1758.

Grand État-Major prussien, *Geschichte des Siebenjaehrigen Kriegs*, Berlin, 1827-1847.

Guibert, Jacques Antoine, *Journal d'un voyage fait en Allemagne en 1773*, Paris, Treutel et Wurz, 1803.

Jomini, Antoine Henry de, *Histoire critique et militaire des guerres de Frédéric II, comparées au système de guerre moderne*, Paris, Magimel, Asselin et Pocgard, 1818.

Lloyd, Henry, *Histoire de la Guerre d'Allemagne en 1756 entre le roi de Prusse et l'impératrice d'Allemagne et ses Alliés*, Lausanne, s.e., 1784.

Lloyd Henry, *Histoire des Guerres d'Allemagne*, présenté par Arnaud Blin, Paris, Economica, 2001.

Luynes, Charles Philippe d'Albert, *Mémoires du duc de Luynes sur la cour de Louis XV, 1735-1758*, éd. par L. Dussieux et E. Soulié, Paris, Firmin-Didot, 1860-1865, 17 vol.

Mercoyrol de Beaulieu, Jacques, *Campagnes de Jacques Mercoyrol de Beaulieu, capitaine au régiment de Picardie, 1743-1763*, Paris, Renouard, 1915.

Napoléon Ier, *Précis des Guerres de Frédéric II*, dans *Correspondance de Napoléon, publiée par ordre de l'Empereur Napoléon III*, Paris, Imprimerie Impériale, 1869, tome XXXII, p. 205-303.

Preuss J. D. E. (éd.), *Œuvres complètes de Frédéric le Grand*, 30 vol., Berlin, 1846-1856. En particulier : tomes XXVIII-XXX, *Œuvres militaires.*

Richelieu, Louis François Armand, *Mémoires authentiques du maréchal de Richelieu, 1725-1757*, Paris, Renouard, 1918.

Tempelhof, G.-F. von, *Geschichte des Siebenjährigen Krieges in Deutschland zwischen dem Könige von Preussen und der Kaiserin-Königin mit ihren Allierten*, 6 tomes, Berlin, 1783-1801 ; tome 1, *Welcher die Feldzüge von 1756 und 1757 enthält.*

Valfons, Camille, *Souvenirs du Marquis de Valfons, vicomte de Sevbourg*, Paris, Éditions Émile Paul, 1933.

Voltaire, *Précis du siècle de Louis XV*, Genève, 1770.

Dictionnaires

Garnier, Jacques (dir.), *Dictionnaire des guerres et des batailles de l'histoire de France*, Paris, Perrin, 2004.

Valynseele, Joseph, *et al.*, *Dictionnaire des maréchaux de France : du Moyen Âge à nos jours*, Paris, Perrin, 2000.

Études

Asprey, Robert B., *Frédéric le Grand, 1712-1786* (*Frederick the Great,* New York, Ticknor et Fields, 1986), Paris, Hachette 1989.

Bled, Jean-Paul, *Frédéric le Grand*, Paris, Fayard, 2004.

Berney, Arnold, *Friedrich der Grosse. Entwicklungs Geschichte eines Staatsmanns*, Tübingen, 1934.

Bernhardi, Theodor von, *Friedrich der Grosse als Feldherr*, Berlin, E.S. Mittler, 1881, 2 vol.

Blaufarb, Rafe, *The French Army, 1750-1820. Career, Talent, Merit*, Manchester, Manchester University Press, 2002.

Bloch, Marc, *L'étrange défaite*, éd. présentée par Stanley Hoffmann, Paris, Gallimard, Folio histoire, 1990.

Bois, Jean-Pierre, *De la Paix des rois à l'ordre des Empereurs*, Paris, Seuil, 2003.

Bois, Jean-Pierre, « Malplaquet, Fontenoy, Rossbach : les batailles-mères du choc et de la manœuvre au XVIIIe siècle », dans *Choc, feu, manœuvre et incertitude dans la guerre*, Symposium de Pully, 2010, Pully, Centre d'histoire et de prospective militaires, 2011, p. 61-76.

Boltanski Ariane, Lagadec Yann et Mercier Franck (dir.), *La Bataille. Du fait d'armes au combat idéologique, XIe-XIXe siècle*, Rennes, Presses Universitaires de Rennes, 2015.

Bonnal, général Henri, *L'esprit de la Guerre moderne. De Rossbach à Ulm*, Paris, R. Chapelot, 1903.

Bourcet, *Mémoires historiques sur la Guerre de Sept-Ans*, Paris, 1792.

Bourdeau, Émile-Hippolyte, *Le Grand Frédéric*, Paris, Chapelot, 1900-1902.

Broglie, Albert de, *Frédéric II et Louis XV*, Paris, Calmann-Lévy, 1855, 2 vol.

Buxhaury, Emil, *Friedrich Wilhelm von Seydlitz, königlicher preussischer General der Cavallerie, von einem deutschen Reiteroffizier*, Rathenau, M. Babenzien, 1890, et Kassel, T. Kay, 1890.

Chagniot, Jean, « Une panique : les Gardes Françaises à Dettingen (27 juin 1743) », *Revue d'Histoire Moderne et Contemporaine*, janvier-mars 1977, p. 78-95.

Chaline, Olivier, *Les armées du roi. Le grand chantier, XVIIe-XVIIIe siècle*, Paris, Armand Colin, 2016.

Chauviré, Frédéric, *Histoire de la Cavalerie*, Paris, Perrin, 2013.

Clarck, Christopher, *Iron Kingdom. The Rise and Fall of Prussia, 1600-1947*, Londres, Allen-Penguin Group, 2006. Traduit en allemand sous le titre *Preußen*, Munich, Deutsche Verlags Anstalt, 2007.

Coleno, François, *La Littérature militaire au XVIIIe siècle à travers la querelle de l'ordre mince et de l'ordre profond*, Mémoire de mastère 2, sous la direction de Jean-Pierre Bois, Université de Nantes, 2006, ms.

Crépin, Annie, *Défendre la France. Les Français, la guerre et le service militaire de la guerre de Sept Ans à Verdun*, Rennes, PUR, 2007.

Davion, Isabelle, et Heuser, Béatrice (dir.), *Batailles. Une histoire des grands mythes nationaux*, Paris, Belin, 2020.

Drévillon, Hervé, *Batailles. Scènes de guerre de la Table Ronde aux Tranchées*, Paris, Seuil, 2007.

Duffy, Christopher, *The Army of Frederick the Great*, Londres, Newton Abbot, et Vancouver, David and Charles, 1974.

Duffy, Christopher, *Frederick the Great a Military Life*, Londres, Law Book Co of Australasia, 1985.

Duffy, Christopher, *Instrument of War: The Austrian Army in the Seven Years War*, Londres, Emperor Press, 2000.

Duffy, Christopher, *Prussia's Glory. Rossbach and Leuthen*, Londres, Emperor Press, 2003, rééd., Warwick, Helion, 2021.

Dull, Jonathan R., *The French Navy in the Seven Years' War*, Lincoln, University of Nebraska, 2005 ; traduit en français sous le titre : *La Guerre de Sept Ans. Histoire navale, politique et diplomatique*, Rennes, Les Perséïdes, 2009.

Dussauge, André, *Études sur la guerre de Sept Ans. Le ministère de Belle-Isle*, t. 1, *Krefeld et Lütterberg, 1758*, Paris, L. Fournier, 1914.

Dziembowski, Edmond, *La Guerre de Sept Ans, 1756-1763*, Paris, Perrin, 2015.

Dziembowski, Edmond, *Un nouveau patriotisme français, 1750-1770. La France face à la puissance anglaise à l'époque de la Guerre de Sept Ans*, Oxford, Voltaire Foundation, 1998.

El Hage, Fadi, *Histoire des Maréchaux de France à l'époque moderne*, Paris, Ministère de la Défense, DMPA, Éditions Nouveau monde, 2012.

Englemann, Joachim, et Dorn, Gunter, *Die Schlachten Friedrichs des Grossen*, Utting, 2001.

Externbrink, Sven (dir.), *Der Siebenjährige Krieg (1756-1763): ein europäischer Weltkrieg im Zeitalter der Aufklärung*, Berlin, Akademie Verlag, 2001.

Externbrink, Sven, *Friedrich der Große, Marie-Theresa und das alte Reich. Deutschlandsbild und Diplomatie Frankreichs im Siebenjährigen Krieg*, Berlin, Akademie Verlag, 2006.

Estrées, Paul d', *Le Maréchal de Richelieu ; 1696-1788*, Paris, Émile-Paul frères, 1917.

Estrées, Paul d', *La vieillesse de Richelieu, 1758-1788, d'après les correspondances et Mémoires contemporains…*, Paris, Émile-Paul frères, 1921.

François, Marcellin, *Rosbach, Iéna, Waterloo*, Paris, Lavauzelle, 1912.

Fraser, David, *Frederick the Great*, Londres, Allen Lane, 2000.

Gallet, Danielle, *Madame de Pompadour, ou le pouvoir féminin*, Paris, Fayard, 1985.

Gaxotte, Pierre, *Frédéric II*, Paris, Fayard, 1935.

Gemayel, Rita, *Le maréchal de Soubise, courtisan et homme de guerre (1715-1787)*, mémoire dact. pour le DEA, sous la direction de Jean Meyer, Université de Paris IV, 1986.

Goltz, Colmar von der, *Rosbach et Iéna, recherches sur l'état physique et intellectuel de l'armée prussienne pendant l'époque de transition du XVIII*e *au XIX*e *siècle*, Paris, W. Hisrichen, 1890.

Goltz, Colmar von der, *Von Rossbach bis Jena und Auerstedt, ein Beitrag zur Geschichte des Preussischen Heeres*, Berlin S. Mittler und Sohn, 1906.

Goncourt, Edmond et Jules de, *Madame de Pompadour*, Paris, Firmin Didot, 1838.

Hours, Bernard, *Louis XV et sa cour. Le roi, l'étiquette et le courtisan*, essai historique, Paris, PUF, 2002.

Klopp, O., *Der König Friedrich II*, Schaffhouse, 1867.

Koch, Hans Joachim Wolfgang, *Geschichte Preussens*, Munich, List Verlag, 1980.

Koser, Reinhold, *König Friedrich der Grosse*, Stuttgart, J.G. Gotta, 2 vol., 1893-1903.

La Barre du Parcq, Édouard de, *Portraits militaires. Esquisses historiques*, Paris, C. Tanera, 1855, 2 vol.

Langendorf, Jean-Jacques, *La Pensée militaire prussienne. Études de Frédéric le Grand à Schlieffen*, Paris, Economica, 2012.

Lavisse, Ernest, *La jeunesse du Grand Frédéric*, Paris, Hachette, 1891.

Léonard, Émile Guillaume, *L'Armée et ses problèmes au XVIIIe siècle*, Paris, Plon, 1958.

Luvaas, J., *Frederick the Great on the Art of War*, New York, 1999.

Marston, Daniel, *The Seven Years' War*, Oxford, Osprey Publishing, 2001.

Millar, Simon, *Rossbach and Leuthen, 1757. Prussias Eagle Resurgent*, Oxford, Osprey Publishing, 2002.

Moeller, Horst, *Fürstenstaat oder Bürgernation. Deutschland, 1763-1815*, Berlin, Siedler Verlag, 1989.

Mouillard, Lucien, *Les Régiments sous Louis XV. Constitution de tous les corps de troupes pendant les guerres de Succession à l'Empire et de Sept Ans*, Paris, L. Baudoin, 1882.

Muchembled, Robert, *Mystérieuse Madame de Pompadour*, Paris, Fayard, 2014.

Pajol, Charles-Pierre, comte, *Les Guerres sous Louis XV*, Paris, Firmin Didot, 1881-1891, 7 volumes.

Petitfils, Jean-Christian, *Louis XV*, Paris, Perrin, 2014.

Peyrot, Daniel, Jouineau, André, et Tibaldi, Norberto, *Rossbach, 1757*, Paris, s.d., Club français de la figurine historique.

Pocock, Tom, *Battle for Empire. The Very First World War, 1756-1763*, Londres, Caxton Editions, 2002.

Prévôt, Dominique, *et al.*, *Le Faste et la Fureur. L'armée française, de Rocroi à Valmy*, Paris, Somogy et Musée de l'Armée, 2018.

Querengässer, Alexander (dir.), *Die Schlacht bei Roßbach. Beiträge zur Geschichte des Militärs in Sachsen*, Berlin, Zeughaus Verlag, 2017 ; tr. en anglais, *The Battle of Rossbach, 1757. New Perspectives on the Battle and Campaigns*, Londres, Helion, 2021.

Richter, Klaus Christian, *Friedrich Wilhelm von Seydlitz : ein preussischer Reitergeneral und seine Zeit*, Osnabrück, Biblio Verlag, 1996.

Sauliol, René, *Frédéric II. La campagne de 1757 (Kolin, Rossbach, Leuthen)*, Paris, Lavauzelle, 1924.

Szabo, Franz A., *The Seven Years War in Europe, 1756-1763*, Harlow, Perason Education Limited, 2008.

Taysen, Aldabert von, *Zur Beurtheilung des Siebenjährigen Kriegs, mit drei noch nicht veröffentlichen Aufsätzen Friedriches des Grossen*, Berlin, E. E. Miller, 1882.

Varnhagen von Ense, *Vie de Seydlitz*, traduit par Savin Delarclause, Paris, Ch. Tanera, 1869.

Veyssière, Laurent, et Fonck, Bertrand (dir.), *La Chute de la Nouvelle-France, de l'affaire de Jumonville au Traité de Paris*, Paris, Armand Colin, Ministère de la Défense, 2013.

Waddington, Richard, *Louis XV et le renversement des alliances. Préliminaires de la Guerre de Sept Ans, 1754-1756*, Paris, Firmin Didot, 1896.

Waddington, Richard, *La guerre de Sept Ans : histoire diplomatique et militaire*, Paris, Firmin-Didot, 1899, 5 volumes.

Wernitz, Franz, *Die Armee Friedrichs des Großen im Siebenjährigen Krieg, 1756-1763*, Wölfersheim-Berstadt, Podzun-Pallas, 2002.

Table des matières

TROISIÈME PARTIE
Penser la défaite 1743-1940

Imprimé en France. - JOUVE-PRINT, 733, rue Saint-Léonard, 53100 MAYENNE
N° 2964271H - Dépôt légal : juin 2021